영유아발달

CHILD DEVELOPMENT

영유아발달

김현주 · 김정희 · 송연숙 · 최애경 · 박선미 공저

dm 동문사

머리말

교사로 살아간다는 것은 단순히 아이를 잘 가르치는 일이 아님을 교사가 되고 부모가 되어 오랜 시간이 흐른 뒤 알게 됩니다. 교사됨과 부모됨은 수레바퀴의 양면처럼 두 축이 서로 맞물려가는 일이며 삶에 대한 깊은 성찰을 필요로 한다는 것을….

맞벌이 부부의 증가, 부모의 이혼, 한부모 가정이나 조손 가정 등 어머니의 취업이나 부재가 증가하면서 아이들의 취원 시기는 더 빨라지고 어린이집이나 유치원에 있는 시간은 더 길어지고 있습니다. 이에 많은 선생님들은 아이들과 어떻게 하면 더 좋은 관계를 맺으며 매순간 성공적인 상호작용을 할 수 있는지 알고 싶어 합니다. 아이를 바라보고 나 자신을 바라보고 그리고 공감의 마음으로 마주보는 과정은 사람에 대한 깊은 사색을 필요로 하는 일입니다. 아이마다 다름을 인정하면서 교사인 우리가 어떤 존재이며 어떠해야 하는지, 어떻게 서로에게 다가가야 하는지 많은 성찰의 시간들이 축적되어야 합니다.

이 책은 오랫동안 영아 발달, 유아 발달을 강의해오면서 예비교사들에게는 유아교육 및 보육현장에서 영유아들을 접하고 지도할 때 도움이 될 수 있는 보다 실제적이고 구체적인 발달과정을 익힐 수 있는 지식이 필요함을 느꼈고 이에 뜻을 함께 하는 필자들의 마음에서 시작되었습니다. 영유아 발달 교과목을 배우고자 하는 예비교사들을 위하여 영아기, 유아기별로 나누어 발달과정을 기술하지 않고, 발달 심리 영역별로 주제를 정하여 기술하는 체제로 구성하였습니다. 이는 발달단계별로 기술하는 경우에 생기는 내용의 중복기술을 피하고 영유아의 발달 심리 영역별로 보다 체계적인 이해를 돕기 위해서입니다. 각 장 마무리에서는 장 혹은 절의 특성에 따라 주요 내용을 쉽게 파악할 수 있도록 학습개념이나 용어들을 추출하여 표기하여 정리한 장도 있으며, 전체적으로는 장 내용과 관련된 동영상 자료, 읽을거리, 연습문제나 주요 키워드를 중심으로 낱말퀴즈나 빙고게임 등을 제공하여 학습자 중심의 수행활동이 이루어지도록 구성하여 영유아 발달에 대한 실제적 적용을 통한 이해를 시도하였습니다.

발달 영역별 주제를 분담하여 김현주 교수가 3장, 5장을, 김정희 교수가 4장, 7장을, 송연숙 교수가 8장, 9장을, 최애경 교수가 6장, 10장을, 박신미 교수가 1장, 2장을 집필하였습니다. 문장의 서술형식이나 용어 표현 등에 통일을 기하려 노력하였음에도 불구하고 서술의 경향에 약간의 차이가 나며 다소 어색한 부분들이 있음을 고백합니다. 그런 까닭에 출판의 기쁨보다는 여러 가지로 부족한 점이 많아 아쉽고 부끄러움이 앞섭니다.

한 권의 책이 나오기까지 많은 분들의 도움이 있었습니다. 영유아 발달 특성과 실제에 대한 이해를 돕기 위해 많은 그림과 자료들을 제공해주신 분들에게 감사드리며, 아울러 이 책을 위해 함께 고민하고 작업을 한 동료연구자들께도 감사를 드립니다. 그리고 이 책의 출판을 맡아주신 동문사 사장님 이하 편집부 직원들께도 진심으로 감사드립니다.

2019년 2월에

집필자 일동

차 례

Chapter 01

영유아 발달의 기초

인간의 발달은 수정되는 순간부터 사망에 이르기까지 생애에 걸쳐 이루어지며, 특히 영유아기는 가장 급속한 발달이 이루어질 뿐만 아니라 이후 발달의 기초를 형성하는 매우 민감한 시기이다. 따라서 영유아기 발달에 대한 이해는 영유아에게 적절한 환경과 상호작용을 제공하여 삶의 질을 높이도록 돕는 데에 중요한 토대가 된다.

이 장에서는 발달의 개념과 단계, 발달의 원리 그리고 발달에 관한 주요 논쟁점에 대해 살펴봄으로써 영유아 발달을 제대로 이해하기 위한 기초를 마련하고자 하였다.

1 발달의 개념

- 갓 태어난 신생아가 눈을 뜨고 있을 때 사람이나 사물을 보는 것은 가능한가?
- 아기에게 걸음마를 연습시켜야 하는가?
- 영아를 너무 일찍 어린이집에 보내면 부모와의 애착 형성에 방해가 될까?
- 영아의 타고난 기질은 결코 변하지 않는 것일까?
- 유아가 유아교육기관에서 학대를 당했다고 이야기할 때 이를 믿어야 하는가?
- 조기 영어교육은 효과적일까?
- 유아가 어떤 손을 주로 사용하는지와 뇌 반구의 우세성은 관련이 있는가?
- 폭력적인 TV 프로그램은 유아의 공격성을 증가시키는가?

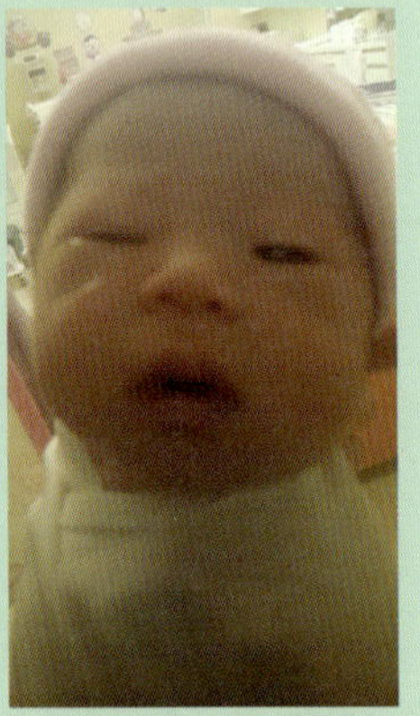
갓 태어난 신생아

위와 같은 질문은 영유아기 자녀를 둔 부모가 흔히 마주하는 문제와 관련된다. 비단 부모뿐만 아니라 유아교육기관의 교사나 심리상담사, 사회복지사 등에 이르기까지 다양한 분야의 많은 사람들이 이러한 문제에 관심을 가질 것이다. 위와 같은 물음에 대한 답을 찾기 위한 학문 분야가 바로 발달 심리학(developmental psychology)이다.

여기서 발달(development)이란 무엇인가? 발달은 수정이 된 순간부터 사망에 이르기까지 생애 동안 일어나는 양적 혹은 질적 변화를 의미한다. 발달의 양적 변화는 키, 몸무게, 운동 기술, 어휘량 등과 같이 크기나 빈도, 양에서의 측정 가능한 변화를 포함한다. 질적 변화는 특정 행동양식이나 기능의 출현, 증가 및 감소 등 이전 단계에서 보였던 것과는 전혀 다른 수준으로의 기능적·구조적 변화를 포함한다. 유아가 연령이 증가함에 따라 차츰 자기중심적 사고에서 벗어나 다른 사람의 관점에 관심을 가지게 되는 것은 이전과는 질적으로 다른 인지 구조의 변화라고 할 수 있다.

발달과 유사한 개념으로는 성장(growth)과 성숙(maturation), 학습(learning)이 있다. 성장이란 신장과 체중, 골격과 같은 신체 구조와 기능이 양적으로 증가하는 변화를 말하며, 성숙은 태내 발달이나 신생아기와 영아기의 성장 급등, 사춘기 2차 성징과 같이 유전적 요인에 의해 발달적 변화가 통제되는 생물학적 과정을 말한다. 반면 학습은 개인이 접하는 인적·물적 환경과의 상호작용을 포함하는 직·간접적 경험의 결과로서 야기되는 행동이나 사고의 변화를 의미한다. 외국어 습득이나 식습관 형성과 같이 훈련이나 연습에 기인하는 발달적 변화가 바로 학습이다. 발달은 성장과 성숙, 학습의 의미를 포괄하며, 결론적으로 발달은 이 세 가지 기제가 함께 작용하여 이루어지는 지속적인 변화 과정이라고 할 수 있다.

이상의 발달에 대한 개념 정의를 토대로 볼 때, 발달 심리학은 인간의 행동과 사고과정이 생애에 걸쳐 시간의 경과에 따라 어떻게 변화되어 나가는지를 연구하는 폭넓은 학문 분야라고 할 수 있으며, 그 일부로서 영유아 발달은 영유아기의 발달적 변화 과정을 다루는 발달 심리학의 한 영역이라고 하겠다.

'발달'에 대한 개념망을 작성해 보자.

※ '발달'이란 무엇일까?

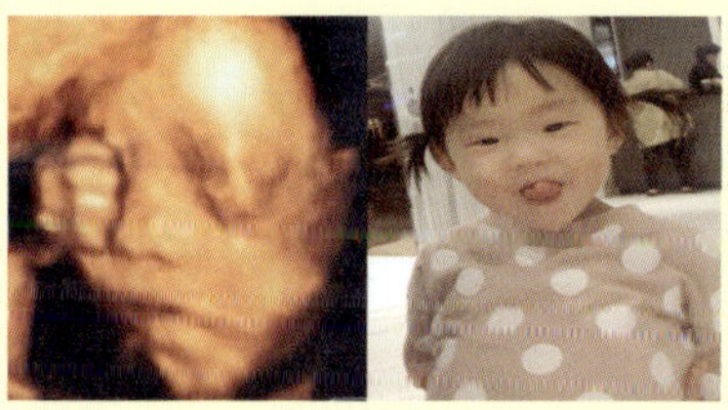

※ '영유아'란?

____

____

※ '영유아 발달'이란?

____

____

2 발달의 단계

인간은 생애 동안 단계별로 서로 다른 양상으로 발달해 나간다. 이와 같은 단계(연령)별 발달 특징은 일반적으로 다음과 같이 정리할 수 있다.

- **태내기(수정~출생)** 임신에서 출생까지의 약 38주간의 기간으로, 자궁 속에서 태아의 신체 조직이 구성되고 발달하는 시기이다.
- **영아기(0~2세)** 출생에서 생후 36개월까지이며 출생 후 첫 1개월간은 신생아기로 일컬어진다. 생후 1년 반 무렵까지는 양육자에게 의존하다가, 2세 전후가 되면 자아 인식과 함께 신체 운동 발달이 점점 더 정교해지면서 독립적이며 자기주장이 강해지기 시작한다.
- **유아기(3~5세)** 아동 초기 또는 학령 전기로 일컬어지며, 유아교육기관 등으로의 생활 반경이 확장됨에 따라 또래나 가족 이외 환경에 대한 이해와 관심이 증가한다. 사회성, 언어 및 사고 발달이 두드러지는 시기이다.
- **아동기(6~11세)** 초등학교에 다니는 시기로 학령기라고도 한다. 논리적으로 사고할 수 있는 능력이 발달하며 아동기 말기에 이르면 사춘기가 시작된다.
- **청소년기(12~19세)** 청소년기의 연령 범위는 학자나 법령에 따라 다르지만, 청소년보호법에서는 만 19세 미만을 청소년으로 지칭한다. 청소년기에는 2차 성징에 의해 급격한 신체적·성적 변화를 겪으며 추상적 사고 능력이 발달한다. 자아 정체성을 찾는 것이 중요하여 자신의 능력과 존재에 대해 끊임없이 탐색하고 가족보다는 또래 집단과 어울리는 시간이 길어진다.
- **성인 전기(20~40세)** 이성과의 결혼을 통해 가정을 형성하며 직업을 갖게 되는 시기로 직장인, 배우자, 부모로서의 역할과 책임이 부여된다. 신체적 건강 상태는 최고조에 이르며 이 상태를 유지하기 위해서는 운동 등 노력이 필요하다.

- **중년기(40~65세)** 신체적으력과 청각 등 감각이 차츰 감퇴하며 근력·지구력이 감소하는 경향을 보인다. 부모와 직장인으로서의 역할 수행을 통해 생산성을 확립하며, 역할에 대한 책임이 더 무거워지는 시기이기도 하다.

- **노년기(65세 이후)** 은퇴와 신체적 쇠약을 겪으면서 심리적으로 고립되거나 위축되기 쉬운 시기이다. 인간 수명이 길어지면서 노년기가 상대적으로 장기화됨에 따라 이 시기 삶의 만족도를 높이는 것이 더욱 중요해졌다.

이와 같은 구분은 각 단계별 발달 특징을 분명하게 드러내 주는 장점이 있다. 그러나 각 단계의 과정이 시작되고 끝나는 연령은 개인마다 차이가 크며, 시대와 문화에 따라 달라지는 등 여러 가지 측면에서 임의적이다(이영 외, 2015). 일반적으로 영유아 보육·교육 분야에서 영유아기는 만 0~2세 영아기(출생~36개월 미만)와 만 3~5세 유아기(36~72개월)를 말한다.

그러나 넓은 의미로 볼 때 영유아기는 수태되는 그 순간부터 시작된다고 할 수 있으며(장영희, 1998), 이러한 맥락에서 본서에서의 영유아 발달은 태내기와 신생아기를 포함한 영아기, 유아기에 이르는 발달의 연속성과 양적 또는 질적 변화를 이해하고자 하는 것이다.

3 발달의 원리

발달은 개인적 특성이나 사회 문화적 맥락의 다양성에 따라 어느 정도 차이가 있을 수 있다. 하지만 대체로 다음과 같은 보편적인 원리에 따라 이루어진다.

1 발달은 유전과 환경의 상호작용의 결과이다

발달은 부모로부터 물려받은 타고난 특성인 유전적 요인과 환경적 요인 간의 상호작용을 통해 이루어진다. 과거 발달 심리학자들은 유전과 환경 중 어느 것이 발달에 미치는 영향력이 더 큰가에 관심을 가졌다. 그들은 키나 몸무게, 외모, 혈액형과 같은 신체·생리적 특징은 분명 유전에 의해 크게 영향을 받는다고 보았다. 그러나 오늘날에는 과거 유전적 영향이 분명하다고 보았던 기질이나 성격 특성도 부모의 양육 방식이나 가정환경 등에 의해 변화 가능하다고 보는 것이 일반적인 견해이다.

유전의 영향이 더 크다는 입장에서는 발달의 패턴이 유전적 정보에 의해 생물학적으로 정해져 있다고 주장한다. 반면 환경의 영향이 더 크다고 보는 입장에서는 발달이 교육의 질적 수준이나 환경의 변화 등 여러 가지 외적 요인에 의해 영향을 받는다고 본다. 그러나 이러한 논쟁은 이제 어느 것이 더 중요한가보다는 양자가 어떻게 상호작용하는가를 더 중시하는 쪽으로 바뀌었으며, 현재는 이 두 요인의 상호작용의 결과로 발달이 이루어진다고 보는 견해가 일반적이다.

특히 인간의 DNA 정보만으로는 인체 세포 및 생리학적 표현 특성의 다양성을 충분히 설명할 수 없다고 보는 후생 유전학자들의 주장은, 환경이 유전자의 표현에도 영향을 미칠 수 있음을 보여주는 것이다.

후성 유전학의 발견: 질병 발병률과 엄마 자궁 속 환경

제2차 세계대전이 막바지로 치닫던 1944년 가을, 독일군은 네덜란드로 들어가는 모든 항구를 봉쇄하고 식량 공급을 극도로 제한하였다. 그 결과 그해 겨울 수십 년 만의 혹한까지 겹치면서 네덜란드 국민들은 대기근을 겪어야 했다. '배고픈 겨울'이라고도 불리는 이 시기에만 1만여 명의 국민이 목숨을 잃었고 연합군이 도착한 1945년 5월까지 2만여 명의 국민이 사망하는 대참사로 이어졌다. 당시 임신한 여성들의 뱃속에 있던 4만 명의 태아들 역시 이 대기근의 또 다른 피해자였다는 사실은 수십 년이 지나 1990년대 중반이 지나면서 밝혀졌다.

암스테르담 메디컬 센터의 테사 로즈붐(Tessa J. Roseboom) 박사가 이끄는 연구팀은 배고픈 겨울에 잉태되었던 전쟁둥이들의 출생 기록을 찾아냈다. 그 과정에서 현재 성인병, 즉 고혈압과 높은 콜레스테롤 수치, 당뇨 및 심장 질환에 많이 시달리는 사람일수록 배고픈 겨울 시기에 엄마 뱃속에 있던 시간이 길었다는 사실을 알게 되었다. 더불어 질병 발병률 또한 전쟁이 끝나고 잉태된 사람들과 크게 차이가 났다. 이러한 발견은 건강이 유전에 의한 가족력이나 그동안의 생활환경보다는 자궁 속 환경에 더 크게 결정된다는 사실을 잘 보여주는 것이다.

출처: EBS '퍼펙트베이비' 제작팀. pp.22~28.[재구성].

2 발달에는 일정한 순서와 방향성이 있다

모든 발달은 정해진 순서와 방향에 따라 진행된다. 예를 들어, 영아의 운동 발달은기고, 앉고, 서고, 걷나가 그 다음에 달리는 것이 가능하게 되며, 언어 발달의 경우에도 옹알이를 한 다음 말을 하기 시작한다. 특히 신체 및 운동 발달이 진행되는 방향은 다음과 같은 원칙을 따른다.

- 두미(top to bottom, cephalo-caudal) 방향 원칙

발달은 머리에서 발끝 방향으로 진행한다. 즉, 아기는 머리부터 가누고 가슴을 들어 올리며, 이후 기고, 서고, 걷는 게 가능해진다.

• 근원(inner to outer, proximo-distal) 방향 원칙

발달은 몸 안쪽에서 바깥쪽, 즉 몸 중심에서 말초 방향으로 진행한다. 태아의 경우 심장부터 먼저 형성되고, 손가락과 발가락은 나중에 갖추게 되는 것이 대표적인 예이다.

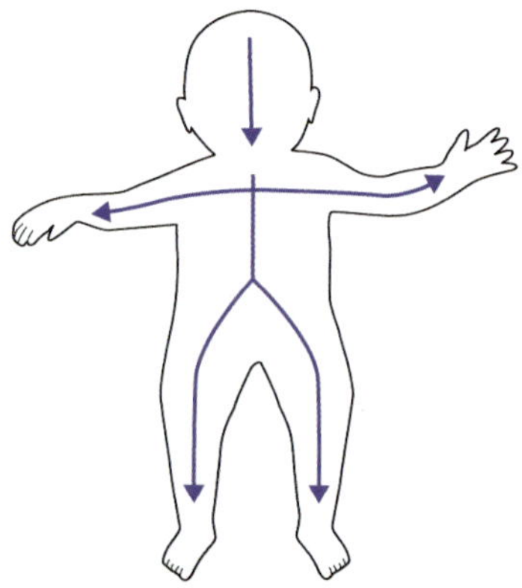

그림 1-1 발달의 방향성

출처: Scammon(1930).

• 세분화(general to specific) 방향 원칙

발달은 전체 운동에서 세분화된 운동으로, 즉 큰 근육이 먼저 발달하고 다음에 작은 근육이 발달한다. 유아는 작은 물건을 잡기 위해 처음에는 손 전체를 다 사용하지만 점차 시간이 지남에 따라 엄지와 검지만으로 잡게 되는 것이다.

이러한 발달의 정해진 순서와 방향성은 선행 단계가 이후 발달 단계의 토대가 됨을 의미하며 향후 발달 양상을 예측 가능하도록 한다.

3 발달은 순서적이고 누적적인 과정이다

발달은 일정한 순서에 따라 누적적으로 이루어진다. 발달이 누적적이라는 의미는 전 단계에서 이미 획득된 기술에 기초하여 다음 단계의 발달이 이루어진다는 것이다. 예를 들어, 영유아의 언어 발달 양상을 볼 때 생후 2개월 무렵 쿠잉에서부터 옹알이, 한 단어, 두 단어 시기를 거쳐 다어문을 사용하게 되면서 차츰 유아의 문장은 성인과 유사한 수준으로 정교해진다.

반대로 발달이 지연되거나 결손이 있는 경우 그 역시도 누적되어 다음 시기의 발달에 영향을 미칠 수 있다. 초기 주 양육자와의 신뢰감을 잘 형성하지 못했거나 극단적인 애정 결핍을 경험한 영아의 경우 이후 사회적 맥락 안에서 원만한 대인관계를 유지하는 데에 어려움을 겪을 수 있다.

4 발달은 점진적인 과정이지만 그 속도는 일정하지 않다

발달은 점진적이고도 지속적인 변화 과정이지만 그 속도는 발달 시기와 발달 영역에 따라 다르게 나타난다. 아래의 연령별 신체 발달 속도 비교 곡선에서 볼 수 있듯이 신장이나 체중과 같은 신체 성장 속도는 출생 직후와 영아기에 매우 빠르게 나타나며, 두뇌 발달은 출생 후 첫 2년 동안 속도가 현저하게 증가한다. 림프선과 같은 내분비 조직은 출생부터 아동기까지 급격하게 발달하다가 20세가 되면 100%로 성장 비율이 맞춰지게 되며, 생식기관은 사춘기에 급속도로 발달한다. 어휘력의 경우에는 2세 이후에 매우 빠르게 확장되며 의사소통 능력도 함께 급속히 발달하는 모습을 보인다.

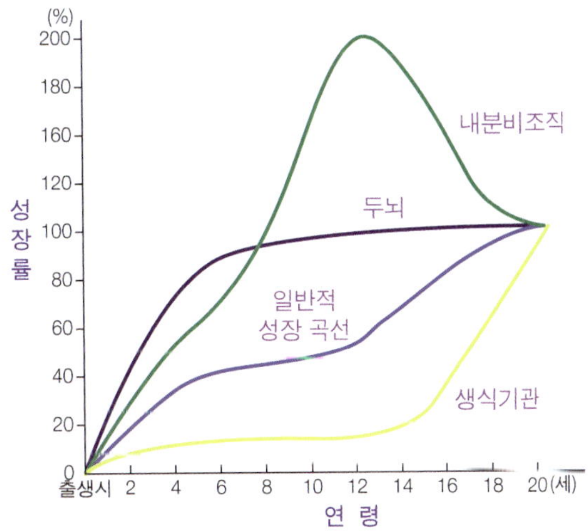

그림 1-2 연령별 신체 발달 속도 비교 곡선

출처: Scammon(1930; 박성연, 2006 재인용).

5 발달은 개인차가 있다

발달은 보편적인 순서에 따라 이루어지지만 개별 유아가 지닌 내적 특성과 거주 지역, 사회경제적 수준 등 다양한 환경적 요인에 따라 서로 다른 속도와 발달 패턴을 보인다. 어떤 영아는 생후 12개월 무렵 첫 단어를 사용하기 시작하고, 다른 영아는 같은 시기에 여러 단어를 말하기 시작한다. 동일 연령의 또래보다 더 우수한 신체 운동 능력을 갖춘 유아도 있고, 정서 조절 능력이 더 뛰어난 유아도 있다.

이러한 개인차는 당연한 것이므로 이를 잘못 이해하여 영유아의 발달에 대하여 지나치게 염려할 필요는 없다. 다만, 일반적으로 어떤 행동이 나타나는 보편적 시기는 대개 50%의 아동이 도달한 평균 연령을 표준으로 하고 있으며, 이러한 표준에서 상당히 벗어났을 경우에만 예외적 발달로 간주한다(박성연, 2006).

6 발달의 각 영역은 상호 밀접한 관련이 있다

발달은 편의상 크게 신체·운동, 인지·언어, 사회·정서 발달 영역으로 구분된다(Berk, 2015). 신체·운동 발달은 두뇌, 신장과 체중, 근육과 골격, 치아의 발달과 대소근육 운동 능력의 발달을 포함하는 영역이다. 인지·언어 발달 영역은 사고와 언어 발달, 지각, 주의, 기억 발달, 지능 및 창의성 발달을 포함한다. 사회·정서 발달 영역은 친사회적 행동, 자아 개념과 성역할, 도덕성, 공격성 등의 사회성 발달과 정서의 표현, 이해 및 조절, 기질, 정서지능 등의 정서 발달을 포함한다.

이와 같은 세 영역은 서로 상호작용하며 밀접하게 연관되어 있다. 만약 유아가 말이 늦어서 자신의 의사를 표현하는 데 서툴다면 또래 친구들에게 놀림을 받아 자아 존중감이 손상될 수 있으며, 언어 이해력 수준이 낮은 경우 상대방과의 대화에 집중하기 어렵고 이와 함께 학습 속도와 학습 능력도 저하될 수밖에 없다.

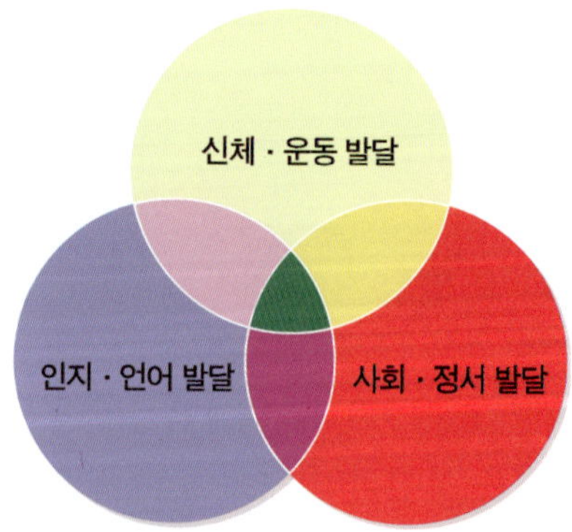

그림 1-3 발달 영역 간 상호 관련성

또한 신체적 성장이 사회적·정서적 발달에 영향을 줄 수도 있다. 예를 들어, 또래들보다 키가 큰 아이는 성인들이 책임감을 더 주게 되고, 친구들도 리더가 되어 주기를 바라게 됨으로써 사회적 기술과 연습의 기회가 더 많다고 할 수 있다.

4 발달에 대한 쟁점

영유아 발달을 이해하기 위해 많은 학자들이 발달에 내재한 원인, 발달의 과정 등을 설명하고자 노력해 왔고, 학자마다 서로 다른 의견을 제안하여 이는 쟁점으로 이어지기도 하였다. 여기서는 발달 이론가들의 오랜 논쟁점을 선천성과 후천성, 연속성과 비연속성, 초기 경험과 후기 경험의 중요성에 관한 입장으로 나누어 살펴본다.

1 선천성(유전)과 후천성(환경)

- 아기는 저절로 걷게 되는 것인가, 아니면 훈련으로 인해 걷는 것인가?
- 아기에게 걸음마를 연습시켜야 하는가? 그냥 내버려 두어야 하는가?

위의 물음은 이제 막 걸음마를 시작하려는 아기를 둔 부모들이 쉽게 떠올릴 만한 사항이다. 과연 아기는 부모와 함께 걸음마를 연습하여야 빨리, 더 능숙하게 잘 걸을 수 있게 되는 것인가? 유아가 수줍음이 많고 내성적인 것은 선천적으로 타고난 기질 때문인가, 아니면 다른 사람과 어울리는 경험이 부족하거나 반대로 생애 초기 다른 사람과 상호작용하면서 겪은 과도한 스트레스 때문인가?

앞서 발달의 원리에서 살펴보았듯이 발달이 선천적(유전적) 요인과 후천적(환경적) 요인의 상호작용에 의한 것임은 의심할 여지가 없지만, 그 상대적 영향력에 대해서는 여전히 논란이 이어지고 있다.

위의 물음으로 되돌아가서 볼 때, 만약 발달이 선천적 요인에 의한 것이라고 생각하는 사람이라면 영아가 혼자 비틀거리며 걸으려고 할 때 단순히 지켜보고만 있을 것이다. 그러나 후천적 요인을 중요하게 생각한다면 계속해서 영아의 손을 잡고 한발자국씩 내딛는 연습을 시킬 것이다.

아래의 신문기사와 영화 내용을 참고하여 나의 견해를 이야기하고 동료들의 생각과 비교해 보자.

1. 범죄자는 범죄 인자를 갖고 태어나는가? 환경에 의해 범죄를 학습하는가?

범죄의 원인을 유전적(생물학적, 선천적)인 요인으로 볼 것인지 환경적(사회학적)인 요인으로 볼 것인지에 대한 관점은 오래 전부터 학자들 사이에서 대립해왔다. 21세기 들어 유전학과 뇌 과학 등이 급격하게 발전했음에도 이에 대한 정답을 내리지 못하고 있다.

범죄의 유전성에 대한 유명한 연구 중 하나는 리처드 덕데일의 '애더 쥬크가(家)' 가계 조사이다. 덕데일은 1874년 뉴욕의 한 구치소를 조사하다 유달리 특정 성(姓)을 가진 재소자가 많다는 것을 발견했다. 덕데일은 이들의 가까운 친척부터 조사하기 시작했고, 그 결과 재소자들과 직접적 혈연관계가 있는 29명 가운데 무려 17명이 범죄 전과를 갖고 있다는 것을 확인했다. 이들의 가계도를 심층적으로 조사하던 덕데일은 또 하나의 흥미로운 사실을 알아냈다. 이들 모두 18세기 미국에서 속칭 '범죄자의 어머니'로 불리던 악명 높은 범죄자 애더 쥬크라는 여자의 후손이라는 것이다.

덕데일은 쥬크라는 집안의 가계도를 연구하면서 후손이 대대로 범죄자가 돼 형무소에 들어가는 일이 많다는 것을 밝혀냈다. 비슷한 연구를 한 고다드도 '카리카크라'라는 집안의 연구를 통해서 후손이 대대로 정신박약인 것을 발견했다.

이들의 연구는 하나의 가문이 범죄자를 만들거나 정신병을 유발할 수 있다는 하나의 증거로 남았지만, 연구 과정에서 조사의 미흡성과 환경적인 요인을 무시한 점 등은 비판을 받았다.

쌍생아를 통해 범죄와 생물학적인 요인과의 관련성에 대한 연구도 있었다. 함께 태어난 두 사람의 특성이 같다면 행동양식도 비슷할 것이라는 전제에서이다. 초기에는 쌍둥이들의 범죄 행동양식에서 유사한 점을 발견해 범죄에 대한 유전적 요인이 있음을 발견한 것으로 많은 기대를 받았지만, 계속 진행한 연구를 통해 쌍생아와 범죄에 대한 유사성은 그다지 높지 않은 것으로 나타났다.

범죄에 대한 생물학적 연구 성과가 미미하면서 생물학적인 요인을 보다 명확히 규명하기 위해 시작한 연구가 염색체 연구이다. 일반적인 남성이 가지는 XY 염색체에서 Y 염색체를 하나 더 가지고 있는 XYY라는 염색체이상을 가진 남성은 공격성이 높다는 것이다. 1960년대 중반 미국 시카고의 살인범이 이 염색체를 보유하고 있다는 사실이 미디어를 통해서 알려지기 시작하면서 한동안 XYY 염색체는 공격성을 높이는 위험한 염색체로 여겨지기도 했지만, 이후 연구에서 반드시 그러한 것만은 아니라는 결과가 나와 그 열기는 식었다.

범죄와 생물학적인 요인의 관련성에 대한 많은 연구는 환경적인 요소를 소홀히 한다는 비판을 받았다. 그러나 빈곤 등의 환경이 범죄자를 양산하는 근본적인 원인으로 인식되고 있는 최근에도 유전적인 요인이 중요하다는 연구는 계속되고 있다.

출처: 금강일보(2013. 4. 16.).

범죄자는 타고나는 것인가? 아니면 경험에 의해 만들어지는 것인가?

2. 영화 '케빈에 대하여(We Need to Talk About Kevin, 2011)'

자유로운 삶을 즐기던 여행가 에바에게 아들 케빈이 생기면서 그녀의 삶은 180도 달라진다. 일과 양육을 동시에 해야 하는 에바의 삶은 케빈의 이유 모를 반항으로 점점 힘들어져 간다. 에바는 가족 중 유독 자신에게만 마음을 열지 않는 케빈과 가까워지기 위해 애쓰지만 그럴수록 케빈은 더욱 교묘한 방법으로 에바에게 고통을 준다. 세월이 흘러 청소년이 된 케빈은 에바가 평생 혼자 짊어져야 할 끔찍한 대학살을 저지른다.

출처: 네이버 영화 정보.

영화 속 케빈의 악행은 선천적인 요인에 의한 것인가? 아니면 후천적으로 엄마 에바와의 잘못된 관계에서 비롯된 것일까?

2 연속성과 비연속성

발달에 대한 또 다른 쟁점은 발달이 연속적(continuous)인가 아니면 비연속적(discontinuous)인가에 대한 문제이다. 우선 연속적 과정으로 보는 입장에서는 발달을 시간의 경과에 따른 누적적인 양적 변화로 본다. 영유아는 성인과 동일한 방식으로 세상에 대해 반응하며, 차이가 있다면 그것은 단순히 양이나 복잡성의 차이라는 견해이다(Berk, 2015). 이러한 관점에서 영유아가 앉고, 기다가 서고, 걷게 되는 일련의 과정에서 사용하는 기술은 성인이 사용하는 기술과 전혀 다른 새로운 것이 아니라, 유사하거나 같은 종류의 기술을 반복적인 경험을 통해 점차 정교화하고 덧붙여서 축적한 기술로 본다.

반면 발달을 비연속적이라고 보는 관점에서 발달이란 질적으로 서로 다른 단계를 거쳐 진행되는 급격한 변화 과정이다. 예를 들어, 사고의 영역이 실제 관찰가능한 사실에만 한정되어 있던 아동이 어느날 추상적 개념을 이해하고 가설연역적 사고를 할 수 있게 되는 것은 비연속적 변화양상으로 볼 수 있다.

이 논쟁도 앞서 보았던 선천성과 후천성 논쟁과 마찬가지로 양자택일의 문제는 아니다. 만약 상당한 기간에 걸쳐 변화의 곡선을 관찰한다면 발달적 변화는 두 가지 형태를 결합한 모형일 것이다(Santrock, 1998).

그림 1-4 연속적 발달과 비연속적 발달

출처: Berk(2015).

나의 생애 속에서 연속적 · 비연속적 변화 양상을 찾아 보자.

※ 나이가 들어감에 따라 연속적으로 축적되어 변화된 행동이나 능력은 무엇인가? 혹은 유아기와 비교해서 질적으로 전혀 다르게 변화된 행동이나 능력은 무엇인가?

연속적 발달	비연속적 발달

3 초기 경험과 후기 경험의 중요성

발달론자들은 영유아기 경험이 일생을 통해 어느 정도로 영향을 미치는가에 대해 지속적으로 의문을 가져 왔다. 만약 초기 경험의 영향이 결정적이라면 아동학대와 같은 신체적·심리적 외상은 극복하기 어려운 문제일 수 있다.

지금까지 밝혀진 초기 경험의 중요성을 보여주는 대표적인 사례는 언어 습득과 관련하여 1800년에 남부 프랑스 아비뇽 숲에서 발견된 야생 소년 빅토르와 1970년대 미국에서 12년간 정신이상자인 아버지에게 감금당했다가 발견된 지니의 경우를 들 수 있다. 이들 사례에서처럼 결정적 시기(critical period)의 언어 노출과 경험은 언어 능력에 결정적인 역할을 한다. 이는 발달의 초기 경험이 인간의 행동양식이나 습관 형성에 얼마나 중요한지를 보여준다고 하겠다.

한편 이와 같은 초기 경험의 중요성에도 불구하고 인간은 다행히 놀랄 만큼의 탄력성이 있으므로 때로는 극단적인 경험이나 결핍을 경험하더라도 회복될 수 있는 가능성을 가진다(이영 외, 2015). 탄력성이란 개인이 스트레스 상황에 처했을 때 스트레스 이전의 적응 수준으로 회복할 수 있는 힘을 말한다(Garmezy, 1993). 즉, 어린 시절 부정적 경험으로 인해 인지적으로나 정서적으로 손상을 입었다고 할지라도 그 이후에 질 높은 경험을 제공하고 환경을 개선시킴으로써 회복할 수 있다는 것이다. 후기 경험의 중요성을 강조하는 사람들은 인간의 발달이 유아기 이후 불변하는 것이 아니라 끊임없이 변화해 나간다고 주장하며, 아동이나 청소년의 발달에서 후기 경험도 초기 경험만큼 중요하다고 믿는다(정옥분, 2007).

이상에서 본 바와 같이 발달에 대한 논쟁점 중 어느 한 쪽만 발달에 영향을 미치는 것은 아니다. 양자가 발달에 영향을 미친다고 볼 수 있으므로, 이때 교사나 부모는 영유아 발달에 대한 균형 있는 관점을 가지는 것이 가장 중요하다. 더불어 모든 특징들이 발달 과정을 잘 설명하고 있으므로, 쟁점들에 대해 극단적인 입장을 취하기보다는 대립되는 특징들의 상호작용을 발달의 과정으로 보아야 할 것이다(Santrock, 1998).

연구문제

01 영유아 발달의 개념을 성숙, 성장, 학습 개념과 비교하여 정리해 보자.

02 발달의 세 가지 영역에 대해 설명해 보자.

03 실제 영아나 유아를 대상으로 발달의 일반적 원리를 두 가지 이상 적용해 보자.

04 발달의 대표적인 논쟁점 세 가지와 그 시사점에 대해 설명해 보자.

Chapter 02

영유아 발달의 연구

지금까지 많은 연구자들이 영유아의 발달 양상과 행동 특성에 대해 의문을 제기하였고, 이에 대한 해답을 찾기 위해 과학적인 절차에 따른 연구를 수행하였다. 이러한 영유아 발달에 대한 과학적 연구의 축적된 결과가 바로 본서에서 소개하는 다양한 이론이라고 할 수 있다.

기존의 영유아 발달에 대한 이론은 새로운 연구 주제를 발견하고 가설을 설정하는 데 중요한 토대가 되며, 이미 검증된 이론이라고 할지라도 문제점이 발견되거나 의문이 야기되는 경우 끊임없이 재검증하거나 때로는 수정하고 있다.

이 장에서는 영유아 발달을 연구하는 목적, 관심 있는 문제를 검증하기 위한 자료수집 방법과 연구 설계의 유형, 영유아 발달 연구의 접근 방법에 대해 살펴보고, 마지막으로 영유아 발달 연구의 윤리적 문제에 관해 살펴본다.

1 영유아 발달 연구의 목적

영유아 발달 연구란 연구자가 과학적인 방법을 통해 영유아 발달과 관련된 제반 현상이나 문제를 객관적으로 검증하여 보편화된 이론을 도출해 나가는 과정이다.

영유아 발달 연구의 목적은 영유아 발달과 행동에 관련된 현상을 기술하고 설명하며, 기존 이론이나 정보를 바탕으로 영유아의 발달을 예측하고 적절하게 통제함으로써 궁극적으로 영유아의 건전한 성장과 발달을 도모하는 데 있다. 이러한 영유아 발달 연구의 목적을 구체적으로 살펴보면 다음과 같다(송인섭 외, 2001; 이은해 외, 2007; 정옥분, 2007).

첫째, 기술(description)이란 영유아 발달과 관련하여 관심을 가진 현상에 대해 있는 그대로를 기록하는 것이다. 예를 들어, 영유아기의 신체 발달, 사회 정서 발달, 인지 언어 발달이 어떠한 과정을 거쳐 이루어지는지에 대한 기술을 통해 연령에 따른 평균적 발달 수준과 개인차를 알 수 있다. 이러한 과정을 바탕으로 그 현상과 관련된 주요 변인들을 발견해 변인들 간의 관련성을 파악하여 제시하는 것이 가능하다.

둘째, 설명(explanation)은 영유아의 발달적 현상이 무엇에 의해, 왜 일어나게 되었는지 그 원인이나 근거를 밝히는 것이다. 즉, 기술을 통해 연령에 따른 발달적 변화와 개인차를 파악하고자 한다면, 설명을 통해서는 이러한 발달적 변화에 있어 유전적 요인과 환경적 요인의 영향력이 어느 정도인지, 개인차의 원인이 무엇인지를 규명하고자 하는 것이다.

셋째, 예측(prediction)은 발견된 정보나 이론을 통해 미래에 일어날 수 있는 현상을 예언하는 것이다. 예를 들어, 영아의 신체 발달 이론에 근거하여 생후 3개월 무렵이 되면 목을 가누고 주먹을 쥘 수 있으며, 4개월 무렵에는 뒤집기가 가능하리라는 예측을 할 수 있다.

넷째, 통제(control)는 영유아의 발달적 현상의 원인을 조작함으로써 그 현상이 일어나게 하거나 혹은 일어나지 않도록 하는 것이다. 예를 들어, 또래와의 관계 형성에 어려움을 겪는 유아에게 긍정적인 상대방의 반응을 유발하는 상호작용 기술을 모델링하거나 지도함으로써 유아의 사회적 행동을 변화시키기 위한 도움을 줄 수 있다.

2 영유아 발달 연구의 자료수집 방법

영유아 발달 연구를 할 때에는, 우선 관심 있는 주제와 관련된 영유아의 발달적 행동을 파악하기 위해 어떠한 방식으로 자료를 수집할지 결정해야 한다. 주로 사용하는 방법으로 관찰법, 면접법, 질문지법, 검사법 그리고 생리적 변화를 측정하는 신경 생물학적 방법 등이 있다.

1 관찰법

관찰법은 영유아의 행동을 이해하기 위한 자료수집 방법 중 가장 오래된 방법으로, 영유아의 행동을 자세히 관찰하여 기록하는 방법이다.

관찰 장면의 인위적인 통제 여부에 따라 자연적 관찰과 구조화된 관찰로 나눌 수 있다. 자연적 관찰은 어떤 현상이나 영유아의 행동을 일상적인 맥락 속에서 관찰하는 방법으로, 자발적인 행동을 있는 그대로 관찰 가능하다는 장점이 있다. 반면 구조화된 관찰은 연구자가 관심 있는 특정 행동을 이끌어내기 위해 연구 상황이나 조건을 통제하여 관찰하는 것이다. 특히 구조화된 관찰은 흔히 일어나지 않거나 자연스럽게 관찰하기 어려운 행동들을 연구하는 데 유용한데, 예를 들어 유아가 낯선 사람에게 보이는 반응을 연구하고자 한다면 낯선 사람이 나타날 때를 기다려서 자연적 관찰을 하기보다 연구자가 낯선 사람을 설정하여 그 상황에서 영유아가 어떻게 반응하는지를 관찰하는 것이 보다 적절할 것이다(Kail, 2016).

관찰을 하는 과정에서 영유아가 관찰당하고 있다는 사실을 알게 되거나 낯선 관찰자를 의식할 경우 관찰하고자 하는 행동이 왜곡될 수 있으므로, 영유아와 관찰자가 충분히 서로 친밀감을 형성할 수 있는 시간을 가진 후 관찰을 수행한다. 이때 일방경을 통해 관찰하거나 직접 관찰하는 대신 비디오로 촬영하여 관찰하는 것도 대안이 될 수 있다. 관찰한 내용을 기록하는 형식에는 서술식(표본식 기록, 일화 기록), 시간 표집법, 사건 표집법, 체크리스트, 평정 척도 등이 있다.

관찰법은 비언어적인 정보를 수집하는 것이 일차적 목표이므로 질문지나 심리검사와 같은 방법으로 파악하기 어려운 정보를 발견하도록 돕는다는 점에서(안영진, 2007), 성인에 비해 의사소통 능력이 미숙한 영유아를 대상으로 한 연구에서 유용하게 사용될 수 있다.

2 질문지법

질문지법은 연구하고자 하는 문제나 내용에 대해 미리 작성된 문항들을 연구 대상에게 응답하도록 하는 방법으로, 많은 인원을 대상으로 방대한 자료를 수집하는 데에 효과적이다. 그러나 문자 해독 능력이나 짧은 주의 집중 시간 등의 문제로 인해(황해익, 2011) 영유아를 대상으로 한 연구에는 적절하지 않으며, 주로 영유아의 행동에 대한 부모 보고나 교사 보고식 질문지법을 많이 사용한다. 질문지 문항의 형식에 따라 선택형, 척도형, 등위형, 체크리스트 등 구조화된 질문지와 자유롭게 반응할 수 있는 개방형의 비구조화된 질문지로 나눌 수 있다.

3 면접법

면접법은 연구자가 연구하고자 하는 문제에 대한 자료를 얻기 위해 연구 대상과 직접 대면하여 직접적으로 질문을 던지고 그에 대한 응답을 통해 자료를 수집하는 방법이다. 글을 읽을 수는 없지만 구어적 의사소통이 가능한 유아를 대상으로 면접이 가능하므로 질문지법과는 달리 면접법은 유아에게도 사용할 수 있으며, 피면접자와의 대화 내용뿐만 아니라 표정이나 태도까지 함께 파악할 수 있으므로 보다 심층적인 자료를 수집할 수 있는 이점이 있다.

면접법은 면접의 절차와 방법이 사전에 구체적으로 준비되었는지 여부에 따라 구조화된 면접과 비구조화된 면접 그리고 반구조화된 면접으로 구분한다. 특히, 비구조화된 방식인 임상 면접(clinical interview)에서 면접자는 개개인에게 유연한 대화 방식을 사용하는 융통성을 발휘할 수 있는데, 이러한 방식은 사람들이 가능한 일상생활에서 생각하는 방식과 유사하게 자신의 생각을 표출하도록 도와주므로 심층적인 자료수집이 가능하다(Berk, 2015). 그러나 면접법은 비구조화된 방식일수록 면접자의 역량에 따라 수집된 자료의 유용성이 결정되기 때문에 엄격한 면접자 훈련이 요구되며, 성인 면접자에 대한 유아의 반응은 제한적일 수 있음을 이해하고 면접자와 유아 간에 충분히 친밀한 관계가 형성된 후에 면접이 이루어질 수 있도록 한다(권민균 외, 2007).

4 검사법

검사법은 지능검사, 성격검사, 어휘력 검사, 창의성 검사, 유아 발달 검사 등 표준화된 검사 도구를 사용하여 영유아의 발달적 특성이나 행동을 측정하는 방법이다. 수량화된 결과를 얻을 수 있으므로 개인이나 집단 간 비교가 용이하며 한꺼번에 많은 자료를 수집할 수 있는 장점이 있다. 그러나 표준화된 검사 도구라고 할지라도 신뢰도(누가 언제 측정하더라도 동일한 결과를 얻을 수 있는지의 정도)와 타당도(측정하고자 하는 특성을 얼마나 정확하게 측정하는지의 정도)에 문제가 있을 수 있기 때문에 유의해야 한다.

그림 2-1 한국판 아동발달검사(K-CDI)

출처: http://www.kops.co.kr

5 생리학적 심리 측정법

연구자들은 지각 능력이나 인지·정서적 반응의 기초가 되는 생물학적 특성을 밝히기 위해 생리적 반응 과정과 행동 간의 관계를 측정하는 생리학적 측정치들을 사용한다(박성연, 2006). 생리적 측정은 주의력이나 스트레스와 같은 영유아 행동의 특정 측면에 초점을 맞추고 있는데, 예를 들어 심장 박동 수는 유아가 흥미 있는 것에 깊이 집중할 때 느려지며, 스트레스에 반응하면 코르티솔이 분비된다는 것이다(Kail, 2016). 이러한 방법은 중추신경계 구조가 발달과 개인차에 기여하는 바를 밝히거나 자신의 심리적 경험을 명확하게 보고할 수 없는 영유아의 지각, 사고, 정서를 추론할 때 도움이 된다(Berk, 2015).

최근에는 과학기술과 뇌 과학의 발달로 인해 뇌파검사(electroencephalogram, EEG), 기능적 자기공명 영상법(functional magnetic resonance imaging, fMRI), 양전자 방출 단층촬영(positron emission tomography, PET), 근적외선 분광분석법(near-infrared spectroscopy,

NIRS) 등과 같은 뇌 기능 측정 방법으로 두뇌 활동을 직접적으로 관찰할 수 있게 되었다. 이러한 기법들은 뇌의 구조나 기능을 촬영하여 두뇌의 각 영역과 추론, 기억과 같은 다양한 심리적 기능과 행동 간의 관계를 밝혀내는 데 사용되고 있으며, 발달장애의 진단과 처방이라는 측면에서도 기여하고 있다.

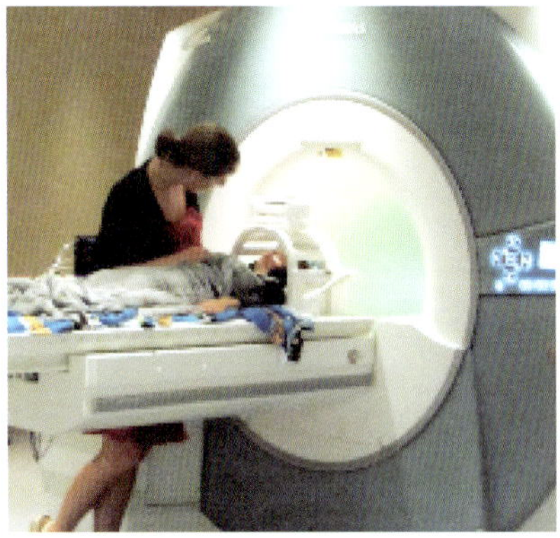

그림 2-2 기능적 자기공명 영상법

출처: http://ncdl.umd.edu

그러나 생리학적 심리 측정법은 실제 활용하여 결과를 해석하는 데 전문적인 기술과 훈련을 필요로 하므로 의학 분야의 전문가가 아닌 이상 이 방법으로 연구를 수행하기는 쉽지 않다.

표 2-1 뇌 기능 측정 방법

방법	설명
뇌파검사 (electroencephalogr-am, EEG)	머리에 여러 개의 전극을 꼽고 대뇌피질의 신경세포들이 나타내는 전기신호를 측정하여 두뇌의 활동을 조사한다. 뇌의 기능적 활동 영역을 찾아내고자 할 때 많이 사용하였으나 연구 대상자들의 검사 중 움직임, 심신의 상태가 측정 결과에 영향을 미치는 등 안정적인 측정이 되지 못하는 경우가 있어서 최근에는 활발히 사용하지 않는다.
기능적 자기공명 영상법 (functional magnetic resonance imaging, fMRI)	자기장으로 만들어진 터널 모양의 기구 안에 누워 있으면 스캐너가 연구 대상이 과제를 수행할 때 뇌의 특정 부분에서 혈류량과 산소대사가 증가하는 것을 탐지한다. 이 방법을 통해 뇌 전반에 걸친 활성화 정도의 변화를 3차원적 동영상으로 확인 가능하나 검사하는 동안 가만히 있어야 하므로 영유아에게는 사용하기 쉽지 않다.
양전자 방출 단층촬영 (positron emission tomography, PET)	방사능 동위원소를 혈관을 통해 대뇌에 수입하고, 연구 대상이 특정 과제를 수행하는 동안 활성화되는 혈관의 흐름을 중심으로 영상화하는 방법이다. 그러나 방사능 물질을 사용하는 단점이 있으며, fMRI와 마찬가지로 검사 중 움직일 수 없으므로 영유아에게는 적절하지 않은 방법이나.
근적외선 분광분석법 (near-Infrared spectroscopy, NIRS)	연구 대상이 자극을 처리할 때 나타나는 혈류량과 산소대사를 측정하기 위해 적외선을 뇌에 비추어 측정하는 방법으로 두뇌 전반이 아닌 대뇌피질의 기능만 검사할 수 있다. 얇고 유연한 광섬유로 구성된 헤드 캡을 머리 부위에 부착하여 측정하기 때문에 아기를 부모의 무릎에 앉혀서 측정할 수 있으며 검사를 실시하는 동안 움직일 수 있으므로 영유아에게 사용하기에 적절한 방법이다(Berk, 2015).

3 영유아 발달 연구의 유형

영유아 발달 연구를 수행하는 연구자들은 연구 문제나 가설을 설정하고 자료를 수집하기 위한 방법을 정한 후 연구 설계의 유형을 선택한다. 영유아 발달 연구에서 주로 사용되는 연구 유형으로는 상관 연구와 실험 연구가 있다.

1 상관 연구

상관 연구(correlational study)는 발달에 영향을 미치는 변인들 간의 관계를 밝히기 위한 연구이다. 두 개의 변인을 측정하여 서로 어떠한 관련성이 있는지 알아보는 단순 상관 연구의 경우는 부모의 양육 태도가 자율적이고 애정적일수록 유아의 사회성이 높을 것이라는 가설을 검증하기 위해 두 변인 간의 관계를 측정할 수 있다. 부모의 사회경제적 수준과 자녀의 지능 발달, 영아의 기질과 기관 적응 간의 관계 등도 상관 연구로 설계하여 검증해볼 수 있다.

그러나 상관 연구는 변수들 간의 관련성을 알려줄 뿐 변수 간의 인과관계를 밝혀주지는 못한다. 즉, 부모의 양육 태도와 유아의 사회성 간에 정적인 상관관계가 있다는 연구 결과를 부모의 자율적-애정적 양육 태도가 유아의 사회성을 증진시키는 원인이 되는 것으로 해석할 수 없는 것이다.

상관 연구에서 변인들 간의 상관 정도는 상관계수인 r로 표시하며 +1.00에서 -1.00의 범위를 가진다. 양의 부호는 정적 상관(하나의 변인이 증가함에 따라 다른 변인도 증가), 음의 부호는 부적 상관(하나의 변인이 증가함에 따라 다른 변인은 감소)을 의미하는데, 상관계수가 높을수록 두 변수 간의 상관성 정도는 높다고 할 수 있다.

2 실험 연구

인과관계를 규명할 수 없는 상관 연구와는 달리 실험 연구(experimental study)는 두 변인 간의 원인과 결과를 파악할 수 있다. 실험 연구에서는 어떤 한 변인을 조작했을 때 다른 변인에 어떠한 영향을 미치는지를 알아봄으로써 인과관계를 추정한다. 여기서 인위적으로 조작된 변인은 독립변인이 되며 독립변인의 영향을 받는 변인은 종속변인이 된다.

실험 연구에서 연구 결과의 타당도를 높이기 위해서는 실험 처치를 제외하고 종속변인에 영향을 미칠 만한 변인들을 잘 통제해야 한다. 이를 위해 연구자들은 처치 조건에 연구 대상을 무작위로 배치하여 각기 다른 조건의 집단에 배정된 연구 대상이 지닌 종속변인에 영향을 미칠 만한 특성을 동일하게 만든다. 이러한 과정은 실험 결과가 사전에 이미 존재했던 집단 간의 차이 때문일 확률을 줄일 수 있도록 돕는다.

실험 연구는 연구 대상이 처한 상황의 통제 정도에 따라 실험실 실험, 현장 실험, 그리고 자연(유사) 실험으로 나눌 수 있다. 엄격하게 통제되는 실험실 실험에 비해 현장 실험은 자연스러운 환경 속에서 독립변인을 조작하여 실험하는 것이다. 예를 들어 언어 교수법에 따른 유아의 어휘력 증진에 대해 알아보기 위해서 자연스러운 교실 맥락에서 교수법을 달리하여 실험을 할 수 있다. 그러나 실험실 상황에 비해 통제가 어려우므로 실험 처치의 효과를 제대로 측정하기 힘든 단점이 있다. 자연(유사) 실험은 실험 설계를 하기에는 윤리적으로 문제가 있거나 자연적으로는 만들어내기 힘든 사건의 영향을 알아보는 데 효과적이다. 이러한 연구를 통해 어머니의 질환이나 영양상태, 도시나 농촌의 거주지와 같이 연구자가 인위적으로 조작하기 힘든 조건이나 사건의 효과를 검증할 수 있다.

4 영유아 발달 연구의 접근 방법

영유아 발달 연구는 일반적인 연구 설계와 함께 연령에 따른 변화 양상을 알아보기 위해 다음과 같은 세 가지 접근 방법 – 횡단적 접근, 종단적 접근, 단기 종단적 접근 – 을 사용하고 있다.

1 횡단적 접근

횡단적 접근(cross-sectional approach)은 발달 과정의 한 시점에 서로 다른 연령 집단을 대상으로 연구하는 방법이다. 예를 들어, 유아의 자아 개념 발달을 알아보기 위해 만 3세에서 5세까지의 유아들을 여러 명 표집하여 동시에 측정하는 것이다.

이처럼 횡단적 접근의 연구는 연령에 따른 변화를 시간 간격을 두고 측정하는 것이 아니라 일정 시점에 한 번만 측정이 이루어지기 때문에 상대적으로 시간과 비용이 적게 든다는 장점이 있다. 그러나 횡단적 연구는 연령 집단 간 발달 차이의 경향성은 살펴볼 수 있으나 시간의 흐름에 따른 발달의 연속성과 안정성을 규명하기 어렵다는 제한점을 지닌다. 즉, 횡단적 접근의 연구에서 나타난 연령 간 차이는 각 집단의 평균을 비교하여 도출한 결과이므로 영유아의 개별적 발달 과정을 파악하기는 어렵다. 또한 횡단적 접근에서는 각 연령 집단의 시대 사회적 배경에 의한 발달의 차이를 연령 간 차이로 간주함으로써 이를 발달적 변화로 간주하는 동시대 집단 효과(cohort effect)가 나타날 수 있으므로(송명자, 1995) 결과를 해석할 때 유의해야 한다.

2 종단적 접근

종단적 접근(longitudinal approach)은 한 연령 집단의 연구 대상의 자료를 시간의 흐름에 따라 여러 시점에 반복적으로 수집하는 방법으로, 시간 변화에 따른 발달의 안정성과 변화 양상을 알아보는 방법이다. 만 3세 유아들을 3년간 추적하여 매년 자아 개념을 측정함으로써 자아 개념의 변화 과정을 연구하는 것이 하나의 예가 될 수 있다.

종단적 접근을 통해 연구자는 횡단적 접근으로는 파악하기 어려웠던 시간 경과에 따른 변화 양상과 각 측정 시점에 따른 인과관계를 측정할 수 있다. 즉, 종단적 연구는 한 아이가 태어나서 일정 연령이 될 때까지 장기간의 양육과 발달의 변화 과정을 지속적으로 추적·조사하므로, 아이가 출생에서부터 가정 양육을 거쳐 영유아 보육·교육기관에서 어떠한 경험을 하고 이것이 영유아의 성장과 발달에 어떠한 영향을 미치는지 조사하기 위한 방법으로, 횡단적 접근에 비해 더 효과적인 설계이다(장명림 외, 2006).

그러나 종단적 접근 연구는 장기간에 걸쳐 동일한 대상의 변화 과정을 연구하기 때문에 상대적으로 시간과 비용이 많이 든다는 단점을 가진다. 또한 연구 시작 시점에는 참신했던 연구 가설이나 이론이 연구 말기에는 그렇지 않을 우려가 있으며, 반복적인 면접이나 검사로 인한 연습 효과와 오랜 기간의 참여로 인한 연구 대상의 중도 탈락 등의 문제가 발생할 수 있다.

횡단적 접근

종단적 접근

그림 2-3 횡단적 접근과 종단적 접근

3 단기 종단적 접근

단기 종단적 접근(short-term longitudinal approach)은 횡단적 접근과 종단적 접근의 절충식으로, 연령이 각기 다른 집단을 연령이 증가함에 따라 반복적으로 측정하는 방법이다. 예를 들어, 만 1세에서 5세까지 영유아의 자아 개념 발달을 연구하기 위해 만 1세에서 3세의 영유아들을 연구 대상으로 표집하여 2년 동안 종단적으로 연구하는 것이다.

단기 종단적 접근 방법은 다음과 같은 장점을 지닌다(Berk, 2015). 우선 다른 시기에 태어난 동일 연령의 연구 대상과 비교가 가능하므로 동시대 집단 효과가 작용하는지 알 수 있으며, 종단적·횡단적 비교가 모두 가능하여 연구 결과의 정확성에 대해 더욱 확신할 수 있다.

5 영유아 발달 연구의 윤리적 문제

연구자들은 인간을 대상으로 하는 연구를 수행할 때 연구 성과에만 치우치는 것이 아니라 연구 과정이 얼마나 윤리적으로 이루어졌는지에 대해 고려해야 한다. 특히, 연구에 참여하는 대상이 영유아일 경우 성인을 대상으로 한 연구보다 훨씬 더 신중히 진행할 필요가 있다. 영유아는 성인에 비해 신체적·심리적 위험에 더 취약할 뿐만 아니라 연구에 참여하는 것이 무엇을 의미하는지를 스스로 평가하는 것이 불가능하거나 어렵기 때문이다(Berk, 2015). 영유아는 대개 부모 등 보호자의 동의하에 연구에 참여하므로 자신이 관찰되거나 자신에게 실험이 이루어지고 있다는 사실을 인지하지 못한 채 연구가 이루어지는 경우가 많다.

이러한 이유로 미국의 경우 정부기관을 비롯하여 미국심리학회(American Psychological Association, APA)나 아동발달연구학회(Society for Research in Child

Development)와 같은 전문적인 연구 학회는 일찍이 아동 연구를 위한 특별한 윤리적 기준을 개발하여 사전에 이러한 지침을 면밀히 검토한 후 연구를 수행하도록 하고 있다. 이 중 미국 아동발달연구학회(1991, 2007)가 제안한 윤리적 지침의 주요 내용 몇 가지를 소개하면 다음과 같다.

첫째, 연구자는 유아에게 신체적 혹은 심리적으로 위해를 가할 수 있는 절차를 사용해서는 안 된다. 만약 연구 절차로 인한 유해한 결과가 의심된다면 연구자는 타인으로부터 의견을 구하며, 위해가 불가피할 경우 정보를 얻기 위한 다른 방법을 찾거나 연구를 중단한다.

둘째, 유아에게 연구 참여에 대한 동의를 구하기 이전에 연구자는 자발적 참여에 영향을 미칠 만한 연구의 모든 특성에 대해 설명해야 한다. 연구에 대한 유아의 질문에도 유아가 이해할 만한 수준의 적절한 용어로 답해야 하며, 연구 진행 도중 언제든지 그만둘 수 있는 자유가 있음을 존중한다. 영아를 대상으로 연구할 경우에는 부모에게 연구 절차를 설명하고 연구 진행 도중 불편함을 나타내는 영아의 징후에 특별히 더 민감해야 한다.

셋째, 부모, 교사 등 보호자의 역할을 하는 사람으로부터 연구 참여에 대한 사전 동의를 가능한 한 서면으로 받아야 한다. 또한 연구 도중 언제든지 연구 참여를 철회할 수 있는 권리가 있음을 알려준다.

넷째, 연구 참여에 대해 과도하지 않은 범위 내에서 적절한 보상을 해야 한다.

다섯째, 연구의 성격상 연구 참여자가 연구에 대해 아는 것이 참여자의 반응을 왜곡시켜 연구 결과에 부정적인 영향을 미친다면 부분적인 정보만 제공하거나 속이는 등의 조치를 취할 수 있다. 그러나 이럴 경우 연구가 종료된 후 속인 이유와 잘못된 정보를 보고해야 한다.

여섯째, 유아의 개인 신상에 대한 정보는 익명성이 보장되어야 한다.

일곱째, 연구자는 연구 과정에서 수집된 연구 참여자에 대한 모든 정보에 대해 비밀을 유지한다.

여덟째, 연구자는 연구 참여자가 이해할 만한 적절한 언어로 연구 결과를 보고할 의무를 가진다.

연구문제

01 영유아 발달 연구의 목적 4가지를 설명해 보자.

02 다음의 연구 가설을 검증하는 방법으로 가장 적절한 자료수집 방법과 연구 유형은 무엇인지 생각해 보자.

1) 부모와 자녀가 상호작용하는 방식이 유아의 지능과 어떠한 관련성을 갖는가?
2) 유아가 어린이집에 다니는 것은 또래와의 우정을 증진시킬 수 있는가?

03 횡단적 접근과 종단적 접근의 연구에 적합한 주제를 각각 찾아 보자.

04 영유아를 대상으로 연구할 경우 지켜야 할 윤리적인 지침에 대해 이야기해 보자.

Chapter 03

영유아 발달 이론

인간은 일생 동안 다양한 발달적 변화를 겪고, 발달 양상은 개인에 따라 다를 수 있다. 이러한 인간 발달의 원인과 과정을 설명하고자 다양한 이론적 접근이 시도되어 왔지만 각 접근은 영유아의 특정 영역을 중심으로 설명하기도 하고, 매우 다양하고 복잡한 과정의 영유아 발달 특성을 설명하기에는 부족하다. 따라서 영유아의 발달을 총제적으로 이해하기 위해서는 이들 이론들을 상호보완적인 관점에서 설명해야 한다.

본 장에서는 발달 이론 중 영유아기의 발달 과정을 중점적으로 설명하는 성숙론적 접근, 정신분석학적 접근, 학습 이론적 접근, 인지 발달적 접근 그리고 맥락을 강조한 접근 등으로 나누어 살펴보고, 각 이론의 차이점을 제시한다.

1 성숙론적 접근

성숙론적 접근은 인간의 발달을 결정하는 것은 후천적인 경험보다 선천적인 성숙이 더 우세하다는 입장이다. 즉, 인간이 태어날 때 이미 발달 프로그램은 예정되어 있으며, 태어난 이후부터 예정된 특성이 자연적으로 펼쳐지는 것이라고 본다.

발달에 영향을 미치는 이러한 내적인 힘, 즉 성숙 요인을 강조하는 대표적인 학자인 게젤은 루소의 자연주의 철학과 다윈의 진화론에 기초하여 연구하였으며, 그 주요 개념은 다음과 같다.

1 성숙

게젤

게젤(Arnold Gesell, 1880~1961)은 개인의 성장과 발달 속도는 태어날 때 이미 결정된 유전 기제의 통제를 받는다고 하였다. 신체 구조의 발달뿐만 아니라 모든 행동 발달은 유전적 요인에 의해 이미 정해진 것이므로 환경의 영향은 거의 미치지 않는다는 것이다. 그는 인간의 발달은 이러한 내적인 힘에 의해 이루어지며, 이 힘에 의해 나타나는 발달을 '성숙'이라고 보았다.

그렇지만 게젤은 환경을 완전히 무시하지 않았다. 환경 조건은 성숙에 의한 정상적인 발달을 위한 필요조건이므로, 개인의 발달 속도에 따라 발달할 수 있도록 영유아에게 적절한 양육 환경을 제공해야 한다고 주장하였다. 환경은 발달을 유지하거나 수정하고 변화시킬 수는 있지만 발달 과정을 생성하지는 못하며, 발달 과정의 생성은 오로지 개체의 유전적 요인에 의한 내적 성숙으로부터 결정되기 때문이다. 이처럼 발달에 있어 학습보다는 성숙을 더 우위에 두었으므로, 게젤의 이론은 엄밀히 말하면 성숙 우위적 접근이다.

2 발달 단계와 발달 규준

게젤은 아동 연구 운동의 창시자인 스탠리 홀(G. Stanley Hall, 1846~1924)의 제자로, 다양한 질문지와 관찰을 통해 영유아의 행동을 연구하였다. 그리고 영유아의 발달은 오랜 기간 계속되어 온 진화의 산물이라는 진화론적 입장에서 아동의 발달 양상을 기술하는 데 주력하였다. 그는 동료들과 함께 출생에서 청년기까지의 다양한 발달 자료를 수집하여 전반적인 발달 변화 정도를 연구한 결과, 행동의 발달 단계와 발달의 원리를 규명하고 연령에 적합한 발달 평균을 제시한 발달 규준표를 도출하였다.

게젤은 아동의 발달을 3기로 구분하였다. 각 시기는 다시 여러 단계로 나누어 각 단계의 규준을 통해 개인의 성장 정도를 상대적으로 평가하고 이전 단계와 비교할 수 있도록 하였다.

발달의 제1기는 출생~5세까지이며 이 시기는 이후의 발달에 영향을 미치는 가장 기초적인 시기이고, 제2기는 5~10세, 제3기는 10~16세로 구분하였다. 각 시기 동안 행동은 미숙한 반응의 바람직하지 않은 행동에서 보다 성숙한 반응의 바람직한 행동으로 발달한다. 어떤 시기에 바람직하지 않은 독특한 행동이 나타나는 것은 영유아가 불균형 상태일 때이며, 이는 내부 발생적 요인으로 인해 미숙한 반응과 행동이 나타나는 것으로 보았다. 따라서 양육자는 영유아 스스로 자발적이고 자연스럽게 수정해 나가도록 허용적인 태도를 취하여 영유아가 스스로 자기통제를 함으로써 균형 잡힌 상태로 발전할 수 있도록 양육할 것을 제안하였다.

특히 게젤이 제시한 행동 규준(behavior norms)은 영유아기의 운동 능력, 사회적 행동, 개성 등 광범위한 영역에 관한 발달 지표이다. 발달 영역별로 평균적이고 정상적인 발달 특성을 연령별로 제시함으로써 이들 규준은 당시 부모, 교사, 소아과 의사들에게 중요한 자료로 활용되었다.

〈표 3-1〉은 게젤의 발달 규준 중 장난감에 대한 5세와 6세 유아의 행동 특성이다 (백운학 역, 1993).

표 3-1 5세와 6세 유아의 공포감 행동 특성

연 령	행동 특성
5세아	• 공포심은 그렇게 강하지 않다. • 눈에 보이는 것에 공포심을 나타낸다. • 동물, 악인, 악령 등은 그렇게 무서워하지 않는다. • 외상, 낙하, 개, 어둠, 엄마가 돌아오지 않을지 모른다는 등의 공포가 있다.
6세아	• 아주 강한 공포심을 나타낸다. • 특히 귀에 들리는 것에 대해 공포심을 나타낸다. • 초인종, 전화벨, 잡음, 기분 나쁜 소리, 변기 물 내리는 소리, 곤충이나 새의 울음 소리, 이상한 것에 대한 공포, 영령, 마녀, 침대 밑에 누가 있지 않을까, 방에 혼자 남는 것, 혼자 자는 것에 대한 공포가 있다.

3 발달의 원리

게젤은 유전적으로 결정된 순서에 따라 이루어지는 성숙에는 몇 가지 발달 원리가 적용된다고 하였다(정옥분, 2013).

1) 발달 방향의 원리

발달은 일정한 순서와 방향에 따라 이루어진다. 즉, 발달은 성숙적 요인의 지시에 따라 머리에서 발 쪽으로 순서 있게 진행되며, 중심에서 말초 쪽으로 이루어지도록 발달의 방향이 정해져 있다.

2) 상호 교류의 원리

대칭적 발달을 하는 신체 발달이나 심리적 발달은 한 부분씩 순서대로 발달하고, 나중에 둘의 통합적 발달이 이루어진다. 예를 들어, 한 손을 사용하는 능력이 먼저 발달하고, 이어 다른 손을 사용하는 능력이 발달하며, 후에 두 손의 통합적 발달이 이루어진다. 성격의 경우 내향성이 먼저 발달하고, 후에 외향성이 나타난 뒤 두 가지 특성이 통합하는 상호 교류 원리가 적용된다.

3) 기능적 비대칭의 원리

신체 발달이나 성격 발달에서 완벽한 균형이나 조화는 어려우며, 약간의 불균형이 더 기능적일 수 있다. 예를 들어, 오른손잡이나 왼손잡이는 양손의 기능이 비대칭인 특성을 보이는 것이다.

4) 자기규제의 원리

영유아는 스스로 자신의 수준에 맞도록 성장을 조절하고 이끌어가는 자기규제 능력을 가지고 있다. 그리고 이것 또한 사전에 결정된 기제에 의존하는 것이라고 믿었다.

4 개인차

정상아는 모두 동일한 순서로 발달하지만 그 속도는 개인마다 다르다. 발달 속도는 개체성, 즉 개인의 성격이나 기질과 관계있기 때문이다. 환경에 대한 반응이 민첩하고, 밝고 새로운 것에 도전적이고 영리한 아이는 발달 속도가 빠르다. 반면 반응이 느리고 지나치게 조심하며 인내심 있게 기다릴 줄 아는 아이는 대체로 느리게 발달한다. 따라서 양육자는 이러한 개체성에 맞추어 양육해야 한다고 주장하였다.

2 정신분석학적 접근

정신분석 이론(psychoanalysis theory)은 심리 사회적 발달 영역 중 주로 성격 발달에 주안점을 두는 대표적인 이론이다. 'psycho'란 그리스어의 'psych'에 어원을 두고 있으며 마음, 정신, 영혼을 의미한다. 따라서 정신분석이란 마음의 분석 혹은 영혼의 분석을 뜻한다. 정신분석 학자들은 인간의 감정과 충동, 환상 등을 주로 다루고 행동을 마음과 성격에 근거하여 이해하고자 한다.

정신분석 이론은 프로이트가 창시하였으며, 후에 에릭슨이 보다 확장, 발전시켰다.

1 프로이트의 심리 성적 발달 이론

프로이트

정신분석 이론의 창시자인 프로이트(Sigmund Freud, 1856~1939)는 인간을 능동적이지도 수동적이지도 않은 존재로 보았으며, 능동적인 면과 수동적인 면이 상호작용하는 존재로 보았다. 또 타고난 자연적이고 선천적인 내적 특성과 환경적이고 사회적인 특성이 상호작용하는 존재로 보았다. 그리고 이러한 상호작용에서 인간은 갈등을 경험하게 되고 이들 갈등이 성격을 형성하는 계기가 된다고 보았다.

프로이트는 신경증 환자에 대한 임상 연구를 통해 대부분의 신체적 문제는 정신적 갈등이나 심리적 문제에서 비롯될 수 있음을 발견하였다. 그리하여 환자들의 자기이해와 잘못된 과정을 탐구하여 정상적인 인간 발달 과정을 이해하고자 하였다. 그 결과 영유아는 성적인 존재이며 성인들이 허용하는 방법으로 자신의 성적 충동을 표현하도록 제재를 받는다고 보았다. 그리고 성인들이 아동의 성적 충동과 공격적 충동을 어떻게 다루느냐에 따라 건전한 성격 발달이 좌우된다고 하였다.

1) 정신의 구조

프로이트는 인간의 정신세계를 빙산에 비교한다. 물의 표면 위에 보이는 작은 부분은 의식적 경험을 나타내며, 보이지 않고 물속에 있는 더 큰 부분은 무의식적 경험을 나타낸다. 그리고 물의 표면 바로 아래에 있으면서 쉽게 의식세계로 올라올 수 있는 부분에 전의식이 있다. 프로이트는 인간의 행동은 대부분 무의식에 의해서 지배된다고 믿었던 만큼, 의식이나 전의식보다는 무의식에 많은 관심을 가졌다.

의식적 과정은 우리가 주의를 기울이는 순간에 알아차릴 수 있는 정신세계이다. 그리고 전의식적 과정은 주의 집중해서 노력해야 의식세계로 인식될 수 있는 부분이다. 무의식적 과정이란 우리가 인식하지는 못하지만 우리의 행동과 사고에 영향을 주는 생각이나 공포 또는 원망 등을 말한다.

정신의 구조 중 무의식적 과정은 곧 인간의 행동을 결정하는 중요한 역할을 한다. 사람이 태어날 때부터 가지고 있는 본능과 충동은 부모와 사회에 의해 금지되거나 처벌받게 되고, 처벌된 본능과 충동들은 무의식으로 들어간다. 그리고 무의식 속에 있는 많은 억압된 본능과 충동은 계속해서 우리의 행동에 영향을 준다. 특히, 어린 시기의 이러한 경험은 개인의 무의식을 형성하는 기초가 되므로 프로이트는 영유아기의 경험이 성격 형성에 큰 영향을 미친다고 주장하였다.

프로이트는 성격 형성에 영향을 미치는 무의식 세계를 탐구하는 방법을 발전시켰다. 이를 위해 그는 무엇이든지 생각에 떠오르는 그대로 끄집어내는 자유 연상법(free association)을 많이 이용하였으며, 꿈의 분석법을 활용하여 무의식 영역을 분석하였다. 이 방법은 오늘날에도 정신과 치료에서 이용한다.

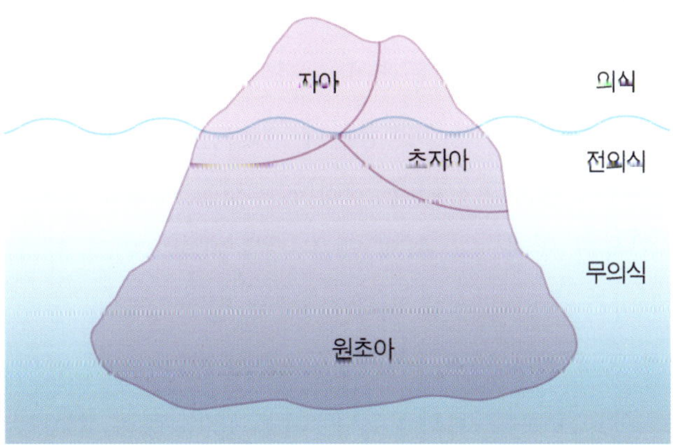

2) 성격의 구성 요인

프로이트에 따르면 성격이란, 원본능(id), 자아(ego), 초자아(superego) 등 세 개의 주요 체계로 구성되어 있다. 이들 각 체계는 그 자체 기능을 가지고 있으면서 체계 간의 상호작용이 개인의 행동을 통제한다.

(1) 원본능

원본능은 출생 시에 갖고 태어나는 가장 원초적인 부분으로 비이성적이고, 무의식적이며, 이기적인 본능이다. 원본능은 기본적인 생물학적 충동, 즉 먹고 마시고 배설하고 고통을 피하고, 성적 쾌감을 얻으려는 욕구 등으로 구성되어 있다. 프로이트는 공격성도 하나의 기본적인 생물학적 충동이라고 하였다.

원본능은 충동이 생길 때 즉각적으로 만족을 얻고자 하며, 외부 상황에 상관없이 고통을 피하고 긴장을 감소시켜 쾌락을 얻으려고 노력하는 쾌락 원리(pleasure principle)에 따라 작용한다. 만약 현실적인 만족을 얻지 못할 경우 실제로 만족할 때까지 비현실적인 환상을 통해서라도 욕구를 충족시키고자 하는데 이를 1차 과정이라고 한다. 원본능의 이러한 과정은 무의식 세계에 의해 움직인다.

(2) 자아

성장하면서 원본능으로부터 자아와 초자아가 분화하여 발달한다. 생후 2년이 되면 유아의 기본적 본능은 현실과 충돌한다는 것을 알게 된다. 예를 들어, 배고픔을 충족시키고자 하는 본능이 있을 때 엄마가 옆에 있으면 충족할 수 있지만, 없으면 즉각적으로 만족할 수 없다는 것을 경험한다. 이러한 경험을 통해 자아가 발달한다.

자아는 어린 아이가 현실의 요구를 고려하는 것을 배우면서 발달하는 부분이다. 즉, 현실적으로 가능한 것과 가능하지 않은 것을 깨달으면서 자아가 발생한다. 원본능이 즉각적인 만족을 원하는 데 비해, 자아는 현실 판단을 통해 가장 적절한 해결책을 찾고 이를 통해 본능적 욕구를 충족시키려 한다. 이와 같이 자아는 현실 원리(reality principle)에 따르는 2차 과정이다. 예를 들어, 성적 충동이 생겼을 때 자아는 현실 세계를 고려하면서 조건이 적합할 때까지 성적 충동의 만족을 지연한다.

자아는 근본적으로 성격의 집행자 역할을 수행한다. 왜냐하면 무슨 행동이 적절하고, 어느 원본능의 충동이 어떤 방식으로 만족되어야 할 것인가를 결정하기 때문이다. 자아는 원본능의 요구, 세상의 현실 및 초자아의 요구 사이를 중재하는 기능을 하는 의식적이고 합리적인 부분이다.

(3) 초자아

생후 3~4년째에 접어들면서 성격의 세 번째 요소인 초자아가 발달하기 시작한다. 원본능은 출생 시 갖고 태어나지만 초자아는 학습으로 획득된다. 초자아는 유아가 부모 또는 타인과의 동일시를 통해 사회적 가치나 도덕적 가치, 문화적 규범 등을 얻게 되는 과정에서 내면화되는 표상이다. 초자아는 부모를 비롯한 주변 사람들이 주는 보상과 처벌을 통해 발달한다. 유아가 경험하는 보상 체계와 가치 체계를 자신의 것으로 받아들여 내면화하고 이 규준에 따라 자신의 행동을 규제하는 기제가 곧 초자아이다.

초자아는 어떤 행동이 옳은지 그른지를 판단하는 역할을 한다. 초자아, 즉 내면화된 사회적·문화적 규범은 유아의 원본능과 대립할 수 있다. 따라서 원본능과 초자아는 대체로 갈등상태에 있다. 쾌락을 추구하는 원본능과 이상을 추구하는 초자아가 팽팽히 맞설 때, 그 갈등을 적절히 조정해 주는 중재자가 바로 자아이다.

3) 성격의 발달 단계

성격은 원본능, 자아, 초자아의 세 가지 요소로 결정된다. 이들 세 가지 요소가 심리 성적 발달 단계를 통과하면서 성격이 형성되는데, 특히 생후 5년 동안이 개인의 성격 형성에 가장 중요한 기간이다.

심리 성적 발달 단계는 성 본능 에너지인 리비도(libido)가 여러 신체 부위로 옮겨 다니는 단계에 따라 나눈다. 각 단계에서 원본능이 추구하고자 하는 쾌락과 충동은 리비도가 집중되는 특정 신체 부위와 그 부위에 연관된 활동과 관련이 있다. 그러나 이러한 생물학적 욕구는 사회적 기대와 갈등을 빚게 되는데, 프로이트는 각 단계에서 나타나는 성적 충동에 대한 적절한 만족 여부가 건강한 성격 형성에 영향을 준다고 하였다. 특히 생후 5~6년 동안 자녀의 성적 충동과 공격적 충동에 대한 부모의 관심은 건전한 성격 발달에 결정적 역할을 한다고 보았다. 또 각 발달 단계에서의 경험은 성인으로서 갖게 될 적응 유형과 성격 특성에 영향을 준다. 특정한 단계에서 개인의 욕구가 충족되지 못하거나 지나치게 충족된다면 그 단계에 머물러 버리는 고착된 성격이 될 수도 있다. 이러한 고착화는 신경증적으로 지속되며 정상적인 발달을 저해하는 미성숙한 애착이다.

성격 발달은 다음과 같이 5단계를 거쳐 청년기까지 발달한다. 그 이후에는 이들 단계를 통해 발달된 성격 특성이 비교적 안정되는 편이다.

(1) 구강기(출생 시~18개월)

입술과 혀 등 구강을 통해 만족감을 얻고자 하는 시기이다. 생후 6개월은 주로 빠는 행동이, 후반 6개월은 물어뜯고, 깨물고, 씹는 행동이 중요하다. 이러한 행동은 영아에게 쾌감을 주며, 후반 6개월 동안 영아는 보다 적극적으로 쾌감을 추구한다.

생후 1년 동안 주요 발달 과제는 이유이며, 이유 과정에서 구강을 통한 만족이 적절하다면 다음 단계로 발달이 전이된다. 그러나 구강 만족에 불만이 있거나 지나치게 집착하면 성격적으로 구강기 고착이 되기 쉽다. 그리하여 연령이 증가함에도 불구하고 아동기에 손가락 빨기, 손톱 물어뜯기, 연필 깨물기 등의 습관이 나타나고, 이후에 지나친 수다나 언어적 공격, 과식과 폭음, 지나친 흡연 등의 습관이 나타날 수 있다.

(2) 항문기(18개월~3세)

대소변의 보유와 배출 시에 항문의 괄약근을 수축하고 이완하는 과정을 통해 만족감을 얻는 시기이다. 이러한 욕구는 이 시기의 주요 발달 과제인 배변 훈련을 통해 충족될 수 있다. 대소변 가리기 훈련을 하는 과정에서 배설물을 보유하거나 배설하고자 하는 충동이 부모나 다른 사람의 통제에 의해 충족되지 못할 수 있다. 특히 배변을 지나치게 강요하거나 방임할 경우 항문기 고착 성격이 되어 지나친 결벽증적 성격이나 인색한 수전노 또는 수집광적인 강박적 특성을 보이거나, 물건을 낭비하고 주변을 어지럽히는 폭발적 특성을 보이기도 한다.

(3) 남근기(3~6세)

성기의 자극을 통해 만족을 얻는 시기로, 오이디푸스 콤플렉스(남아)와 엘렉트라 콤플렉스(여아)의 시기이다. 아들은 엄마에게, 반대로 딸은 아빠에게 성적 애정을 가지고 접근하고 사랑을 받으려고 한다. 이렇게 이성 부모에게는 성적 애착을 느끼지만 동성 부모에게는 애정 경쟁자로 생각하여 적대감을 갖는다. 아들은 자신보다 우세한 아빠가 자신을 해칠지 모른다는 불안감 때문에 거세 불안을 느끼고, 이를 극복하기 위해 엄마에 대한 성적 욕망과 아빠에 대한 적대감을 억압하고 동성 부모인 아빠를 동일시한다. 딸은 남근 선망을 느끼고 엄마를 동일시한다.

동성 부모에 대한 동일시 과정에서 부모의 가치관, 사고, 태도, 행동, 성역할 등을 자신의 것으로 내면화한다. 동성 부모에 대한 동일시를 통해 결과적으로 유아의 초자아가 형성된다. 이렇게 내면화된 것들은 유아의 양심이 되고 자신이 추구하고자 하는 자아 이상이 된다. 따라서 이 시기에는 부모가 자녀의 성격 발달에 중요한 역할을 한다.

만약 이성 부모에 대한 애정 만족이 부족하거나 지나치면 남근기 고착 성격이 되기 쉽다. 겸손하면서도 지나치게 오만한 성격이거나, 거만하고 공격적이며 과시적이고 방종한 성격이 되기 쉽다.

(4) 잠복기(6세~사춘기)

오이디푸스 콤플렉스와 엘렉트라 콤플렉스가 해결됨으로써 성적인 관심이 정지하는 시기로 접어든다. 이때 성적 에너지는 무의식으로 잠복한다. 이전 단계의 충동이나 욕구가 생기지는 않지만 초자아는 계속 발달한다. 그리고 학교생활에 몰두하여 지적 활동이나 신체 활동, 사회적 활동에 관심을 가지며, 가족 이외의 성인과 동성 친구들을 통해 새로운 사회적 가치를 습득한다. 이러한 과정에서 아동은 침착성과 자기 통제력을 기를 수 있다.

(5) 생식기(사춘기 이후)

잠복되었던 성적 에너지는 사춘기에 이르면 무의식에서 의식으로 다시 올라오게 된다. 그리고 신체적 호르몬 변화는 성인의 성 특징을 유발하며, 가족 이외의 이성을 향한 성적 충동이 발생한다. 이 시기에 이성을 통해 성적인 만족을 얻고자 하는 욕구가 적절히 충족되지 않는다면 생식기 고착 성격이 되기 쉽다. 그리하여 권위에 대해 반항적이거나, 반사회적 행동을 한다든가, 이성을 사귀는 데 장애를 가진다. 일반적으로 앞 단계에서의 발달이 성공적이었다면 결혼으로 이어지고 자녀를 출산하여 양육하는 과정에 이른다.

2 에릭슨의 심리 사회적 발달 이론

에릭슨

프로이트의 정신분석 이론을 계승한 신프로이트 학파 중 가장 중요한 사람이 에릭슨(Erik Erikson, 1902~1994)이다. 두 사람 모두 유아기와 아동기의 인성 발달을 중요시하였지만, 프로이트는 무의식적 욕구나 본능적이고 충동적인 측면을 강조한 반면, 에릭슨은 인간의 자아 성장을 강조하였다.

에릭슨은 아동의 성장 과정에서 발생하는 개인적 욕구나 능력과 사회적 기대나 요구 간의 상호작용을 통해 심리적 발달 특성이 결정된다고 하였다. 이러한 측면에서 프로이트의 주장을 심리 성적인 이론(psychosexual theory)이라고 하는 반면, 에릭슨의 설명을 심리 사회적인 이론(psychosocial theory)이라 한다.

에릭슨에 의하면 심리적 발달 과정은 생애를 통하여 이루어진다. 유아기와 청년기의 심리 사회적 발달 과정을 특히 중요시했으나, 발달은 어느 특정 시기에 끝나는 것이 아니라 인간의 생애에 걸쳐 일어난다고 하였다. 각 단계에서 일어나는 개인의 내적인 요소와 사회적인 요구의 결합으로 사회 구성원으로서 필요한 태도와 기술을 습득하며, 이러한 발달 과제를 적절하게 수행하는지 여부는 곧 환경과의 상호작용 질을 좌우한다. 그리고 개인의 인성 형성에 지대한 영향을 미친다.

에릭슨은 저서 『아동기와 사회』에서 성장하고 있는 자아와 성격 발달에 대한

사회적 영향을 고려하면서 심리 사회적 발달 과정을 다음과 같이 8단계로 설정하였다.

1) 기본적 신뢰감 대 불신감(출생~1세)

양육자, 특히 엄마의 양육 태도가 얼마나 일관되고 지속적이냐에 따라 세상에 대한 영아의 예측성과 어머니에 대한 신뢰감이 형성된다. 또 양육자가 온정적이고 반응적으로 돌봐줄 때 세상은 믿을 만한 곳이라는 확신, 즉 신뢰감이 생긴다. 그러나 안락함을 제대로 충족시키지 못하고 거칠게 다룬다면 불신감이 형성될 수 있다. 또 이 시기는 환경에 영향을 미치는 영아 자신의 능력에 대한 기본적 신뢰감이 형성된다. 이 시기 기본적 신뢰감 형성은 이후 자아 개념에 영향을 주고, 성장한 후 대인관계의 성공과 관련이 있다.

2) 자율성 대 수치심(1~3세)

생후 2년째 접어들면서 영아는 근육과 신경이 성숙되어 이제 대소변 통제가 가능해지고, 이동 운동 능력이 발달하여 스스로 이동할 수 있다. 따라서 주변을 탐색하기 시작하며 스스로 자신을 돌볼 수 있게 된다. 또한 언어를 사용하여 자기주장을 많이 하는 시기이다. 이제 영아는 자신의 지적 능력과 운동 기술을 사용하여 스스로 선택하고 결정하고 싶어 한다. 즉, 보다 새롭고 행동 지향적인 체험을 추구하며, 자신의 행동 영역을 확장한다. 자기조절력에 대한 욕구가 강해지고, 자기조절력에 대해 주변으로부터 승인을 얻고자 하는 욕구도 강하다.

이렇게 다양한 면에서 자율성을 발휘하고자 하지만 부모를 비롯한 사회에서는 바람직한 행동만을 하도록 훈련한다. 이때 자아와 사회 간의 상호작용을 통해 자율성이 발달될 수도 있지만, 영유아의 능력이 부족하여 사회적 기대에 부응하지 못하면 자신이 주변 사람들에게 좋게 보이지 않을까 하여 수치심을 느끼고 자신의 능력에 대한 회의감이 생긴다. 따라서 이 시기에는 강요하지 않고 수치심을 주지 않으면서 합리적인 선택을 하도록 하는 것이 바람직하다.

3) 주도성 대 죄책감(3~6세)

3세 이후의 유아는 자신의 세계를 구축하고 책임 의식을 가진다. 자율적이고 솔선수범하여 새로운 것을 추구하고, 어떤 목표를 정하고 목표 수행을 위한 행동을 계획하여 스스로 추진하면서 성공하려고 노력한다. 이렇게 스스로 하고자 하는 의욕과 성공적으로 수행하려는 책임감이 생기면서 주도성이 발달한다. 주도성은 부모가 자녀의 목적과 방향을 지지해줄 때 발달한다. 그러나 지나치게 자기통제를 많이 요구한다면 유아는 자신의 행동을 과잉 통제하거나 자기억제를 하면서 죄책감을 갖는다. 또, 계획이 실패하면 유아는 죄책감을 느끼며 자신의 주도적 충동을 억제한다. 그리고 이 시기는 또래들과의 사회적 놀이에 참가하기 시작하며 자신에게만 관심이 머무르지 않고 주위 사람에게로 확대된다. 특히, 상상놀이를 통해 유아는 자신이 되고자 하는 주변 인물을 경험해 보기도 한다.

4) 근면성 대 열등감(6~11세)

학교생활을 통해 사회와 문화를 폭넓게 이해하며, 기초적 인지 기능과 사회적 기능, 신체 기능을 습득하는 시기이다. 따라서 자아 성장의 결정적 시기라고 할 수 있다. 자기 수양을 통해 다양한 능력을 향상시키는 과정에서 근면성이 발달한다. 그러나 이 시기에 각종 능력을 습득하지 못하여 학습에 실패하거나 놀이에서 실수하면 열등감을 갖게 된다. 즉, 열등감은 가정·학교·동료와의 관계에서 실수나 실패와 같은 부정적 경험을 했을 때 자신의 무능함을 느끼면서 발달한다.

5) 정체성 대 역할 혼미(청년기)

청년기는 아동기에서 성인기로 전환되는 복잡하고도 혼란스러운 시기이며, 사회적 변화에 민감하여 많은 정신적 어려움을 겪는 시기이다. 자기 존재에 대한 의문과 탐색을 하는 시기로 심리 사회적으로 매우 중요한 시기이다. 자신의 존재, 역할, 책임, 능력 등 내적 갈등에 초점을 두고 자아 정체감을 찾고자 하는 노력을 통해 다양한 자기 이미지를 개인적 정체감, 즉 자신의 주관, 신념, 가치관에 통합한다. 그리하여 자신이 선택한 가치관과 직업 목표를 결정함으로써 개인적 정체감을 형성한다. 그러나 방황이 길어지고 정체감을 제대로 형성하지 못할 경우 미래의 성인 역할에 대한 혼란에 빠져 방황할 수 있다.

6) 친밀성 대 고립감(성인 초기)

직업을 선택하고 배우자를 찾는 등 공식적인 성인 생활이 시작되는 시기이다. 앞 단계에서 형성된 자신의 정체성을 타인과 연합하여 공동의 정체성을 확립하며 친밀감을 나누고 사회적 관계를 형성한다. 그러나 앞 단계에서 자아 정체감이 확립되지 못한 사람은 타인들과 원만한 관계를 맺지 못하고 자신에게만 몰두하여 고립감을 느끼게 된다.

7) 생산성 대 침체성(성인 후기)

이 시기는 성인으로서의 개인적 문화를 유지하고 이를 개선, 발전시켜 나가려는 중년기에 해당한다. 가정적으로 자녀의 양육과 교육에 전념하고, 사회적으로 다음 세대의 복지나 사회 변화에 관심을 가지며, 직업에서도 매우 생산적으로 일하는 시기이다. 이 시기에 다양한 생산성을 발휘하지 못한다면 타인에게는 관심이 없고 오로지 자신의 욕구에만 몰두하고, 타인에게 관대하지 못하여 침체성이 형성된다.

8) 자아 통합 대 절망감(노년기)

개인의 생애를 통한 완성적 노력과 성취를 되돌아보는 노년기는 체력이나 건강 상태, 수입, 가족 구조의 변화 등 다양하게 일어나는 주변 변화에도 적응해야 하는 시기이다. 자신의 발달 과정에 대한 최종적인 통합을 하며, 인생의 가치를 평가하고 자신의 삶과 죽음을 수용할 수도 있고, 이때 자신의 인생에 대한 후회, 무의미함, 무력감, 분노 등을 경험하기도 하며 죽음에 대한 두려움 때문에 절망하기도 한다.

표 3-2 프로이드와 에릭슨의 발달 단계 및 발달 과업

구분	이론가	출생~1세	1~3세	3~6세	6세~사춘기	청소년기	성인 초기	성인 중기	노년기
발달 단계	프로이드 심리성적 발달	구강기	항문기	남근기	잠복기	생식기	–	–	–
	에릭슨 심리사회적 발달	기본적 신뢰감/불신감	자율성/수치심, 회의감	주도성/죄책감	근면성/열등감	정체감/정체감 혼미	친밀감/고립감	생산성/침체성	자아 통합감/절망감
발달 과업	프로이드	이유	배변훈련	동성부모 동일시	동성또래 동일시, 방어기제 발달	성적 친밀감 형성	–	–	–
	에릭슨	세상에 대한 신뢰감 형성	자기 자신의 행동통제 능력 발달	부모로부터의 독립	신체적, 인지적, 사회적 기술 습득	영속적인 자기정체성 확립, 자기역할 모색	타인과의 친밀한 관계 형성	자녀 양육, 타인 돌봄, 생산적인 일	인생에 대한 관조
긍정적 결과	에릭슨	신뢰, 희망	의지	목적, 의도	기술, 유능감	성실성, 충성	사랑	배려	지혜

정신분석 이론의 주요 개념

원본능	원초적 욕구와 충동으로 구성되는 성격의 한 부분으로, 쾌락 원리에 따라 움직이며 즉각적인 만족을 추구한다.
리비도	삶의 본능을 이끌어가는 성적 욕구 및 성적 충동과 같은 성적 에너지를 설명하기 위해 프로이트가 사용한 개념
자 아	자기를 설명하는 프로이트의 용어로, 충동적 욕구를 표현할 때 현실 세계에서 만족될 수 있는 안전하고도 적절한 방법을 찾아내는 역할을 하는 성격의 한 부분
초자아	양심을 설명하는 프로이트의 용어로, 5~6세 무렵 동성 부모에 대한 동일시를 통해 사회적으로 용납되는 규준과 가치관을 내면화하는 성격의 한 부분
오이디푸스 콤플렉스	남근기 남자아이들이 가지는 콤플렉스로, 엄마에 대해 성적 애정과 사랑을 느끼고 이로 인해 아빠와 갈등을 일으키고 경쟁한다.
심리 성적 발달 이론	영아기에서 청년기까지 구강, 항문, 성기 등을 통한 만족에 의해 성격 발달이 이루어진다는 프로이트 이론
심리 사회적 발달 이론	자아는 사회적 · 문화적으로 영향을 받아 발달하는데, 일생 동안 개인은 긍정적인 특성과 부정적인 특성 간의 건전한 균형을 성취하는 8단계를 거친다는 에릭슨의 이론

3 학습 이론적 접근

학습 이론적 접근은 인간을 외부의 자극에 반응하는 반응적이고 수동적인 존재로 본다. 왜냐하면 발달의 주된 요인이 수동적인 개인의 내적 요인이 아니라 외부의 자극, 즉 환경적 요인이라고 믿기 때문이다. 따라서 이 접근은 환경에서 개인을 변화, 발달시키는 학습 원리에 주로 관심이 있다.

학습 이론에서는 모든 행동은 특정 발달 단계에 도달했을 때 저절로 나타나는 것이 아니라 개인의 경험과 훈련에 의해 점진적으로 형성되는 자극과 반응의 연합이라고 믿는다. 외적 조건과 경험을 통한 학습이 개인의 행동을 비교적 영구적으로 변화시키는 역할을 한다고 주장하는 점에서 이들은 환경결정론자이다. 오늘날 극단적인 환경결정론자를 지지하는 사람은 거의 없지만, 행동주의의 학습 원리가 발달에 적용된다는 점에는 동의한다(Bukatko · Daehler, 1998). 본 절에서는 학습 이론의 근원이 된 전통적 행동주의에 기초한 학습 이론과 현대의 학습 이론을 중심으로 학습 원리를 간략히 살펴본다.

1 전통적 행동주의

'행동 분석(behavior analysis)'이라고 일컫기도 했던 초기 행동주의(behaviorism)는, 조건 형성의 학습 원리에 기초하여 행동의 발달적 변화를 설명하고자 했다. 조건 형성 혹은 조건화란 특정 자극에 특정 반응이 결합되는 것을 말하며, 학습 이론자들은 이러한 조건 형성이 인간 행동을 결정하는 기본 기제라고 하였다.

행동주의 이론을 체계적으로 정립한 왓슨은 파블로프의 동물 조건 형성 원리를 아동의 행동에 적용하여 인간의 모든 행동은 자극과 반응의 연합 과정으로 설명하였다. 또 스키너는 학습 이론의 환경결정론적 입장은 수용하면서 새로운 조작적 조건 형성 이론을 제시하였다.

1) 파블로프의 고전적 조건 형성

파블로프

20세기 초 조건 형성의 원리를 처음 발견한 사람은 러시아의 생리학자 파블로프(Ivan Petrovich Pavlov, 1849~1936)로, 그의 이론은 행동주의 운동의 근원이 되었다. 그는 조건 형성의 원리를 처음 발견했다는 점에서 현대 학습 이론의 아버지로 일컬어지기도 한다. 파블로프가 발견한 조건화는 타액 분비 반사, 놀람 반사, 회피 반사, 눈 깜박임 반사 등의 반사 행동에 국한된다는 점에서 스키너의 조작적 조건화와 구별하여 고전적 조건화(classical conditioning)라고 한다.

파블로프의 연구 중 개의 타액 분비 반사의 조건 형성 과정은 다음과 같다. 개는 음식(무조건 자극)이 혀에 닿으면 자동적으로 침을 분비하는(무조건 반응) 반사 행동이 있는데, 파블로프는 개의 타액 분비에 관한 연구를 하는 도중에 음식을 주지 않았음에도 불구하고 개가 침을 분비하는 반응이 나타남을 발견하였다. 이를 설명하기 위해 그는 개에게 종소리(중성 자극)를 들려주고 음식을 주는 과정을 여러 번 반복한 결과, 개는 종소리(조건 자극)만 듣고도 침을 분비(조건 반응)한다는 것을 발견하였다. 즉, 처음에 종소리는 침 분비와 아무 관련이 없는 중성 자극이었으나 음식과 함께 제공되는 과정이 여러 번 일어나면서 침을 분비하는 조건 자극으로 바뀐 것이다. 즉, 종소리라는 자극과 침 흘리는 반응 사이에 새로운 조건 형성이 이루어진 것이다.

그러나 새로운 조건 형성이 이루어진 후 조건 자극만 제시하면 처음에는 조건 반응이던 침 흘리는 반응이 나타나지만 반복할수록 점차 미약해지고 마침내 조건 반응이 나타나지 않게 된다. 즉, 조건 형성이 끊어지게 되는데 이러한 현상을 소거라고 한다.

단계	자극		반응
조건 형성 이전	무조건 자극 (음식물)	→	무조건 반응 (침 분비)
	중성 자극 (종소리)	→	반응 없음
조건 형성 과정	중성 자극+무조건 자극 (종소리) (음식물)	→	무조건 반응 (침 분비)
조건 형성 이후	조건 자극 (종소리)	→	조건 반응 (침 분비)

2) 왓슨의 행동주의

왓슨

왓슨(John B. Watson, 1878~1958)은 1913년 행동주의 선언문을 발표하면서 '행동주의' 용어를 최초로 사용한 학자이다. 그는 발달이란 오로지 다양한 조건 형성에 의해서만 이루어진다고 주장한 극단적인 환경주의자라고 할 수 있다. 특히, 그는 영유아의 정서적 반응이 고전적 조건 형성을 통해 습득된다고 보고 이를 입증하기 위해 영유아에게 고전적 조건 형성 원리를 적용시키는 실험을 하였다.

왓슨은 인간은 선천적으로 갑작스런 큰소리나 신체적으로 균형을 상실할 때 공포감을 느끼는데, 살아가면서 점차 새로운 자극에 대해서도 공포감을 느끼게 되는 현상을 조건 형성으로 설명하였다. 그가 11개월 된 자신의 입양아 앨버트(Albert)에게 흰쥐(중성 자극)를 보여줄 때 망치로 쇠막대를 두드리는 큰소리(무조건 자극)를 일곱 번 연합하여 제시하자 앨버트는 놀라는 반응(무조건 반응)을 보였다. 이전에는 흰쥐에 대해 전혀 공포심이 없었지만, 같은 실험이 여러 번 반복되자 흰쥐(조건 자극)만 보고도 놀라서 우는 반응(조건 반응)을 보인 것이다. 그리고 이러한 과정을 반대로 활용하여 앨버트에게 흰쥐를 보여주면서 공포감 대신에 점차 안도감을 느끼게 함으로써 마침내 공포를 제거하는 실험도 성공했다.

일련의 실험들을 통해 그는 행동주의 이론을 정립하고 1913년에 행동주의 선언문을 발표하였다. 그는 인간의 모든 행동은 결국 환경에 의존하여 학습된 것이며, 환경은 발달의 강력한 힘이라고 믿었다. 그리고 발달이란 연령 증가에 따라 자극-반응 연합의 수와 강도가 점차 증가하는 연속적인 과정이라고 하였다. 따라서 유아는 수동적인 존재이므로 부모나 성인들이 자극과 반응의 연합을 계획적으로 조절한다면 원하는 방향으로 키울 수 있다고 하였다.

왓슨은 공포뿐만 아니라 분노와 애정도 같은 원리로 습득된다고 하였다. 그리고 그를 추종하는 행동주의자들은 정서뿐만 아니라 가치관이나 태도도 이와 유사한 과정을 통해 학습되는 것으로 보았다.

3) 스키너의 조작적 조건 형성

왓슨 이후 미국의 행동주의는 몇 갈래로 발달하게 되는데, 대표적인 이론이 조작적 조건 형성 이론이다. 고전적 조건 형성은 반사 행동의 학습을 설명해 주는 데 반해, 조작적 조건 형성은 사람이나 동물이 스스로 조작하는 행동의 학습 과정을 설명해 주는 이론이다.

스키너

조작적 조건 형성(operant conditioning) 또는 도구적 조건 형성(instrumental conditioning) 이론은 스키너(B. F. Skinner, 1904~1990)가 주장하였다. 그는 유기체의 행동 뒤에 이어지는 결과에 의해서 그 행동이 학습될 수 있다고 하였다. 즉, 우연히 한 행동 뒤에 만족스러움을 경험하면 그 행동을 의도적으로 더 빈번하게 하고, 고통스러운 행동일 때는 다시 하지 않는다는 것이다. 이를 증명하기 위한 실험을 통해 그는 조작적 조건 형성의 원리를 발견하고 이론을 정립하였다

스키너는 조그만 상자에 흰쥐를 넣어 놓고 쥐의 행동을 관찰하였다. 상자의 한 쪽 벽에는 지렛대가 장치되어 있고, 이 지렛대를 누르면 먹이와 물이 나오게 고안된 것이었다. 처음에 쥐는 이리저리 움직이다가 우연히 지렛대를 눌러 먹이를 먹게 된 후부터 지렛대를 누르는 횟수가 증가함을 관찰할 수 있었다. 쥐가 스스로 지렛

대를 누르는 행동을 한 결과 먹이와 물이라는 긍정적 결과가 따르게 됨으로써 쥐는 지렛대를 누르는 행동을 더 자주 하였다. 마찬가지로 유아도 자신의 행동 결과가 긍정적일 때, 후에 그 행동을 할 확률이 높아진다. 예를 들어, 영아가 우연히 미소 지을 때 아빠가 반갑게 안아주는 과정이 반복되면 영아는 고의적으로 미소를 지을 수 있게 된다.

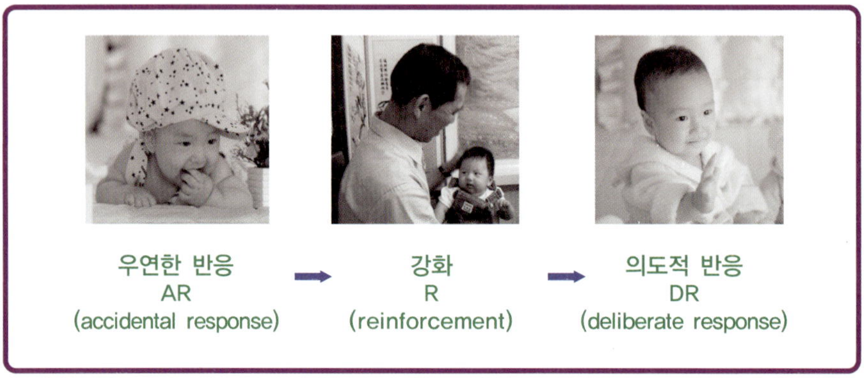

이처럼 특정 행동 뒤에 먹이와 같은 보상(reward)이 주어짐으로써 반응률을 높이는 절차와 과정을 강화(reinforcement)라고 하며, 이때 주어진 먹이를 강화인(reinforcer)이라고 한다. 먹이나 물은 1차적인 보상이지만 물질적 보상이나 사회적 보상도 있다(<표 3-3>).

강화인의 성격에 따라 정적 강화인(positive reinforcer)과 부적 강화인(negative reinforcer)으로 나눌 수 있다. 정적 강화인이란 음식과 같은 보상을 제공함으로써 특정한 행동이 일어날 확률을 높여주는 강화인이며, 부적 강화인이란 불쾌한 자극을 제거해 줌으로써 어떤 행동의 빈도를 증가시키는 것이다. 예를 들어, 심부름한 뒤에 용돈을 주어 심부름 행동을 증가시킨다면 용돈은 정적 강화인이 된다. 그리고 심부름을 하고 난 뒤에 아이가 하기 싫어하는 청소를 면제해 준다면 이는 부적 강화인이 된다. 그러나 개인의 유전적·환경적 특성에 따라 개인 간에 강화인의 성격은 달라질 수 있다.

조작적 조건 형성 이론에 의하면 인간의 발달은 강화의 역사이다. 한 개인이 하는 행동들이 주변 사람들에 의해 어느 측면을 강화 받느냐에 따라 그의 발달이 달라지는 것이다. 따라서 이 이론에 의하면 인간의 행동이나 성격은 환경에 의해 결정된다.

표 3-3 강화인의 유형

보상 유형	강화인
1차적 보상	음식, 공기, 물, 수면, 성(sex)
물질적 보상	용돈, 성적, 책, 장난감, 보석, 액세서리
활동적 보상	책 읽어주기, 자유 시간, TV 시청 허용, 외출
사회적 보상	관심 보여주기, 칭찬하기, 어루만지기, 미소 짓기, 껴안아주기

4) 행동 수정

조건화의 원리는 교사, 치료자, 양육자에게는 아주 중요한 수단이다. 예를 들어, 유아의 손가락 빠는 행동을 없애고자 하거나 건강한 식사 습관을 길러주고자 한다면 이 학습 원리에 기초하는 것이 효과적이다. 이와 같이 인간 행동을 수정하기 위해 행동주의 심리학의 학습 원리를 체계적으로 적용한 접근이 행동 수정(behavior modification) 이론이다.

표 3-4 행동 수정의 주요 원리

주요 원리	특성
정적 강화	바람직한 행동이 일어난 즉시 개인적으로 적합한 강화물을 충분히 장기간 제공하여 원하는 행동의 빈도나 강도를 증가하는 방법이다.
부적 강화	빈도를 증가하고 싶은 행동, 즉 바람직한 행동을 한 후 개인이 싫어하는 혐오 자극을 제거해 줌으로써 행동을 강화하는 방법이다.
행동 조성법	새로운 행동을 가르칠 때 표적 행동을 소단계로 나누어 한 단계씩 배우도록 하는 방법이다. 유아의 기본 생활 습관 형성이나 다양한 기능 습득에 효과적이며, 동물 훈련에도 많이 사용한다.
토큰 강화	바람직한 행동에 대해 토큰(주로 스티커 사용)을 조건부로 제공하고 이 토큰을 모아 유아가 원하는 실질적인 보상물과 교환할 수 있도록 강화하는 방법이다.
피드백	행동을 정확히 수행하는지에 대한 정보를 제공하는 방법이다. 긍정적인 피드백으로는 언어, 미소, 고개 끄덕임, 톡톡 두드려 주기, 박수 등을 활용하고, 부정적인 피드백은 긍정적 피드백 다음에 조심스럽게 제공하는 것이 좋다.
소거	부적응 행동에 대해 주어지던 강화를 중지함으로써 원하지 않는 행동을 점차 감소하는 방법이다.

주요 원리	특성
벌	원하지 않는 부적응 행동에 대해 체벌, 꾸중, 고통 등의 혐오 자극을 주거나 유아가 좋아하는 자극을 빼앗아버림으로써(타임아웃 : 정적 강화를 받을 수 있는 기회를 차단하기 위해 1~3분 동안 참여를 금지한다) 행동의 빈도를 감소하는 방법이다.
체계적 둔감화	불안이나 공포를 느끼는 행동을 제거하기 위해 한 단계씩 점차 불안을 감소하는 방법이다. 유치원에 처음 다니는 아이가 부모와 떨어지기 힘든 경우에도 활용할 수 있다.

행동 수정 이론에서는 모든 행동은 학습되는 것이므로 우리가 원하는 행동을 새로이 형성할 수도 있고, 원하지 않는 행동을 수정하거나 소거시킬 수도 있다고 본다. 바람직하지 않은 행동은 버리고 바람직한 행동을 습득하게 함으로써 한 개인을 우리가 원하는 행동 특성을 가진 방향으로 만들어갈 수 있다는 것은 인간 복지에 기여하는 것이다. 이러한 점에서 행동 분석 이론은 인정을 받지만, 행동을 수정하는 과정에서 개인의 지적·정서적·동기적 요인을 고려하지 않는다는 점에서는 비판을 받고 있다.

2 사회 학습 이론

1950년대 큰 관심을 불러일으켰던 사회 학습 이론의 대표 학자는 반두라(Albert Bandura, 1925~)이다. 왓슨, 스키너 등 행동주의자들은 직접 행동함으로써 학습된다고 주장하는 반면, 반두라는 일상적인 사회적 상황에서 타인들의 행동을 관찰함으로써 학습된다고 하였다. 타인, 즉 모델의 행동을 보고 듣는 관찰을 통해 모방함으로써 그 행동을 학습한다는 점에서 관찰 학습 혹은 모방학습 이론이라고도 한다.

반두라

사회 학습 이론에 의하면 유아는 일상생활에서 많은 행동을 학습한다. 그러나 유아가 접하는 모든 사람을 모델로 삼지는 않는다. 유아는 자신의 개인적인 선호도와 판단에 따라 특정 모델의 행동을 더 많이 모방한다. 모델에 대한 애정 정도, 자신과의 유사성(성별, 연령, 인종 등), 모델의 권력 정도나 전문성과 신체적 능력 등이 이러한 모델 선정에 영향을 준다. 유아기에는 특히 부모나 양육자가 유아를 사회화하기 위해 사용하는 양육의 실제가 행동 발달에 중요한 영향을 미친다. 반두라의 이론을 사회 학습 이론이라고 칭하는 이유도 이렇게 사회적 생활 속에서의 학습을 강조하기 때문이다.

사회 학습 이론은 스키너의 강화 이론에 기초를 두고 있다. 조작적 조건 형성은 유기체 자신의 행동 뒤에 따르는 직접적인 강화만을 강조한 데 반해, 사회 학습 이론에서는 직접적인 강화뿐만 아니라 타인이 보상이나 벌을 받는 것을 관찰하는 것만으로 학습된다는 간접적 강화도 인정한다. 이렇게 타인을 통해 대리적으로 학습이 이루어진다는 측면에서 대리 학습이라고도 한다.

관찰 학습은 다음과 같은 네 가지 요소가 순서대로 일어날 때 가능하다. 그리고 이 중 한 가지 요소라도 부족하면 학습이 일어나지 않는다. 나중에 반두라는 자신의 사회 학습 이론에 이러한 인지적 중재를 포함하여 사회적 인지 이론(social cognitive theory)으로 수정하였다.

과정	내용
주의 과정	관찰자에게 매력적으로 보이는 모델의 행동에 주의를 기울여야만 관찰할 수 있다.
↓ 파지 과정	모델을 통해 관찰한 것을 상징적 부호로 바꾸고 인지적으로 조직하여 모방할 수 있을 때까지 그 행동을 상징적인 형태로 기억 속에 유지하는 파지 과정이 이어져야 한다.
↓ 수행 과정	관찰한 행동을 기억해 두었다가 정확하게 재생하기 위해 필요한 운동기술을 갖추었을 때 수행한다.
↓ 강화와 동기 과정	운동 기술이 가능할 때 모델의 행동을 수행하더라도 강화와 동기 과정이 없다면 자신의 행동으로 학습되지 않는다. 모방 후에 받는 직접적인 외적 강화뿐만 아니라 모델이 받는 강화를 통한 대리 강화도 학습에 영향을 준다. 또 자신의 내적 기준에 의해 보상이나 벌을 주는 자기강화에 의해서도 영향을 받는다.

학습 이론의 주요 개념

모방	다른 사람의 행동 특성, 즉 표정, 행동, 언어, 태도 등을 관찰하여 자신도 똑같이 반복하는 것
관찰 학습	사회 학습 이론에서 다른 사람의 행동을 관찰함으로써 이루어지는 학습을 일컫는 용어
강화	조작적 조건화에서 행동 뒤에 이어지는 자극적 경험이 그 행동이 다시 반복될 수 있는 가능성을 증대하는 현상
조건 형성(조건화)	무조건 자극에 대해서만 반응이 일어나고 중성 자극과는 아무 관련성이 없던 무조건 반응이 중성 자극에 대해 반응을 나타내는 현상
행동 수정	조건화의 원리를 적용하여 문제 행동을 고쳐나가는 행동 치료의 한 방법
행동주의	관찰 가능한 행동과 사례를 연구하고 행동을 유발하는 환경을 예측할 수 있음을 강조하는 학습 이론
조작적 조건 형성	학습의 한 유형으로, 인간은 행동 후에 강화를 받으면 그 행동을 반복하게 되고, 반면 벌을 받으면 중단한다는 전제에 의해 행동의 학습을 설명하는 원리
고전적 조건화	학습의 한 유형으로, 중성 자극과 반사 반응을 유발하는 자극을 반복적으로 제시하면 중성 자극만으로도 반사 반응이 나타나는 조건 형성
사회 학습 이론	행동은 사회적 모델을 관찰하고 모방함으로써 학습된다는 반두라의 이론
벌	조작적 조건화에서 행동 뒤에 이어지는 자극이 그 행동이 다시 반복될 가능성을 감소시킬 때 이러한 자극은 벌이 된다.
소거	조건 형성이 이루어진 후에 강화를 지속적으로 주지 않을 경우 조건화된 반응이 사라지는 현상

4 인지 발달적 접근

사고 과정과 그 과정에 영향을 주는 행동의 발달을 주로 연구하는 인지 발달 이론을 처음으로 제시한 사람은 볼드윈이다. 그는 진화의 법칙이 생물학적 구조뿐만 아니라 우리의 인지 발달에도 적용된다는 다윈의 진화론에 기초하여 19세기 말에 발생적 인식론을 주장하였다. 20세기로 넘어오면서 그의 이론은 피아제에 의해 계승, 발전되어 인지 발달 연구에 많은 기여를 하지만, 피아제 이론 또한 수정, 보완되어 신피아제 학파를 낳았다. 그리고 1960년대부터 미국에서는 인지 기능의 내적 과정을 구체화하려는 이론들이 나타나기 시작하여 정보처리 이론을 형성하였다.

인지 발달에 대한 연구 세보는 크게 인지 구조에 대한 접근과 인지 과정에 대한 접근으로 나눌 수 있다. 인지 구조적 접근의 대표적인 학자는 피아제이며, 신피아제 학파와 정보처리 이론은 인지 과정적 접근이라 할 수 있다.

1 피아제의 인지 발달 이론

1) 피아제 이론의 기본 입장

스위스의 발달 심리학자 피아제(Jean Piaget, 1896~1980)의 인지 발달 이론은 인간을 어떤 존재로 보느냐 하는 측면에서는 유기체적 관점(organic perspective)이라고 할 수 있다. 그는 인간을 능동적인 유기체, 즉 자신의 행동을 스스로 이끌어가는 적극적인 존재로 보며, 유기체의 변화는 외적인 것이 아니라 내적인 변화라고 하였다.

지식의 근원을 무엇으로 보느냐 하는 측면에서 보면 피아제 이론은 발생적 인식론(genetic epistemology)이다. 발생적이란 어떤 것의 기원과 발달에 관한 것이란 뜻이며, 인식론이란 인간의 지식 구조에 관한 연구를 뜻한다. 따라서 발생적 인식론이란 인간의 정신을 구성하는 지식 구조의 기원과 발달을 연구하는 분야이다. 피아제의 일생에 걸친 주요 연구들은 대부분 인식론적 문제를 과학적으로 규명하고자 하는 것이었다.

피아제

전통적으로 인식론이란 지식의 범위, 성질, 근원 등을 탐구하는 철학의 한 분야였지만, 피아제는 인식의 문제는 순수한 철학적 방법에 의해서는 규명될 수 없다고 보았으며, 보다 과학적인 과정으로 규명하여야 한다고 주장했다. 그는 발생적 인식론의 주요 과제는 지식이 성장하고 발달하는 기제가 무엇인지를 밝히는 것이며, 또 낮은 수준의 지식이 보다 높은 수준의 지식으로 이행하는 과정을 밝히는 것으로 보았다. 이를 입증하기 위해 피아제는 공간, 시간, 인과성, 수, 논리수학적 분류 등의 개념과 지식이 무엇에 의해 발달하는지, 어떻게 발달하는지에 대한 가설과 이론을 구성하고, 그 증거를 제시하였다.

지능이나 지식은 개인과 환경 간의 상호작용에 의해서 부단히 쇄신되고 재구성된다고 보는 피아제의 견해는 구성주의의 밑거름이 되었다. 인지 구조는 생득적으로 갖춰진 것이 아니라 유기체가 환경과의 상호작용을 통해 구성해 나간다는 것이다. 물론 태어날 때부터 인지 구조를 구성해 나갈 잠재력은 가지고 태어나며, 영유아는 자신의 환경을 끊임없이 탐색하고 조절하며 이해하려고 한다. 이러한 과정에서 환경을 적절하게 다룰 수 있는 보다 정교한 인지 구조들을 능동적으로 구성해 나가는 것이다.

2) 피아제 이론의 주요 개념

(1) 인지 구조

인간의 인지는 신체와 마찬가지로 구조를 가지고 있으며, 이 구조를 통해 외부세계를 이해한다. 이러한 이해 틀을 피아제는 인지 구조(cognitive structure) 혹은 도식(scheme)이라고 하였다. 그러나 엄밀히 말하면 도식과 인지 구조는 다소 차이가 있다.

도식은 영아가 가지고 있는 인지 틀, 즉 감각 운동적 차원의 행동 구조에서 출발한다. 예를 들어보기, 쥐기, 때리기 등의 행동 패턴이 도식이다. 이들 행동 패턴의 첫 도식은 생득적인 반사 기능에 기초한 도식이다. 빨기 도식은 빨기 반사에 기초하여 형성되며, 이러한 도식들은 반복적 경험을 통해 점차 분화하고 통합하여 수많은 도식과 복합적인 상위도식을 형성한다.

감각 운동적 도식은 유아가 성장함에 따라 개념적 차원으로 확대되는데, 이러한 개념적 차원의 도식을 피아제는 인지 구조라고 하였다. 인지 구조는 환경과의 다양한 상호작용을 통해 새로운 지적 정보를 기존의 구조에 통합함으로써 점차 질적 변화를 한다.

(2) 인지 기능

유기체가 환경과 상호작용할 때 인지 구조는 동화와 조절을 통해 환경에 순응하고자 한다. 우리가 환경에 적응하고자 신체 구조를 바꾸는 것과 마찬가지로, 인지 능력의 발달에서도 이러한 적응 과정을 통한 구조적 변화가 일어나는데, 적응을 위한 활동은 동화, 조절, 조직화에 의해 이루어진다.

① 동화와 조절

사람은 새로 들어온 정보나 대상을 자신의 인지 구조에 동화(assimilation)시키려고 한다. 동화란 새로운 지각물이나 자극, 사건을 이미 자신이 가지고 있던 도식이나 구조에 통합시키는 인지 과정이다. 따라서 동화 과정 후에는 도식이나 인지 구조가 양적으로 발달한다.

그러나 자신의 현재 구조에 맞지 않는 대상이 있을 때는 인지 구조를 변화하여 적응하려 하는데 이를 조절(accommodation)이라 한다. 조절이란 기존의 도식이나 구조가 환경 내의 새로운 자극을 동화하기에 적합하지 않을 때, 이미 있던 도식이나 구조를 새로운 자극에 알맞게 변화하는 인지 과정이다. 따라서 조절 과정 후에는 도식이나 구조가 질적으로 발달한다.

② 조직화

사람은 자신의 생각을 이치에 맞는 어떤 체계로 조직화(organization)하려는 경향이 있다. 예를 들어, 영아가 자신이 보고 있는 물체를 잡으려고 하는 행동은 보는 행동과 잡는 행동을 결합하려 하는 일종의 조직화 행동이다. 조직화란 분리된 체계나 구조를 응집력 있는 고차원의 체계나 구조로 통합하는 선천적 경향성이다. 이러한 조직화 기능에 의해 우리가 받아들인 무수히 많은 정보를 체계적으로 구조화하는 것이다.

③ 평형화

인지의 발달은 평생 계속되는 동화와 조절에 의해 이루어진다. 이 두 과정은 분리된 과정이 아니라 한 계열의 행위 속에서 작은 과정으로 엇바뀌어 나타난다. 따라서 실제 상황에서는 분리하기 어려운 하나의 전체 과정 속에 두 기능이 내포되어 있으며, 평형화란 동화와 조절 중 어느 하나가 두드러지게 우세하지 않은 상태에서 이루어지는 유기체와 환경 간의 상호작용, 즉 인지 구조의 평형이다.

피아제는 인지 구조는 항상 평형을 이루고자 하며, 이러한 힘에 의해 동화와 조절이 끊임없이 일어난다고 보았다. 결국 인지 발달의 원동력은 평형화라고 할 수 있다.

3) 인지 발달 단계

피아제는 인지 구조가 질적으로 변화하는 과정에 따라 인지 발달 단계를 제시하였다. 각 단계 간 가장 큰 차이는 조작 수준이다. 여기서 조작이란 내면화한 정신 활동의 사고적 조작을 말한다. 이 정신적 조작은 출생 시에는 나타나지 않지만 일생 4단계를 거쳐서 점차적으로 구성되고 확장한다. 따라서 앞 단계에서 다음 단계로 이행한다는 것은 인지 구조의 질적 변화를 의미한다.

인지 구조의 질적 변화는 다음과 같이 네 단계를 거쳐 발달한다.

(1) 감각 운동기(출생~2세)

언어가 나타나기 이전의 영아는 사고 활동을 하지 못하고 신체 동작만을 수행할 수 있으며 자신의 눈, 귀, 손 등의 감각 수용기를 통해 외부 체계를 알게 된다. 이 단계에서의 지적 활동은 충분히 내면화한 사고 형태를 나타내지 못하므로 조작이라고 할 수 없다.

감각 운동기 동안 영아는 다음 단계의 인지 발달에 필요한 공간, 시간, 인과성 개념 등에 대한 감각적 정보와 초보적인 동작 수준의 정보를 획득한다. 이러한 동작들은 도식과 도식 간의 협응 속에서 일어나는 과정으로 감각 운동적 지능이 되며, 이것이 후의 인지 구조의 기초를 이루고 개념적 지능이 된다.

(2) 전조작기(2~7세)

전조작기는 조작적 사고 발달로 가기 위한 과도기로서, 정신적 표상에 의한 사고가 가능한 시기이다. 그러나 아직까지 개념적 조작 능력은 충분히 발달하지 않아 논리적 사고는 불가능한 시기이다. 조작이란 정보의 전환을 이해할 수 있는 능력으로, 처음 시작했던 출발점으로 되돌아가게 해주는 가역성을 이해할 수 있는 능력이다. 따라서 조작이 불가능하다는 것은 가역성을 이해하지 못한다는 것을 의미한다.

전조작기 유아의 사고는 다음과 같은 특성을 나타낸다.

① 상징 활동이 증가한다.

환경에서의 경험을 통해 다양한 심상을 형성함으로써 유아는 이제 육안으로 보이지는 않지만 머릿속에 떠올릴 수 있는 관념의 세계를 가진다. 그리고 이러한 심상들을 여러 가지 상징으로 표현한다. 특히 상상놀이나 그림, 언어를 통해 자신의 내적 표상을 표현한다.

② 중심화 현상이 나타난다.

유아는 어떤 사물이나 현상을 인지함에 있어 그것의 한 가지 측면만 고려하는 경향이 있다. 이러한 한계를 피아제는 중심화 현상이라고 하였으며, 유아의 자기중심성이나 직관적 사고로 나타난다. 유아는 자신의 입장에서만 대상을 보고 타인의 관점에서 이해하지 못하는 자기중심성 때문에 조망 수용 능력이 없으며 언어 사용에서도 집단적 독백 현상이 나타난다. 또 대상이나 사태가 갖는 두드러진 한 가지 특성만 지각하여 그 성격을 판단하는 직관적 사고를 한다. 따라서 보존 개념이나 유목 포함 조작이 불가능하다.

③ 물활론적 사고를 한다.

유아는 모든 사물들이 생명을 가지고 있다고 믿는다. 따라서 과학적 사고가 어려운 시기이다.

(3) 구체적 조작기(7~10세)

체계적인 논리 사고가 발달하는 시기이다. 이제 가역성을 획득하여 일단 변형된 상태가 반대 절차를 밟으면 다시 원래 상태로 되돌아갈 수 있음을 이해한다. 따라서 사고의 논리적 조작이 가능해지고, 전조작기에는 불가능했던 보존 개념, 분류 조작, 순서화 등의 개념을 획득한다.

또 중심화 현상에서 벗어나는 탈중심화가 이루어진다. 이제 한번에 사물이나 사건의 여러 가지 속성에 주의를 기울일 수 있으며, 차원이나 속성들 간의 관계를 이해할 수 있다. 그러나 구체적 사물과 관계에 대해서만 이러한 논리적 사고가 가능한 것이 제한점이다.

(4) 형식적 조작기(11세 이후)

구체적 조작기의 제한점을 극복하여 가설 연역적이고 추상적인 논리 사고가 가능해지는 시기이다. 이제 추상적 개념만을 이용한 논리적 사고가 가능하며, 현재뿐만 아니라 미래의 상황에 대한 논리적 사고도 가능해진다. 청소년들은 문제를 해결하기 위해 다양한 인지적 조작과 전략을 사용하고, 사고와 추론에서도 다양하고 융통성이 있다.

2 정보처리적 접근

피아제의 인지 발달 이론은 유아의 인지적 발달 이해에 큰 기여를 했지만 많은 비판을 받았고, 이러한 비판은 새로운 인지 발달 이론을 생성하는 계기가 되었다. 피아제의 제자였던 파스칼 레온(Pascaul-Leone)을 비롯한 피아제 이후 인지 발달 연구자들은 피아제 이론의 모순점을 해결하기 위해 인지의 기능과 과정에 대한 새로운 연구를 시도하였다. 이것을 피아제의 구조적 접근과 구별하여 과정적 접근이라고 한다. 또 같은 시점에 미국에서는 정보처리 이론이 등장하였다. 이들 두 경향은 모두 인지의 과정과 기능에 관심이 있었으므로 과정적 접근이라고 할 수 있다.

1) 파스칼 레온의 인지 발달론

파스칼 레온은 스승인 피아제의 이론에서 장점은 살리고 단점을 보완하여 나름대로의 이론을 정립하였다. 특히, 많은 비판을 받았던 발달 단계의 특징과 단계 이행 문제를 해결하려고 노력하였으며, 피아제가 인지를 구조적으로 모형화한 것과 달리 그는 과정적으로 모형화하였다.

표 3-5 인지 발달 단계별 주의력의 증가

피아제의 인지 발달 단계	연령(세)	주의력
감각 운동기	0～2	e
전조작 초기	3～4	e +1
전조작 후기	5～6	e +2
구체적 조작 초기	7～8	e +3
구체적 조작 후기	9～10	e +4
형식적 조작 도입기	11～12	e +5
형식적 조작 초기	13～14	e +6
형식적 조작 후기	15～성인	e +7

* M = e+n
M : 주의력의 최대 용량
e : 과제에 대한 지시 내용을 저장하고 과제 배열을 지각적으로 탐색하는 데 요구되는 주의력
n : 과제 해결 과정에서 인지적 기능 단위인 스키마가 연령 증가에 따라 부가적으로 활성화시킬 수 있는 개수가 증가되는데 이 개수를 말함.

출처: 변창진 · 송명자(1995).

파스칼 레온은 피아제와 달리 인지 발달 단계를 중요시하지 않았다. 또 발달 단계 간 혹은 발달 단계 내에서 발달이 이루어지는 것은 곧 주의력이 양적으로 증가하는 것이라고 보고, 이들 주의력의 발달을 〈표 3-5〉와 같이 제시하였다(김정희 외, 2014). 이 표에 의하면 영아기에는 과제에 대한 지시 내용을 저장하고 과제의 배열을 지각적으로 탐색하는 데 요구되는 기본적인 주의력만 가지고 있다. 그리고 유아기에는 매 2년마다 활성화할 수 있는 스키마가 하나씩 증가하여 최대 7개까지 증가한다.

2) 정보처리적 접근

인지 발달에 대한 정보처리적 접근은 컴퓨터의 개발과 더불어 발전한 이론이다. 이들은 인간 사고의 모델로 컴퓨터를 사용하며, 사람은 모두 동일한 정보처리 체계를 가지고 있고, 사람의 정신은 컴퓨터처럼 논리적 규칙과 전략을 적용하여 정보를 처리하는 체계라고 하였다. 즉, 인간과 컴퓨터를 모두 정보처리자로 보았다. 그리고 컴퓨터와 마찬가지로 발달 과정에서 우리의 하드웨어(뇌, 감각 체계)와 소프트웨어(학습 전략)에 변화를 주면 보다 숙련된 사고를 할 수 있다고 믿었다.

정보처리적 접근은 피아제 이론이 인지 발달의 구조만 강조한데서 벗어나 구체적인 과제해결 과정을 분석하는 인지의 기능적 측면을 강조한다. 피아제는 인지 구조가 어떻게 형성하고 변화하는가에 주된 관심이 있는 반면, 정보처리적 접근은 인지 작용의 기능적 측면에 주된 관심이 있어 주로 과제를 해결해 나가는 사고 과정을 분석하는 데 관심이 있다. 이들은 문제해결 행동과 사고 과정을 분석하고 상세하게 제시함으로써 어느 단계에서 문제해결 실패가 일어났는지를 밝혀 준다. 따라서 이들 접근은 교육 현장에서 아주 유용한 가치를 가지고 있다.

정보처리론자들은 정보의 처리 과정인 정보의 입력(input), 정보의 저장(memory), 정보의 인출(output) 등에 관심을 가지고 있다. 그리고 발달적으로는 연령에 따라서 정보를 처리하는 데 사용하는 인지 과정과 전략이 어떻게 달라지는지에 대해서도 관심이 있다. 따라서 정보처리 이론들은 정보를 받아들이는 최초의 과정인 주의 그리고 저장하는 데 관련되는 표상 능력과 기억 전략, 기억 용량, 상위 기억 등에 관심이 많다. 이러한 관심은 이들 지적 기능의 과정과 중요성을 제시함으로써 문제해결력 향상에 기여하고 있다.

구체적인 사고 과정을 중시한다는 측면에서 이러한 접근을 정보처리적 접근이라고 부른다. 정보처리적 접근에서 인지 발달을 연구하는 학자로는 케이스(Case), 피셔(Fischer), 클라하(Klahr), 시글러(Siegler), 스턴버그(Sternberg) 등이 대표적이다.

인지 발달적 접근의 주요 개념

인식론	지식의 기원 · 본질 · 한계를 연구하는 철학의 한 분야
발생적 인식론	시간 · 공간 · 인과관계 · 논리 수학적 사고 등을 개체 발생과 계통 발생의 두 관점에서 실증적으로 연구하는 분야
도식	피아제가 주창한 개념으로, 각기 다른 상황에서 사용하는 조직화된 행동 형태들로 구성되는 기본적 인지 구조를 일컫는다.
동화	피아제가 주창한 개념으로, 새로운 정보를 기존의 인지 구조에 통합하는 적응의 한 방법
조절	피아제가 주창한 개념으로, 새로운 정보를 포함할 수 있도록 기존의 인지 구조를 수정하여 변화하는 적응의 한 방법
조직화	피아제 이론에서 인지 구조와 과정을 보다 체계화하는 타고난 성향
가역성	문제의 일련의 단계를 알고 그 단계의 방향을 거꾸로 되밟아 출발점으로 되돌아갈 수 있는 능력
평형화	유기체의 인지적 요소와 외부 세계 간에 균형을 찾으려는 내적 자기조절 과정에서 동화와 조절을 통해 보다 조직화된 강력한 인지 구조를 만들어낸다.
중심화	문제를 볼 때 그 문제의 여러 가지 측면에 초점을 맞추고 서로 관련시킬 수 있는 능력이 없어 문제의 두드러진 한 가지 측면만을 고려하는 현상
정보처리 이론	인간을 컴퓨터의 작업에 비교하여 제한된 정보처리 능력을 가진 존재로 보고 정보를 인식하고 다루는 지적 과정을 관찰하고 분석함으로써 인지 발달을 연구하는 접근

5 맥락적 접근

발달에 직접적인 영향을 미치는 환경에 대한 연구는 오래 전부터 다양한 측면에서 수행되어 왔다. 특히 부모의 유무, 출생 순위에 따른 경험, 형제 수, 가정의 사회경제적 수준, 정서적 분위기 등이 유아의 발달에 미치는 영향을 주로 연구하였다. 그러나 보다 폭넓은 의미에서의 맥락에 대한 연구는 직접적인 환경에 대한 연구에 비해 최근에 관심을 가지게 된 분야이다. 이들 연구에 의하면 유아가 생활하는 폭넓은 물리적 환경, 유아교육기관을 비롯한 교육 시설, 사회의 직업 체제, 기술 발달, 자연재해, 정치 체제, 전쟁 등은 양육 방법에 영향을 주고, 궁극적으로는 유아의 발달에 영향을 끼친다.

맥락적 접근은 생물학적 체제, 물리적 체제, 사회 문화적 체제라는 보다 광범위한 환경과 발달과의 관계에 관심이 있다. 일찍이 이러한 접근은 진화론에 기초한 동물행동학자들에 의해 연구되었으며, 20세기 후반 브론펜브레너가 발달에 영향을 미치는 생태학적 체제를 정립함으로써 보다 구체화되었다. 특히, 러시아 태생인 비고츠키의 문화적·역사적 맥락에 기초한 사회 문화적 이론이 서방세계에 소개되면서 보다 발전하고 있다.

1 동물행동학적 접근

동물행동학(ethological theory)은 다윈의 진화론에 근거를 두고 있으며, 모든 종의 개체 발달은 그 종의 진화 과정을 통해 가지고 있는 생물학적 역사와 조건의 영향을 받는다고 본다. 동물행동학의 이러한 견해는 모든 문화권에서 공통적으로 나타나는 발달의 근원을 밝혀 준다.

이러한 입장에서 1930년대 동물의 행동을 연구한 대표적인 학자는 로렌츠와 틴

버겐이다. 그리고 1950년대 동물행동학적 입장에서 인간의 행동을 연구한 대표적인 학자는 볼비이다.

(1) 로렌츠의 각인 이론

로렌츠

동물 행동을 연구하여 체계적으로 이론화한 로렌츠(Konrad Lorenz, 1903~1989)는 각 종(種)이 가지고 있는 특정 행동을 연구하였다. 이러한 연구를 통해 그는 단순히 본능이라고 생각했던 종 특유의 행동들이 환경 내의 특정 유발 자극에 의해 유발되는 반응이라는 사실을 밝혀냈다. 이러한 점에서 그의 이론은 발달에 영향을 미치는 맥락을 강조한 최초의 접근이라 할 수 있다.

환경 속의 특정 자극이 종 특유의 행동을 유발함을 입증하는 사례는 많다. 로렌츠는 청둥오리의 알을 두 집단으로 나눠 한 집단은 알을 낳은 어미가 부화하게 하고, 다른 집단은 로렌츠 자신이 부화시켰다. 그 결과 로렌츠가 부화시킨 청둥오리들은 그를 어미처럼 따라다니는 행동을 보였다. 이는 청둥오리의 어미 추종 행동이 부화한 지 몇 시간 이내에 자신의 주변에서 움직이는 물체에 대한 반응임을 보여주는 것이다. 특히 청둥오리는 부화 후 13~16시간 사이가 가장 민감한 시기로, 이 시기에 자신이 본 움직이는 물체를 어미로 인식해버린다. 알에서 깨어난 새끼가 어미로 인식하고 따라가는 행동은, 움직이는 대상을 따르려는 생득적 경향성과 알에서 깨어난 후 일정 시간 내 실제로 움직이는 대상이 제공되는 환경을 만날 때 각인(imprinting)되는 종 특유의 행동인 것이다.

그런데 이러한 각인은 출생 후 일정 기간 내에만 이루어지며, 평생 지속하는 것으로 본다. 만약 이 기간 동안 각인이 되지 않았다면 이후에는 그 행동을 습득하기가 불가능하다. 동물의 모든 행동은 이렇게 출생 후 일정 기간 내 각인을 통해 학습된 것이며, 이 시기를 놓쳐버리고 난 후에는 습득이 거의 불가능하다. 후에 인간의 발달에 동물행동학 이론을 적용한 학자들은 이를 발전시켜 모든 행동에는 결정적 시기(critical period)가 있다고 주장하였다.

에이미 바라기 열여섯 마리의 거위들

실화를 바탕으로 한 영화
"아름다운 비행" (Fly Away Home, 1996)
(감독) 캐롤 발라드
(주연) 제프 다니엘스, 안나 파킨

여행 중이던 에이미는 교통사고로 엄마를 잃고 아버지 토마스와 10년 만에 다시 만나 고향에서 살게 된다. 방황하던 에이미는 개발업자들의 횡포로 속이 훤히 드러난 늪 주위에서 미처 부화하지 못한 야생 거위 알을 발견하고 집으로 옮겨 돌보며 귀여운 새끼 거위로 부화시킨다. 새끼 거위들은 세상에서 가장 먼저 본 에이미를 어미 새로 알고 오로지 에이미의 곁에서 쉬거나 그녀의 행동만 따라한다.

야생 거위를 집에서 키우는 것은 불법이어서 아빠는 거위들에게 나는 법을 가르쳐 추위가 몰아치기 전 따뜻한 남쪽으로 이동시키고자 하지만 거위들은 아빠 말을 듣지 않는다. 아빠는 에이미와 거위를 위한 경비행기를 만들고 함께 어려운 실습을 익혀가고 마침내…….

출처: http://movie.daum.net

■ 영화를 보면서 거위들의 각인을 통한 발달적 변화를 찾아보고, 동물들의 학습과정에 영향을 주는 요인을 찾아 보자.

(2) 볼비의 애착 발달 이론

에인스워드와 볼비

인간행동 영역 중에서 동물행동학의 영향을 가장 많이 받은 영역은 애착 발달 이론이다. 특히 볼비(John Bowlby, 1907~1990)와 에인스워드(Mary Ainsworth, 1913~1990)는 신생아의 애착 발달 이론 연구에 몰두하여 신생아가 자신을 돌봐주는 엄마에게 애착을 형성해가는 과정을 밝혔다.

동물의 종 특유 행동이 외부 자극에 의해 유발되는 것과 마찬가지로 신생아는 선천적으로 애착 욕구를 가지고 태어나기 때문에 다른 사람에게 접근하고자 하며, 이러한 애착 행동이 양육자의 모성 행동을 유발한다고 하였다. 예를 들어, 신생아가 엄마를 보고 미소를 지음으로써 엄마는 아기를 보살펴주고 둘 사이에 애착이 형성된다. 미소뿐만 아니라 아기의 울음, 붙잡는 행동 등도 애착 행동이다. 그런데 아기의 이러한 애착 행동이 모든 사람에게 같은 정도로 나타나는 것은 아니다. 동물의 경우는 각인 시기가 대체로 생후 몇 시간 이내지만, 사람은 보다 기간이 길고 또 아기는 자신을 잘 돌봐주고 같이 놀아주며 모성 행동을 보이는 사람에게 애착 행동을 더 강하게, 더 자주 보인다.

2 생태학적 접근

발달에 대한 생태학(ecology)적 접근이란 가족, 지역사회, 문화 등 인간이 생활하고 있는 생태 환경이 발달과 밀접한 관련이 있다고 여겨 이러한 관련성을 보다 체계화하고자 한 접근 방법이다. 특히, 브론펜브레너(Urie Bronfenbrenner, 1917~)는 유아의 발달에 미치는 생태학을 체계화함으로써 이 접근 방법은 많은 관심을 받았다.

브론펜브레너는 생태학적 접근의 특징을 다음과 같이 제시하였다(이영 역, 1992).

브론펜브레너

첫째, 발달하는 개인을 단순히 환경의 영향을 받는 백지 상태가 아니라 성장하는 역동적 실체로 간주한다. 즉, 개인은 점차적으로 자기가 살고 있는 환경 속으로 이동해 들어와서 그 환경을 재구성하는 존재로 보았다.

둘째, 환경도 상호 조절 과정을 요구하면서 영향력을 발휘하기 때문에, 개인과 환경의 상호작용은 상호 호혜성의 특징을 가진다. 즉, 환경이 개인의 발달에 영향을 줄 뿐만 아니라 개인이 환경에 영향을 주기도 하고 그 결과가 다시 개인에게 영향을 미치게 된다.

셋째, 발달과 관련되는 환경의 개념은 단일하고 즉각적인 장면으로 국한되는 것이 아니라, 더 확장되어 그러한 장면 간의 통합된 상호 연결은 물론 더 넓은 환경에서 전달되는 외적 영향까지도 포함한다.

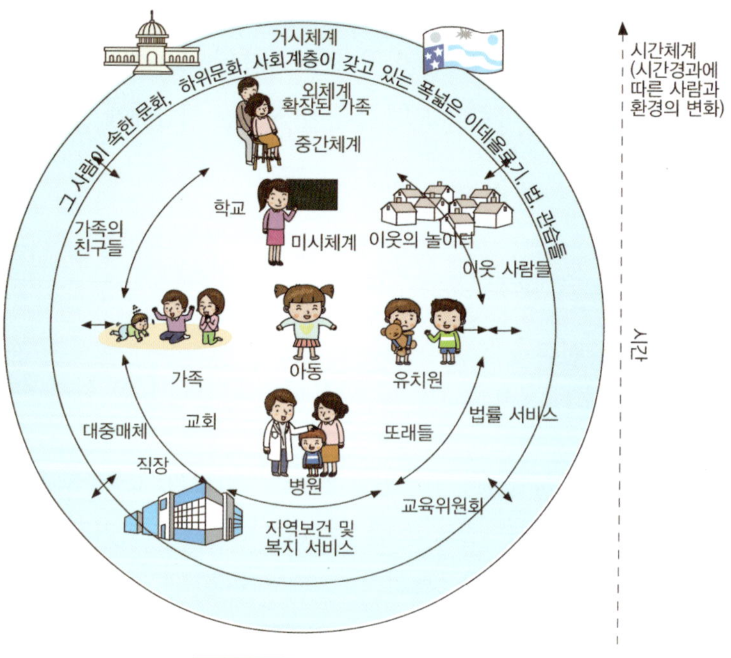

그림 3-1 생태학적 환경의 구조

출처: Berk, L. E.(1999).

이상과 같은 특성을 가진 생태학적 환경을 브론펜브레너(이영 역, 1992)는 [그림 3-1]에서 볼 수 있는 미시 체계, 중간 체계, 외체계, 거시 체계 등 네 개의 동심원적 구조로 제시하였다. 발달하는 개인과 가장 밀접한 관계에 있는 체계는 미시 체계이지만, 나머지 세 체계의 보다 폭넓은 지원이 있을 때 최적의 발달 상태를 이룰 수 있다고 보았다. 즉, 개인의 모든 행동은 이들 네 가지 체계에서의 발달이 통합될 때 최적의 상태가 될 수 있다는 것이다. 그리고 이들 체계와 체계 간의 상호작용은 시간이 흐름에 따라서 변화하는데, 이 또한 발달에 영향을 미치는 요인이다.

1) 미시 체계

영유아와 가장 가까운 체계인 미시 체계(microsystem)는 개체가 주로 생활하는 서로 나른 물리적·물질적 특성을 가진 환경 내에서 유아가 경험하는 활동이나 역할 및 대인관계의 유형을 의미한다. 즉, 유아에게 직접적으로 영향을 미치는 즉각적인 상황으로 가정을 비롯해서 유치원, 또래 집단, 놀이터 등에서 서로 얼굴을 맞대고 상호작용하는 대상뿐만 아니라 함께 있던 타인들과의 관계 및 그 관계의 본질 그리고 그 관계가 타인에게 영향을 주고 이 영향이 유아에게 주는 간접적 영향 등을 포함한다. 이는 곧 개인과의 직접적인 상호작용만이 아니라 체계 내의 요인들 간 상호작용도 유아의 발달에 영향을 미치는 것을 의미한다.

대부분의 영유아 발달에 관한 연구는 미시 체계를 중심으로 이루어져 왔으며, 연구 결과에 따르면 미시 체계가 유아 발달에 커다란 영향을 미치는 것으로 드러났다. 특히 부모의 양육 행동은 자녀의 발달에 큰 영향력을 미치는데, 자아 존중감, 또래와의 관계, 사회적 능력, 친사회적 행동, 애착, 성역할 등의 발달에 영향을 미친다(김현주 외, 2013). 그런데 부모의 양육 행동은 부모의 인성이나 부부 관계, 가족의 구조적 특성, 사회관계망, 부모의 직장 등의 영향을 따라 결정되므로 결국 중간 체계나 외체계의 특성이 미시 체계에 영향을 준다고 할 수 있다.

1980년대 이후 우리나라의 유아교육기관은 미시 체계로서의 비중이 커지고 있다. 그동안 유아교육기관은 양적으로 엄청난 성장을 하였는데, 2017년 현재 우리나라 영유아 인구 2,536,879명 가운데 유아교육기관(유치원 및 어린이집)에 다니는 영유아 수는 2,044,874명으로 전체 영유아의 80.6%(국가통계포털)에 이른다는 수치가 이를 잘 설명해준다. 따라서 유아교육기관은 유아의 발달에 영향을 미치는 미시 체계로 인식되고 있다. 이러한 측면에서 유아교육기관 프로그램의 질적 수준이나 환경이 유아의 지적·사회적·정서적 발달에 영향을 미친다는 연구가 많이 시도되고 있다(김현주 외, 2013).

최근에는 미시 체계의 요인들이 유아의 발달에 영향을 미칠 뿐만 아니라 유아의 기질이나 출생 순위, 성별과 같은 개인적 특성들이 부모의 양육 행동에 영향을 미칠 수 있다는 점도 밝혀지고 있다. 이는 곧 개인과 환경 간의 상호작용이 상호 호혜적임을 증명해 주는 것이다.

2) 중간 체계

중간 체계(mesosystem)는 개인이 적극적으로 참여하는 둘 이상의 환경 간의 상호관계로 이루어진다. 즉, 중간 체계는 미시 체계들로 구성된 하나의 체계이다. 구체적으로는 유아가 상호작용하는 가정, 유아교육기관, 이웃, 또래 집단 등의 맥락 간 상호작용 체계를 말한다. 유아교육기관에서 교육적 효과를 증진시키고자 부모교육을 실시하는 것은 바로 유아의 중간 체계 내에서의 발달을 지원하기 위한 것이다. 부모가 유아교육기관에 참여하는 것이나 유아교육기관에서의 학습을 가정에서 병행하도록 하는 것은 모두 유아의 학습에 영향을 주기 때문이다.

3) 외체계

외체계(exosystem)는 발달하는 개체가 적극적인 참여자로 개입하지는 않지만 유아가 소속된 환경에서 일어나는 경험이나 사건과 영향을 주고받는 사회적 환경이다. 예를 들어, 부모의 직업이나 사회경제적 지위 등은 가족 간의 상호작용에 영향을 줌으로써 간접적으로 자녀 발달에 영향을 미친다. 또 많은 대중매체, 특히 TV나 인터넷 등도 주요 외체계 요소이다.

외체계는 영유아의 발달에 영향을 미치기는 하지만 직접적인 역할을 하지는 않는다. 유아는 부모의 직장, 손위 형제가 다니는 학교 학급, 부모의 친구 관계망, 지방 교육청의 활동 등으로부터 간접적인 영향을 받는다. 또한 유아가 살고 있는 지역사회의 주요 기관인 직업 세계, 대중매체, 정부 기관, 교통 체제, 통신 시설 등의 영향도 마찬가지이다. 이들 환경과 직접적인 상호작용을 하지는 않지만 이들 체제로 인해 유아는 여러 가지 다른 경험을 하게 된다. 예를 들어, 엄마가 다니는 직장으로 인해 유아의 일상생활이 달라질 수 있고, 지역사회의 놀이터나 문화 시설 등은 유아의 경험에 영향을 줄 수 있다.

4) 거시 체계

유아로부터 가장 먼 체계인 거시 체계(macrosystem)는 중간 체계와 외체계를 포함하는 문화 체계로, 각 문화권 특유의 가치관, 태도, 신념, 관습, 일상생활 습관, 이데올로기, 법 등이 있다. 이들 사회 문화적 배경에 따라 부모의 양육 태도가 영향을 받고 결국 유아에게 영향을 준다. 생태학적 접근에서 유아의 발달에 영향을 미치는 생태 환경을 밝혀낸 연구에 따르면, 왜 각 문화권마다 독특한 발달 양상을 보이는가에 대한 해답을 제시해 주는 데 크게 기여하였다.

5) 시간 체계

개체가 경험하는 생태학적 체계는 생애 동안 변화하고 그 변화는 개인의 발달과 밀접한 관련이 있다. 시간 체계란 특정 시점의 경험과 환경에 국한되지 않고 생애라는 시간에 걸쳐 일어나는 사회 역사적인 변화를 의미한다. 예를 들어, 개인의 발달과 밀접한 관련이 있는 미시 체계의 특성도 시간이 흐름에 따라 변화할 수 있다. 그뿐만 아니라 시간이 흐름이라는 역사적인 측면에서 보면 어떤 시대에 태어나 살아가느냐에 따라 발달은 달라질 수 있다. 따라서 부모 세대와 자녀 세대가 각각 영유아기를 보내는 시기의 사회 문화적 환경이 다르기 때문에 발달적 차이를 보일 수밖에 없다.

3 사회 문화적 발달 이론

발달에 대한 사회 문화적 발달 이론은, 특정 사회나 문화에 소속된 개인들의 발달적 공통점이나 사회 문화 간 차이를 밝히고자 하는 비교 문화적 접근이다. 이처럼 개인의 발달이 사회 문화적 환경의 영향을 받는다는 주장은 비고츠키 이론에 기초하고 있다.

1) 발달의 개념

비고츠키(Lev Semenovich Vygotsky, 1896~1934)에 의하면 유아는 두 가지 맥락에서 발달한다. 첫째, 유아는 생물학적 성장과 신체 구조 및 정신 구조의 성숙과 같은 자연적인 발달을 한다. 그리고 두 번째는 사회 문화적 활동에 참여함으로써 이루어지는 사회 문화적 발달을 한다. 전자의 발달을 통해서는 저차원의 정신 기능을 습득하는 반면, 후자의 발달을 통해서는 인간에게만 나타나는 고차원적 정신 기능의 발달이 이루어진다.

비고츠키 이론은 저차원적 수준의 주의, 지각, 기억, 사고와 같은 정신 기능들이 나중에 어떻게 고차원적 정신 기능으로 발달하는가를 잘 설명해 준다. 여기서 고차적 정신 기능이란 의도적이고 반성적인 활동에 참여할 수 있는 인간의 능력에 기여하는 모든 요소들, 즉 자발적 주의 집중, 논리적인 기억, 문제해결, 상상력, 추상 등을 의미한다.

사회 문화적 이론은 한 문화의 가치, 신념, 관습 등의 문화가 어떻게 여러 세대를 거쳐 전달되는지에 주요 관심이 있으며, 인간만이 가지고 있는 이러한 고등 정신 기능의 발달은 사회 문화적 요인에 의해 결정된다고 본다. 비고츠키에 의하면 한 사회의 특성인 사회 문화적 가치, 관습, 이데올로기, 고차적 정신 기능 등은 사회적 상호작용을 통해서 전수된다(Rogoff, 1993). 이에 의하면 개인의 정신은 다른 사람들의 정신과 분리되지 않고 결합되어 있어 사회 문화적 지식은 사회 구성원들 간에 공유되고 있으며, 개인의 인지 발달은 사회 문화적 상황을 통해 이러한 공유된 지식을 내면화함으로써 이루어진다. 즉, 고등 정신 기능의 발달은 유아가 다른 사람들과 사회 문화적 상황에서 상호작용하는 과정과, 나중에 개인적으로 내면화하는 과정이라는 두 가지 국면에서 이루어진다는 것이다.

사회적 상호작용을 통해 사회적 또는 개인 간 수준에서 먼저 일어난 인지 발달은 그 후에 개인적·심리적 수준에서 일어나는 과정으로 이어진다. 즉, 모든 고등 정신 기능은 사회적 기원을 가지고 있으며, 이것이 궁극적으로 내면화하는 것으로 보았다. 그리고 내면화에서 사회적 경험을 심리적으로 표현하는 주요 방법은 언어이므로, 비고츠키 이론에서 언어는 유아의 인지 발달에 중요한 역할을 하는 것으로 본다.

2) 주요 개념

(1) 근접 발달 지대(zone of proximal development, ZPD)

비고츠키는 사회의 지적 기능이나 지적 도구에 보다 정통한 사회 구성원과의 상호작용을 통해 개인은 그 기능이나 도구에 접근한다고 보았다. 그리고 유아가 혼자서 수행하는 능력보다 다른 사람의 도움을 받으면서 수행할 수 있는 능력이 곧 그 개인의 지적 발달 수준을 나타내는 것이라고 하였다. 즉, 그는 유아의 발달 수준을 이해하기 위해서는 실제적 발달 수준과 잠재적 발달 수준을 모두 고려해야 한다고 주장하면서, 이들 두 수준 간의 격차를 설명하기 위해 근접 발달 지대 개념을 사용하였다.

따라서 근접 발달 지대란 유아가 혼자 수행하는 능력과 다른 사람의 도움을 받으면서 수행할 수 있는 능력 간의 격차라고 할 수 있으며, 유아가 이미 성취한 발달 수준과 도움을 받는 상호작용에 의해 새로이 나타나는 능력 간의 간격을 의미한다. 그리고 근접 발달 지대는 학습과 인지 발달이 일어나는 역동적인 민감성 지대이다. 따라서 교육이란 유아가 독립적으로 문제를 해결할 수 없는 경우 안내받을 수 있는 영역인 근접 발달 지대 내에서 문제를 해결하도록 도와주는 작용이어야 한다(Rogoff, 1993).

(2) 스캐폴딩(scaffolding)

스캐폴딩은 사회적 상호작용 학습에서 보다 유능한 협력자가 과제에 대한 상대방의 수행 능력에 따라 도움을 조절해가는 과정을 설명해 주는 개념이다. 즉, 유아보다 유능한 수준의 교사나 부모 또는 또래의 안내 및 도움이 유아의 학습을 도와주어 인지적 향상을 가능하게 하는 발판 역할을 만들어주는 것을 말한다(Wood, 1975). 스캐폴딩 효과는 아동의 과정 기능이나 학습 전략 학습에 매우 효과적인 것으로 밝혀지고 있다(김현주, 1996).

유아보다 유능한 조력자가 도움을 줄 때는 유아의 요구에 맞게 민감하게 조절해 가는 것이 중요하다. 조력자는 과제가 학습자에게 새로운 것일 때는 보다 많은 도움을 주지만 점차 학습자가 과제에 대해 보다 많은 책임을 지게 함으로써 학습자의 학습에 대한 자율성, 독립성, 책임감을 길러주게 된다. 조력자의 참여 및 책임이 점차 학습자에게 양도되게 함으로써 초보자가 과제수행 행동을 점차 내면화하도록 돕는다.

(3) 내면화(internalization)

우리는 사회적 경험을 통해 자신의 세계에 대해 사고하고 해석하는 방식을 구성하고, 언어를 사용하여 사회적 경험을 심리적으로 표현한다. 이처럼 언어는 유아의 인지 발달에 있어 매우 중요한 역할을 한다. 유아도 언어를 통해 다른 사람들과 의사소통 하고 사회적, 정신적으로 접촉을 한다. 즉, 언어가 사람들 간의 의사소통을 위한 매개체 역할을 하는 것이라고 볼 수 있다. 또, 언어를 통해 자신의 생각과 행동을 능동적으로 조절하는데, 이는 자신과의 대화 수단으로 언어가 사용됨을 의미한다. 자기조절 과정에서 나타나는 혼잣말은 내면화 단계에서 자신과의 대화 수단으로 나타나는 것이다. 따라서 혼잣말은 인지 발달의 결정적 역할을 한다고 볼 수 있다.

유아들은 목표 지시가 정해진 활동, 문제해결 활동, 학구적 활동, 혼자놀기 등을 할 때 혼잣말을 많이 한다. 또 쉬운 과제보다는 어려운 과제일수록 그리고 사회적 상호작용의 기회가 많아진 후에 더 많이 나타난다. 이 경우는 혼잣말이 의사소통이 아니라 자기조절을 위한 것이다. 즉, 자신의 사고 과정과 행동을 주도하기 위해 자기 자신과 의사소통을 하는 것이다. 이러한 혼잣말은 3~5세에 특히 많이 나타나며, 초등학교 시기에는 점차 축약되고 내면화되어 타인이 알아들을 수 없게 된다.

맥락적 접근의 주요 개념

동물행동학	인간 및 동물의 적응행동을 생물학과 진화론에 기초하여 연구하는 관점
각인	동물이 출생 후 일정시간 내에 어떤 대상에게 노출되면 그 대상에게 애착을 형성하여 따르게 되고 이러한 현상이 성장한 후에도 영향을 미친다.
결정적 시기	학습의 한 형태로, 유기체가 특정 자극에 보다 민감한, 즉 특정 사태가 가장 큰 영향력을 미치게 되는 시기를 말하며, 이러한 발달의 민감기로 다시 되돌아가기는 어렵다.
생태학적 접근	발달이란 아동의 직접적인 주변뿐만 아니라 보다 폭넓은 사회적 · 문화적 체계로부터 일어나는 경험의 영향을 받는다는 이론
스캐폴딩	학습자보다 유능한 타인이 안내 및 도움을 제공하여 인지적 향상을 가능하게 해주는 발판 기능을 하는 것

그림 3-2 세계에서 세 번째로 큰 돔을 가지고 있는 상트페테르부르크 시 「성이삭 성당」 건축에 사용된 스캐폴더

6 발달 이론 비교

1 아동관

영유아는 자신의 발달에서 어떤 역할을 하는가? 이에 대한 입장은 크게 두 가지로 대별된다. 하나는 아동을 능동적 존재로 보는 유기체적 관점이며, 다른 하나는 수동적 존재로 보는 기계론적 관점이다(Berk, 1990).

유기체적 관점은 발달적 변화가 유기체 내부, 특히 심리적 구조로부터 유발된다고 본다. 주변 환경은 발달을 지원해주는 역할을 할 뿐이며, 유기체 스스로 환경을 선택, 수정, 거부하면서 스스로 발달을 만들어 간다는 것이다. 따라서 아동을 능동적이고 목적적인 존재로 본다. 대부분의 발달 이론들은 유기체적 관점을 따른다.

이론	유기체적 관점의 특성
정신분석 이론	정신 구조(id, ego, superego) 간의 관계가 성격을 결정한다.
인지 발달 이론	심리적 구조가 세상에 대한 아동의 이해를 결정하며, 아동은 능동적으로 지식을 구성한다.
생태학 이론	아동의 성격 특성 및 능력이 자신의 발달에 적극적으로 기여한다.
사회 문화적 이론	아동은 사회적 대화를 내면화하고 자신의 행동을 이끌어나가기 위해 심리적 구조를 이용한다.

기계론적 관점은 아동의 발달을 기계가 하는 일에 비유하여 붙여진 것이며, 이 관점에서는 발달적 변화가 환경에 의해 유발된다고 본다. 즉, 환경이 아동의 행동을 형성하고 아동은 수동적으로 반응하는 존재이다. 새로운 능력 또한 아동에게 작용하는 외부의 힘에 의해 습득되는 것이다. 학습 이론은 투입된 자극과 행동적 반응의 결합으로 개인의 발달이 이루어진다고 보므로 기계론적 관점이라고 할 수 있다.

아동은 유기체적인 존재인 동시에 기계론적 존재로 보는 이론도 있다. 정보처리 이론이 바로 그것이다. 아동이 가지고 있는 능동적인 처리 구조가 기계적 자극 투입 모델과 결합하는 것으로 본다.

2 발달의 결정 요인

지능은 타고난 능력인가 아니면 환경적 자극의 영향을 받은 결과인가? 남아가 여아보다 더 공격적인 것은 문화적으로 길들여진 것인가, 아니면 생물학적 요인 때문인가? 앞서 1장에서 살펴본 바와 같이 발달이 타고난 자연적인 것인지 아니면 후천적인 영향 때문인지(nature vs. nurture), 혹은 성숙에 의한 것인지 아니면 학습되는 것인지(maturation vs. learning), 유전에 의한 것인지, 환경에 의한 것인지(heredity vs. environment)는 발달 심리학자들의 오랜 논쟁점이었다.

그러나 최근에는 어느 요인이 더 결정적이냐 하는 문제보다는 제각각 발달에 어떻게 기여하는지에 더 관심을 두고 있다. 즉, 유전과 환경이 행동 특성과 상호작용하는 방법에 관심을 둔다. 학습 이론을 제외한 대부분의 발달 이론들은 두 가지 모두를 강조하여 발달이란 성숙적 요인이 경험과 상호작용하는 것으로 본다. 학습 이론은 조건화 및 모델링의 학습 원리가 발달을 결정한다고 보므로 후천적 요인, 즉 학습을 강조한다. 그리고 초기 경험 및 후기 경험 모두 중요하다고 본다.

이론	선천성과 후천성의 상대적 영향에 대한 입장
정신분석 이론	타고난 충동은 사회적 경험을 통해 통제된다. 특히, 초기 경험이 이후의 발달을 결정하는 데 영향을 준다.
인지 발달 이론	현실을 극복하려는 타고난 욕구를 강조하지만, 이는 풍부하고 자극적인 환경에 의해 시시되어야만 한다. 초기 및 후기 경험 모두 중요하다.
정보처리 이론	성숙 및 학습의 기회가 정보처리 기술에 영향을 준다. 초기 및 후기 경험 모두 중요시한다.

이론	선천성과 후천성의 상대적 영향에 대한 입장
생태학 이론	아동의 특성 및 타인의 반응이 상호영향을 준다. 초기 및 후기 경험 모두 중시한다.
사회 문화적 이론	성숙 및 보다 유능한 전문가와 상호작용하는 기회가 심리적 구조 및 문화적 적응 기술 발달에 영향을 준다. 초기 및 후기 경험 모두 중요하다고 본다.

3 사회 문화적 맥락이 발달에 미치는 영향

아동은 가족뿐만 아니라 보다 광범위한 사회 문화적 맥락 속에서 성장한다. 사회 문화적 맥락이란 그 사회만의 독특한 관습, 가치관, 아동 양육에 대한 신념 등이다. 아동이 살아가는 사회 문화적 환경은 아동의 모든 발달 영역에 영향을 미친다. 사회 문화적 요인은 부모의 양육에 영향을 주고 결국 아동이 받는 보호와 교육 수준에 반영되기 때문이다. 발달 영역과 사회 문화적 맥락 간의 관계에 대한 논쟁도 이론 간에 차이가 있다.

이론	사회 문화적 맥락이 발달에 미치는 영향
학습 이론	사회 문화적 요인은 행동의 강화, 벌, 모델링 등을 결정하는 요인이 된다.
정신분석 이론	에릭슨은 사회 문화적 맥락을 이론의 주요 요인으로 통합하고 있다.
인지 발달 이론	인지 구조는 보편적이지만, 사회 문화적 맥락이 사고의 다른 발달이나 최후 단계에 영향을 준다. 그러나 사회 문화적 차이를 강조하지는 않는다.
정보처리 이론	비교적 관심이 적다. 그러나 정보처리의 규칙, 전략, 절차의 획득은 문화에 따라 다르다고 본다.
사회 문화적 이론	역사적 지식을 포함하는 사회 문화적 요인을 행동의 결정적 요인으로 본다.

4 발달의 연속성 문제

아동의 행동과 능력이 변화한다는 것에 대해서는 논란의 여지가 없지만, 이러한 변화를 제대로 설명해 주는 방법에 대해서는 발달을 연속적으로 보는 관점과 비연속적으로 보는 관점의 두 가지로 나누어진다.

발달의 연속성을 지지하는 이론은 다음과 같다.

이론	발달의 연속성을 인정하는 특성
학습 이론	연령 증가와 더불어 학습된 행동이 양적으로 증가한다.
정보처리 이론	지각, 주의, 기억, 문제해결력이 연령 증가에 따라 양적으로 증가한다.
사회 문화적 이론	보다 전문적인 사람과의 상호작용을 통해 사고와 행동이 점진적으로 변화한다.

반면 발달이 비연속적으로 일어난다는 이론은 정신분석 이론과 피아제의 인지 발달 이론이 대표적이다. 이들은 심리 성적 발달 단계, 심리 사회적 발달 단계, 인지 발달 단계 등 발달 단계를 제시하여 비연속적 입장을 취하고 있다. 예를 들어, 피아제(Piaget)의 인지 발달 이론에서, 감각 운동기에 속한 영아기의 사고나 행동은 전조작기 유아의 그것과 질적으로 전혀 다른 새로운 특성을 지닌다. 반면 생태학 이론은 연속성과 비연속성에 대한 언급을 하지 않았다.

5 발달의 개인차

같은 부모 밑에서 자란 형제라 할지라도 개인 간 생물학적 차이 혹은 경험의 차이로 인해 각 아동의 행동이나 능력의 차이가 나타난다. 앞에서 살펴본 발달 이론 중에서 학습 이론, 피아제 이론, 생태학 이론은 발달의 개인차를 강조하지 않는다.

정보처리 이론은 개인차는 강조하지 않지만 구조, 전략, 과정 등 변화가 행동의 개인차를 설명해 줄 수 있는 요인이라고 보았다. 정신분석 이론에서는 발달 단계는 보편적인 것이지만 개인마다 욕구를 해결하는 방법이 다르다고 하였다. 그리고 사회 문화적 접근은 행동의 개인차에 기여하는 사태가 독특함을 강조하였다.

이론	발달의 개인차에 대한 견해
학습 이론	개인차를 강조하지 않는다. 학습의 원리는 보편적이다. 그러나 경험의 차이가 개인차의 주요 요인이라고 본다.
정신분석 이론	심리 사회적 단계는 보편적이지만, 개인은 단계의 이행이나 욕구 해결 방법은 개인에 따라 다르다.
인지 발달 이론	개인차에 관심이 적다.
정보처리 이론	개인차를 강조하지는 않지만 정보처리의 구조, 전략, 과정의 개인적 차이를 인정한다.
사회 문화적 이론	개인의 독특한 사태로 인해 개인차가 생긴다고 본다.

6 발달 영역 간의 상호작용

각 발달 이론들이 초점을 맞추어 연구한 발달 영역에는 다소 차이가 있다(Berk, 2015). 정신분석 이론은 영유아의 사회·정서적 발달에 주로 초점을 둔 반면 인지 발달 이론과 정보처리 이론, 사회 문화적 이론은 주로 영유아의 사고 발달에 관심을 두었다. 이들 이론이 제시한 발달 영역 간 상호작용 특성은 다음과 같다.

이론	발달 영역 간의 상호작용 특성
학습 이론	학습은 상황에 따라 달라진다.
정신분석 이론	심리 사회적 발달 단계가 이행되지 않는 것은 성격뿐만 아니라 다른 영역의 발달도 방해한다.
인지 발달 이론	인지적 발달이 사고 및 문제해결뿐만 아니라 도덕적 발달, 사회적 발달에도 적용된다.
정보처리 이론	발달은 영역 특정적이다. 그러나 정보처리 과정에 사회 정서적 요인이 관련된다는 것은 인정한다.
사회 문화적 이론	개인과 환경 간의 강한 상호 의존성 때문에 모든 발달 측면은 밀접하게 상호 관련되어 있다.

■ 영유아 발달을 설명하는 이론적 접근들의 주요 내용을 마인드 맵으로 정리하여 설명해 보자.

연구문제

01 애완동물을 키우고 있다면, 조건 형성의 원리를 적용하여 새로운 행동을 학습시켜 보자.

02 Piaget의 인지 발달 이론과 Vygotsky의 사회 문화적 이론의 공통점과 차이점은 무엇인가?

03 자신의 행동 중 '관찰 학습'에 의해 획득된 행동이 있는지 살펴 보자. 그리고 그 행동이 획득된 과정을 Bandura의 4가지 관찰 학습 요소별로 분석해 보자.

04 자신이 만약 다른 문화권에서 성장했다면 현재의 자신과 어떻게 다를 수 있는지 상상해 보자.

05 자신의 유아기와 아동기를 되돌아보면서 오늘의 '나'를 형성하는 데 기여한 것들은 무엇인지 정리해 보자.

Chapter 04

영유아기 발달의 기저

이 장에서는 영유아기 발달의 기저가 될 수 있는 주제들을 다루고자 한다. 먼저 인간의 발달 특성에 영향을 미치는 유전과 발달이 시작되는 태내 발달 과정과 태내 환경 그리고 출산 과정과 신생아기의 특성에 대하여 살펴본다.

1 영유아 발달과 유전

인간을 형성하고 있는 여러 특질 중 일부는 부모로부터 물려받은 유전인자에 의한 것들이다. 이러한 유전인자들이 어떻게 인간에게 전이되는지 알아 보자.

1 유전의 기제

우리의 몸은 약 60조개의 세포로 이루어져 있는데, 이 세포는 매우 작아 눈에 보이지 않으나 사람의 몸 안에서 일어나는 모든 일을 담당한다. 현미경으로 세포를 관찰하면 세포 안에 핵이 있고 이 핵 안에는 작고 가는 실 같은 것이 관찰된다. 이 가는 실이 염색체(chromosomes)이다. 인간의 각 세포의 핵 속에는 46개(23쌍)의 염색체가 있다. 44개는 상염색체이고 2개는 성을 결정하는 성염색체이다([그림 4-1]).

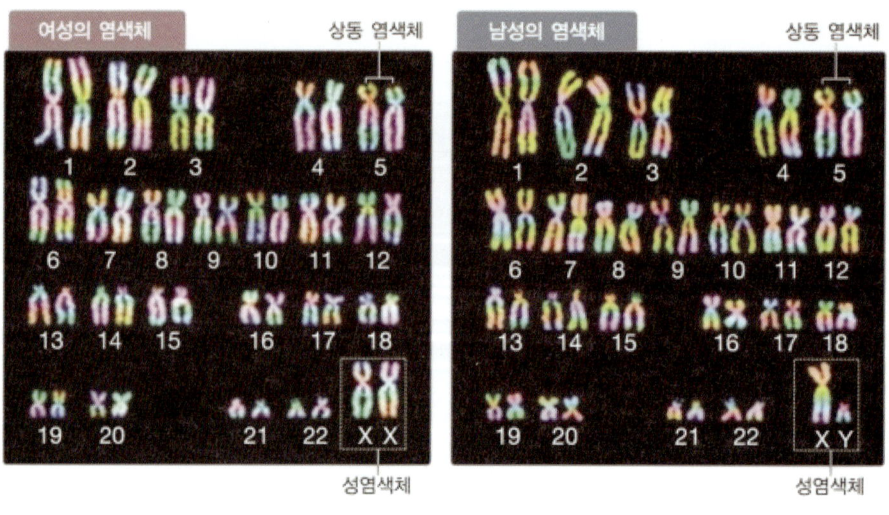

그림 4-1 남성과 여성의 염색체

이 46개의 염색체 속에는 유전의 기본 단위인 약 20,500개의 유전자(gene)가 들어 있다. 이 유전자는 DNA(디옥시리보핵산; deoxyribonucleic acid)라고 하는 화학물질로 구성되어 있다. DNA에는 신경계를 비롯한 생물학적 구조의 발달, 유지, 조절에 필요한 유전 정보가 실려 있으며 일생동안 성장과 발달을 관리한다([그림 4-2]).

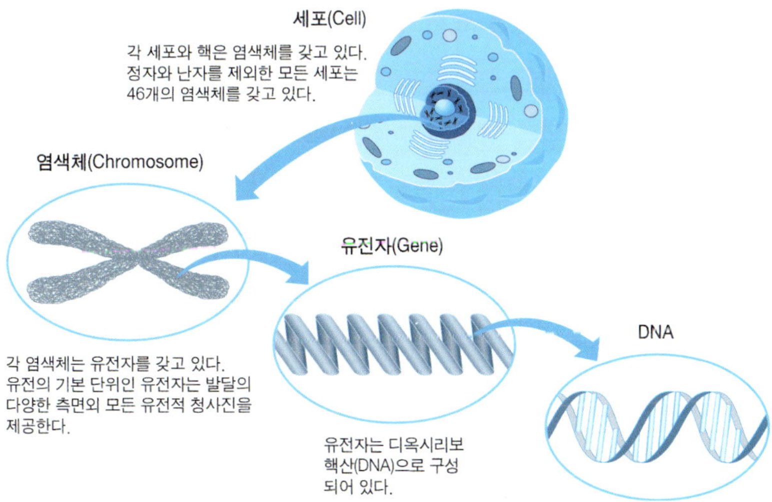

그림 4-2 **염색체, 유전자, DNA 관계**

출처: 권민균 외(2016).

여성의 생식세포인 난자 속에는 22개의 상염색체와 1개의 성염색체(X)가 있고, 남성의 생식세포인 정자 속에도 22개의 상염색체와 1개의 성염색체(X 또는 Y)가 있다. 따라서 난자와 정자가 만나서 만들어지는 접합체 속의 염색체는 총 44개의 상염색체와 2개의 성염색체가 된다. 즉, 정상적인 여자는 22쌍의 상염색체와 두 개의 X 성염색체를, 정상적인 남자는 22쌍의 상염색체와 X와 Y의 성염색체를 가진다. 난자와 정자가 결합하는 수정의 순간에 유전자의 배열 방식에 따라 각 개인은 특이한 형질을 갖게 되고 모든 유전적 요인이 결정된다.

2 유전적 전이의 유형

유전적 특질이 전이되는 방법을 살펴봄으로써 각 개인 특유의 발달 특성과 결함의 원인, 질병의 유전 등을 이해할 수 있다.

1) 상염색체 우성유전

수정의 순간에 정자와 난자의 유전자 유형이 합쳐져서 자녀 특유의 유전자 배열을 구성한다. 이것을 유전자형(genotype; 개인의 유전인자의 배열)이라 하며, 자녀의 많은 특성을 결정한다. 그리고 모든 자연의 유전자에는 우성유전자와 열성유전자가 있다. 예를 들어, 갈색 눈은 푸른색 눈보다 우성유전자이고, 곱슬머리는 직모보다 우성유전자이다. 우성유전자 또는 열성유전자에 의해 생기는 질병도 있다.

그리고 유전자형의 특성에 따라 눈으로 볼 수 있는 신체적·정서적 특성 등이 나타난다. 이렇게 외현적으로 나타나는 유전적 특성을 표현형(phenotype; 외현적으로 나타는 유전적 특성)이라고 한다. 그러나 같은 표현형을 가진 사람들이라고 해서 반드시 동일한 유전자형을 갖고 있지는 않다. 눈으로 보기에는 같은 특성일지라도 서로 다른 유전자형을 가지고 있을 수 있다. 양쪽 부모로부터 똑같은 유전자를 받은 경우에는 동질 동형(homozygous)이라 하고, 서로 다른 인자의 유전자형을 받은 경우에는 이질 동형(heterozygous)이라 한다. 곱슬머리를 가지고 있는 유아 중에는 양부모 모두로부터 곱슬머리의 유전자를 받았을 수 있고(동질 동형), 곱슬머리와 직모의 서로 다른 인자를 받았을 수도 있다(이질 동형). 그러나 두 경우 모두 겉으로는 우성유전자의 곱슬머리로 보인다.

유전자가 같은 인자를 유전 받아 동질 동형을 이루면, 표현형의 결정은 유전 받은 인자에 의해 그대로 결정된다. 그러나 이질 동형일 때, 한 인자는 우성이고 다른 하나는 열성이면 우성인자의 표현형이 나타나지만 유전자형에는 열성인자도 있다.

발달에 문제가 되는 것은 비정상적인 특질이 우성유전자에 의해 전달되어 장애를 초래하는 경우이다. 부모 중 어느 한 쪽은 두 개의 우성유전자를 가지고 있으나, 다른 한 쪽이 우성유전자와 열성유전자를 모두 가지고 있을 경우, 자녀가 비정상

유전자를 이어받을 확률은 50%이다([그림 4-3]).

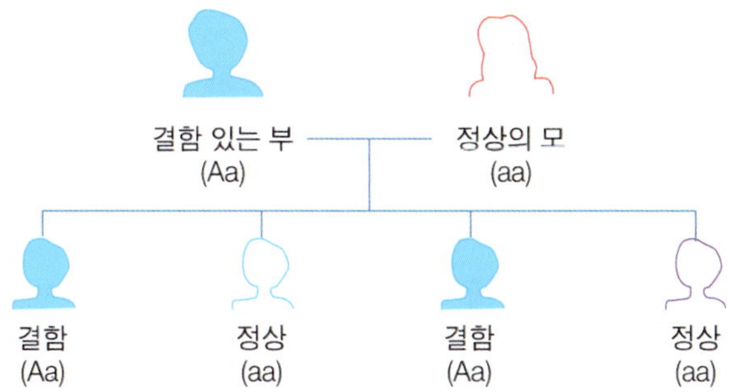

그림 4-3 상염색체의 우성유전

이러한 비정상 유전자를 물려받은 자녀는 결함을 갖는다. 이를테면 왜소발육증 혹은 연골발육부진증(achomdroplasia)과 신경계통이 퇴보하는 Huntington의 무도증(舞蹈症 ; Chorea) 등이 있다.

2) 상염색체 열성유전

어떤 사람이 열성인 특질을 보인다면, 그는 각 부모로부터 동일한 열성유전자를 받은 것이다. 예를 들어, 열성유전자를 보유한 사람이 다른 열성유전자 보유자와 결혼하면, 그들의 자녀가 보유자일 가능성은 50%이다. 그리고 부모의 우성인자만을 유전 받을 가능성은 25%, 열성인자만을 유전 받을 가능성은 25%이다. 따라서 열성인자만을 유전 받은 자녀는 열성인자의 특질을 표현형으로 보인다([그림 4-4]).

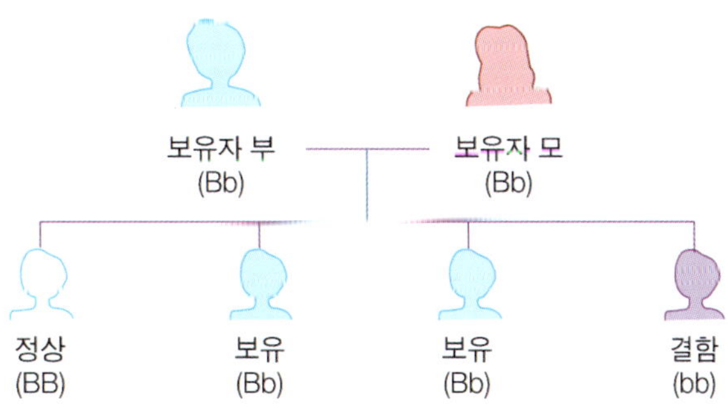

그림 4-4 상염색체의 열성유전

상염색체 열성유전은 푸른색 눈의 경우처럼 비교적 환영받는 경우도 있지만, 열성유전인자에 의해 전이되는 대부분의 질병이나 출생 결함은 치명적인 손상을 가져온다. 열성유전인자에 의해 유전되는 질병으로는 시클 세포 빈혈증(sikle-cell anemia), 혈액 부조화증(blood-disorder), 피부색 결핍증(albinoism), 테이 삭스씨(Tay sachs) 병 등이 있는데, 이들은 대체로 영유아기 사망의 원인이 된다.

부모가 근친결혼을 할 경우 선대의 결함 있는 유전인자를 똑같이 전이 받았을 가능성이 크기 때문에 그 자녀에게서 열성인자에 의한 장애가 나타날 확률이 높다. 자손끼리 결혼한 부부의 자녀는 그렇지 않는 부부의 자녀보다 유전적 결함이 나타날 확률이 약 2배나 더 높다.

3) 성염색체에 의한 유전

유기체가 가지고 있는 23쌍의 염색체 중 한 쌍은 성을 결정하는 성염색체(gender chromosomes)이다. 정상적인 여자의 성염색체는 한 쌍의 X염색체(XX)로, 정상적인 남자는 X염색체와 Y염색체(XY)로 이루어진다.

그런데 성염색체의 X염색체에 유전적 결함을 가진 유전인자가 존재할 수 있으며, 이러한 결함이 있는 염색체를 부모 양쪽으로부터 모두 물려받으면 그 결함은 표현형으로 나타난다. 또 남자는 결함 있는 유전인자를 어느 한 쪽 부모로부터만 물려받아도 장애가 생길 수 있다. 보통 남자에게 많이 나타나는 혈액이 응고되지 않는 혈우병(Hemophilia) 등은 성염색체에 의해 유전된다.

3 염색체이상

염색체 발달에 이상이 생길 때 심각한 장애가 일어날 수 있다.

1) 다운증후군(Down's syndrome)

다운증후군은 가장 흔한 염색체 결함 중 하나로, 세포 내 21번 염색체의 이상으로 나타난다. 21번 염색체가 1개 더 많아 47개의 염색체를 갖거나, 21번 염색체의 일부분이 다른 염색체로 이동함으로써 생긴다. 700명 중에 1명 정도로 발생하며, 산모의 연령이 높을수록 다운증후군 신생아가 태어날 확률이 높다.

이 질환은 대개 머리가 작고 뒷머리는 편편하며, 납작한 코와 처진 귀, 눈꼬리가 올라가 있는 안면 변형이 있다. 그리고 키가 작고 손가락과 발가락이 짧으며 정신적·운동적 지체를 보인다. 지능지수는 평균 50 정도이다. 다운증후군을 가진 신생아의 40~50%가 생후 첫해에 사망한다. 그러나 의료기술이 발달하면서 대다수가 55세 이상까지 생존하기도 한다.

2) 클라이네 펠터 증후군(Klinefelter's syndrome)

고환 형성 부전증이라고도 한다. 정상적인 남성의 성염색체에 X염색체가 하나 더 있어 성염색체가 XXY로 전체 염색체 수가 47개가 되는 것이다. 남자 1,000명당 1명 정도로 발생하며, 약 30%는 여성처럼 유방이 발달한다. 정상 남자보다 약간 키가 크고, 긴 상하지를 가진 신체적 특징이 있다. 흔히 지능은 평균 80~90 정도로 경미한 지적장애가 동반되며, 일부 사회적 적응에 문제가 있는 경우도 있다. 고환이 위축되어 작고 무정자증 등으로 인해 대부분 불임이 된다. 출생 시 뚜렷한 증세가 없기 때문에 대개 사춘기 이후에 진단된다. 10대 초반 이후부터 남성호르몬 치료를 한다.

3) XYY 증후군(XYY syndrome)

야콥 증후군이라고도 한다. 남자에게서 나타나며, 성염색체에 여분의 Y염색체가 하나 더 있다. 남자 1,000명 중 1명 정도로 발생한다. 키가 큰 것 이외에는 외형은 정상이다. 어릴 때 주의가 산만하고 과잉 활동을 보이거나 분노 발작이 있을 수 있다. IQ는 정상 범위에 있지만, 언어를 배우는 속도가 느리다. 50% 정도에서 학습장애가 있을 수 있고, 교육으로 개선될 수 있다. 2차 성징은 정상이며, 대부분 임신이 가능하고 후손들은 정상적인 유전자를 갖는다.

4) 터너 증후군(Turner's syndrome)

여자에게 나타나며 3,000명 중 1명 정도로 발생한다. 성염색체가 XO로 X염색체 하나만 있다. 따라서 45개의 염색체만 갖는다. 대부분 난소가 일찍 퇴화하여 여성 호르몬을 분비하지 못하므로 사춘기 때 유방 발현이나 월경이 없고, 불임이 된다. 가슴이 넓다. 최종 어른 키는 140cm 정도 되며 보통 지능이 정상이고, 직장이나 사회생활을 할 수 있으나 사회적 의사소통에 어려움이 있을 수도 있다. 시공간 정보와 숫자 정보의 처리 능력이 부족할 수 있다. 가족의 관심과 의료적 처치가 필요한데, 만 2세부터 성장호르몬 치료를 하거나 청소년기에 이르러 여성호르몬인 에스트로겐을 투여하여 치료할 수 있다.

5) XXX 증후군(XXX syndrome)

가장 흔한 염색체이상 질환 중의 하나이다. 여성에게 나타나며 1,200명 중 1명 정도로 발생한다. 성염색체에 여분의 X염색체가 더 있다. 외모는 정상이며 키가 평균 이상으로 크다. IQ는 64~120 정도이며, 평균 85 정도로 경미한 지능 저하가 있을 수 있다. 일부는 언어 발달이나 신경 운동계의 결함이 있으며, 수동적이며 미성숙한 성격으로 대인관계 형성에 장애가 있다. 초경이 늦고 조기 폐경, 불임이 될 수 있으나 대부분 임신이 가능하다. 후손은 거의 정상 염색체를 갖는다.

2 태내기 발달

인간의 생명은 정자가 난자와 결합하는 아주 짧은 순간부터 시작된다. 어느 정자가 어느 난자와 결합하는가에 따라 앞으로 태어날 생명이 여자일지 남자인지, 어떤 모습인지, 어떤 질병에 걸릴 것인지, 심지어 어떤 종류의 성격을 지니게 될 것이지 등이 결정된다. 이렇게 중요한 정자와 난자의 결합이 어떻게 일어나며, 태어나기 전까지 자궁 내에서 어떤 일이 일어나는지 살펴본다.

1 수정

수정은 정자와 난자가 만나 한 개의 세포를 형성하는 순간에 일어난다. 정자와 난자가 결합한 한 개의 세포를 수정란이라 한다.

난소에서 난자가 배출되는 것을 배란이라 한다. 성적으로 성숙한 여성에게는 약 28일마다 한 번씩, 월경 시작 후 약 14일 무렵에 배란이 일어난다. 갓 태어난 여아는 난소 안에 약 40만개의 미성숙 난자를 갖고 있다. 인체에서 가장 큰 세포인 난자의 크기는 0.14~0.2mm, 수명은 12~24시간이며, 3일 내지 7일에 걸쳐 천천히 자궁으로 들어간다. 이때 난자가 난관에서 정자를 만나 수정하면 임신이 되지만 수정하지 못하면 난자는 그대로 자궁으로 내려와 파괴되어 배출된다(이영 외, 1995).

정자는 올챙이 모양이며 가장 작은 정자의 길이는 0.05mm 정도이다. 정자는 남자의 고환에서 하루 수억 개씩 만들어진다. 성적 절정 때마다 1작은술 정도의 정액이 방출되는데, 이 속에는 2~5억 개의 정자가 들어 있다. 수정이 일어나기 위해서는 한 번에 적어도 2억 개의 정자가 여자의 몸속에 들어가야 된다. 정자는 질과 자궁경부를 통해 나팔관 안으로 헤엄쳐간다. 수백만 개의 정자 중 극히 일부만 나팔관까지 도달하며 그중 한 개의 정자만 난자와 만난다. 정자는 24시간에서 48시간 동안 난자를 수정시킬 수 있는 능력을 유지하는데, 난자는 약 24시간 동안 수정이 가능하다. 따라서 매 월경주기 동안 임신이 가능한 시간은 약 48시간이다([그림 4-5]).

만약 수정이 일어나지 않으면 정자와 난자 세포는 죽는다. 정자는 여성의 몸 안에서 백혈구 세포에 의해 잡아먹히고 난자는 자궁을 통과해서 질 밖으로 배출된다(이영외, 1995).

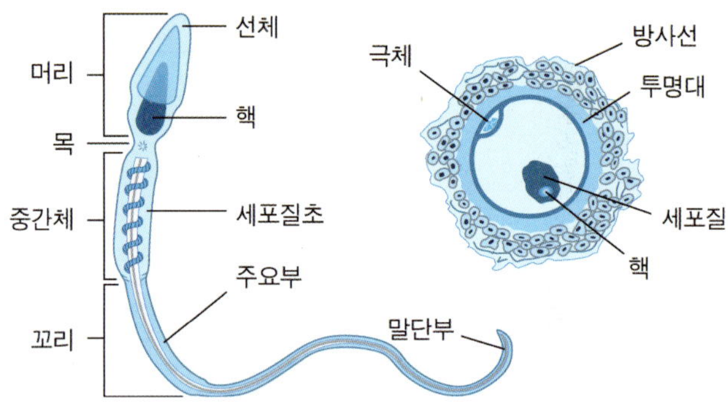

그림 4-5 정자와 난자

2 쌍생아

쌍생아에는 일란성, 이란성, 다란성 쌍생아가 있다. 일란성 쌍생아는 수정된 한 개의 수정란이 수정 후 독립된 두 개의 수정란으로 분리되어 태어난 아기이다.

일란성 쌍생아는 유전적으로 똑같고, 성(gender)도 항상 같다. 분만하는 1,000건 당 3.5~4건 정도 발생한다. 인종, 유전, 산모의 나이, 출산력과 관계없이 우발적으로 나타난다. 일란성 쌍생아는 모든 인종 집단에서 전체 쌍생아의 1/4~1/3 정도이다. 이란성 쌍생아는 매우 짧은 시간 간격으로 두 개의 난자가 방출되어 두 개의 난자가 각각 정자를 만나 수정하여 태어난다. 이들은 각각 다른 난자와 다른 정자에 의해 만들어졌으므로 유전적 구성이 서로 다르고, 성(gender)도 같거나 다를 수 있다([그림 4-6]). 백인보다 흑인에게서 많이 나타나며 동양인에게는 드물다. 또, 산모의 나이가 35세 이상이고, 출산 경력이 많으며 불임 약제를 사용하는 경우 태어날 가능성이 높다. 세 쌍생아, 다섯 쌍생아 같은 다란성 쌍생아는 위의 두 과정 중 하나 또는 두 과정이 혼합하여 일어난다.

그림 4-6 이란성 쌍생아

3 태내기 발달 단계

수정 후부터 약 280일 동안 태아는 엄마의 체내에서 자란다. 이 기간 동안 태아의 여러 신체기관이 형성되고 기능이 시작되며, 기관의 크기와 무게가 급속히 증가한다.

수정란은 46개의 염색체를 지닌 단일 세포이다. 이 단일 세포가 2개로 분열하고, 다시 4개로, 8개로…… 급속한 세포분열을 일으킨다. 이 수정란은 약 20번의 세포분열을 거쳐 100만 개 이상의 세포를 갖는다.

세포분열은 유전인자에 의해 정해진 종 고유의 형태를 따라 이루어지며, 태내에서 약 38주가 지나면 아기로 태어난다. 이 과정은 발아기(the germinal stage), 배아기(the embryonic stage), 태아기(the fetus stage)를 거쳐서 이루어진다.

1) 발아기

수정 후 수정란이 나팔관을 거쳐 자궁벽에 착상하기까지의 약 2주간의 기간을 말한다. 이 기간 동안 수정란은 급격한 세포분열을 한다. 수정이 된 후 36시간 내에 수정란은 빠른 세포분열기로 접어들어 72시간이 지나면 32개의 세포로 분열하고, 그로부터 하루가 지나면 70개의 세포가 된다. 수정란은 분열을 계속하면서 나팔관 아래로 내려가 약 3~4일 후에는 자궁에 도착한다. 자궁에 도착할 무렵 수정란은 그 형태가 미분화 배아세포라고 불리는 액체로 가득 찬 공 모양으로 바뀐다. 그때부터 자궁 내에서 하루나 이틀 동안 자유롭게 떠다니다가 자궁벽에 정착하는데 이것을 착상이라고 한다. 난자의 배출 후 착상까지는 10~14일 정도 걸린다. 미분화 배아세포가 자궁벽에 착상함으로써 모체와의 밀착된 의존관계가 시작된다.

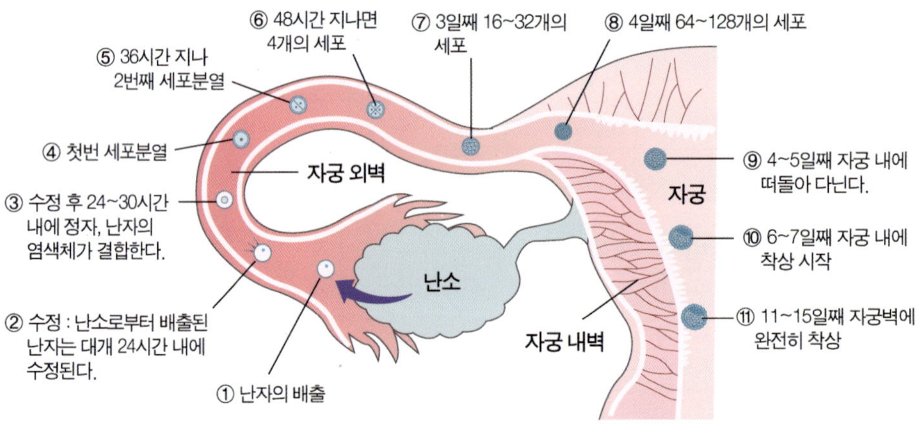

그림 4-7 수정과 착상

출처: Santrock(1994).

미분화 배아세포의 안쪽 세포는 태아로 발달하고 바깥부분은 태반(placenta), 탯줄(umbilical cord), 양막낭(amniotic sac)이 되어 태아를 키우고 보호하는 기관이 된다.

태반에서 탯줄이 나와 아기의 배꼽에 연결된다. 태반은 원반 모양의 기관이다. 그 중 한쪽 면을 모체면이라고 하는데, 태아에게 영양물, 산소, 호르몬 등을 공급하고, 유아로부터 모체에게 이산화탄소와 노폐물을 배출하는 역할을 한다. 또한 태반을 통해서 모체의 혈관은 태아의 혈관과 섞이는데, 이때 모체의 면역체가 태아에게 전달되어 태내기 및 출생후 수개월 동안 질병에 대한 저항력을 갖게 된다.

태반 모체면의 반대쪽은 태아면이라고 한다. 이것은 미끄러운 양막낭으로 둘러싸여 있고 그 중앙으로부터 탯줄이 나와 있다. 이 양막낭은 풍선 모양으로, 그 속에 태아와 양수가 들어 있다. 양수는 투명한 액체로 그 양은 500~1,000cc 정도이며, 그 속에 태아가 떠 있다([그림 4-8]).

양수는 태아의 체온을 동일하게 유지시키고, 외부에서 가해지는 압력에 태아가 상처를 받지 않도록 보호한다.

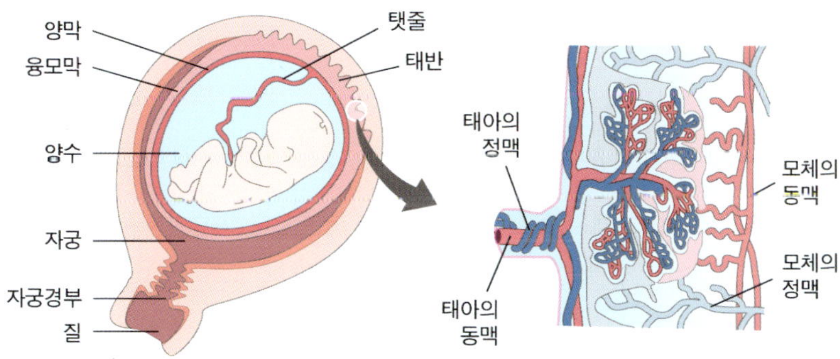

그림 4-8 **태반과 탯줄**

출처: 네이버; 정옥분(2015).

태반은 임신 5개월 때 완성되는데, 태반이 완성되면 임부는 안심하고 활동할 수 있으며 웬만한 장거리 여행도 할 수 있다. 태반이 완성되기 전에는 무리한 활동이나 운동을 하면 태아에게 해로울 뿐만 아니라 자연유산이 될 수도 있으므로, 무거운 것을 들거나 자전거를 타는 행위 등은 피한다. 또, 태반이 완전히 형성된 후 인공유산은 모체의 건강을 위태롭게 한다.

2) 배아기

수정 후 2주 무렵이 되면 미분화 배아세포는 속이 빈 중심과 약 150개의 세포를 갖는다. 이때 자궁 내에 완전하게 착상한 것을 배아라고 한다. 미분화 배아세포가 자궁벽에 착상한 때부터 약 6주간, 즉 수정 후 2~8주까지의 기간을 배아기라고 한다. 이 시기 배아는 급속도로 성장한다.

배아기 시작 시점인 수정 후 3~4주 때 배아의 크기는 약 0.7cm 정도가 되고, 배아기 말에 이르면 배아가 대체로 사람의 형태를 갖추게 된다. 배아기에 미분화 세포의 안쪽 세포에서 주요 신체기관과 조직이 형성, 분화되며 신경계도 형성된다. 이 기간 배아의 내면은 외배엽, 중배엽, 내배엽의 세 개 층으로 분리된다. 외배엽에서는 눈, 코와 같은 오관이 형성되고 머리, 손, 손톱, 발, 발톱, 피부의 외층, 감각세포 및 신경계가 형성된다. 중배엽에서는 순환기관, 뼈, 근육, 생식기관, 피부의 내층이 형성되며, 내배엽에서는 소화기관과 호흡기관인 장기, 호흡기, 기관지, 폐, 췌장, 간 등의 기관이 형성된다.

배아기 말에는 심장, 뇌 등 순환계와 신경계가 기능하기 시작하며, 태반, 탯줄, 양막낭(양수주머니) 등도 발달한다.

배아의 모습은 머리가 배아 전체 길이의 반 정도되며 구부리고 있다. 3주 말에 이르면 심장이 뛰며, 4주 말쯤에는 소화기관의 분화가 이루어진다. 8주 말이 되면 배아의 길이 약 2.5cm, 무게는 약 14g으로, 인간의 모습을 띠고 양막에 둘러싸여 양수 속에 떠있다.

이 기간 동안 각 기관이 급속하게 형성하는 만큼 엄마의 질병, 영양결핍, 약물 등은 배아기 발달에 치명적인 영향을 줄 수 있다. 이러한 부정적인 영향으로 자연유산되거나 각종 발달장애가 나타나기도 한다. 배아기에는 신체의 여러 기관이 거의 형성되므로 태내 환경에 특히 주의해야 한다.

3) 태아기

뼈세포가 나타나는 임신 8주 말부터 출생 때까지를 태아기라고 한다. 이 기간 동안 배아기에 형성된 각 기관의 구조는 더욱 정교화되며, 기능이 보다 원활해지는 등 빠른 발달을 보인다. 대부분의 필수적인 기관들은 이미 존재하고 있으며 점점 더 커지고 복잡하게 발달한다. 근육발달도 급격히 이루어지며, 중추신경계도 이 기간 동안에 빨리 발달한다. 뼈는 점점 단단해지고 외부 성기도 형성된다. 태아는 양수 속에서 자유롭게 움직인다. 양수를 들이키거나 주먹을 쥐며 팔, 다리, 손가락, 발가락을 움직이고 공중회전을 하기도 한다. 한편, 인간의 뇌는 태아 초기 8주에 형성되며, 12주가 되면 형체가 거의 완성된다.

또한 12주가 되면 남녀의 성 구별이 가능해지며, 태아의 심장은 청진기로 들을 수 있을 정도로 강하게 뛰기 시작한다. 손톱, 발톱, 머리카락, 눈썹, 속눈썹 등도 이 때 나타난다. 13~14주 때 태아의 크기는 약 8cm 정도이고 무게는 약 30g이다. 움직임도 시작되어 16~20주가 되면 대부분의 임부는 태아의 움직임, 즉 태동을 느낄 수 있다. 또한, 이때부터 개인차의 징후가 나타나기 시작한다. 태아는 엄마의 환경 속에서 소음을 들을 수 있고, 갑작스러운 엄마의 움직임에 반응할 수도 있다.

20주가 되면 태아의 크기는 출생 시 신장의 반이나 되는 30cm 정도이고, 몸무게는 400~500g에 달하며 빨기, 삼키기, 딸꾹질 등의 반응을 나타낸다. 20주 말엽에는 손톱과 발톱이 생기며, 부드러운 솜털이 나기 시작한다. 23주가 되면 신생아처럼 잠을 자거나 깨어있으며, 수면을 위해 편안한 자세를 취한다. 24주가 되면 눈을 감거나 뜨기도 하고, 엄지손가락을 빨기도 하며, 눈의 기능이 발달하여 깜박일 수 있게 된다. 호흡기와 순환계가 기능을 하지만 완전하지 못하여 28주 이전에 조산하면 생존할 확률이 낮다.

임신 후반기가 되면 이미 태아의 기본적인 조직이 다 형성되었기 때문에 출생에 대한 준비기라 할 수 있다. 이때는 이미 형성된 신경계통이 성숙하고 근육에는 피하지방이 형성되어 인간으로서 모습을 완성해 간다. 태아기가 끝날 무렵인 25~38주에는 키는 약 50cm, 몸무게는 약 3.4kg으로 증가한다.

수정 후 28주쯤 되면 충분한 발달이 이루어지므로, 비록 출산예정일을 다 채우지 않고 태어나더라도 인큐베이터를 통해 키울 수 있다. 따라서 수정되고 28주 이후를 생존 가능 연령이라 부르는데, 이때부터 태아는 스스로 호흡할 수 있는 조건과 기능을 갖추기 때문에 생존 가능성이 높아진다. 그러나 태아는 보통 38주까지 자궁 안에서 자란다.

4 태내 환경

태아는 생리적으로 모체와 밀착되어 있으므로 모체를 통해 들어오는 바람직하지 않은 각종 자극은 태아에게 곧바로 영향을 미칠 뿐만 아니라 이로 인해 태아가 결함을 가진 채 태어나기도 한다. 태내 발달에 영향을 미치는 여러 요인을 유형별로 살펴본다.

1) 영양

임부가 섭취한 영양분은 태반, 탯줄 속 모체의 혈액을 통해 태아에게 전달된다. 태아는 성장에 필요한 모든 영양분을 전적으로 모체에 의존하고 있으므로 임부의 영양 상태는 태아 발달에 매우 중요하다. 따라서 임신기 동안 모체의 건강을 유지하고 건강한 아기를 낳기 위해 적절한 식이요법이 필요하다. 적절한 식이요법을 한 임부는 난산, 사산, 미숙아 등을 낳을 위험이 낮고, 조산 또는 유아사망률도 낮다. 특히 영양섭취를 잘한 산모의 아기는 영양이 부족한 산모의 아기보다 출생 후 더 건강한 발달 양상을 보이며 질병에 대한 저항력, 지능, 언어발달 등에서도 더 나은 것으로 나타나고 있다. 임부의 영양 결핍은 태아의 뇌, 신경계의 발달에 지장을 초래할 수 있다. 임신 중 비타민, 단백질의 결핍은 유산, 사산, 영아사망률을 증가시킨다. 따라서 임신 중에는 균형 잡힌 식사와 칼슘, 철, 비타민 B 복합군의 섭취를 증가하는 것이 바람직하다. 철분은 비임산부에 비해 약 2배 가량, 단백질은 30g 정도 더 섭취해야 하며 열량은 하루에 총 2,000~2,800칼로리를 섭취해야 한다.

특히, 임신 전 저체중, 임신 중 당뇨, 결핵, 빈혈, 약물중독, 우울증 등의 질환을 앓거나 인스턴트식품을 지나치게 섭취한 경우나 체중미달아를 출생한 임부의 경우는 영양결핍의 위험이 높기 때문에 각별히 영양섭취에 주의해야 한다.

2) 정서

임신을 하게 되면 임부는 신체 및 생리적인 변화, 육체적인 피로 등 여러 가지 스트레스를 받는다. 또한 태아의 건강이나 분만에 대한 불안, 출산 후 양육에 대한 불안, 원치 않은 임신으로 인한 스트레스, 가정 내 불화 등에 의해서도 정서적인 스트레스를 받을 수 있다. 이러한 임부의 스트레스는 태아의 건강에 위험할 수 있다.

임부의 긴장이나 불안은 아드레날린을 분비하게 되고 이는 태아에게 전달되는 혈류를 감소시켜 태아가 영양 및 산소 부족에 빠지게 된다. 이로 인해 태아는 미숙아, 체중 미달아가 되기도 한다.

또한 이혼, 남편이나 자녀의 사망, 기타 문제로 큰 충격을 받을 경우 자연유산이나 조산을 하는 것으로 밝혀지고 있다. 따라서 남편이나 가족, 동료는 임부가 스트레스를 받지 않고 안정적인 정서 상태를 유지할 수 있도록 도와주어야 한다.

이를 위해 과학적으로 태교의 영향이 검증되지는 않았지만 대부분의 부부는 전통적으로 이어져 온 태교의 중요성을 알고 건강한 태아 발달을 위해 태교를 하고 있다. 또한 출산 후 양육을 위한 경제적 어려움, 부적절한 양육 환경 등에 의해서도 임부는 스트레스를 받아 더 이상 임신을 원치 않을 수도 있다. 원치 않는 임신을 하여 임신에 대하여 부정적이었던 산모에게서 태어난 자녀는 저체중아이거나, 원하는 임신을 하여 태어난 아이들에 비해 더 많은 비행과 정신과적 치료를 필요로 했다(David, 1992). 따라서 임신과 양육의 문제를 개인과 사회가 함께 노력하고 해결하기 위한 사회적 지원 체계가 필요하다.

우리나라의 전통 태교

우리나라에서도 태교의 중요성을 크게 강조한다. 특히 1801년의 『태교신기』(사주당 이씨와 그 아들 유희 공동 저작)는 태교에 관하여 집대성한 가장 오래된 고전 중 하나이다. 이 책은 임신부와 집안 식구들이 보고 듣고 먹고 생각하고 느끼고 행동하는 모두가 태아에게 전달되어 태아의 기질을 만든다고 기술하였다

급한 일, 분한 일, 나쁜 일, 천한 일은 태아를 병들게 하며, 희(喜), 노(老), 애(哀), 락(樂), 애(愛), 오(惡), 욕(慾)의 7가지 감정을 임신부가 느끼는 대로 닮기 때문에, 임신부 곁에는 착하고 좋은 일을 하며 좋은 감정을 느끼는 사람만 있게 해야 한다고 기록하였다. 가족 태교의 중요성을 알 수 있다. 가족 모두가 편안하고 행복한 느낌을 갖는 것이 아기를 위해 무엇보다 중요하다.

이 책에는 태아의 신체 건강은 물론, 정신 건강에 대해서도 이미 기록하고 있다. 물론 과학적인 근거는 제시되어 있지 않고 조금은 이치에 맞지 않는 면도 있지만, 선조들의 과학적인 지혜를 엿볼 수 있다. 가령 임신부는 잘 때 엎드리지 말고 송장처럼 눕지 말며, 임신 후반기에는 옷을 쌓아 옆을 괴고 절반은 왼쪽으로, 절반은 오른쪽으로

누워야 한다고 기록하였다. 이는 임신부가 똑바로 누우면 커진 자궁이 대동맥을 눌러 자궁으로의 혈류에 지장을 초래하여 태아로 가는 영양 및 산소 공급이 원활치 못할 수도 있다는 의학적인 근거와 정확히 일치한다. 얼마 전까지 임신부가 왼쪽으로 눕는 것을 권장하기도 했는데, 최근 연구 결과에 따르면 왼쪽으로 눕거나 오른쪽으로 눕거나 별 차이가 없다고 한다.

태교의 목적은 태아가 잘 자랄 수 있도록 태아의 환경을 좋게 만들어 주는 것이다. 전통 태교의 비논리적이고 비과학적인 일면은 과감히 버리더라도 뛰어난 선조들의 지혜는 요즘의 태교에 적절히 접목해보는 것도 의미가 있다.

출처: 네이버 지식백과(「동서고금의 태교」-선인들의 지혜가 내려오다; 행복한 280일 임신 가이드, 차병원)

3) 연령

산모의 연령도 태아에게 영향을 미친다. 10대의 임부는 생산 기능의 미숙으로 태아가 조산되거나 분만 시 아기와 산모의 생명이 위태로울 수 있다. 산모의 연령이 10대일 경우 20대 산모에 비해 영아 사망률이 약 2배 더 높다.

35세 넘어서 임신하는 경우 고령 임신이라 하여 생산 기능의 퇴화로 태아에게 여러 가지 장애를 가져올 수 있다. 특히, 초산일 경우 대체로 자연유산이 많고, 임신중독증, 고혈압, 임신합병증, 사산, 난산 등이 올 수 있으며 미숙아 출산 가능성도 높게 나타나고 있다. 다운증후군도 산모의 연령에 따라 급격히 증가한다. 다운증후군 발생률이 40대에는 1/100, 50대는 1/10로 증가한다. 또한 30세가 지나면 임신하기가 조금씩 어려워진다.

4) 약물복용

태아는 임신 초기 몇 개월 동안 가장 빨리 발달하기 때문에 임신 초기 모체가 복용한 약물은 그 어느 때보다도 태아에게 큰 영향을 미칠 수 있다.

1956~1961년 사이에 독일을 비롯한 유럽에서 임신 5주쯤에 탈리도마이드(thalidomide)라는 진정 수면제를 복용한 산모들이 해표지증(phocomelia)이라는 심한

기형아를 출산하였다([그림 4-9]). 이들은 팔, 다리가 없이 몸통에 작은 손과 발이 붙어 있었고 대부분 시각장애, 작은 귀, 구개파열, 소화관과 심장의 기형 등을 갖고 있었다. 이를 통해 각종 약물의 섭취는 태아의 발달에 큰 지장을 초래할 수 있다는 것이 밝혀졌다.

항생제의 복용은 미숙아를 낳거나 골격성장의 이상, 청각장애 등을 일으킨다. 아스피린의 과다 복용은 혈관장애를, 임신 전 피임약의 복용은 출산 결함이나 유산을 일으킬 수 있다. 그 외 기타 중추신경계 진정제, 호르몬제, 정신분열증 치료제, 비타민 A의 과다 복용 등도 태아 발달에 이상을 초래한다.

그림 4-9 해표지증

5) 중독성 약물

마리화나, 코카인, 헤로인과 같은 약물을 복용하면 태아는 자궁 속에서부터 약물에 중독되어 사산하거나 출산 직후 사망으로 이어지거나 체중미달아가 될 확률이 높다. 헤로인 복용은 태아의 자궁 내 성장 지연, 사산 증가, 신생아 사망, 소두증, 신경행동학 문제 등을 증가시킨다. 마리화나의 복용은 체중미달아, 경기, 수면장애, 성장지체를 초래할 수 있고, 장기적으로는 기억, 주의, 인지 기능, 운동 기능 저하를 초래할 수 있다.

코카인 복용은 태반 조기박리, 난산, 조산, 사산아, 미숙아, 체중미달아를 출산할 수 있으며, 유아기에는 주의력 결핍, 학습장애, 언어추리능력장애, 자극에 대한 과민함 등을 나타낼 수 있다.

그러나 이러한 장애가 단지 중독성 약물 때문이라기보다는 중독성 약물을 복용하는 임부들이 대부분이 가난하고 미혼모이며, 다른 약이나 술을 함께 섭취하며, 긴장된 환경 속에 살기 때문에 이러한 여러 요인이 복합적으로 작용한 결과라는 주장도 있다(Lester · Tronick, 1994).

6) 흡연

일산화탄소, 다이옥신, 청산염, 카드뮴을 흡입하는 흡연의 유해성은 널리 알려져 있다. 임부의 흡연은 체중미달아를 낳게 한다. 비흡연 임부보다 2.5kg 이하의 자녀를 두 배나 더 많이 낳는다는 연구결과도 있다(Floyd et al., 1993).

임부의 흡연량이 증가할수록, 신생아의 체중도 감소하는 것으로 보고된 바 있다. 흡연은 자연유산, 사산, 조산, 신생아 사망률, 영아돌연사 증후군, 기관지염 위험을 증가시키며 폐렴, 발달지체를 일으킬 수 있다. 장기적으로는 출생 후 성장장애, 인지능력 손상, 학업 성취 저하, 언어 이해 저하, 행동문제를 야기한다(Shea · Steiner, 2008). 임신의 가능성이 있는 여성은 임신 이전부터 흡연하지 않아야 하며, 특히 임신 사실을 안 이후에는 바로 금연하는 것이 중요하다. 간접흡연도 영아의 귀 감염, 천식 및 기관지염 등 호흡기 질환을 증가시키고, 조산이나 저체중아를 낳게 하므로 역시 유해하다.

7) 음주

임신 중 음주는 매우 위험하다. 임신 중 다량의 알코올 섭취는 태아 알코올 증후군(fetal alcohol syndrome, FAS)을 유발한다.

FAS 아동은 성장지체, 지적장애, 중추신경계 기능장애, 작은 머리, 작은 눈과 같은 얼굴 기형, 주의 산만, 언어 발달 지연 등을 보인다. 이보다 경미한 경우는 성격장애나 사회성 문제가 있을 수 있다. 임신 중 하루 두 잔 정도의 와인 섭취도 출생 후 아동의 IQ를 85 이하로 떨어지게 했으며, 지적장애와 정신질환 발병률이 높은 것으로 나타났다(Streissguth, 1997). 따라서 소량의 알코올 섭취도 비정상적인 발달을 야기할 수 있으므로 임신 중에는 금하는 것이 태아를 위해 안전하다.

8) 카페인

임신 중 커피, 콜라, 초콜릿, 차, 에너지 음료에 들어 있는 카페인을 하루 200~300mg 이상 섭취할 경우 조산, 유산하거나 저체중아를 출산할 위험이 높다(Higdon · Frei, 2006; Weng · Odouli · Li, 2008). 미국식품의약국에서는 임부의 카페인 섭취 권고량을 200mg으로 하고 있다. 카페인은 철분의 흡수를 방해하기 때문에 카페인을 섭취한 쥐의 새끼가 사지골격의 기형으로 태어난 실험을 통해 미국식품의약국도 카페인 섭취의 위험을 경고하고 있다. 임부는 카페인 섭취 시 주의해야 한다.

9) 질병

임부가 지니고 있는 질환은 여러 방식으로 태아에게 영향을 미친다. 허피스균은 생식기 수포진이라고 하는데, 산도를 통해 출산 과정 중 태아에게 감염된다. 이 균에 감염되면 태어난 아기는 1/3이 사망하고, 1/4은 뇌손상을 갖게 된다. AIDS는 태반을 통하거나, 출산 시에 감염되기도 하는데 작은 머리, 얼굴 기형을 유발하며 출산 후 1~4세 사이에 사망할 수 있다. 임부가 수정 후 16주 이후 또는 출산 시 매독에 감염될 경우, 태아가 유산되거나 지적장애, 시각장애 등 특정 결함을 갖게 된다.

임질은 미숙아 출산을 야기하고, 출산 시 산도에서 감염되므로 출생 후 즉시 은, 아질산염을 눈에 떨어뜨려 주지 않으면 눈이 멀게 된다(Reece et al., 1995). 풍진은 기형, 지적장애, 청각장애, 심장결함을 일으키며, 특히 임신 초 3~4주가 가장 위험한 시기이다. 최근에는 사춘기 이전에 풍진예방접종을 하므로 임신하더라도 안전하지만, 풍진에 면역이 생기지 않은 여성은 임신 3개월 전에 예방접종을 마치는 것이 안전하다.

B형 간염은 미숙아 출산, 체중미달아, 유산과 간질환을 유발할 수 있으며 출산 시 산도에서 감염된다. 주혈원충병은 포유류나 새에 기생하는 기생충에 의해 감염되는데 임부가 이 병에 걸렸을 때에는 아기에게 성장지체, 뇌손상, 시력 상실, 중추신경계 손상, 지적장애를 초래할 수 있다. 일반적으로 날고기나 덜 익은 고기를 먹지 말아야 하며, 새나 고양이는 키우지 말아야 하고, 특히 기생충에 감염된 고양이 배설물을 만지지 않아야 한다.

유행성 이하선염은 태아가 유산되거나 사산될 위험이 높다. 당뇨병은 유산이 가능성이 2~3배 정도 높고, 거대아를 출산할 수 있다.

10) 아버지 요인

엄마뿐만 아니라 아버지도 태내 발달에 많은 영향을 미친다. 남성의 고환은 매우 민감하므로 거의 모든 종류의 유독한 화학물이 남성의 체내에 다량 받아들여지면 고환에 영향을 줄 수 있다(이영 외, 1995). 남성이 납, 마리화나, 담배 연기, 다량의 알코올, 방사선, 특정 살충제에 노출되었을 때 비정상적인 정자 생성이 일어나며, 이는 세포의 유전적 이상을 일으켜 유산이나 아동기 암과 같은 질환을 일으킬 수 있다.

납 성분을 다루는 직장에서 일하는 아버지에게서 태어난 아동은 심장병이 보통아보다 3배 정도 높았고, 벤젠이나 솔벤트를 취급하는 일을 하는 아버지의 자녀는 저체중아 출산율이 높으며 유리공장, 섬유공장, 광산에서 일하는 아버지는 미숙아 출산이 많았다고 한다(이영 외, 1995).

아버지의 연령도 태아에게 양향을 미친다. 아버지의 연령 증가는 왜소증, 머리와 사지기형이 있는 마르팡증후군, 다운증후군 등과 같은 선천적 장애와 관계가 있다고 보고된 바 있다.

11) 기타 요인

납, 수은, 농약, 제초제, 살충제, 페인트, 염료, 염색약, 화장품, 식품첨가물, 인공감미료, 기타 유독성 화학 물질은 모두 기형 발생 물질을 포함하고 있으므로 임부는 이에 대한 노출을 피해야 한다. 또한, 방사선은 유전자의 돌연변이와 염색체 손상을 가져올 수 있으며 태아에게 자연유산, 골격 기형, 작은 머리, 생식기관과 감각기관 이상을 초래할 수 있다. 따라서 임신 중 X-ray 검진 시에는 각별한 주의가 필요하며, 방사선 노출 위험이 있는 환경도 피해야 한다. 일산화탄소, 오존, 아황산가스, 이산화탄소 등이 포함된 매우 오염된 공기도 조산아, 저체중아 출산과 관련이 있다고 한다(Currie, 2013). 이처럼 오늘날 생활환경은 숨 쉬는 공기, 먹는 음식, 여러 생활필수품을 비롯하여 작업환경, 주거환경 모든 곳에 태아에게 해로운 위험인자들이 도사리고 있으므로 이를 개선하고 예방하기 위한 각별한 주의와 노력이 필요하다.

태어날 아이가 정상인지 미리 알아볼 수 있는 여러 가지 방법이 있다.
임신 전에는 혹시 자신의 아이가 유전 질환을 갖고 태어날 수 있는지 알아보기 위해 유전상담을 받아볼 수 있으며, 임신한 후에는 태아가 정상적인 발달을 하고 있는지 알아볼 수 있는 몇 가지 방법들이 있다.

- **유전 상담**

  임신하기 전 유전상담전문가들과의 상담을 통해 가족력 점검, 의학적 진단 등을 거쳐 태어날 자녀가 갖게 될 유전질환과 발병률에 관한 지식과 정보를 교류하고, 유전질환이 예측될 경우 함께 그 예방과 대책을 강구하는 것이다.

- **초음파 검사**

  음파를 자궁내부로 보낸 후 내부에서 반사되는 음파를 영상화시킨 것이다. 수정 후 4~5주부터 실시할 수 있다. 태아의 생존능력, 임신기간, 태반의 크기와 위치, 양수의 양 등을 알 수 있고, 태아의 비정상적인 성장이나 신체 기형, 쌍생아 임신 등을 찾아낼 수 있다. 인체에 무해한 것으로 알려져 있다.

- **태아 MRI 검사**

  자기공명영상으로서 초음파 검사보다 더 정밀한 영상을 얻을 수 있다. 태반 이상, 태아의 중추신경계, 생식기 이상 등을 찾아낸다. 인체에 무해한 것으로 알려져 있다.

- **양수천자 검사**

  태아의 유전 질환이 의심될 경우 임부의 복부에 바늘을 삽입하여 20ml의 양수를 흡입하여 태아 피부세포를 배양하여 분석한다. 염색체 이상, 유전적 이상, 선천적 이상(신경관 결손) 등을 진단한다. 수정 후 16~18주 사이에 시행한다. 감염, 유산, 조산, 사산, 태반 조기 박리, 양수 누출 등이 발생할 수 있다.

- **융모막 검사**

  태아의 유전 질환이 의심될 경우 작은 관을 지궁경관을 통해 삽입하여 태반의 조직을 채취하거나 주사침을 신모의 복벽에 삽입하여 조직을 흡입하여 분석한다. 수정 후 9~12주경에 시행함으로써 태아의 염색체 이상, 유전자 이상 유무를 임신 초기에 진단할 수 있다. 양수 검사에 비해 산모의 육체적, 정신적 부담이 적다. 검사 후 유산, 양막 파열, 융모막염 등이 생길 수 있다.

3 출산과 신생아기의 발달

수정 이후 비교적 안정적이고 항상적이며 어두운 모체의 자궁 내에서 의존하여 생활하면서 태내 발달이 이루어지다가, 태아기 생활의 막을 내리고 모체 밖으로 나와 새로운 환경에 부딪치게 되는 출산 경험은 산모와 아기 모두에게 대단히 중요한 사건이다.

1 출산

출산은 임신 후 약 280일 무렵을 분만 예정일로 계산한다. 하지만 일반적으로 예정일에 분만하는 산모는 4~5% 정도이다. 분만예정일보다 1~2주 빠르거나 혹은 1~2주 정도 늦게 출산하는 경우는 정상으로 본다. 분만은 태아의 성숙 수준이 독립된 삶을 시작할 준비도(readness)를 갖추었음을 나타내는 것이다. 호르몬 분비의 변화, 모체에 주어지는 심리적 또는 생리적인 요인도 분만에 영향을 준다.

1) 분만 징후

모체가 출산을 하기 위해서는 사전에 전(前) 진통이 나타나거나 질의 분비물이 증가되어 태동이 약해지거나 소변이 자주 마려워지는 등 여러 가지 징후가 나타나면 모체는 출산을 준비하게 된다. 일반적으로 나타나는 징후들을 살펴보면 다음과 같다.

(1) 태아의 하강

지금까지 모체 내의 안정된 위치에서 건강한 성장과 발달을 해오던 태아가 출산을 위한 준비로 머리가 자궁의 하부로 내려간다. 그러므로 임산부의 체형도 변화되어 지금까지 배 위쪽이 불러 있던 모습에서 아래쪽이 불룩한 모습으로 바뀌게 된다. 따라서 횡격막에 의한 자궁의 압박으로 호흡과 섭생에 어려움을 느끼던 임산부는 다소 편해지고 위장 압박도 덜 받게 된다.

(2) 이슬

태아가 출산을 위한 준비로 위치를 바꾸어 하강하면서 태아는 자궁의 난막에 부딪치게 되어 난막의 일부가 파열된 것이 자궁벽에서 떨어짐으로써 생기는 것으로, 혈액이 섞인 점액이 분비되며 양은 그다지 많지 않다. 이슬의 색은 담록색, 갈색, 적갈색, 암갈색 등이 있다. 이슬이 비치면 곧 진통이 시작되는 경우도 있으나 이슬이 비친 후 2~3일 지나도 진통이 오지 않는 경우도 있다.

(3) 진통

진통은 모체의 자궁이 태아를 모체 밖으로 밀어내기 위하여 일어나는 통증으로, 자궁이 수축할 때 느껴지는 현상이다. 진통의 진행 과정은 처음에는 진통의 간격이 불규칙하게 한 시간 또는 두 시간에 한 번 정도로 일어나며, 그 강도도 약하고 지속 시간도 짧다. 그러나 분만이 다가올수록 점차 규칙적이고 간격도 짧아져 빈도가 잦아지면서 아픈 시간도 길고 아픔도 커지다가, 마침내 지속적으로 아프다가 분만이 시작된다.

(4) 파수

진통이 계속되어 가면서 자궁구가 전부 열리게 되면 자궁의 내막인 난막이 파열되면서 양수가 나오는데 이를 파수라고 한다. 가장 바람직한 현상으로는 파수되면서 바로 분만이 시작되는 것이며 순산할 가능성이 크므로 이를 적시파수라 한다. 그러나 항상 이처럼 진행되는 것은 아니다. 때로는 진통이 시작되기 전에 파수되는 전기파수나, 진통이 시작되었으나 자궁구가 전부 열리기 전에 파수되는 조기파수 등을 볼 수 있다. 전기파수나 조기파수는 쌍태나 양수과다증 또는 노산의 경우에 나타나기 쉽고 난산할 가능성이 있다.

2) 분만 과정

여러 가지의 분만 징후, 즉 이슬이 보이고 진통이 진행되면서 양수가 터지게 되면 분만이 곧 시작된다. 분만의 과정은 3단계로 나누어지며, 분만의 과정을 살펴보면 다음과 같다.

(1) 제1기(개구기)

규칙적인 진통이 시작되면서 자궁구가 완전히 열릴 때까지의 과정이다. 지속적인 진통이 이루어지게 되면 자궁 내의 압력이 높아지면서 바깥 입구가 열리기 시작한다. 점차 완전히 열리면 10~12cm 정도까지 벌어지며, 태아의 머리가 산도에 고정되면 양수를 막아버리게 되므로 강한 진통이 일어난다. 이때 복압이 더욱 증가되므로 양수가 터져서 유출되는데, 산모는 마치 온수가 흐르는 듯한 느낌을 받는다. 이와 같이 파수는 분만 제1기에서 제2기로 이행하는 동안에 일어나는 것이 가장 이상적이며, 개구기 동안 소요되는 시간은 초산부의 경우에는 10~12시간 정도이며, 경산부는 초산부의 절반 정도인 5~6시간 걸린다.

자궁의 수축 운동은 긴장을 이완시켜야 원활하게 이루어지므로 모체가 공포를 느끼지 않도록 하고 자신감을 갖도록 도와주어야 한다.

(2) 제2기(출산기)

분만의 제2기는 만출기라고 하는데, 자궁 입구가 완전히 열려서 진통과 복압의 작용으로 태아가 출산되기까지의 시기를 의미한다. 파수가 된 후부터 진통은 더욱 심해지고 빈도도 더욱 잦고 아픔은 절정에 달하지만, 아기의 출산과 동시에 통증은 극적으로 멈추며 안정을 되찾게 된다. 이 시기는 초산부는 1~2시간 정도 걸리며, 경산부는 초산부의 반 정도로 소요된다.

제1기와 달리 출산기에는 모체가 힘을 주게 되면, 태아가 산도 쪽으로 나오는 데 도움이 되므로 모체의 적극적인 참여가 필요하다.

(3) 제3기(후산기)

태아가 출산된 이후 조금 있다가 약한 진통과 더불어 태반이 떨어져 나오는 시기를 후산기라 하는데, 후산기는 5~30분 정도 걸린다. 자궁 속에 태반이 남아 있으면 세균감염이나 출혈이 있을 수가 있으므로 세심한 주의가 필요하다.

정상적인 분만에 소용되는 시간은 진통이나 복압 등 만출력의 강약, 산도의 저항 정도, 태아의 크기, 태아의 위치, 출산이 경험 유무, 개인차에 다소 차이가 있지만, 대체로 초산부는 총 12~15시간 정도이며, 경산은 5~8시간 걸린다.

3) 출산아 크기의 요인

신생아의 성장 속도나 크기는 다음과 같은 요인에 따라 영향을 받는다.

① **임신 기간** : 출산일보다 태내 기일이 길면 더 성장하므로 예정일에 출산한 아기보다 더 크다.
② **임산부의 식사** : 임신 기간 중에 모체가 충분한 식사를 한 때에는 아기가 크다.
③ **가정의 경제적 조건** : 경제적 요인은 직접적인 요인이라기보다는 경제 사정이 좋을 경우 태아의 영양 상태도 좋기 때문에 태아의 발달을 촉진할 수 있다.
④ **태아의 활동력** : 태아가 활동적이면 크고, 활동적이지 않으면 크기가 작은 편이다.

4) 출산 과정의 문제점

출산 과정은 매우 복잡하기 때문에 여러 가지 조건에 따라 개체의 발달에 영향을 받게 된다. 출산에 소요되는 시간이나 진통의 횟수 등이 출산하는 아기에게 미치는 영향은 매우 크다.

출생 시 흔히 난산이나 탯줄의 장애, 제왕절개분만, 겸자분만, 흡인분만, 출생 직후 취급 소홀 등으로 아기가 상처를 입거나 외부의 강한 자극을 받는 경우가 있다. 출산 과정 중 아기의 머리에 지나치게 압력이 가해서 뇌혈관의 파열이 생기거나 태아가 모체로부터 분리될 때 적절하게 호흡을 시작하지 못하여 산소결핍 현상이 일어나기도 한다. 뇌 내의 출혈이나 산소의 결핍은 뇌의 신경세포를 손상시켜 정신적·심리적인 장애를 초래하기도 한다.

출산 과정에서 심한 질식(asphyxia)을 경험한 원숭이 실험연구에서도 신경세포의 감소, 신경섬유의 퇴화와 같은 뇌의 구조상에 현저한 변화가 나타났다. 중추신경계의 신경세포는 항상 산소를 필요로 하며 적절한 산소 공급이 이루어지지 못할 경우 뇌세포가 사멸하고, 사멸한 세포의 수가 많으면 심각한 뇌손상이나 때로는 사망까지도 불러일으킨다.

또한 출산 과정에서 모체의 고통을 줄이기 위해 투여하는 진통제나 촉진제 등도 태아에게 영향을 준다. 예를 들어, 분만 시에 진통제를 투여한 경우의 아기는 젖을 빠는 양이나 여러 가지 운동 반응에서 자연분만아보다 뒤진다고 한다. 이는 진통제가 신생아의 혈관 내에 남아 있으므로 두뇌에 영향을 미치기 때문인 것으로 짐작된다. 이에 대한 대안으로 수중분만이나 르봐이예 분만 등이 주목받고 있는데, 이는 태어나는 아기에게 스트레스 없는 분만 환경을 만들어 주려는 것이다.

2 신생아기

갓 태어난 아기를 신생아(neonate infant)라 하는데, 신생아기의 시기를 언제까지로 보느냐 하는 문제는 학문 분야에 따라 다르다. 심리학적으로는 대체로 출생 이후 약 1개월간을 신생아기로 보는데, 그 이유는 출생의 충격에서의 회복, 새로운 환경에 대한 적응 후 생후 1개월 사이에 개체의 정신 발달의 기초가 이루어지기 때문이다. 반면 의학적으로는 출생 이후 배꼽이 아물기 전 신생아의 체중 감소로부터의 회복, 신생아의 맥박과 호흡이 정상적으로 유지될 때까지로 출생 후 약 10일 무렵 또는 2주 정도를 신생아기라고 한다.

신생아기의 발달 상황을 보면 아기마다 부모로부터 전해 받은 유전적인 요소나 태내 환경이 다르고 임신 기간, 즉 수정에서 출산까지의 기간이 동일한 것이 아니기 때문에 개인차가 매우 크게 나타남을 알 수 있다. 더욱이 출생 이후 각기 다른 가정적, 사회적, 문화적인 환경 요인으로 인하여 다양하게 변화, 발달하기 시작한다.

1) 신체적 특징

신생아의 신체적인 발달 특징을 살펴보면 다음과 같다.

(1) 외모의 특징

신생아의 외모의 특징은 성인과는 여러 가지 다른 면을 갖고 있다. 우선 피부색을 보면 검붉고 주름이 많으며 솜털이 많이 나있다. 발달의 원리에 의해 머리는 몸에 비해 상대적으로 매우 크고, 얼굴은 대체로 길쭉하며, 배는 불룩 튀어나와 있어 보기에는 좋지 않다. 머리카락은 매우 적어 민둥머리로 보이며, 머리카락의 색은 검은 색보다는 갈색을 띠는 경향이고, 머리카락의 질도 성인과는 다르다. 눈을 뜨면 안구는 약간 푸른색을 띠고 있다.

(2) 신체의 구조적인 특징

신생아의 평균 신장은 약 50cm, 체중은 약 3.2kg이다. 남아는 여아보다 신장이나 체중이 약간 우세한 경향이 있어 출생 시 남아는 평균 3.4kg, 여아가 평균 3.2kg 이다. 출생 시 신장과 체중은 성(性)이나 인종에 따라 약간의 차이가 있다.

신생아의 신체 구조는 성인의 신체 구조와는 많은 차이가 있다. 신생아의 신체 비율을 보면, 신장은 성인의 1/3~1/4이며, 머리는 성인의 1/2이고, 몸체는 성인의 1/3, 팔 길이는 성인의 1/4이고, 다리 길이는 성인의 1/5정도이다. 신체의 각 부분은 동일한 비율로 발달하지 않고 각각 다르게 발달한다.

신생아의 신체 구조를 살펴볼 때 가장 두드러진 특징은 머리둘레가 가슴둘레보다 더 크다는 점이다. 출생 후 2개월이 되면서 점차 가슴둘레가 커지게 된다.

수정 후 2개월이 되었을 때에는 머리 크기가 신장의 1/2이나, 출생할 때에는 전체 신장의 약 1/4 정도가 되고, 성인이 되었을 때는 머리 크기가 신체 구조의 1/8에 가까워진다(Shaffer, 1999).

2) 생리적 특징

신생아의 생리적인 기능도 또한 아동이나 성인에 비하여 큰 차이가 있다. 신생아의 생리적인 기능을 성인과 비교하여 살펴보면 다음과 같다.

(1) 체온

신생아의 체온은 모체 자궁 내의 온도에 맞춰져 있으므로 높은 편이어서 37도를 기초 체온으로 유지한다. 신생아는 땀선의 발달이 미흡하여 체온조절이 잘 안 된다. 따라서 실내의 온도를 조절하거나 옷이나 이불의 두께를 조절하는 등의 방법으로 외부에서 조절해 주어야 한다. 신생아를 위한 최적의 실내온도는 20~22도이다.

(2) 맥박

출생할 당시 신생아의 기본 맥박 수는 1분간에 약 130~150회 정도이며, 출생 후 4~5일이 지나면 약 118회 정도로 감소한다. 성인의 정상적인 기본 맥박 수는 약 70회 정도이다.

(3) 혈압

성인의 혈압은 자신의 연령 90mmHg 정도를 정상으로 보고 있는 데 비하여, 신생아는 최고 70mmHg 정도를 정상으로 본다. 혈행의 속도는 약 12초로, 성인의 약 22초보다 굉장히 빠르다.

(4) 호흡

신생아의 호흡은 일반적으로 얕고 불규칙하며 성인에 비해 매우 빠르다. 출생 후 첫 주에는 1분간에 35회 정도의 호흡을 하고, 2주 이후 지나면 38~40회 정도로 증가한다. 그러나 호흡의 횟수는 점차 감소되어 1세 무렵에는 1분에 28회, 15세 무렵에는 19회, 성인이 되면 18회 정도가 된다. 또한 신생아기의 호흡은 복식호흡이며 연령이 증가함에 따라 흉식호흡으로 변화한다. 특히 울음은 신생아기에 매우 중요하다. 울음은 폐의 용량을 증가하고 심장과 호흡 체계의 활동을 활발하게 돕는다.

신생아의 울음은 배고픔, 불편함, 분노 등 기본적 욕구를 표출하는 방법이다. 따라서 울음은 신생아의 요구와 상태에 따라 양상이 다르므로 잘 구별하여 신생아의 요구에 민감하게 반응하여야 한다,

(5) 소화 기능

출생할 당시 신생아의 위는 소화 기능에 필요한 소화효소를 충분히 분비시킬 수 있을 정도로 발달되어 있으나, 소화기관의 형태가 거의 수직이어서 많이 먹으면 바로 토하게 된다. 신생아는 1회에 30~40cc 정도 섭취할 수 있으며, 하루에 7~8회의 수유를 필요로 한다.

특히 모유는 단백질, 지방, 비타민 등의 영양소 조합이 완벽하고 가장 이상적인 영양 공급원이다. 또, 세균이나 바이러스와 싸워 이길 수 있게 해주는 수많은 면역물질이 포함되어 있어서 폐렴, 장염, 중이염 예방에 도움이 된다. 또한 모유 수유는 아기에게 정서적 안정을 제공한다.

장기간의 모유 수유는 지능검사에서 IQ 점수를 높이며 비만, 당뇨, 심지어 암 등의 발병률을 낮출 수 있다.

(6) 배변

출생 직후에는 약 80g 정도의 태변을 배출한다. 태변의 색은 흑록색 또는 황갈색을 띤다. 신생아는 어머니의 초유를 섭취함으로써 태변의 분비가 촉진된다. 태변이 분비된 이후로는 하루에 평균 4~5회의 대변을 본다. 수변은 하루에 18~20회 정도로 배설하며, 소변의 색은 요산염이 많아 황적색을 띠고 있다.

(7) 수면

출생 직후 아기는 하루의 80% 이상을 수면으로 보내다가 점차 시간이 짧아져 생후 4~5일 이상 경과하면 69% 정도로 줄어든다. 대체로 신생아의 수면 시간은 18~20시간 정도이다. 수면 시간이 많은 아동일수록 성장이 빠르다고 할 수 있는데, 이유는 수면하는 동안에 세포의 증식과 발달이 이루어지기 때문이다.

신생아는 대체로 2시간을 주기로 깬다. 몸이 불편하거나 배가 고플 때 또는 어

러 가지 강한 자극이 주어지면 잠을 깨므로 수면 중에는 지나친 자극은 삼가는 것이 좋다. 실내의 온도나 습도 등을 적당히 유지해 주는 것이 수면과 성장에 도움을 준다.

3) 운동 기능

신생아의 운동 기능은 의도적인 것보다 무의도적인 운동이다. 즉, 신생아기의 운동은 대뇌피질의 작용이 미성숙한 상태이고 뇌간(brainstem)에 의해 통제를 받기 때문에 학습에 관계없이 오로지 성숙에 의한 운동 기능이다. 신생아기의 운동은 전신적인 큰 운동과 국부적인 특수 운동으로 이루어지는 반사 운동이 있다.

큰 운동은 신경 계통의 미발달로 인하여 눈과 손의 협응 등과 같은 신체 부분 간에 협동성이 없이 신체 전체가 확산적으로 움직이는 것을 의미한다.

반사 운동이란 어떤 특수한 자극에 의해 비자발적으로 일어나는 운동 반응을 의미한다. 다시 말하여 특정한 자극과 결합되어 부분적으로 나타나는 것으로 생득적으로 갖고 태어나는 것이 대부분이다. 유형에 따라 수개월 동안 유지되다가 사라지는 것도 있고, 평생 유지되는 것도 있다. 반사 운동 기능은 신생아의 신경 기능의 이상 유무를 파악하는 데 중요한 단서가 되기도 한다.

운동 반응은 신생아의 건강과 생명을 유지하는 데 매우 중요한 역할을 한다. 해로운 자극이나 건전하지 못한 자극으로부터 자신을 보호하고 주어진 환경에 적응할 수 있도록 돕는 생존적인 가치를 지니고 있다.

연구문제

01 유전과 염색체이상으로 야기되는 질병이나 장애에 대해 조사해 보자.

02 수정에서 출생 때까지의 태내 발달 특징을 조사해 보자.

03 태내 발달에 영향을 미치는 여러 환경 요인을 조사해 보자.

04 출산 과정을 알아 보자.

05 분만 방법을 조사해 보자.

Chapter 05

영유아기 신체 발달

영유아기의 신체 발달은 사춘기와 더불어 일생 중 가장 발달 속도가 빠르다. 신장과 체중 그리고 근육과 골격 등이 빠른 속도로 성장할 뿐만 아니라, 뇌의 크기와 영역별 발달도 급속도로 성장하는 시기이다.

신체 성장과 더불어 머리, 팔, 다리 등을 스스로 통제할 수 있게 되면서 영아는 잡기, 기기, 걷기 등 자발적이고 의도적인 행동을 할 수 있다. 영아의 자발적인 운동 능력은 이동 운동을 가능하게 함으로써 경험의 폭이 확장되어 인지적 · 사회적 발달에 기여한다.

유아기로 접어들면 뼈가 단단해지고 신경이 분화되며 근육은 보다 강화되어 다양한 운동 능력이 가능해진다. 비록 미숙하기는 하지만 신체를 이용한 대부분의 운동 기술 발달은 유아기에 시작된다.

1 신체의 성장

1 영유아의 키와 몸무게

출생할 당시 대부분의 남자 신생아는 여자 신생아보다 키가 더 크고 몸무게도 더 무겁다. 우리나라 신생아 남아의 평균 몸무게는 약 3.4kg, 키는 약 50.1cm이며, 여아는 평균 몸무게 3.3㎏, 키는 약 49.4cm이다(질병관리본부, 2008). 그리고 생후 며칠 동안 신생아의 몸에서 수분이 빠지기도 하고, 초유의 양이 매우 적어 일시적인 체중 감소 현상을 보이지만 이후 체중은 꾸준히 증가한다.

생후 4개월 무렵이 되면 남아는 몸무게 7.0㎏, 키 63.5㎝ 정도이고, 여아는 몸무게 6.6㎏, 키 62.3㎝ 정도로 성장한다. 생후 1년 무렵이 되면 〈표 5-1〉에서 보는 바와 같이 출생 시에 비해 몸무게는 약 3배, 키는 약 1.5배 정도까지 성장한다. 생후 2년째에는 첫 1년 동안 성장한 것의 약 절반 정도만 성장한다. 그러나 영아기의 키와 몸무게 성장은 유아기에 비해서는 더 빠른 속도이며, 사춘기에 비하면 영아기의 신체적 성장이 다소 느리지만 영아기는 생애 두 번째로 성장 속도가 빠른 시기이다.

유아기에는 키와 몸무게가 영아기에 비해 다소 느린 속도로 발달한다. 유아기 초기 2~2.5세 남아의 평균 신장은 89.4cm, 평균 체중은 13.1kg, 여아의 평균 신장은 88.2cm, 평균 체중은 12.5kg이다. 반면 유아기 말기인 5.5~6세 남아의 평균 신장은 113.6cm, 평균 체중은 20.4kg, 여아의 평균 신장은 112.5cm, 평균 체중은 19.6kg이다. 유아기 동안 키는 연간 7cm정도씩 증가하며, 몸무게는 연간 2~3kg씩 꾸준히 성장한다.

표 5-1 우리나라 소아 발육 표준치

남아				연령	여아			
체중 (kg)	신장 (cm)	체질량지수 (kg/m^2)	머리둘레 (cm)		체중 (kg)	신장 (cm)	체질량지수 (kg/m^2)	머리둘레 (cm)
3.41	50.12		34.70	출생시	3.29	49.35		34.05
5.68	57.70		38.30	1~2개월*	5.37	56.65		37.52
6.45	60.90		39.85	2~3개월	6.08	59.76		39.02
7.04	63.47		41.05	3~4개월	6.64	62.28		40.18
7.54	65.65		42.02	4~5개월	7.10	64.42		41.12
7.97	67.56		42.83	5~6개월	7.51	66.31		41.90
8.36	69.27		43.51	6~7개월	7.88	68.01		42.57
8.71	70.83		44.11	7~8개월	8.21	69.56		43.15
9.04	72.26		44.63	8~9개월	8.52	70.99		43.66
9.34	73.60		45.09	9~10개월	8.81	72.33		44.12
9.63	74.85		45.51	10~11개월	9.09	73.58		44.53
9.90	76.03		45.88	11~12개월	9.35	74.76		44.89
10.41	78.22		46.53	12~15개월	9.84	76.96		45.54
11.10	81.15		47.32	15~18개월	10.51	79.91		46.32
11.74	83.77		47.94	18~21개월	11.13	82.55		46.95
12.33	86.15		48.45	21~24개월	11.70	84.97		47.46
13.14	89.38	16.71	49.06	2~2.5세	12.50	88.21	16.34	48.08
14.04	93.13	16.29	49.66	2.5~3세	13.42	91.93	16.01	48.71
14.92	96.70	15.97	50.10	3~3.5세	14.32	95.56	15.76	49.18
15.91	100.30	15.75	50.43	3.5~4세	15.28	99.20	15.59	49.54
16.97	103.80	15.63	50.68	4~4.5세	16.30	102.73	15.48	49.82
18.07	107.20	15.59	50.86	4.5~5세	17.35	106.14	15.43	50.04
19.22	110.47	15.63	51.00	5~5.5세	18.44	109.40	15.44	50.21
20.39	113.62	15.72	51.10	5.5~6세	19.57	112.51	15.50	50.34
21.60	116.64	15.87	51.17	6~6.5세	20.73	115.47	15.61	50.44
22.85	119.54	16.06	51.21	6.5~7세	21.95	118.31	15.75	50.51
24.84	123.71	16.41		7~8세	23.92	122.39	16.04	
27.81	129.05	16.97		8~9세	26.93	127.76	16.51	
31.32	134.21	17.58		9~10세	30.52	133.49	17.06	
35.50	139.43	18.22		10~11세	34.69	139.90	17.65	
40.30	145.26	18.86		11~12세	39.24	146.71	18.27	
45.48	151.81	19.45		12~13세	43.79	152.67	18.88	
50.66	159.03	20.00		13~14세	47.84	156.60	19.45	
55.42	165.48	20.49		14~15세	50.93	158.52	19.97	
59.40	169.69	20.90		15~16세	52.82	159.42	20.42	
62.41	171.81	21.26		16~17세	53.64	159.98	20.77	
64.46	172.80	21.55		17~18세	53.87	160.42	21.01	
65.76	173.35	21.81		18~19세	54.12	160.74	21.13	

* 1~2개월은 1개월부터 2개월 미만에 해당하며, 다른 연령에도 동일하게 적용됨

출처: 질병관리본부(2008).

초등학교 입학 후에도 키와 몸무게는 꾸준히 성장하고 사춘기가 되면 키와 몸무게는 다시 빠른 속도로 성장한다. 연간 키는 5~7cm, 몸무게는 4~5kg씩 증가한다.

출생시부터 보이던 성별에 따른 신체 성장의 차이는 영유아기와 아동기를 거쳐 사춘기까지도 계속된다. 성장속도의 절정기도 남녀 간에 차이를 보인다. 남아는 13~14세, 여아는 12~13세 무렵까지 가장 큰 성장 변화를 보인다. 그리고 이후에는 느린 속도이지만 성장은 계속된다. 여아는 남아보다 일찍 큰 변화를 보일 뿐만 아니라 자신의 최고 키에 도달하는 시기도 남아보다 빠르다.

몸무게도 키와 유사한 발달 형태를 보인다. 남아는 11~16세경 몸무게가 급증하고, 여아는 이보다 빨리 10~15세경에 커다란 변화가 온다. 그러나 성숙률은 폭넓은 개인차가 있다. 성장의 속도가 아주 빠른 아이도 있고, 매우 느리게 진행되는 경우도 있다. 개인차는 사회 정서적 적응에 영향을 미치므로 눈여겨볼 필요가 있다.

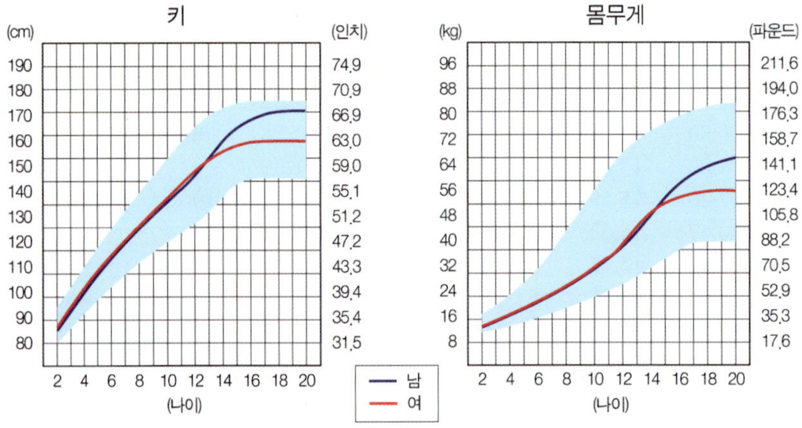

그림 5-1 연령별 키와 몸무게 성장 속도

출처: Bukatko, D. & Daehler, M. W.(1998).

2 영유아의 신체 비율

키와 몸무게의 성장 비율은 연령에 따라 다를 뿐만 아니라 신체 각 부위마다 성장하는 시기도 차이가 있다. 따라서 특정 시기마다 각 부위가 신체에서 차지하는 비율은 다르다. 예를 들어, 출생 시 머리가 전체 신장의 약 1/4을 차지하던 비율이 영아기에 몸통과 다리가 빠른 속도로 성장하여 머리가 차지하는 비율은 점차 줄어들어 2세 무렵에는 신장의 1/5이 된다. [그림 5-2]에서와 같이 태어난 직후에는 신생아의 키가 머리 길이의 약 4배이지만, 12세가 되면 7배가 되고, 성인이 되면 8배가 된다. 또, 신생아의 가슴 크기는 [그림 5-2]에서 보는 바와 같이 머리보다 작지만, 출생 후 점차 자라서 1년 무렵에는 머리보다 더 커지고 2년 무렵에는 신체의 약 1/3이 된다.

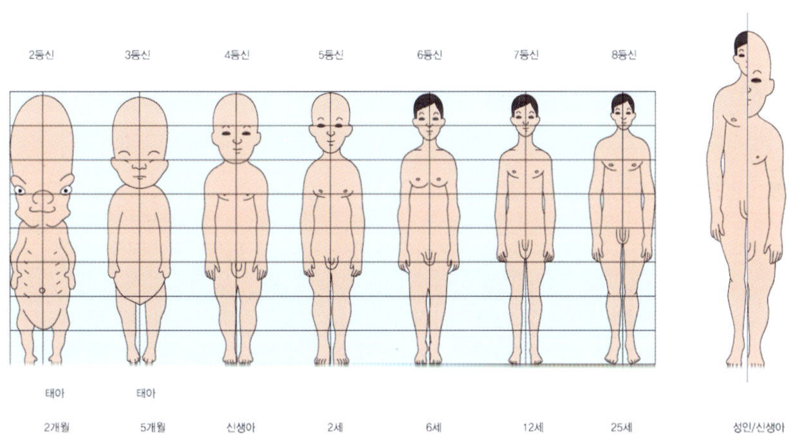

그림 5-2 신체 각 부위별 발달 비율의 변화

출처: Bukatko, D. & Daehler, M. W.(1998).

3 영유아의 근육과 뼈

1) 근육의 발달

출생 시 근육 조직은 이미 형성되어 있으며, 신생아는 성인의 근육 섬유 수와 같은 양을 가지고 있다. 다만, 신체 크기에 비해 근육이 아주 작을 뿐이다. 출생 이후 성인기까지 근육 조직의 길이, 넓이, 두께는 꾸준히 발달한다.

생후 첫 1년 동안 영아는 신체의 수의근(voluntary muscles)이 완전히 조정되지 않기 때문에 작은 신체 활동에도 빨리 피곤해진다. 그러나 출생 후 2년 무렵이 되면 근육이 더욱 발달하고 신경 조직이 분화하면서 근육 활동이 보다 복잡해진다. 이러한 근육발달은 3~4세 동안 계속 증가하며, 5~6세가 되면 근육을 구성하는 근섬유의 굵기가 굵어지고 근력도 강해짐에 따라 근육이 체중의 약 75%를 차지한다.

영유아의 근육발달은 두미 방향으로 발달한다. 즉, 머리와 목 부분의 근육이 다리 부분의 근육보다 일찍 발달한다. 그리고 대근육이 소근육보다 빨리 발달한다. 우리나라 유아의 근력 등 체력 발달은 〈표 5-2〉와 같다.

표 5-2 유아 체력 평가 기준

구분		성별	연령	아주 낮음 (5등급)	낮음 (4등급)	보통 (3등급)	높음 (2등급)	아주 높음 (1등급)
근지구력	V자 앉기 (단위:초)	남아	만 4세	16.5 이하	16.6~28.1	28.2~41.5	41.6~53.1	53.2 이상
			만 5세	19.8 이하	19.9~31.4	31.5~45.0	45.1~57.6	57.7 이상
			만 6세	20.8 이하	20.9~33.0	33.1~47.2	47.3~59.3	59.4 이상
		여아	만 4세	16.9 이하	17.0~29.1	29.2~42.9	43.0~54.8	54.9 이상
			만 5세	18.5 이하	18.6~29.9	30.0~45.2	45.3~57.5	57.6 이상
			만 6세	28.4 이하	28.5~40.8	40.9~55.4	56.5~67.8	67.9 이상
민첩성·순발력	5미터 왕복 달리기 (단위:초)	남아	만 4세	12.3 이상	11.6~12.2	10.8~11.5	10.1~10.7	10.0 이하
			만 5세	11.4 이상	10.9~11.3	10.3~10.8	9.8~10.2	9.7 이하
			만 6세	10.6 이상	10.0~10.5	9.3~9.9	8.7~9.2	8.6 이하
		여아	만 4세	12.9 이상	12.2~12.8	11.3~12.1	106.~11.2	10.5 이하
			만 5세	11.7 이상	11.0~11.7	10.2~10.9	9.3~10.1	9.2 이하
			만 6세	10.8 이상	10.0~10.7	9.2~9.9	8.4~9.1	8.3 이하
	제자리	남	만 4세	77.4 이하	77.5~86.7	86.8~97.4	97.5~106.7	106.8 이상

구분		성별	연령	아주 낮음 (5등급)	낮음 (4등급)	보통 (3등급)	높음 (2등급)	아주 높음 (1등급)
	멀리뛰기 (단위:cm)	아	만 5세	81.0 이하	81.1~90.3	90.4~101.2	101.3~110.7	110.8 이상
			만 6세	92.7 이하	92.8~102.0	102.1~112.8	112.9~122.2	122.3 이상
		여아	만 4세	63.5 이하	63.6~78.4	78.5~79.2	79.3~79.9	80.0 이상
			만 5세	68.3 이하	68.4~79.7	79.8~92.9	93.0~104.4	104.5 이상
			만 6세	80.7 이하	80.8~91.6	91.7~104.3	104.4~115.2	115.3 이상
유연성	앉아윗몸 앞으로 굽히기 (단위:cm)	남아	만 4세	3.2 이하	3.3~5.7	5.8~8.7	8.8~11.2	11.3 이상
			만 5세	3.6 이하	3.7~6.1	6.2~9.1	9.5~12.4	11.7 이상
			만 6세	1.2 이하	1.3~4.5	4.6~8.3	8.4~11.6	11.7 이상
		여아	만 4세	3.4 이하	3.5~5.8	5.9~8.7	8.8~11.1	11.2 이상
			만 5세	2.8 이하	2.9~5.8	5.9~9.4	9.5~12.4	12.5 이상
			만 6세	4.5 이하	4.6~7.0	7.1~9.8	9.9~12.4	12.5 이상
평형성	한발로 서기 (단위:초)	남아	만 4세	1.6 이하	1.7~3.5	3.6~5.8	5.9~7.7	7.8 이상
			만 5세	4.4 이하	4.5~6.0	6.1~8.1	8.2~9.9	10.0 이상
			만 6세	7.0 이하	7.1~8.8	8.9~11.0	11.1~12.8	12.9 이상
		여아	만 4세	2.8 이하	2.9~4.7	4.8~6.9	7.0~8.8	8.9 이상
			만 5세	4.4 이하	4.5~6.4	6.5~8.8	8.9~10.9	11.0 이상
			만 6세	6.6 이하	6.7~8.8	8.9~11.3	11.4~13.4	13.5 이상

출처: 육아정책연구소(2014).

2) 뼈의 발달

어린 시기의 뼈는 크기가 작을 뿐만 아니라 골격의 비율, 형태, 구성상으로 성인의 그것과 다르다. 출생할 당시 대부분 연골이던 뼈의 성골 작용은 출생 직후부터 시작한다. 영아기부터 뼈의 조직이 연골에서 경골화되며, 뼈의 크기와 구성 조직은 변화한다. 그러나 성장하면서 뼈의 수는 감소하는 특성을 보인다. 두개골뿐만 아니라 다른 뼈들도 점차 경골화되어, 12~13세 때 뼈의 경골화는 거의 완성한다.

영아의 두개골은 여섯 개의 천문(숫구멍)을 가지고 있으며, 이 중 외부에서 볼 수 있는 것은 대천문과 소천문이다. 소천문은 두정골과 후두골 사이에 있고, 대천문은 앞이마 위에 위치하며, 천문은 만지면 말랑말랑하고 팔딱팔딱 뛰는 걸 느낄 수 있다. 두개골이 자람에 따라 소천문은 4~8개월 때, 대천문은 1.5~2년 때 닫힌다.

태아의 척추는 둥근 형태로 C자를 이루지만 출생 후에 목과 척추가 점차 펴지면서 S자형으로 변한다. 그리고 출생 시 탄력적이던 척추는 경골화하면서 점차 단단해진다.

3) 치아의 발달

치아는 태내기부터 형성되며 출생 후 6~8개월 무렵 유치(temporary teeth)가 나기 시작한다. 1세가 되면 유치는 6개 정도가 되며, 약 2세 반이 지나면 거의 다 생겨서 20개의 유치를 갖는다. 그러나 5~6세가 되면 유치가 하나씩 빠지고 영구치가 생겨난다. 유치가 빠지는 순서는 앞서 유치가 나던 순서에 따른다.

유치가 올라오는 순서는 대체로 일정하다. 대부분의 유치는 [그림 5-3]과 같은 순서로 생겨난다. 만약 아랫니보다 윗니가 먼저 나오면 턱의 위치가 바뀌게 된다. 이 경우 얼굴 아랫부분의 형태에 영향을 주어 주걱턱이 되기 쉽고 영구치가 치선 밖으로 나오는 뻐드렁니가 되기 쉽다.

그러나 유치가 나오는 시기는 개인마다 차이가 있으며, 드물게는 출생 시에 이미 유치를 가지고 태어나기도 한다. 유치가 나오는 시기는 성별에 따라 차이가 있다. 여아는 남아에 비해 다소 안정된 발달을 보이는데, 같은 연령의 여아는 치아 개수가 비슷하나 남아는 개인차가 크다. 유치가 올라오면서 먹는 음식의 유형도 달라지고 얼굴형이 바뀌기도 한다.

유치 나는 순서

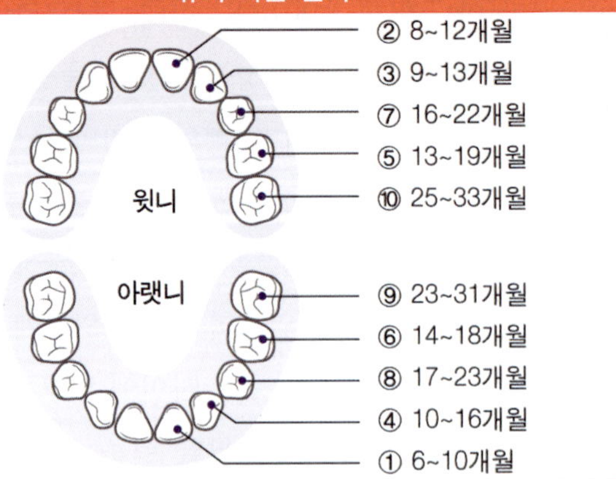

월령	전체 유치 수
6~8개월	2개
8~9개월	4개
10~12개월	6개
12~14개월	8개
14~16개월	12개
16~20개월	14개
20~30개월	20개

그림 5-3 유치가 나는 순서와 월령별 유치 수

2 뇌와 신경의 발달

사람의 뇌와 신경에 관한 정보는 현대 의학 및 과학의 발달과 융합 연구에 힘입어 상세하게 밝혀지고 있다. 우리의 행동을 통제하는 뇌의 중추적 기능이 밝혀지면서 생애 초기의 뇌 발달이 강조되어 왔다. 특히 인간의 사고, 감정, 지각 등 모든 활동이 뇌의 작용과 연관된다는 점에서 보면, 영유아 발달을 이해하기 위해서는 뇌와 신경의 구조, 특성에 대한 이해가 필요하다.

1 뇌와 신경의 구조

1) 뇌의 구조

성인의 뇌는 매우 복잡한 구조를 가지지만 생애 초기에는 매우 단순한 형태이다. 모든 척추동물의 중추신경계는 임신 중 배아기 초기에는 하나의 관(tube) 모양에 불과하다. 이 신경관이 [그림 5-4]에서 볼 수 있듯이 점차 전뇌, 중뇌 그리고 아래쪽의 후뇌와 같은 세 부분으로 나누어진다. 이들 뇌의 구조를 나타내는 용어는 뇌가 발달하는 양상에 따라 붙여진 이름이다. 그리고 임신 후 6주가 되면서부터 보다 분명한 하부 구조로 나뉘어 발달하며 마침내 7개의 주요 부분으로 분화된다.

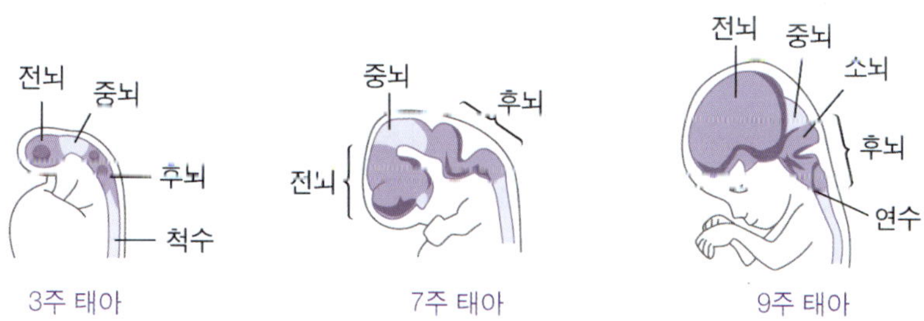

그림 5-4 뇌 구조의 발달

후뇌	중뇌	간뇌	전뇌
• 연수 • 뇌교 • 소뇌	• 흑질 • 적핵	• 시상 • 시상하부	• 대뇌피질 • 기저핵 • 변연계

(1) 후뇌

① 연수

연수는 척수의 연장으로 혈압, 심장박동, 호흡, 소화 등 생명 유지를 위한 활동 조절에 관여하는 부위이다. 따라서 약간의 손상에도 치명적인 영향을 받아 뇌사 상태가 될 수도 있다.

② 뇌교(뇌량)

뇌교는 대뇌와 소뇌를 이어주는 다리 역할을 하는 부분으로 10세까지 발달한다. 뇌교에는 대뇌에서 소뇌로 가는 신경섬유가 매우 많다.

③ 소뇌

대뇌 아래쪽에 위치하는 좌우 한 쌍의 소뇌는 뇌 전체 무게의 10% 정도이지만 아주 많은 신경세포가 집중해 있으며, 신체 균형과 운동조절을 담당하는 부위이다. 특히, 피아노 연주나 발레와 같이 복잡하고 정교하면서도 자동적인 운동 수행에 중요한 역할을 한다. 만약 소뇌에 손상을 입게 되면 근육을 움직일 수는 있지만, 연속적으로 매끄럽게 움직이지 못하고 한 번에 한 동작씩, 느리고 어색하게 움직인다.

(2) 중뇌

중뇌는 후뇌와 전뇌 사이에 위치하지만 다른 뇌 부위에 비해서 크게 발달하지 않은 부분이다. 중뇌 앞쪽에 있는 흑질과 적핵은 운동과 관련되고, 뒤쪽의 상구는 시각 반사와 관련 있는 중요한 부위이며 뒤쪽 하구는 청각 시스템의 일부이다.

(3) 간뇌

① 시상

간뇌는 모든 감각 정보가 들어오는 시상으로 이루어져 있다. 우리가 경험하는 대부분의 감각 정보는 시상을 거쳐 대뇌피질로 올라간다. 시상의 각 부위는 감각 정보가 들어오면 다양한 시냅스를 통해 특정 피질 영역으로 연계하고 이들 정보를 통합하여 처리하는 일을 한다.

② 시상하부

시상하부는 간뇌의 아래쪽에 위치하는 작은 부위로, 기본적인 생물학적 욕구를 조절하는 역할을 한다. 배고픔이나 목마름, 체온 조절, 성 충동 등 생물학적으로 동기화된 행동을 지배하고, 자율신경계의 활동을 지배하며, 뇌하수체를 통하여 내분비계의 호르몬 분비 활동을 조절하는 기능을 한다.

(4) 전뇌

① 기저핵

시상의 바깥쪽에 위치하는 기저핵은 운동의 조절에 관여한다. 특히 느리면서 순차적인 운동, 예를 들어 걷기 등의 운동을 조절하는 역할을 한다.

② 변연계

변연계는 포유류만 완전한 구조를 가지고 있으며, 대뇌피질 안쪽의 해마, 편도체, 중격, 대상회 등으로 구성되어 있다. 변연계는 정서의 조절과 기억, 동기 등에 관여하는 역할을 한다.

③ 대뇌피질

대뇌는 가장 늦게 만들어지는 부위로 두 개의 반구로 나누어져 좌뇌와 우뇌를 형성한다. 대뇌를 둘러싸고 있는 대뇌피질은 핑크색을 띤 회색빛으로, 성인의 경우 약 3~4mm 두께이며, 주로 세포체와 이 세포체에서 뻗어 나온 가지로 구성된다. 대뇌피질은 가장 발달한 뇌 영역으로 우리를 다른 동물과 달리 고도의 사고를 하는 인간답게 해 주는 부위이다. 인간의 감각과 지각, 운동 및 기술, 상상력, 추리력, 언어, 통찰력 등은 모두 약 140억 개의 신경세포들로 구성된 대뇌피질의 기능이다.

대뇌피질은 4개의 영역으로 나누어져 있다. [그림 5-5]를 보면 전두엽, 측두엽, 두정엽, 후두엽으로 구분되는데, 이는 위치에 따라 붙여진 이름이다.

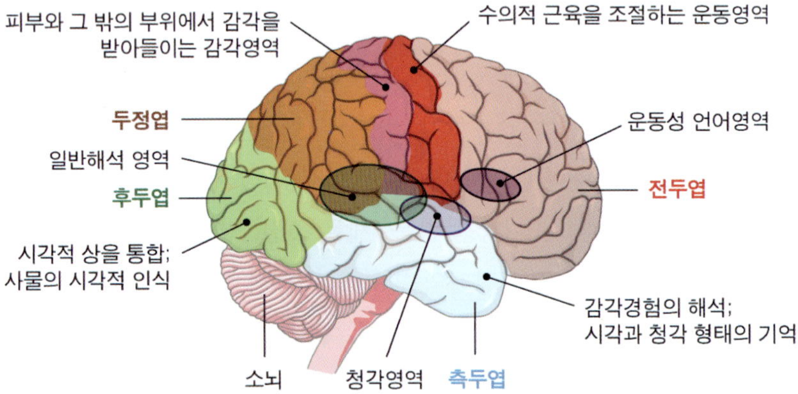

그림 5-5 대뇌의 다양한 영역

2) 신경의 구조

우리 몸의 신경계는 중추와 말초 부분으로 나눈다. 중추신경계는 두개골과 척추에 각각 둘러싸인 뇌와 척수로 구성되며, 말초신경계는 중추신경계에서 뻗어 나와 신체 전반에 분포하는 골격근이나 피부와 연결되는 신경들이다.

뇌를 비롯한 신경계는 수많은 신경세포들로 이루어진다. 정보 전달을 위해 만들어진 신경세포를 뉴런이라고 하며, 뉴런은 세 부분으로 구성된 세포의 한 종류이다. 핵이 있는 세포체(cell body)와 세포체의 연장부로 신경원의 자극 수용부를 증가시키는 수상돌기(dendrite), 기다란 형태의 축색(axon)으로 구성된다([그림 5-6]). 신경세포의 핵은 유전적 지시와 세포의 모든 대사 작용에 대한 계획을 가지고 있다. 세포체나 수상돌기는 정보를 수용하고 통합하는 역할을 하며, 축색은 정보를 다른 신경원으로 전도하는 역할을 한다. 그리고 하나의 뉴런은 수많은 뉴런들과 연결될 수 있는데, 한 신경세포가 다른 신경세포와 연결되어 있는 부분을 시냅스(synapse)라 한다. 각 뉴런은 여러 뉴런의 수상돌기로부터 정보를 받고 또 다른 뉴런에게 정보를 전달할 수 있는 구조이다.

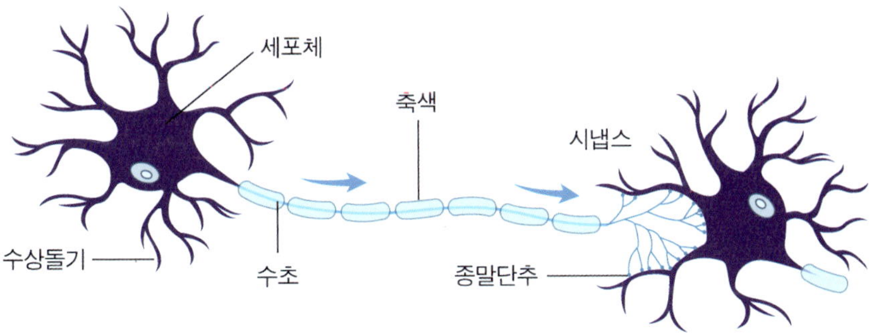

그림 5-6 신경세포의 구조

2 영유아의 뇌 발달

출생 시 신생아의 뇌 무게는 약 350g으로 성인(약 1,350g)의 25%밖에 되지 않는다. 그러나 출생 이후 급격한 변화가 일어난다. 생후 6개월 무렵 성인 뇌의 50%에 도달하고, 1년 무렵에는 약 1,000g 정도가 된다. 이후 10세까지 꾸준히 성장하여 사춘기가 지나면서 성인의 뇌 무게에 도달한다.

뇌의 발달은 무게뿐만 아니라 모양, 크기, 뉴런 간의 연결 밀도, 뉴런 간의 전이 속도 등을 통해 이루어진다. 성인들은 거의 1조 개의 뉴런을 가지고 있는데, 각 뉴런은 다른 뉴런과 100~1,000 시냅스 연결이 이루어지므로 이는 곧 인간의 뇌에는 1,000조의 시냅스가 있다는 것을 의미한다.

1) 반구의 기능

뇌 조직의 주요 특성 중 하나는 서로 다른 기능을 관장하는 두 개의 반구로 나누어져 있다는 것이다. 뇌의 좌반구는 신체의 오른쪽을 통제하는 반면, 우반구는 신체의 왼쪽을 통제한다. 이러한 사실은 뇌 손상을 입은 환자를 대상으로 한 연구에서 밝혀진 결과이다.

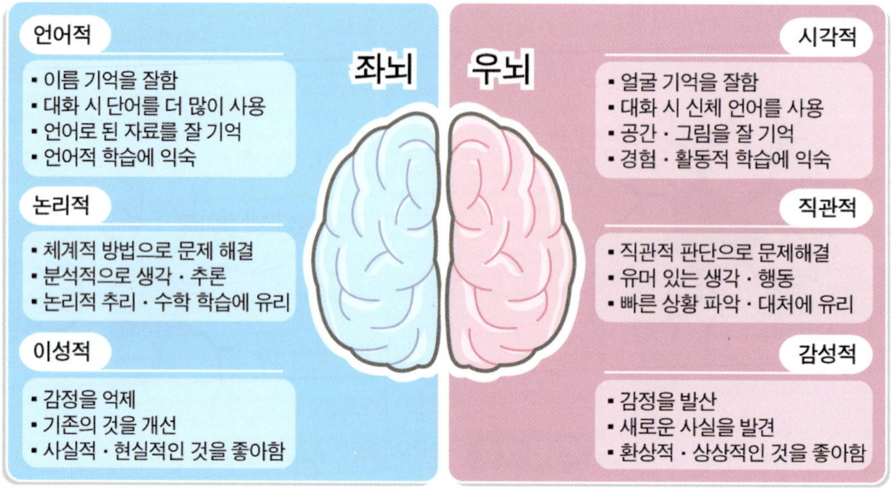

출처: http://blog.naver.com/daddydoc/120201680139

① 우반구

오른쪽 뇌는 시·공간적 정보, 음악과 같은 비언어적 소리, 얼굴 인지 등의 처리에 관여한다. 따라서 오른쪽 뇌에 손상을 입으면 공간적 방향을 인지하지 못하거나, 그림을 잘 기억하지 못하고 그림그리기가 떨어지며, 지도를 제대로 파악하기가 어렵다. 최근 밝혀진 바에 의하면, 우반구는 정서적 정보도 관장한다. 5~14세까지의 아동은 오른쪽 귀로 목소리를 듣는 것보다 왼쪽 귀로 들을 때 분노한 목소리와 슬픈 목소리, 행복한 목소리를 더 잘 구별한다. 얼굴 표정을 인지하는 경우에도 좌반구보다 우반구를 사용할 때 정서를 더 잘 구별한다. 또한 우반구가 손상된 사람은 다른 사람의 정서 표현을 제대로 해석하지 못하여 상대방이 기쁜 건지 화난 건지 알지 못한다. 따라서 사회적 상호작용에 어려움이 생길 수밖에 없다.

② 좌반구

왼쪽 뇌는 말과 언어를 이해하는 능력에 관여한다. 좌반구에 손상을 입은 사람이라도 친숙한 노래는 알 수 있고, 옛 친구의 얼굴과 낯선 얼굴이 다름을 구별할 수는 있다. 그러나 말하는 것을 잘 이해하지 못하고 명료하게 말을 할 수 없다. 영유아는 왼쪽 눈이나 귀보다 오른쪽 눈이나 귀에 오는 말과 글자를 더 잘 알아보는데, 이는 왼쪽 뇌가 말과 언어를 더 잘 이해하기 때문이다.

③ 반구의 분화

반구의 분화는 언제부터 시작하는가? 생애 초기부터 뇌 반구의 분화가 시작된다는 주장이 보편적이다. 이는 신생아에게 말을 할 때 우반구보다 좌반구에서 울림이 더 빨리 진행되는 것에서도 알 수 있다. 영아의 약 70%는 좌반구에서 언어적 처리를 하는데, 3세 때에는 90%의 유아가 이러한 경향을 보임으로써 연령이 증가하면서 반구의 분화가 보다 진전함을 알 수 있다.

오른손이나 왼손을 사용하는 경향도 뇌의 분화와 같은 특징을 보인다. 성인의 약 90%는 오른손잡이이며, 이러한 경향은 이미 영아기부터 나타난다. 대부분의 영아들은 손을 뻗치고, 잡고, 건드릴 때 왼손보다는 오른손을 사용한다. 그리고 2세 때에는 어느 쪽 손을 주로 사용할지 거의 확고해진다. 그런데 오른발을 주로 사용하는 것은 4~5세 때에 결정된다.

2) 발달 시기별 뇌 발달

① 영아기

영아기는 뇌의 물리적 성장뿐만 아니라 신경세포 간 연결망 구성이 가장 활발한 시기이다. 뉴런 간의 회로 연결이 정교하게 많이 될수록 인지적 발달이 우수하므로 이 시기의 뇌 발달은 매우 중요하다. 또한 지적 활동을 담당하는 대뇌피질의 전두엽과 두정엽, 후두엽이 골고루 발달하는 때도 이 시기이다.

② 유아기

유아기에는 종합적 사고와 인간성 기능을 담당하는 앞쪽 뇌인 전두엽이 집중적으로 발달한다. 그리하여 전두엽 부위의 신경 회로 발달이 최고조에 이른다.

③ 아동기

두정엽과 측두엽 부위의 뇌 회로 발달이 이루어지는 시기이며, 수학적·물리학적 사고 기능과 입체 공간적 인식 기능을 담당하는 두정엽의 발달 속도가 아주 빠른 시기이다. 또한 언어 기능과 청각 기능을 담당하는 측두엽이 발달하므로 말하기와 듣기, 읽기, 쓰기 교육과 논리 사고력 교육이 효과적으로 이루어질 수 있다.

④ 아동기 이후

아동기 이후 후두엽이 발달하는데, 이때부터 비로소 주위를 자세히 보게 되고 자신과 타인의 차이를 파악하며 외모에 관심을 가지게 된다.

발달 시기별 뇌 발달을 돕는 방법	
영아기	**오감을 통한 다양한 활동** • 새로운 사물을 제공할 때 오감을 통해 느낄 수 있도록 자극하고, 전뇌를 자극하는 종합적인 정보를 접하도록 한다. **손을 많이 사용하는 활동 제공** • 뇌 지도에서 손과 입, 혀가 차지하는 부분이 아주 크므로 손을 부지런히 사용하는 것은 뇌의 많은 부분에 자극이 될 수 있다. **스킨십** • 피부는 뇌와 같은 외배엽에서 발달하기 때문에 뇌와 촘촘한 신경 회로로 연결되어 있어 서로 정보를 주고받을 수 있다. **올바른 식습관** • 음식물을 먹을 때 혀에서 그 맛을 경험하며, 입 안에서 굴리고 씹는 과정은 뇌 지도의 넓은 부위를 차지하는 입과 혀 부위에 커다란 자극을 준다. **충분한 수면** • 시냅스가 아직 발달하지 않은 신생아는 외부의 정보를 받아들이기에 지쳐 하루의 대부분을 자면서 보낸다. 자는 동안 뇌세포가 쉬고 기억을 재정비하며 이런 과정에서 기억력이 강화한다.
유아기	**이야기 들려주기 / 동화책 읽기** • 이야기를 들으면서 새로운 경험을 하고 상상력과 표현력을 기를 수 있다. **다양한 경험** • 직접적인 경험을 통해 종합적이고 창의적인 사고력을 기를 수 있다. • 바다를 책이나 그림을 통해 알고 있는 아이와 직접 바다에 가서 모래를 만져보고 바닷물에 발을 적셔보는 경험을 한 아이는 '바다'에 관한 사고가 다를 수밖에 없다. **인성 교육** • 예절 등 인성 교육을 하는 데 적절한 시기이다.
아동기	**언어 교육** • 모국어와 외국어 교육을 하기에 효과적인 시기이다. • 세계명작 등 다양한 독서 활동을 통해 풍부한 경험을 하고 어휘력 등 언어 능력을 기르도록 한다. **탐구 활동으로서의 수학 교육** • 과학 활동과 통합된 수학 교육은 수학적 · 물리학적 기능을 하는 두정엽의 발달을 돕는다.

발달 시기별 뇌 발달을 돕는 방법

다양한 놀이
- 퍼즐 게임, 도형 맞추기, 관련 숫자 및 언어 맞추기 등의 놀이는 입체 공간적 사고 발달에 도움이 된다.

출처: 서유헌(2006).

3) 뇌 발달과 환경

뇌 발달에서 환경이 중요하다는 것은 20세기 초부터 강조되어 왔다. 침팬지의 생애 초기에 감각적 자극을 감소하였을 때 시각 발달에 지장이 있으며, 특히 망막의 신경세포가 손실되었다는 연구(Riesen, 1947)도 있었다. 이 연구에서는 그 후 침팬지를 밝은 곳에서 생활하게 했지만, 다시 회복되지 않고 영구적으로 시각장애가 있었다고 보고했다. 즉, 중추신경계의 해부학적 구조가 발달하려면 어느 정도의 환경적 자극이 필요하다는 것을 알 수 있다.

뇌의 크기와 기능은 경험에 따라 달라질 수 있다(Rosenzweig, 1966). 생후 25일 된 어린 쥐를 아주 풍요로운 환경과 빈곤한 환경에서 각각 80일 간 사육하였다. 풍요한 환경의 쥐들에게는 장난감을 주고 매일 30분간 여러 가지 울타리가 있는 넓은 공간에서 5~6마리씩 같이 훈련을 했으며, 30일 후에는 각종 미로 훈련을 했다. 반대로 빈곤한 환경의 쥐들은 딱딱한 벽면으로 된 우리에 1마리씩 넣고 멀리 떼어놓아 서로 보거나 건드릴 수 없도록 하였다. 그리고 그 우리를 조용하고 다소 어두운 방에 두었다. 반면 풍부한 환경의 쥐들은 크고 밝은 방에 두었다. 이렇게 서로 다른 환경에서 키운 후 쥐의 뇌 무게를 측정하였더니 현저한 차이를 보였다. 초기 환경의 변화는 지적 능력에 관여하는 대뇌피질에 가장 큰 영향을 미친다. 풍부한 환경에서 자란 동물의 뇌 무게가 빈곤한 환경에서 자란 동물보다 약 4% 더 무거운 것으로 미루어 알 수 있었다

두뇌 발달 적신호! 스마트폰에 빠져 있는 아이

4살 수현이는 아침에 눈을 뜨자마자 내뱉는 첫 마디가 '스마트폰'이다. 그리고는 고사리 같은 손으로 스마트폰을 연신 눌러 댄다. 네 살짜리가 대체 뭘 안다고 하는지 살짝 들여다봤더니, 실로 놀라웠다. 스마트폰 화면을 능숙하게 터치하고 드래그하는 것은 기본이며, 마켓에 들어가 마음에 드는 게임 어플을 다운받고, 다운받은 어플 아이콘을 바탕화면으로 빼거나, 흥미를 잃은 어플은 휴지통으로 버리는 등 이 모든 것을 혼자 척척 해내는 것이다. 특히 수현이가 스마트폰으로 가장 즐겨 하는 것은 게임이었다. 충격적인 것은 고스톱, 총 쏘기, 오토바이 경주 게임 등 비교육적이고 자극적인 성인용 게임까지 한다는 것이었다.

더 심각한 문제는 새벽 한두 시가 넘도록 잠을 안 자면서 스마트폰에 빠져 시간을 보낸다는 점이다. 어떨 때는 화장실 갈 시간도 아까워 바지에 그냥 오줌을 싸기도 했다. 참다못한 엄마와 할머니가 스마트폰을 빼앗아 버리면 수현이는 먹이를 빼앗긴 사자처럼 악을 쓰고 거칠게 반항했다. 바닥에 뒹굴며 떼쓰는 것도 모자라 욕설을 퍼붓고 엄마와 할머니를 때리기까지 했다. 온종일 스마트폰에만 빠져 있고, 못하게 하면 공격적으로 변하는 아이, 무엇이 문제일까?

스마트폰 중독의 징후
다른 놀잇감에 관심이 없다.
거북목과 근시 증상이 나타난다.

사소한 일에도 감정을 쉽게 폭발한다.

스마트폰은 아이의 두뇌에 어떤 자극을 줄까? 그 해답을 얻고자 책을 읽을 때와 스마트폰을 가지고 놀 때 아이의 뇌파가 어떻게 다른지 검사를 실시했다. 뇌파란 두뇌의 활동 리듬을 말하는데, 정상적으로 두뇌가 기능하기 위해 신경세포들이 하는 전기 활동이다. 쉽게 말해 우리 아이의 두뇌 상태를 말해주는 두뇌 목소리라 할 수 있다.

책을 읽을 때 수현이의 뇌파는 심리적으로 안정되고 침착한 상태에서 발생하는 뇌파가 나타났다. 반면, 스마트폰 게임을 시작하자 안정적인 뇌파는 줄어들고 극도의 긴장과 불안, 스트레스 상태를 나타내는 뇌파는 증가했다. 이때 수현이의 뇌는 지나치게 흥분하고 예민한 상태로 되어 있어 작은 자극에도 폭발할 수 있는 상태였다. 또한 스마트폰을 오랜 시간 하다 보면 강한 자극에만 반응하는 팝콘 브레인이 될 수도 있다. 특히 기쁨, 쾌락을 주는 말초 신경을 자극하는 게임을 자주 하면 그것보다 낮은 자극에는 시큰둥해지고 점점 더 많은 자극, 더 강한 자극, 더 빠른 자극을 원하게 된다.

이것만은 꼭 기억하자!

1. 아이가 스마트기기를 접하는 시기를 최대한 늦추어야 한다.

대뇌 발달이 급속도로 이루어지는 5세 이전의 아이에게는 절대로 스마트기기를 주지 않도록 한다. 일방적인 반복 자극이 대부분인 스마트기기는 인지 능력과 생각하는 능력을 방해할 수 있다.

2. 유아기는 신체 발달이 이루어지는 중요한 시기이다.

오랜 시간 앉아서 스마트기기에 몰두하면 척추 변형이 오거나 시력 손상 등 성장 발달이 저해된다는 것을 반드시 염두에 두도록 한다.

3. 아이가 스마트기기에 집착한다면 왜 그것에 관심을 갖는지 알아본다.

스마트기기 작동에 몰두하는 아이에게 무조건 하지 말라고 야단치기보다는 아이의 그러한 행동 이면에 불안이나 외로움은 없는지, 부모와 제대로 된 정서적 상호작용을 하고 있는지 돌아보도록 한다.

출처: SBS '우리 아이가 달라졌어요' 제작팀(2014).

3 운동 능력의 발달

생애 초기에는 주로 반사 행동을 하거나 특별한 목적이 없는 일련의 동작을 반복하기도 한다. 예를 들어, 한 발을 다른 발에 대고 계속 문지르거나, 앞뒤로 흔들기, 옆으로 흔들기, 물건 두드리기, 머리 흔들기 등을 비자발적으로 반복한다. 영아의 이러한 움직임은 뼈, 관절, 근육을 단련하는 중요한 역할을 한다.

영아는 성장하면서 머리, 팔, 다리를 신경 운동적으로 통제할 수 있는 능력이 생겨 점차 자발적이고 의도적인 행동을 한다. 잡기, 기기, 걷기 등은 이 시기에 나타나는 획기적인 의도적 행동이다.

뷔카코와 댈러(Bukatko & Daehler, 1998)에 의하면 영유아는 자발적인 운동 능력의 발달 과정을 통해 자신의 자세를 통제할 수 있는 능력과 물리적 위치를 옮겨 다니는 이동 능력이 생기고, 이로 인해 새로운 세계를 경험한다.

유아기로 접어들면서 신체적 성장과 더불어 운동 능력이 생기면서 여러 발달 영역에도 변화가 생긴다. 유아는 자신이 원하는 활동을 스스로 할 수 있게 됨으로써 주도성과 독립심이 생기고 긍정적인 자아 개념 형성에 도움이 된다. 또한 다양한 활동을 하는 가운데 인지적·사회적 경험의 폭이 넓어지기도 한다.

1 반사 운동

인간은 태내에서부터 이미 운동을 하기는 하지만 태아와 신생아의 운동은 자발적 행동이 아니라 외부 자극에 무의식적으로 반응하는 선천적인 반사 행동(reflex behaviors)에 불과하다. 반사 행동은 인간이 태어날 때부터 이미 가지고 있는 반응 양식으로, 특정한 자극이 오면 자동적으로 유발하는 반응이다. 이러한 반사 행동은 아직 새로운 행동양식을 학습하지 못한 영아가 환경에 반응할 수 있도록 해 주는 중요한 역할을 한다.

반사 운동 중 생존에 필요한 생존 반사, 예를 들어 눈 깜박임 반사, 하품, 기침, 구역질, 재채기와 같은 자기보호적인 반사는 평생 남아 개체의 생존에 도움을 준다. 하지만 생존과 무관한 원시 반사들은 뇌피질이 성숙해짐에 따라 생후 1년 이내에 대체로 사라진다.

신생아기의 대표적인 반사 운동 유형을 살펴보면 다음과 같다.

1) 찾기 반사(rooting reflex)

신생아의 뺨이나 입 가장자리를 만지거나 가볍게 건드리면 신생아는 머리와 혀를 자극이 오는 쪽으로 움직여 입을 벌린다. 심지어는 눈을 감은 상태에서도 자신의 뺨에 닿는 젖꼭지를 향해 머리와 입을 재빠르게 돌려 찾는다. 찾기 반사는 음식물 섭취를 위해 중요한 생존 반사 행동이며, 생후 약 3~4개월 때 사라진다.

2) 빨기 반사(sucking reflex)

대표적인 생존 반사 행동인 빨기 반사는 신생아의 생명 유지와 건강 증진에 중요한 역할을 한다. 신생아는 입안에 무엇인가 닿으면 자동적으로 빠는 행동을 보이는데, 빠는 행동은 입술만의 활동이 아니라 구개와 혀 등의 협응에 의한 활동이므로 이들 여러 기능의 발달에 도움을 준다. 생후 3개월쯤에는 자발적으로 빨 수 있는 능력이 생기면서 빨기 반사는 점차 사라진다.

3) 파악 반사(grasping reflex)

신생아는 자신의 손바닥에 자극이 오면 그것을 잡으려고 손가락을 오므려서 주먹을 꽉 쥐어 잡는데, 이를 파악 반사 혹은 쥐기 반사라고 한다. 이 힘은 매우 강하여 엄마의 엄지손가락을 잡고 매달려 있을 정도이지만 스스로 힘을 주어 쥘 수 있게 되는 생후 3개월이 지나면서 점차 약해진다.

4) 바빈스키 반사(Babinsky reflex)

프랑스의 의사 바빈스키가 발견한 반사이다. 성인은 발바닥에 자극이 오면 간지럼을 타면서 발가락을 안쪽으로 오므리고 자극을 피하려 하지만, 신생아는 발바닥을 쓰다듬으면 순간적으로 발가락을 발등 바깥쪽으로 쫙 폈다가 오므리는 반응을 보인다. 이 반응은 출생 후 4~6개월이 지나 중추신경이 발달하면서 줄어들고 9개월 무렵이면 자연적으로 소멸하지만, 뇌간에 이상이 있는 경우에는 계속 나타날 수 있다.

5) 긴장성 목 반사(tonic neck reflex)

신생아를 눕히고 머리를 한 쪽으로 돌려놓으면 주먹을 쥐고 돌린 쪽 팔과 다리는 쭉 뻗고 반대편 팔다리는 구부리는 자세를 취한다. 마치 검술가의 펜싱 자세를 닮아 있으며, 목 강직 반사라고도 한다. 곽금주 등(2005)의 연구에 의하면 우리나라 1개월 영아의 60.2%가 긴장성 목 반사를 보인다. 그러나 시간이 지남에 따라 점차 줄어들고 생후 6개월 무렵 대부분 사라진다.

6) 모로 반사(Moro reflex)

모로가 발견한 것으로 껴안기 반사(embracing reflex)라고도 한다. 신생아가 머리나 몸의 위치가 갑자기 변하거나, 큰 소리가 나는 등 뜻밖의 강한 자극에 놀랐을 때 보이는 반응이다. 깜짝 놀랐을 때 성인들은 온 몸을 움츠리는 데 반해 신생아는 전신을 폈다가 껴안듯이 다시 오므리는 반사 행동을 보인다. 신생아는 떨어질 것처럼 느껴질 때도 같은 반응을 보였다.

곽금주 등(2005)에 의하면 생후 1개월 때 우리나라 영아의 83.1%가 모로 반사를 보이고, 3개월에는 45.7%, 4개월에는 35.1%, 5개월에는 29.3% 정도로 점차 줄어들었다. 이러한 반응은 정상적인 영아라면 출생 후 3~8개월 무렵 사라지는 것이 대부분이므로, 이후에도 계속 나타난다면 중추신경계의 결함 여부를 점검해 본다.

7) 걷기 반사(stepping reflex)

신생아의 겨드랑이를 잡아 평평한 바닥 위에 세우면 마치 걷는 동작처럼 두 발을 교대로 움직인다. 걷기 반사는 생후 약 3~4개월 때 사라진다.

찾기 반사 / 빨기 반사 / 파악 반사

목 강직 반사 / 모로 반사 / 바빈스키 반사 / 걷기 반사

그림 5-7 반사 운동의 유형

출처: Papalia, D. E., Olds, S. W., & Feldman, R. D.(1999).

8) 수영 반사(swimming reflex)

신생아의 얼굴을 물속에 넣으면 일시적으로 호흡을 멈추고 마치 수영을 하려는 것처럼 팔과 다리는 움직이는 것을 볼 수 있다. 생후 약 4~6개월 때 수영 반사는 점차 사라진다.

2 소근육 운동의 발달

소근육 운동이란 주로 팔꿈치 아랫부분, 즉 손과 팔을 조절하는 움직임으로 시각 발달과 근육발달에 의해 가능해진다. 사물을 다루는 조작 행동은 영아가 자기 손을 움직일 수 있는 능력과 사물을 정확하게 보는 능력의 협응으로 보다 세련된다. 소근육 운동의 발달로 유아는 비로소 스스로 밥 먹기, 옷 입기, 그리기, 쓰기, 만들기 등을 하고 일상생활 활동을 혼자 힘으로 수행할 수 있다.

1) 잡기 능력 발달

사물에 손을 뻗치고, 잡고, 집어 올리는 것과 같은 소근육 기능은 보고 듣는 것 이외에 새로운 세상의 사물들을 탐색하고 배울 수 있는 또 하나의 방법이라는 점에서 중요하다.

영아가 손으로 물건을 잡는 행동은 사물의 크기와 모양에 따라 달라진다. 예를 들어, 영아가 작은 물체를 잡을 때는 엄지와 검지를 사용하거나 엄지나 검지와 가운뎃손가락을 사용하였다. 반면 물체가 클 경우에는 한 손의 모든 손가락 또는 다른 손의 손가락까지도 사용하였다. 가장 흥미로운 것은 발달적인 변화가 거의 없다는 사실이다. 즉, 어린 영아와 좀 더 자란 영아 모두 사물의 크기와 모양에 따라 쥐는 행동을 달리한다는 것이다. 이러한 결과는 영아가 상황에 맞게 근육 체계를 융통성 있게 조절할 수 있음을 말해준다.

생후 4개월경이 되면 영아는 물체를 향해 팔을 뻗어 자발적으로 물체를 쥘 수 있다. 5~6개월경이 되면 한 손으로 물체를 쥘 수 있으며, 6~7개월경에는 양손에 물체를 쥘 수 있고, 7~8개월경에는 물체 두 개를 부딪쳐 소리를 낼 수 있다. 그리고 10개월 전후부터는 두 손이 각각 다른 행동을 할 수 있다. 우리나라 영아들이 손을 사용하여 물건을 잡는 능력은 다음 표와 같다(곽금주 등, 2005).

표 5-3 영아 잡기 발달지표(%)

측정 \ 개월/성별	6			7			11			12		
	남	여	전체	남	여	전체	남	여	전체	남	여	전체
엄지 안쪽과 나머지 손가락 끝	61.1	51.4	56.2	68.9	78.4	73.2	82.9	75.0	79.0	61.1	63.9	62.5
엄지와 검지	-	-	-	-	-	-	9.8	12.5	11.1	30.6	22.2	26.4

출처: 곽금주 외(2005).

한편 영아가 사물을 어떤 방법으로 잡을 것인가를 결정하는 방법에서도 발달적 변화가 나타났다. 4개월 된 영아는 사물에 직접 손을 대어 봄으로써 어떤 방법으로 잡을 것인지를 결정하는 반면, 8개월 된 영아는 눈으로 보기만 하고서도 쥐는 방법을 결정하고 사물을 만지기 전에 이미 그 사물에 맞는 손 모양을 준비하였다. 그러나 4개월 영아와 8개월 영아가 사물을 쥐는 방법은 같다. 이는 곧 쥐기 능력이 영아기 초, 적어도 4개월 또는 그 이전부터 발달된 기능임을 알 수 있다.

그림 5-8 영아의 잡기 능력

2) 눈과 손의 협응력 발달

Corbin(1973)의 연구에 의하면 눈과 손의 협응력 발달은 다음과 같은 과정으로 발달한다.

1단계 (출생~16주)	정적인 시각 탐색	• 자신의 손을 오랜 시간 바라본다. • 팔다리를 흔들면서 놀다가 곧 자기 손을 다시 본다.

2단계 (16~28주)	능동적, 반복적 시각 탐색	• 눈으로 사물을 다루며 손으로 파악하기 위한 준비 단계이다. • 눈으로 어떤 사물을 잡았다가 떨어뜨리고, 다시 잡는 것과 같은 눈 움직임을 보인다. 이때 물체를 쳐다보고 있는 중에는 몸이 움직이지 않는다. 그러나 물체가 손 가까이에서 움직이면 잡으려고 팔을 뻗는다.
3단계 (28~40주)	파악과 조작의 시도	• 물체의 위치에 눈을 고정하고, 그 다음 손을 뻗어 잡으려고 하지만 놓치기 쉽다. 그러나 눈을 더욱 고정시키고 뻗는 반응을 조정해서 결국 잡게 되며, 잡은 후에는 계속해서 쳐다본다. 이것은 자신이 보는 것과 느끼는 것을 관련짓고, 자신이 느끼는 것을 보는 것과 상호 연관시키는 과정을 경험하는 것이다. 눈을 이용하여 자신의 행동을 안내하는 것을 학습하는 것이므로 눈과 손의 협응이라고 할 수 있다.
4단계 (40주~아동 중기)	정교화와 확장	• 계속적인 탐색과 조작을 통해 눈과 손의 협응 행동은 보다 정교해지고 확장되어 혼자 식사를 할 수 있으며, 종이에 그림을 그리고, 수저를 사용할 수 있다.

3) 자조 기술의 발달

소근육이 점차 발달함에 따라 2세 이후의 유아는 자신의 생활을 스스로 이끌어 갈 수 있는 자조 능력이 생긴다. 자조 기술의 발달 시기는 개인에 따라 다소 차이가 있지만 대체로 〈표 5-4〉와 같다.

표 5-4 연령별 자조 기술의 발달

연령	자조 기술 유형
2세	• 손가락을 사용하여 밥을 먹는다. • 컵으로 물을 마신다.
3세	• 눈과 손의 협응, 소근육 운동이 현저하게 발달한다. • 종이 위에 크레파스로 원, 세모, 네모 등의 단순한 형태를 그릴 수 있다. • 엄지와 검지를 사용하여 숟가락, 젓가락을 사용한다. • 스스로 옷을 입기 시작한다. • 단추를 끼우고 뺄 수 있다. • 화장실 사용을 혼자 할 수 있다.

연령	자조 기술 유형
4세	• 가위로 표시된 선을 따라 자를 수 있다. • 사람을 그린다. • 여러 가지 모양을 만든다. • 구슬을 실에 꿴다. • 연필이나 크레파스를 자유롭게 사용한다. • 세모, 네모 등의 여러 가지 모양과 숫자, 글자를 보고 베낄 수 있다.

3 대근육 운동 발달

대근육 운동은 주로 대근육을 사용하여 신체 자세를 유지하거나 이동과 움직임을 하는 데 필요한 운동이다. 영유아가 앉거나 서고, 걷거나 뛰는 동작 등은 대근육을 사용하는 운동 능력이다.

1) 영아기 이동 운동의 발달

대근육이 발달하면서 영아는 점차 자기 몸을 가누며 일어서고 걷게 된다. 즉, 대근육의 발달로 영아는 물리적 위치를 스스로 옮겨 다닐 수 있는 이동 운동 능력이 생기는 것이다.

이동 운동의 발달로 영아는 다음과 같은 변화를 겪는다.

첫째, 독립심이 향상한다. 영아는 기거나 걸어서 이동할 수 있게 되면서 점차 독립적으로 변화한다. 또, 다양한 운동 능력의 향상으로 스스로 환경을 조절할 수 있게 되면서 독립심은 보다 증대한다.

둘째, 사회적 상호작용 방법에 변화가 생긴다. 스스로 위치를 옮겨 다닐 수 있고 여러 가지 운동 기술이 발달함에 따라 또래나 양육자와의 사회적 접촉이 보다 활성화되고 상호작용 방법도 달라진다. 또한 유아와 상호작용하는 성인들도 유아의 발달 정도에 따라 상호작용하는 방법을 바꾸게 된다. 영아가 이동하기 시작하면 대부분의 부모들은 아이를 다시 제자리로 옮겨 놓거나, 움직이지 못하도록 제재를 가하고, 특정 사물에 접근하지 못하도록 하는 등 아이들의 활동에 관여한다. 이렇게 이동 운동이 발달하면서 양육자가 영아를 다루는 방식이 달라진다.

셋째, 인지 발달이 촉진한다. 영유아는 스스로 이동하면서 상호작용하는 사회적 세계가 넓어지고 물리적 경험이 풍부해진다. 또한, 자신의 지각적·인지적 세계를 이해하는 방법도 달라진다. 이러한 변화는 영유아의 인지 발달에 기여한다.

영아는 스스로 이동할 수 있게 되면서 공간 문제를 보다 잘 해결할 수 있다. 예를 들어, 기지 못하는 영아, 배로 기는 영아, 손과 무릎으로 능숙하게 기어갈 수 있는 유아에게 숨겨진 장난감을 찾아내는 능력을 알아보는 문제를 제시하였다. 두 개의 상자 중 하나에 장난감을 두고 영아를 180° 회선시켜 위치를 옮겨 놓았다. 이때 길 수 있는 영아는 그렇지 못한 영아나 배로 기는 영아보다 이 문제를 더 잘 풀 수 있다. 이는 곧 이행 운동이 영아의 공간 방향 변화에 대한 조절력을 향상시켜 줌을 의미한다. 또 이동 운동이 가능한 영아는 숨겨진 사물을 기억하는 과제에서도 의의 있게 더 잘 성취하였다. 천으로 덮어 놓은 사물을 보고 난 후에 그것을 찾아내도록 했을 때, 걷거나 기어갈 수 있는 영아가 더 잘하였다.

표 5-5 유·아동기의 대근육 운동 발달

연령	대근육 운동기술
2~3세	• 더 리드미컬하게 걷는다. 허둥대는 걸음이 달리는 것으로 변한다. • 깡충 뛰며, 한 발로 뛰고, 상체를 고정시킨 상태로 던지고 받는다. • 발로 타는 장난감을 민다.
3~4세	• 발을 교대로 사용하여 계단 위로 올라가고 한 발씩 계단을 내려간다. • 상체를 구부려서 깡충 뛰고 한 발로 뛴다. • 상체를 약간 사용하여 공을 던지고 잡는다. 여전히 공을 가슴으로 막아서 잡는다. • 세발자전거의 페달을 밟고 조정한다.
4~5세	• 발을 교대로 사용하여 계단 위로 올라가고 한 발씩 계단을 내려간다. • 더 유연하게 달린다. • 한 발로 달리거나 깡충 뛴다. • 신체 회전이 향상되고 발에 체중을 옮겨서 공을 던진다. • 한 손으로 공을 잡는다. • 세발자전거를 빨리 탄다. 유연하게 조정한다.

연령	대근육 운동기술
5~6세	• 달리는 속도가 초당 3.5m로 증가한다. • 더 유연하게 달린다. 정확한 깡충 뛰기(skipping)를 하고 옆으로 걷기를 한다. • 온몸을 사용하여 던지고 잡는다. 던지는 속도가 증가한다. • 보조바퀴가 달린 자전거를 탄다.
7~12세	• 달리는 속도가 초당 5m 이상으로 증가한다. • 연속적이고 부드러운 깡충 뛰기와 옆으로 걷기를 보여준다. • 10~30cm의 높이와 1~5cm 이상의 너비로 점프한다. 정확하게 점프한다. • 던지고 차는 거리와 속도, 정확도가 증가한다. • 온몸을 사용하여 공을 배트로 친다. 치는 속도와 정확도가 증가한다. • 드리블은 손바닥으로 공을 어색하게 치는 것에서 연속적이고 편안하며 심지어 공을 겨냥해 치기(stroke)까지 할 수 있을 만큼 변한다.

출처: 김상림 외(2014).

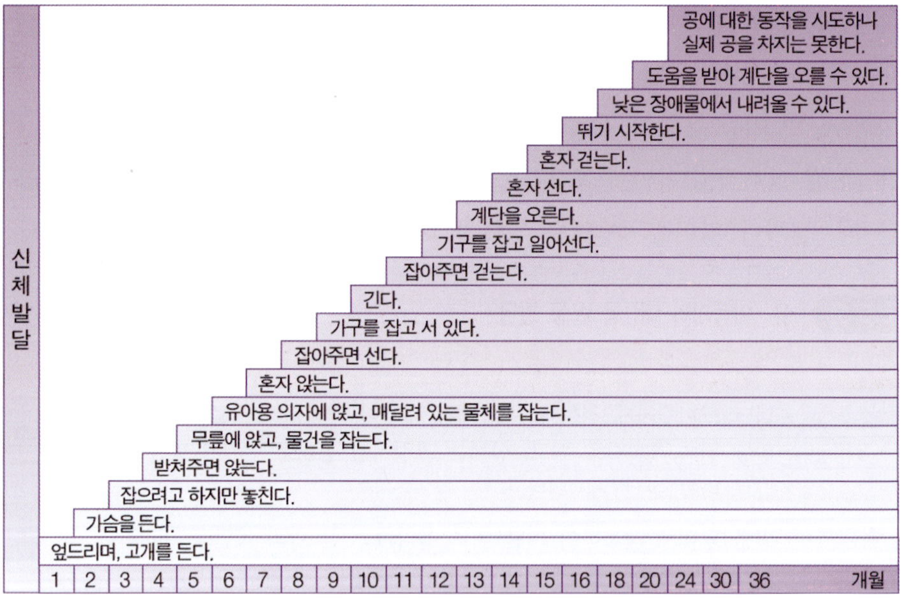

출처: 보건복지부 · 중앙육아종합지원(2013).

2) 대근육 운동 발달의 과정

뷔카코와 댈러(Bukatko · Daehler, 1998)는 여러 연구 결과를 종합하여 다음과 같이 영유아의 대근육 운동 발달 과정을 제시하였다.

20개월
- 공을 앞으로 찬다.
- 공을 위에서 아래쪽으로 던진다.

2~3세
- 두 발을 이용해서 바닥에서 몇 인치 정도 뛰어올 수 있다.
- 빠르게 걷기가 아닌 진정한 의미에서의 달리기를 시작한다.
- 한 발로 1초 동안 균형을 잡고 서 있을 수 있다.
- 공을 던지기는 하지만 발을 움직이지 않는다.
- 공을 잡으려고 팔을 뻗는다.
- 낙서하는 정도의 그리기가 나타난다.
- 숟가락으로 먹는다.

3~4세
- 양 발을 교대로 계단을 걸어 올라간다.
- 한 발로 오랫동안 서 있을 수 있다.
- 공을 잡기 위해 팔꿈치를 구부리고 가슴으로 끌어안는다.
- 홉핑을 한다.
- 가위로 종이를 자른다.
- 그림을 그릴 때 가장자리를 선으로 나타낼 수 있다.
- 혼자 양치질을 할 수 있다.
- 티셔츠를 입는다.
- 옷을 입고 벗을 때 단추를 끼우고 뺄 수 있다.

4~5세
- 두 발을 교대로 한 단씩 계단을 내려간다.
- 공을 던질 때 무게 중심을 뒤쪽에서 앞으로 바꿀 수 있다.
- 손으로 공을 잡으려고 한다.
- 포크를 사용하여 먹는다.
- 도움 없이 옷을 입는다.

5~6세
- 평균대 위를 걷는다.
- 수직으로 30cm 정도 점프할 수 있다.
- 약 90cm 정도 멀리뛰기를 한다.
- 공을 던지고 잡을 때 성인과 같은 기술을 사용한다.

6~7세
- 신발 끈을 묶는다.
- 숫자와 어휘를 쓸 수 있다.

-신생아 -1세 -2세 -3세 -4세 -5세 -6세 -7세 -8세 -9세 -10세 -11세 -12세 -13세 -14세 -15세 -16세 -17세 18세

신생아 1개월- 2개월- 3개월- 4개월- 5개월- 6개월- 7개월- 8개월- 9개월- 10개월- 11개월- 12개월- 13개월- 14개월- 15개월- 16개월- 17개월- 18개월-

2개월
- 똑바로 세웠을 때 머리를 가눈다.
- 머리를 든다.

3개월
- 안고 있을 동안 머리를 안정적으로 가눈다.
- 뒹군다.

4개월
- 입방체(정육면체)를 잡는다.

6개월
- 받쳐주지 않아도 앉아 있을 수 있다.
- 붙잡고 서 있을 수 있다.

7개월
- 엎드린 상태에서 배가 위로 오도록 뒤집는다.
- 기어가려고 시도한다.
- 입방체(정육면체)를 잡을 때 엄지와 다른 손가락을 서로 마주보게 한다.

9개월
- 도와주지 않아도 앉는 자세를 취할 수 있다.
- 서기 위해 끌어당긴다.

8개월
- 가구를 붙잡고 걷는다.
- 진정한 잡기 행동이 나타난다.
- 두 물체를 양손에 쥐고 부딪친다.

10개월
- 도움을 받아 걷는다.
- 반죽을 두드려서 케이크 모양을 만들 수 있다.

11개월
- 혼자 서 있을 수 있다.

14개월
- 입방체(정육면체)를 두 개 올려쌓아 탑을 만들 수 있다.
- 휘갈겨 쓰는 식의 낙서를 한다.

15개월
- 옆으로, 뒤로 걷는다.
- 숟가락과 포크를 사용하려고 한다.

17개월
- 계단을 걸어 올라간다.

출처 : Bukatko, D., · Daehler, M. W.(1998).

4 영유아기 신체 발달과 생태학적 맥락

1 양육 환경

성장하는 동안 영유아에게 제공하는 영양 등 양육 환경은 신체 발달의 필수적인 영향 요인이다. 잘 먹고 잘 양육된 영유아는 그렇지 않은 영유아보다 키가 더 크고, 몸무게도 더 무겁다. 뿐만 아니라 자신의 최대 키에 도달하는 시기가 빨라진다.

그러나 부적절한 양육 환경은 영유아의 신체 발달에 장애가 된다. 특정한 양육 환경으로 인해 성장이 늦어질 수도 있기 때문이다. 또래들과 비교해 볼 때 키와 몸무게가 하위 3분의 1 이하에 속하는 성장 지체아 중에는 양육자가 자녀에게 애정적이지 못하거나 많이 때리는 등 학대를 경험한 경우가 있다.

2 건강관리

영유아가 적절한 신체 발달을 하기 위해서는 올바른 관리가 중요하다. 국가에서는 만 6세 미만 영유아가 주의해야 할 질환을 중심으로 7차에 걸쳐 건강검진을 실시하도록 하고 있다(<표 5-6>).

표 5-6 영유아기 검진항목

검진항목 \ 검진주기		1차	2차	3차	4차	5차	6차	7차
		4~6 개월	9~12 개월	18~24 개월	30~36 개월	42~48 개월	54~60 개월	66~71 개월
문진 및 진찰		○	○	○	○	○	○	○
신체계측		○	○	○	○	○	○	○
발달평가 및 상담			○	○	○	○	○	○
건강교육	안전사고예방	○	○	○	○	○	○	○
	영양	○	○	○	○	○	○	○
	영아돌연사 증후군예방	○						
	구강		○					
	대소변 가리기			○				
	전자미디어 노출				○			
	정서 및 사회성					○		
	개인위생						○	
	취학 전 준비							○
구강검진				○		○	○	

출처: 질병관리본부(2015).

영유아는 스스로 자신의 발달을 점검하고 관리할 능력이 없으므로, 양육자와 유아교육기관에서는 영유아의 건강관리에 힘써야 한다. 영유아기의 생태학적 맥락에서 보면, 미시 체계의 주요 인물인 부모와 대리 양육자의 영유아 관리는 매우 중요하다. 특히 우리나라 영유아의 80~90% 이상이 유치원과 어린이집에 다닌다는 통계가 말해주듯이, 이들 교육기관에서의 영유아 건강 교육과 관리는 절대 소홀히 할 수 없다. 또한 전염성 질환을 예방하기 위해서는 각종 예방접종을 빠트리지 않고 실시할 수 있도록 안내할 필요가 있다.

표 5-7 어린이 표준 예방접종 일정표(2020)

	대상 감염병	백신종류 및 방법	횟수	출생~1개월이내	1개월	2개월	4개월	6개월	12개월	15개월	18개월	19~23개월	24~35개월	만4세	만6세	만11세	만12세
국가예방접종	결핵	BCG(피내용)[1]	1	BCG 1회													
	B형간염	HepB[2]	3	HepB 1차	HepB 2차			HepB 3차									
	디프테리아 파상풍 백일해	DTaP[3]	5			DTaP 1차	DTaP 2차	DTaP 3차		DTaP 4차				DTaP 5차			
		Tdap/Td[4]	1													Tdap/Td 6차	
	폴리오	IPV[5]	4			IPV 1차	IPV 2차	IPV 3차						IPV 4차			
	b형헤모필루스인플루엔자	Hib[6]	4			Hib 1차	Hib 2차	Hib 3차	Hib 4차								
	폐렴구균	PCV[7]	4			PCV 1차	PCV 2차	PCV 3차	PCV 4차								
		PPSV[8]	–										고위험군에 한하여 접종				
	홍역 유행성이하선염 풍진	MMR[9]	2						MMR 1차					MMR 2차			
	수두	VAR	1						VAR 1회								
	A형간염	HepA[10]	2						HepA 1~2차								
	일본뇌염	IJEV(불활성화 백신)[11]	5						IJEV 1~2차				IJEV 3차		IJEV 4차		IJEV 5차
		LJEV(약독화 생백신)[12]	2						LJEV 1차				LJEV 2차				
	사람유두종바이러스 감염증	HPV[13]	2													HPV 1~2차	
	인플루엔자	IIV[14]	–					IIV 매년 접종									
기타 예방접종	로타바이러스 감염증	RV1	2			RV 1차	RV 2차										
		RV5	3			RV 1차	RV 2차	RV 3차									

- **국가예방접종 :** 국가에서 권장하는 필수예방접종(국가는 「감염병의 예방 및 관리에 관한 법률」을 통해 예방접종 대상 감염병과 예방접종 실시기준 및 방법을 정하고, 이를 근거로 재원을 마련하여 지원하고 있음)
- **기타예방접종 :** 예방접종 대상 감염병 및 지정감염병 이외 감염병으로 민간 의료기관에서 접종 가능한 유료 예방접종

① **BCG(결핵) :** 생후 4주 이내 접종

② **HepB(B형간염) :** 임신중 B형간염 표면항원(HBsAg) 양성인 산모로부터 출생한 신생아는 출생 후 12시간 이내 B형간염 면역글로불린(HBIG) 및 B형간염 백신을 동시에 접종하고, 이후의 B형간염 접종일정은 출생 후 1개월 및 6개월에 2차, 3차 접종 실시

③ **DTaP(디프테리아·파상풍·백일해) :** DTaP-IPV(디프테리아 · 파상풍 · 백일해 · 폴리오) 또는 DTaP-IPV/Hib(디프테리아 · 파상풍 · 백일해 · 폴리오 · b형헤모필루스인플루엔자) 혼합백신으로 접종 가능

④ **Tdap/Td(파상풍·디프테리아·백일해/파상풍·디프테리아) :** 만 11~12세 접종은 Tdap 또는 Td 백신 사용 가능하나, Tdap 백신을 우선 고려

※ 이후 10년 마다 Td 재접종(만 11세 이후 접종 중 한 번은 Tdap으로 접종)

⑤ **IPV(폴리오) :** 3차 접종은 생후 6개월에 접종하나 18개월까지 접종 가능하며, DTaP-IPV(디프테리아 · 파상풍 · 백일해 · 폴리오) 또는 DTaP-IPV/Hib(디프테리아 · 파상풍 · 백일해 · 폴리오 · b형헤모필루스인플루엔자) 혼합백신으로 접종 가능

※ DTaP-IPV(디프테리아 · 파상풍 · 백일해 · 폴리오): 생후 2,4,6개월, 만 4~6세에 DTaP, IPV 백신 대신 DTaP-IPV 혼합백신으로 접종할 수 있음. DTaP-IPV/Hib(디프테리아 · 파상풍 · 백일해 · 폴리오 · b형헤모필루스인플루엔자): 생후 2,4,6개월에 DTaP, IPV, Hib 백신 대신 DTaP-IPV/Hib 혼합백신으로 접종할 수 있음

※ 혼합백신 사용시 기초접종 3회를 동일 제조사의 백신으로 접종하는 것이 원칙이며, 생후 15~18개월에 접종하는 DTaP 백신은 제조사에 관계없이 선택하여 접종 가능

⑥ **Hib(b형헤모필루스인플루엔자) :** 생후 2개월 ~ 만 5세 미만 모든 소아를 대상으로 접종, 만 5세 이상은 b형헤모필루스 인플루엔자 감염 위험성이 높은 경우(겸상적혈구증, 비장 절제술 후, 항암치료에 따른 면역저하, 백혈병, HIV감염, 체액 면역 결핍 등) 접종하며, DTaP-IPV/Hib(디프테리아 · 파상풍 · 백일해 · 폴리오 · b형헤모필루스인플루엔자) 혼합백신으로 접종 가능

⑦ **PCV(폐렴구균 단백결합) :** 10가와 13가 단백결합 백신 간에 교차접종은 권장하지 않음

⑧ **PPSV(폐렴구균 다당질) :** 만 2세 이상의 폐렴구균 감염의 고위험군을 대상으로 하며 건강상태를 고려하여 담당의사와 충분한 상담 후 접종

※ 폐렴구균 감염의 고위험군
- 면역 기능이 저하된 소아: HIV 감염증, 만성신부전과 신증후군, 면역억제제나 방사선 치료를 하는 질환(악성종양, 백혈병, 림프종, 호치킨병) 혹은 고형 장기 이식, 선천성 면역결핍질환
- 기능적 또는 해부학적 무비증 소아: 겸상구 빈혈 혹은 헤모글로빈증, 무비증 혹은 비장 기능장애
- 면역기능은 정상이나 다음과 같은 질환을 가진 소아 : 만성심장질환, 만성폐질환, 당뇨병, 뇌척수액 누출, 인공와우 이식 상태

⑨ **MMR(홍역·유행성이하선염·풍진) :** 홍역 유행 시 생후 6~11개월에 MMR 백신이 가능하나 이 경우 생후 12개월 이후에 MMR 백신으로 일정에 맞추어 접종

⑩ **HepA(A형간염) :** 1차 접종은 생후 12~23개월에 시작하고 2차 접종은 1차 접종 후 6~12(18)개월(제조사에 따라 접종 간격이 다름) 간격으로 접종

⑪ **IJEV(일본뇌염 불활성화 백신) :** 1차 접종 후 7~30일 간격으로 2차 접종을 실시하고, 2차 접종 후 12개월 후 3차 접종

⑫ **LJEV(일본뇌염 약독화 생백신) :** 1차 접종 후 12개월 후 2차 접종

⑬ **HPV(사람유두종바이러스) 감염증 :** 만 12세에 6개월 간격으로 2회 접종하고, 2가와 4가 백신 간 교차접종은 권장하지 않음

⑭ **IIV(인플루엔자 불활성화 백신) :** 접종 첫 해는 4주 간격으로 2회 접종이 필요하며, 접종 첫 해 1회 접종을 받았다면 다음 해 2회 접종을 완료, 이전에 인플루엔자 접종을 받은적이 있는 생후 6개월~만 9세 미만 소아들도 유행주에 따라서 2회 접종이 필요할 수 있으므로, 매 절기 인플루엔자 국가예방접종 지원사업 관리지침*을 참고

* 예방접종도우미 누리집(https://nip.cdc.go.kr) 〉 예방접종 지식창고 〉 예방접종 지침

- **백신 두문자어**

백신종류	두문자어	백신
결핵	BCG(피내용)	Intradermal Bacille Calmette-Gúerin vaccine
B형간염	HepB	Hepatitis B vaccine
디프테리아 · 파상풍 · 백일해	DTaP	Diphtheria and tetanus toxoids and acellular pertussis vaccine adsorbed
	Td	Tetanus and diphtheria toxoids adsorbed
	Tdap	Tetanus toxoid, reduced diphtheria toxoid and acellular pertussis vaccine, adsorbed
디프테리아 · 파상풍 · 백일해 · 폴리오	DTaP-IPV	DTaP, IPV conjugate vaccine
폴리오	IPV	Inactivated poliovirus vaccine
b형헤모필루스인플루엔자	Hib	*Haemophilus influenza type b Vaccine*
디프테리아 · 파상풍 · 백일해 · 폴리오 · b형헤모필루스인플루엔자	DTaP-IPV/Hib	DTaP, IPV, *Haemophilus influenzae type b conjugate vaccine*
폐렴구균	PCV	Pneumococcal conjugate vaccine
	PPSV	Pneumococcal polysaccharide vaccine
홍역 · 유행성이하선염 · 풍진	MMR	Measles, mumps, and rubella vaccine
수두	VAR	Varicella vaccine
A형간염	HepA	Hepatitis A vaccine
일본뇌염	IJEV	Inactivated Japanese encephalitis vaccine
	LJEV	Live-attenuated Japanese encephalitis vaccine
사람유두종바이러스 감염증	HPV	Human papillomavirus vaccine
인플루엔자	IIV	Inactivated influenza vaccine

출처: 질병관리본부(2020).

연구문제

01 개인 앨범을 꺼내어 자신의 어린 시절 신체적 성장과 변화를 살펴 보자. 그리고 주 양육자와의 대화를 통해 영유아기 시절 자신의 발달 특징을 알아 보자.

02 주변에서 여러 연령의 영유아를 선정하여 키, 몸무게, 머리둘레, 가슴둘레 등을 측정하고 우리나라 영유아 평균치와 비교해 보자.

03 오른손잡이와 왼손잡이의 발달적 차이점은 무엇인가? 왼손잡이(오른손잡이)로 굳어진 시기와 오른손(왼손)을 사용할 때의 어려움이나 생활하면서 불편한 점 등을 알아 보자.

04 동물들은 어떤 뇌 구조를 가지고 있을까? 그들의 뇌 구조와 기능에 대해서 조사해 보고 사람의 뇌와 비교해 보자.

Chapter 06

영유아기 인지 발달

영유아기 동안에는 주변 세상을 이해하고 지식을 획득하고, 적응하는 능력, 즉 인지가 발달한다. 인지는 인간의 정신적 사고 과정이다. 영아기에는 감각과 운동을 통해서 주변 환경과 상호작용하고 세상을 알아간다. 이후 유아기, 아동기를 거치면서 인지는 더 급속히 발달된다.

이 장에서는 인지 발달 이론 중 대표적인 이론인 Piaget 이론을 중심으로 영유아기의 사고 발달을 살펴본 후, 지각 · 주의 · 기억 발달, 지능 발달, 창의성 발달에 대해 차례로 살펴보고자 한다.

1 사고 발달

인지 발달 이론 중 대표적인 것은 피아제(Piaget)의 인지 발달 이론이다. 피아제는 인지 발달이 환경과의 상호작용에 의해 이루어지는 적응 과정으로 보고 감각 운동기, 전조작기, 구체적 조작기, 형식적 조작기의 4가지 주요 인지 발달 단계를 제시하였다.

여기에서는 피아제 이론을 기초로, 영유아기에 해당하는 감각 운동기와 전조작기의 사고 발달에 대해 구체적으로 살펴본다.

1 감각 운동기

피아제는 출생부터 2세까지의 영아기에 해당하는 시기를 감각 운동기(sensorimotor stage)로 명명하였다. 생후 초기 영아는 감각기관과 운동기능을 통해 환경을 탐색하고 알아간다. 영아는 잡기, 빨기, 미소 짓기 등의 주로 생득적인 반사행동을 나타낸다. 피아제는 이러한 생득적인 반사행동과 사고 발달과의 관련을 통해 영아기의 인지 발달 과정을 설명하였다.

피아제의 감각 운동기를 각 하위 단계별로 나타나는 인지 발달적 특징에 따라 정리하면 〈표 6-1〉과 같다.

1) 감각 운동기의 하위 6단계

표 6-1 감각 운동기의 하위 6단계

하위 단계		연령	주요 특성
1단계	반사기	출생~1개월	• 잡기, 빨기 등 반사적 행동 • 모든 행동에는 의도성이 전혀 없음

2단계	1차 순환 반응기	1~4개월	• 관심이 신체에 국한 • 우연히 일어났던 활동 반복 • 순환 반응(행동이 순환적이거나 반복적으로 나타나는 것)
3단계	2차 순환 반응기	4~8개월	• 흥미있는 결과를 나타내는 행동의 반복 • 신체에 국한하지 않고 외부 세계로 확장하므로 2차란 표현을 사용
4단계	2차 순환 반응의 협응기	8~12개월	• 의도적, 목표 지향적 행동 • 잡기, 쥐기 등의 2도식을 연결하므로 2차 도식 협응기라고 함
5단계	3차 순환 반응기	12~18개월	• 다양한 탐색 행동의 시도 • 시행착오 행동이 많이 나타남
6단계	정신적 표상의 시작	18~24개월	• 내면적인 사고의 시작 • 지연 모방이 나타남

2) 대상영속성의 발달

감각 운동기에 획득되는 중요한 인지적 능력인 대상영속성(object permanence)의 개념은 사물이 눈앞에 보이지 않아도 그 사물이 계속 존재하고 있음을 인식하는 능력이다. 대상영속성은 감각 운동기의 마지막 단계인 2세 정도의 정신적 표상기가 되어야 완전히 획득된다. 대상영속성 개념의 발달 단계는 〈표 6-2〉와 같다.

표 6-2 대상영속성의 발달

단계		주요 특성
1단계	출생~1개월	• 영아들은 자신이 접하던 대상이 사라지면 다른 행동을 한다.
2단계	1~4개월	• 대상이 사라진 장소를 쳐다본다.
3단계	4~8개월	• 사물의 일부분이 눈에 보이는 경우에는 찾으려고 행동하지만, 완전히 숨겨지면 찾지 못한다(부분적인 대상영속성 개념이 획득되는 시기).
4단계	8~12개월	• 진정한 의미의 대상영속성 개념이 발달하기 시작한다. 보는 앞에서 어떤 사물이 감춰지는 것을 보면, 숨겨진 곳에 가서 그 사물을 찾으려 한다. 그러나 숨겨지는 장소가 옮겨지는 것을 보아도 다시 이전 장소에서 찾으려 한다.

5단계	12~18개월	• 사물이 사라져도 계속 존재함을 인식할 뿐만 아니라, 숨겨진 마지막 장소에서 사물을 찾을 수 있다. 그러나 여전히 보이지 않는 움직임을 상상하지는 못하므로, 숨기는 장소를 보지 않은 경우에는 찾을 수 없다.
6단계	18~24개월	• 대상영속성 개념이 완전히 발달한다. 눈에 보이는 사물과 보이지 않는 사물을 모두 이해할 수 있다. 따라서 사물을 숨기는 것을 보지 않아도 사물을 찾을 수 있다.

이상에서 살펴본 것처럼 영아기는 감각 운동 발달의 기초가 되는 시기이다. 따라서 여러 가지 감각적 경험을 할 수 있도록 자극을 제공하는 것이 필요하므로, 일상생활 속에서 영아의 오감이 발달할 수 있도록 환경을 만들어 주는 것이 중요하다(보건복지부, 2013).

참고로 영아기의 인지 발달 단계 총괄표를 제시하면 [그림 6-1]과 같다.

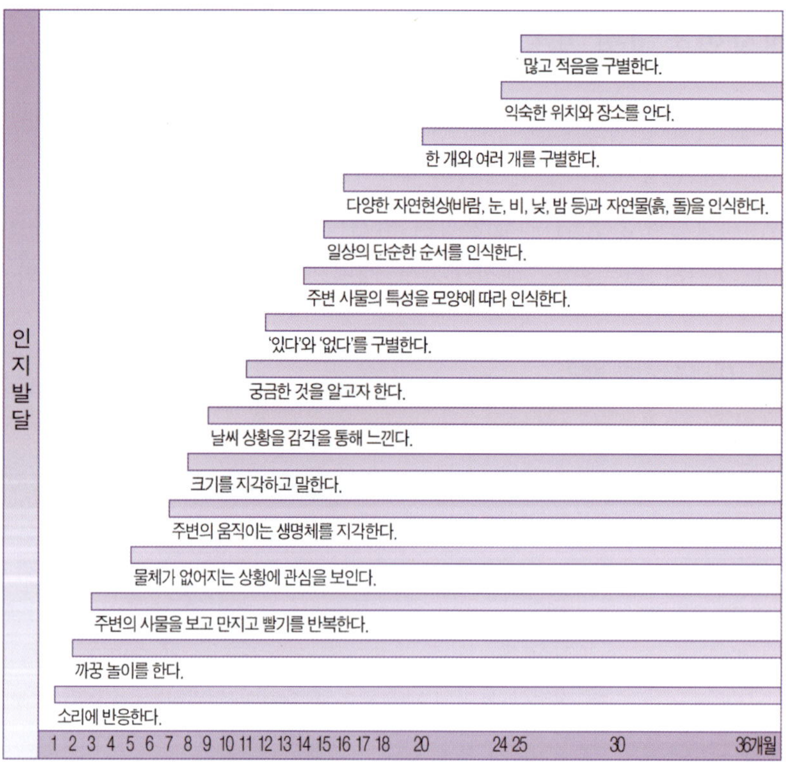

그림 6-1 인지 발달 단계 총괄표

출처: 보건복지부 · 중앙육아종합지원센터(2013).

2 전조작기

2세에서 7세까지의 유아기는 전조작기에 해당된다. 전조작기 유아는 상징적 사고는 가능하지만, 조작적 사고는 충분히 발달하지 않은 시기이다.

전조작기는 전개념 사고기(2~4세)와 직관적 사고기(4~7세)로 구분한다. 이 시기 유아는 상징적 사고, 자기중심적 사고, 물활론적 사고, 전환적 추론, 실재론, 보존 개념의 결여, 유목화의 부족 등의 인지적 발달 특성을 보인다. 그리고 불완전하지만 여러 가지의 개념 발달(분류, 서열화, 공간 개념)도 나타난다.

1) 상징적 사고

감각기관이나 구체물의 단서 없이 어떤 의미를 부여한 단어나 숫자 등의 정신적 표상을 사용하는 능력을 의미한다. 연령이 증가할수록 정신적 표상 능력이 발달하는데, 이 시기의 유아는 관찰한 행동을 기억하여 시간이 지난 후에도 사물을 표상해내는 지연 모방이 나타난다. 그리고 인형과 같은 사물을 사람처럼 상징화하여 놀이하는 모습도 나타난다. 예를 들어, 베개를 안고 아기를 재우는 비언어적인 상징 행동이나 상징 놀이를 한다.

2) 자기중심적 사고

유아는 모든 사람도 자신과 똑같이 생각한다고 믿는다. 유아는 모든 것을 자신의 관점에서 생각하기 때문에 다른 사람의 관점을 고려하지 못한다. 이러한 유아의 자기중심적 사고는 자신의 위치에서 보는 것과 타인의 위치에서 보는 것이 동일하다고 생각하는 자기중심적 시각조망으로 나타난다. 그리고 상대의 이해와는 상관없이 자신의 생각만을 일방적으로 말하는 자기중심적 언어로도 나타난다. 연령이 증가할수록 타인의 위치, 관점, 감정을 이해하는 조망수용 능력이 발달하지만 구체적 조작기에 이르러 가능해진다.

3) 물활론적 사고

유아는 생명이 없는 모든 대상에 생명과 감정을 부여하는 물활론적 사고를 한다. 물활론은 대개 4~6세 무렵에 현저하게 나타난다. 물활론적 사고는 다음의 발달 단계를 거치면서 변화한다.

- 1단계(4~6세): 모든 사물은 살아있다고 생각한다.
- 2단계(6~8세): 움직이는 것은 살아있다고 생각한다.
- 3단계(8~12세): 스스로 움직이는 것만 생명이 있다고 생각한다.
- 4단계(11~12세): 생물학적 생명관에 기초하여 생물과 무생물을 구분한다.

참고로, 인공론은 유아의 자기중심적 사고로 인한 것으로, 모든 사물이 사람의 필요에 의해 만들어졌다고 생각한다. 예를 들어, 별은 인간을 위해 만들어졌다고 생각하는 것이다.

4) 전환적 추론

전환적 추론은 인과관계의 개념에 대한 설명으로 볼 수 있다. 두 가지 개념 또는 두 가지 사물 간의 관계를 다른 개념 및 사물과의 관계로부터 추론하는 것이다(최경숙·박영아, 2005). 즉, 서로 관련 없는 두 가지 개념이나 사건을 인과관계가 있는 것으로 연결하여 생각한다. 예를 들어, 낮잠을 안 잤으니 낮이 아니라고 말하는 것은 낮잠과 낮을 원인과 결과로 관련지어 생각하는 전환적 추론의 예로 볼 수 있다.

5) 실재론

실재론(realism)은 미분화된 정신적인 현상에 물리적인 속성을 부여하는 유아기 사고의 특징이다. 유아의 실재론적 사고가 가장 잘 나타나는 것이 유아의 '꿈'이다. 유아는 자신이 꾼 꿈의 내용이 실제라고 생각한다. 꿈과 현실이 명확하게 구분되지 않아서 자신의 꿈속에 등장한 사람들은 꿈의 내용을 알고 있다고 생각한다. 예를 들어, 지난밤에 아빠하고 놀이동산에 갔다면 유아는 깨어나서도 실제로 그런 일을 겪었다고 생각하고 아빠도 그 내용을 안다고 생각한다.

6) 보존개념의 결여

보존개념(conservation)은 어떤 사물의 외형이 변하더라도 그 사물의 길이, 양, 무게, 면적, 부피 등의 속성은 변하지 않는다는 것을 이해하는 능력이다.

그림 6-2 액체량의 보존 개념 실험

피아제는 똑같은 높이의 물이 채워진 두 개의 컵을 보여준 후 유아에게 두 컵의 물의 양이 같은지를 물었다. 그러고 나서 한 컵의 물을 밑면적이 더 좁은 컵으로 옮겨 붓고 다시 질문한다. 보존개념이 발달하지 않은 유아는 높이가 높은 컵의 물의 양이 많다고 대답한다. 유아는 높이와 넓이라는 두 차원을 동시에 고려하지 못하고 높이의 한 차원에만 집중한다. 이런 보존개념의 결여는 수, 길이, 부피, 질량 등에서도 나타난다.

유아는 두 컵의 물이 원래 같은 양이었다는 사실(동일성)과 컵이 면적과 높이가 서로 상쇄된다는 관계(보상성)를 고려하지 못한다. 그리고 물을 다시 원래의 컵으로 부으면 이전 상태로 되돌아간다는 사실(가역성)을 생각하지 못한다. 다만 눈에 보이는 주된 특성, 즉 높이에 의해서만 판단한다. 유아는 직관적 사고에 의존하기 때문이다.

이와 같이 전조작기 유아는 아직 사물이나 사건의 여러 측면을 고려하지 못하고 한 가지 측면만 고려한다. 이런 한계를 피아제는 중심화(centration)라고 하는데, 직관적 사고는 한 가지의 두드러진 지각적 속성으로 대상을 이해하는 것이다. 유아의 직관적 사고는 보존개념에서 잘 나타난다.

보존과제	최초제시	변형
수	각 줄의 동전의 수는 같은가? 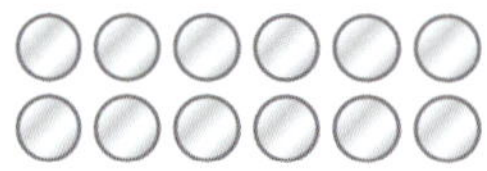	각 줄의 동전의 수가 같은가 아니면 한 줄이 더 많은가? 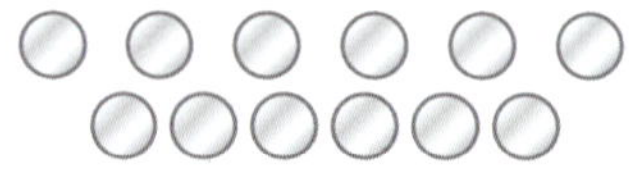
길이	두 막대의 길이는 같은가? 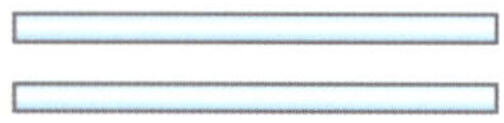	두 막대의 길이는 같은가 아니면 한쪽이 더 긴가? 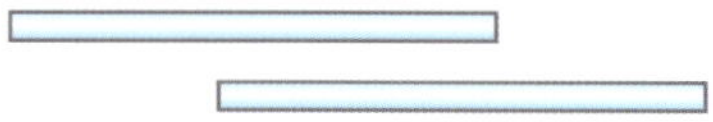
액체량	두 컵의 물의 양은 같은가? 	두 컵의 물의 양은 같은가 아니면 한쪽이 더 많은가? 
질량	두 공의 진흙의 양은 같은가? 	두 공의 진흙의 양은 같은가 아니면 한쪽이 더 많은가? 
면적	두 마리의 소가 먹은 풀의 양은 같은가? 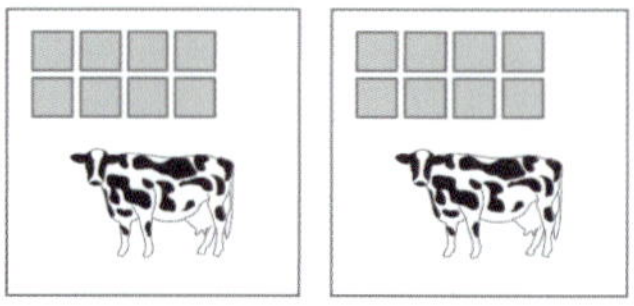	두 마리의 소가 먹은 풀의 양은 같은가 아니면 한쪽 소가 더 많이 먹었는가? 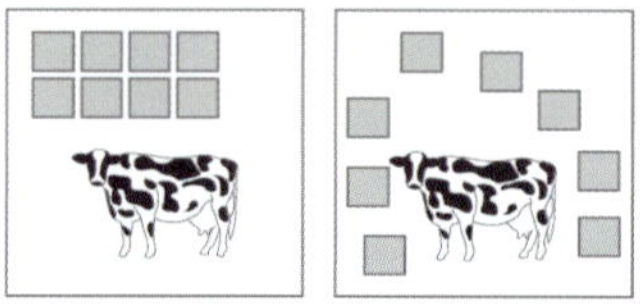
무게	두 점토덩어리의 무게는 같은가? 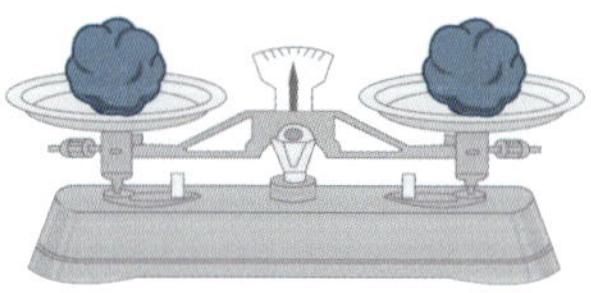	두 점토덩어리의 무게는 같은가 아니면 한쪽이 더 무거운가? 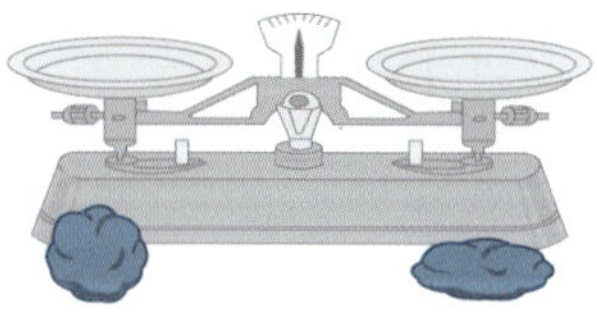
부피	두 유토덩어리를 물에 넣으면 두 컵의 물의 높이는 같겠는가? 	두 컵의 물의 높이는 같아지겠는가 아니면 한쪽의 물이 더 높아지겠는가? 

그림 6-3 보존개념 실험의 예

출처: Berk, L. E.(1994).

7) 유목화(inclusion)의 부족

유아는 유목포함의 원리, 즉 상위 유목과 하위 유목 간인 전체와 부분의 관계를 이해하는 능력이 불완전하다. 따라서 전조작기 유아는 전체와 부분의 어느 한 가지에만 초점을 맞추는 경향으로 둘 간의 관계를 파악하지 못한다.

피아제는 유아에게 흰색 나무구슬 2개와 빨간색 나무구슬 18개를 주고 구슬이 모두 나무로 만들어진 것임을 확인시킨 후, "나무 구슬이 많니? 빨간 구슬이 더 많니?"라는 질문을 했을 때, 대부분의 유아는 빨간색 구슬이 더 많다고 대답한다. 전조작기 유아는 빨간 구슬이 흰색 구슬보다 많다는 지각적 속성에만 집중해서 빨간 구슬도 나무구슬임을 생각하지 못한다(김영옥 외, 2009). 역시 직관적 사고의 특징을 엿볼 수 있다.

8) 개념 발달

완전하지는 않지만, 유아기에는 여러 가지 개념 발달이 시작된다.

(1) 분류 개념

분류(classification)란 사물을 색, 모양 등 그 속성의 유사성에 따라 나누거나 범주화하는 능력이다.

피아제는 유아에게 다양한 색깔의 동그라미, 네모, 세모 등의 도형들을 제시하고 같은 것끼리 모아보도록 했다. 전개념기의 유아는 도형을 늘어놓거나 도형으로 어떤 형태를 구성하는 수준이었다. 그러나 직관적 사고기의 유아는 색깔이나 모양에 따라 분류하였다.

(2) 서열 개념

서열 개념은 사물을 속성에 따라 순서대로 배열할 수 있는 능력이다. 사물의 길이, 크기, 무게, 시간 순서 등에 따라 순서를 짓는 능력이 생기면 많은 정보를 조직하고 서로 비교할 수 있게 된다.

4~5세 유아는 정확한 서열 개념을 갖지 못한다. 5~6세가 되면 전체적으로 바르게 배열할 수 있지만 불완전하다. 7세가 넘어야 안정된 서열 개념을 나타낸다.

(3) 공간 개념

위 · 아래, 오른쪽 · 왼쪽, 먼 쪽 · 가까운 쪽 등 대상의 위치, 방향, 거리 등을 정확하게 이해하는 것은 유아의 일상생활에서 중요한 능력이다.

피아제는 유아의 수평 개념과 수직 개념의 발달 연구를 통해 공간 개념의 발달을 추론했다. 그는 유아에게 물이 든 병을 보여준 후 가린 다음 기울였을 때 물의 위치를 예측해 보도록 했다. 4~5세 유아는 병 안에 물이 있다는 것은 이해하지만 기본적인 수평 개념조차 없었다. 이들은 물의 표면을 수평선으로 나타내지 못했다. 5세 이후 유아는 기본적인 수평 개념이 있지만, 병의 기울기와는 관계없이 항상 물의 표면이 병 밑면과 평행하다는 것으로 생각하였다. 그러나 점차 병이 기울 때 병 속의 물 표면이 병 밑면과 평행하지 않다는 사실을 알게 된다. 8~9세가 되면 비로소 물리적 수평 개념을 형성하게 된다.

수직 개념과 관련하여 경사진 산에 심은 나무의 모습을 예측해 보도록 했다. 4~5세 유아는 산의 경사면에 선 나무의 모습을 전혀 이해하지 못했다. 이들은 그림을 그릴 때에도 물체의 방향을 고려하지 않고 임의대로 그렸다. 5세 이후에는 산의 경사면에 대해 나무가 수직적으로 서 있는 것으로 생각하였다. 그러나 8~9세가 되면 비로소 물리적 수직 개념을 형성할 수 있다.

3 구체적 조작기

영유아기를 넘어서 7~12세 때까지의 시기에 해당하는 구체적 조작기는 아동이 정신적으로 논리적인 사고가 가능한 시기이다. 전조작기 아동보다 추론과 문제해결 논리가 발달할 뿐만 아니라, 구체적인 사물이나 대상에 대해서 논리적으로 정신적인 조작이 가능하다. 이러한 특징 때문에 이 시기의 논리적 사고를 구체적 조작(concrete operation)이라고 한다.

무엇보다도 구체적 조작기의 가장 중요한 특징은 가역성의 획득과 탈중심화이다. 이에 따라 체계적인 논리적 사고가 발달하고, 여러 형태의 조작에 의한 과학적 사고와 문제해결이 가능하다. 양 보존과 수 보존이 가능하고, 여러 사물들을 분류하고 서열화할 수 있다. 그러나 그 대상이 추상적인 것이거나 가설적 명제, 상상적 사건 등일 경우에는 논리적 사고가 불가능한 것이 한계이다.

4 형식적 조작기

형식적 조작기는 12세 이후부터 성인에 이르는 시기로, 언어와 가설 설정 등의 추상적 조작이 가능하다. 이 시기에는 사물이나 대상이 없이도 언어나 상징을 통해 표상이 가능한 시기이다. 구체적 조작 사고가 1차적 관계 사고라고 본다면, 형식적 조작 사고는 2차적 관계 사고이다.

이상에서 살펴보는 것처럼 피아제는 인지 발달의 속도는 차이가 있지만, 모든 영유아는 감각 운동기, 전조작기, 구체적 조작기 및 형식적 조작기 등의 발달 단계를 거친다고 보았다.

피아제의 인지 발달 단계를 정리해 보면 〈표 6-3〉과 같다.

표 6-3 피아제의 인지 발달 단계

발달 단계	연령	특징
감각 운동기	0~2세	• 대상에 대한 외현적 활동을 통해 세계를 이해 • 감각 운동적 도식의 상호통합에 의해 점진적 발달 • 대상영속성 개념의 획득
전조작기	2~6세	• 표상적 상징이 가능 • 자아중심적 사고, 직관적 사고
구체적 조작기	6~12세	• 가역적 조작의 획득 • 논리적인 문제해결 가능
형식적 조작기	12~성인	• 논리적, 연역적 추론 가능 • 가능성과 실제 간의 체계적이며 논리적인 통합 가능

2 지각 · 주의 · 기억 발달

1 지각 발달

인간의 모든 행동은 감각기관을 통해 들어오는 정보를 어떻게 해석하느냐에 달려 있다고 볼 수 있다. 영유아는 주위 환경으로부터 오는 여러 가지 자극을 감각기관을 통해 받아들인다. 이러한 감각을 해석하고 의미를 부여하는 과정이 지각이다. 예를 들어 소리를 듣는 것은 감각이고 그 소리가 무엇인지 알게 되는 것은 지각이다. 이처럼 감각과 지각은 밀접히 관련된다. 그러나 영아는 자신이 보고, 듣고, 느끼는 것을 말로 표현할 수 없기 때문에 이들에 대한 연구는 쉽지 않다. 영유아의 지각 능력을 연구하는 방법은 다음과 같다.

표 6-4 영유아 지각 능력 연구방법

방법	내용
선호도 측정	영아에게 2개 이상의 자극을 동시에 제공하고 어떤 자극에 더 오래 주의를 기울이는지 측정함으로써 선호도를 알아보는 방법
습관화	새로운 자극에 처음에는 반응을 보이다가 자극이 지속되면 반응을 보이지 않는 성향을 이용하는 방법
생리적 측정법	자극에 노출된 생리적 반응을 보는 방법(예: 뇌파를 통해 뇌의 반응을 알아보는 뇌파측정법, 심장박동수의 변화)
빨기 반응	영아의 빠는 속도나 강도를 통해 영아의 선호 정도를 알아보는 방법

지각 발달(perceptual development)은 대뇌로 전달된 감각 정보를 조직하고 해석하는 지각 능력의 발달 과정을 의미한다. 영유아는 시각, 청각, 촉각, 후각 등의 감각을 통해 주변 세상으로부터 받아들인 정보를 선택적으로 지각하고, 전체적으로 의미 있는 정보로 조직하고 해석한다. 감각과 지각 발달은 인지 발달의 기초가 되기

때문에 영유아의 발달을 이해하는 데 매우 중요하다.

1) 지각 발달 이론

대부분의 지각 발달은 영아기에 완성되지만, 유아기를 거치면서도 계속적으로 이루어진다. 지각 발달에 대한 이론은 피아제의 첨가 이론(enrichment theory)과 깁슨(Gibson)의 분화 이론(differentiation theory)으로 설명된다.

(1) 첨가 이론

피아제가 주장한 첨가 이론은 영유아가 어떤 사물을 여러 번 볼 때마다, 그 사물에 대해 이전보다 조금씩 더 학습하게 된다는 이론이다. 이는 연령이 증가하면서 경험과 학습이 쌓여 인지 도식이 정교해진다는 점에서 정교화 이론(elaboration Theory)으로도 불린다.

(2) 분화 이론

깁슨의 분화 이론은 영유아의 지각 능력이 분화됨에 따라 자극의 다양한 특징을 동시에 고려하게 되고 사물을 전체적으로 파악할 수 있다고 본다(김영옥 외, 2009). 즉, 영유아는 성장하는 동안의 지각적 경험과 연습을 통해 사물의 형태, 속성에 근거하여 사물을 구별하고 분화할 수 있다. 그리고 지각 발달을 통해 점차 물체의 속성들을 보다 효과적으로 알아내거나 사용하게 된다(박성연, 2006).

2) 시각 발달

출생 직후 신생아의 시각은 성인처럼 완벽하지 않다. 신생아는 바로 눈앞의 손가락 정도 크기만 겨우 볼 수 있을 정도로 앞이 잘 보이지 않는다. 생후 1개월 때는 50cm 떨어진 사람의 얼굴을 단지 뭔가 있다는 정도로밖에 지각하지 못한다. 생후 5~6주가 되면 사물을 지속적으로 응시하고, 3개월 정도 지나면 좌우 모든 방향으로 사물을 주시할 수 있다(김수연, 2014).

생후 3~4개월이 지나면 얼굴의 윤곽을 알아보고, 행복한 얼굴과 놀라거나 화난 표정 또는 무표정한 얼굴을 구분할 수 있다. 사물이 움직이면 그 움직임에 따라 시선을 옮길 수 있다. 색채에 대한 지각도 이때 발달하여 빨강, 파랑, 노랑을 구별한다. 시력은 생후 6~9개월에 걸쳐서 빠르게 좋아지고, 1년쯤 되면 사물을 대략 구별할 수 있을 정도가 된다. 뇌에서 시각을 담당하는 신경은 태어나면서부터 계속 성장하여 6세가 되면 시력이 완성된다. 두 눈에 의한 입체적인 시각은 조금 더 성숙이 필요하여 8세가 되어 완성된다(최현석, 2009).

표 6-5 시지각의 발달

구분	출생~1개월	2~4개월	5~12개월
색채 지각	출생 시부터 녹색, 적색 구별	색채 변별력의 향상, 특정 색으로 범주화	성인과 유사한 방식으로 색을 지각
형태 지각	흑백 대비가 뚜렷한 단순한 도형 선호	도형의 모서리 부분 주시	점차적으로 복잡하고 의미 있는 형태 지각
얼굴 지각	얼굴 윤곽 지각	부분 간의 관계를 전체 형태로 체계화하여 지각	조직된 전체로서 정서 표현을 지각하는 능력을 포함하여, 얼굴에 대해 보다 정교한 변별 가능

3) 청각의 발달

보통 임신 25주 정도가 되면 태아의 청각은 외부의 큰 소리에 반응할 정도로 발달한다. 신생아는 소리를 듣기는 하지만 성인과 달리 큰 소리만 들을 수 있다. 신생아의 귀로부터 20cm 정도 떨어진 곳에서 종소리나 목소리를 들려주면 눈동자와 고개를 소리가 들리는 쪽으로 돌린다.

출생 후 1개월 이내의 신생아는 강한 소리자극을 주면 대개 깜짝 놀라는 반응을 보인다. 이때 심장박동과 호흡이 변한다. 출생 후 1~4개월에는 어떤 소리를 들려주면 소리를 듣는 것처럼 조용해지고, 4개월이 가까워지면 친숙한 엄마의 음성에 웃는 반응을 보인다. 그리고 4~6개월이 되면 고개를 돌려 소리가 나는 방향을 찾을 수 있다. 음악 감각도 일찍 나타난다. 생후 한 달쯤 되면 진동수가 다른 음의 차이를 구별할 수 있고, 6개월이 되면 멜로디의 변화에 반응한다.

발성의 경우, 영아는 3개월이 되면 '아' 소리를, 7개월이 되면 '마, 마' 같은 소리를 내고, 12개월이 되면 '엄마, 아빠' 등과 같은 말을 한다. 겉으로 드러나는 발달은 이렇지만 내면적으로는 훨씬 많은 것이 진행한다. 발달 초기에 영아는 모든 언어의 말소리를 지각하는 능력이 있지만 첫 해 동안 듣는 모국어에 따라 이후 지각 능력이 조율된다는 것을 알 수 있다(최현석, 2009).

4) 후각 발달

신생아기 때부터 강력하고 불쾌한 냄새는 회피하려는 반응이 나타난다. 후각은 일찍부터 존재하는 감각이지만, 일반적으로 둔하여 생후 7~9개월 때부터 점진적으로 냄새를 구별하게 된다. 2~3세 때에는 불쾌한 냄새에 대해서는 성인처럼 반응한다. 엄마의 체취나 모유 냄새와 같이 쾌적한 냄새는 신생아나 유아 초기단계에서도 호의적으로 반응한다(강영희, 2008).

5) 미각 발달

신생아는 단맛을 좋아하여 설탕을 묻힌 장난감 젖꼭지를 빨게 하면 떼를 쓰지 않는다. 하지만 쓴맛이나 떫은맛은 태어난 지 얼마 되지 않아서부터 거부하여, 쓴맛이 입에 들어가면 바로 뱉어 낸다. 이처럼 신생아는 이미 미각이 발달해 있지만, 맛에 따라 다른 발달 단계를 보인다. 가령 달거나 시거나 쓴맛이 나는 자극에는 반응하지만 짠맛에 대해서는 반응을 보이지 않는다. 짠맛에 대한 반응은 생후 4~6개월이 지나야 나타난다. 태어나서 6개월이 지나면 보통 이유식을 시작한다. 이 시기가 향후 음식 선호에 많은 영향을 미치는데, 사실 음식에 대한 기호 형성은 그 이전 시기부터 영향을 받는다. 아이는 엄마의 뱃속에 있을 때 엄마가 섭취하던 음식을 좋아한다. 한 실험에 의하면 하루 한 번씩 당근 주스를 마신 임산부가 낳은 아이는 그렇지 않은 아이보다 생후 6개월 때부터 당근 맛이 나는 이유식을 선호하는 경향을 보였다(최현석, 2009).

2 주의 발달

주의 발달은 학습과 인지 발달의 토대가 된다. 주의(attention)란 학습이나 문제해결 상황에서 환경의 여러 가지 정보 중 특정 정보에 의식을 집중시키기 때문이다. 주의는 외부 세계의 정보가 사람의 인지 체계로 들어오는 첫 번째 과정이다. 선택적 주의는 외부 세계의 수많은 자극 중에서 받아들일 정보에 대한 의식의 선택적 집중 과정이다. 영유아의 연령이 증가하면서 선택적 주의력은 발달한다.

1) 영아기의 주의 발달

영아는 주위 환경의 변화나 신기한 자극에 집중한다. 영아는 큰 소리, 밝은 빛, 갑작스런 접촉 등의 자극성에 대해서는 무조건 그 자극이 나타나는 쪽으로 향하는 정향 반응을 보인다.

정향 반응에 있어 영아의 주의를 끄는 요소를 보면 초기에는 자극의 강도이다. 즉, 영아는 강한 자극에 대해 반응을 보인다. 그러나 점차 자극이 의미 있거나 감정적으로 연관된 대상일 때 관심을 보인다. 점차 성장하면서 주의력을 다루는 데 더욱 더 효율적이 된다.

2) 유아기의 주의 발달

출생 시부터 시작된 지각적이고 선택적인 주의는 유아기에 걸쳐서 더욱 발달한다. 자신이 수행하고 있는 과제 목표에 관련되는 정보에 대해서는 선택적으로 주의를 기울이는 능력이 향상된다. 연령이 증가하면서 유아는 정보를 더욱 신속하게 받아들인다. 즉, 자신의 주의력을 더 의도적으로 관리하고 통제한다. 현재 수행하고 있는 과제나 문제의 특성에 맞춰 자신의 주의력을 효율적으로 다룬다.

3 기억 발달

1) 기억 과정

기억이란 이전에 경험한 정보들을 저장했다가 필요할 때 인출해서 사용하는 인지 과정이다. 따라서 기억은 문제해결이나 개념 형성 등 모든 인지 과정이 이루어지게 하는 중요한 요소이다. 인지 과정을 컴퓨터의 정보처리 과정과 유사하게 설명한 정보처리 이론이 등장하면서 기억은 더 큰 주목을 받았다. 기억 과정은 부호화(coding), 저장(storage), 인출(retrieval)의 정보처리 과정으로 이루어진다.

(1) 부호화

부호화는 감각기관을 통해 들어오는 정보를 잘 기억할 수 있도록 기록하는(부호로 변환하는) 과정이다. 환경 속의 여러 자극과 수많은 정보 중에서 필요로 하는 특정 정보에 대해서는 선택적으로 주의를 집중하고, 특성에 따라 분류하고 부호화한다.

(2) 저장

저장은 부호화한 정보를 유지하고 쌓아두는 정보처리 과정이다. 정보가 저장되는 시간에 따라 감각기억과 단기기억, 장기기억의 세 가지 정보 저장소가 있다. [그림 6-4]는 정보가 일련의 처리 과정을 통해 이루어지는 인지 과정이자 정보처리 과정이다.

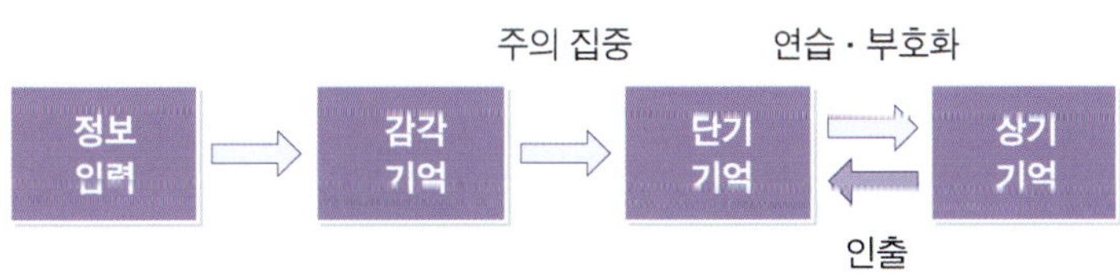

그림 6-4 정보의 저장 과정

정보처리 모델에서는 기억을 세 가지로 구분하고 있다.

① 감각기억(sensory memory)

감각기억은 감각기관을 통해 들어오는 모든 정보를 일시적(1~2초)으로 저장하는 것이다. 단기기억으로 변환되지 않는 감각기억은 곧 소멸한다.

② 단기기억(short-term memory)

감각기억에 들어 있는 정보에 주의를 기울임으로써 정보는 단기저장소로 들어와 15~30초간 보유된다. 단기기억에 보관할 수 있는 정보의 양과 시간은 제한된다. 단기기억의 폭은 연령에 따라서 달라지는데, 한 번에 처리되는 정보처리의 용량은 7±2개 묶음이다.

유아는 3~4개 정도, 7세 때는 5개 정도, 성인은 7개 정도의 정보를 단기기억에 저장할 수 있다. 단기기억은 감각수용기를 통해 들어오는 정보를 일시적으로 저장하는 기능을 할 뿐만이 아니라, 새로 들어온 정보와 장기기억에 이미 저장되어 있는 정보 중에서 관련된 정보를 끄집어내어 새로운 관계를 구성하거나 수정하는 등의 작업을 하는 기능도 있다. 이러한 의미에서 단기기억을 활성기억, 혹은 작업기억(working memory)이라고 한다.

③ 장기기억(long-term memory)

장기기억은 보유할 수 있는 정보의 저장량이나 저장 기간에 거의 제한이 없으며, 영속적으로 저장한다. 시간이 지나더라도 자동적으로 사라지지 않는 장점을 가지고 있다.

(3) 인출

인출(retrieval)은 장기기억에 보관한 특정 정보를 필요할 때 꺼내는 과정이다. 인출 과정은 회상(recall)과 재인(recognition)의 두 가지 기억 과정이 있다.

① 회상

- 어떠한 단서 없이 기억에 저장된 정보를 기억해내는 과정
- 주관식 문제를 풀 때 사용하는 것과 유사(예: 한국의 전통의상은 무엇인가?)

② 재인

- 어떤 대상을 접했을 때 이전에 경험했던 사건을 통해 기억하는 과정
- 객관식 문제를 푸는 것과 유사(예: 다음 중에서 한국의 전통의상을 고르시오)

기억의 수행 과정을 보면 재인기억이 회상기억보다 먼저 발달한다. 재인 능력은 영아기 초기부터 나타난다. 따라서 재인 능력은 다른 유형의 인출에 비해 자동적인 인출 과정으로 여겨진다. 유아의 재인기억은 성인의 재인기억과 비슷한 수준이지만 연령에 따라 점차 향상된다. 회상기억은 연령이 높아지면서 지식 기반의 확대와 기억 전략의 발달에 힘입어 증가한다.

2) 기억 발달

(1) 기억 용량의 발달

기억 용량의 증가는 저장할 수 있는 정보의 양이 늘어나는 것을 의미한다. 우리는 숫자를 기억해야 할 상황에서 숫자의 개수가 많을수록 모든 숫자를 정확히 기억하지 못한다. 대체로 성인은 약 8개의 숫자 단위, 생후 12세 때는 6~7개의 숫자 단위, 그리고 생후 5세 때는 4개 정도의 숫자 단위에 대한 기억폭을 가지고 있다. 이처럼 기억 용량은 활성기억의 용량이 성장함에 따라, 즉 뇌가 발달함에 따라 증대한다. 반면 일부 학자는 유아가 성인과 같은 기억 능력을 가지고 있으며, 뇌가 발달함에 따라 기본 용량이 변하는 것은 아니라고 하였다. 이 가설에 의하면 연령이 증가하면서 정보처리 속도가 빨라지고 효율적이기 때문에 조작 공간이 덜 필요하게 되어 저장 공간이 증가한다는 것이다(김상림 외, 2014).

그런데 일련의 숫자를 기억하는 과제를 제시했을 때 연령이 높은 아동이나 성인은 특이한 방법, 즉 전략을 적용함으로써 과제를 보다 잘 수행하기도 한다.

(2) 기억 전략의 발달

정보는 어떤 형태로든 저장하지 않으면 곧 잊힌다. 기억 전략(memory strategy)은 정보를 기억저장고에 저장하거나 저장된 것을 인출하기 위하여 사용하는 의도적인 활동이다. 기억 전략은 연령이 증가함에 따라 사용 빈도뿐만 아니라 복잡성도 증가

한다. 대표적인 기억 전략으로는 시연, 조직화, 정교화 등이 있다(최경숙 · 박영아, 2005). 기억 전략은 대략 2세 전후로 나타나지만 시연, 조직화, 정교화 등은 약 6~7세 때 나타나기 시작하여 아동기와 청소년기까지 지속적으로 발달한다(임지영 외, 2015).

① 시연(rehearsal)

시연은 나중에 회상할 것, 즉 미리 기억해야 할 대상이나 정보를 눈으로 여러 번 보거나 반복해서 말함으로써 기억하는 과정이다. 예를 들어, 전화번호부에서 필요한 번호를 찾아 전화를 걸 때까지 그 번호를 기억하기 위해 여러 번 입으로 반복하는 것이 대표적인 예이다.

시연은 6~7세 때 자발적으로 나타나고, 가장 먼저 나타나는 단순한 전략이지만 효율적인 전략이다. 그러나 유아기에는 자발적으로 시연하지 못하므로 시연 사용이 매우 빈약하다. 그러나 어린 유아들도 시연을 사용하도록 가르치면 효과를 얻을 수 있다. 연령이 높아질수록 자발적인 시연의 사용이 증가하고, 시연을 사용하는 아동은 회상을 잘한다.

② 조직화(organization)

조직화는 정보를 관련 있는 것끼리 묶어서 기억하는 과정이다. 9~10세에 이르면 자발적인 조직화가 가능하고, 항목을 공통된 속성에 따라 개념적 범주로 묶는다. 조직화는 절편화(chunking)와 범주화(categorization)로 구분한다. 절편화는 단순한 방법으로 정보를 절편으로 잘라서 묶음으로 기억하는 방법이다. 예를 들어, 2, 4, 5, 7, 8, 4, 6, 1이라는 숫자 정보를 기억할 때 2457, 8461로 묶어서 기억한다. 범주화는 자료의 속성에 따라 묶는다. 이를테면 토끼, 진달래, 개, 장미, 민들레, 고양이라는 정보를 기억할 때 동물은 동물끼리, 꽃은 꽃끼리 묶어서 기억하는 것이다.

이와 같이 일련의 정보들을 하나씩 따로 기억하지 않고 몇 개의 의미 있는 덩어리로 묶으면 기억하기가 보다 수월하다. 여러 가지 물체 그림을 제시하고 아동에게 재배열하게 했을 때, 10~11세 아동은 떨어져 있는 그림들은 범주별로 모아 재배열하지만, 5~7세 아동은 이러한 조직화 전략을 하지 못한다. 즉, 연령이 증가하면서 조직화 능력은 향상된다.

③ 정교화(elaboration)

정교화는 기억해야 할 두 가지 이상의 정보 사이에 공통된 참조물이나 의미를 찾아서 서로 어떤 의미를 갖도록 연결하는 전략이다. 예를 들어, '비행기-사람'이란 짝짓기 연상 과제에서 이미지를 사용하여 비행기를 탄 사람의 모습을 머릿속에 그리면서 기억하는 방법이다.

(3) 연령의 증가에 따른 지식 기반의 확대

지식 기반은 장기기억 속에 저장된 특정 정보를 효율적으로 인출하도록 도와준다. 개인에게 아무런 의미가 없는 자극, 즉 개인의 지식 구조와 잘 부합하지 않는 자극은 정보를 저장하고 인출하기가 어렵지만, 위계적으로 표상된 지식은 관련 지식의 활성화를 촉진한다. 이와 같이 개인이 알고 있는 지식은 새로운 정보의 학습과 기억에 큰 영향을 미친다. 연령이 증가할수록 지식의 의미 체계 또는 개념 체계가 발달되어 있으므로 새로운 자극이 더 친숙하고, 의미 있고, 상호 관련되어 보다 잘 기억되는 것이다.

3 지능 발달

영유아의 지능 발달을 알기 위하여 지능의 정의, 지능에 대한 이론적 접근, 지능 검사, 지능 발달에 영향을 미치는 요인에 대해 차례로 살펴본다.

1 지능의 정의

지능을 개념화하고 정의하는 것은 쉬운 일이 아니다. 지능에 대한 관심이 높은 만큼 지능에 대한 정의 또한 매우 다양하다. 모든 사람이 만족하는 지능측정 도구는 없으며, 간접적으로 지적 행동을 연구하여 측정하기 때문에 지능에 대한 논쟁은 계속되고 있다. 그러나 학업 성취를 잘 예언해주는 중요한 변인의 하나로, 영유아를 이해하고 교육·보육 현장에서의 효율성을 높이기 위해서도 지능에 대한 연구와 이해는 필요하다.

지능은 어떠한 측면에서 바라보는가에 따라 여러 가지 개념으로 정의되지만, 일반적으로 지능은 논리적 추론능력, 언어적 유창성, 문제해결 능력, 효율적인 학습능력, 포괄적인 지적 능력을 포함한다. 그리고 환경에 적응하고 경험으로부터 획득되는 능력도 지적 기능의 일부분이다.

2 지능에 대한 이론적 접근

과거부터 현재에 이르기까지 지능이란 무엇인가에 대한 논의는 수없이 이루어졌다. 그 논쟁점 중 첫째는 지능이 단일 요인으로 이루어졌는지 혹은 다양하고 분리된 능력들로 구성되었는지에 관한 것이다. 둘째는 지능을 개념화하는 방법에 관한 것이다. 그리고 마지막으로, 지능이 검사 점수와 같은 수행 결과 측면에서 증명될 수 있는지, 아니면 문제를 해결하는 처리 과정의 측면에서 증명되어야 하는지 등이 주요 논쟁이었다.

이러한 논쟁점을 고려하여 이루어진 인간의 지적 능력에 대한 연구는 크게 인지 발달적 접근, 심리측정적 접근, 정보처리적 접근으로 구분한다. 이 세 가지 접근은 지능이라는 정신 현상을 이해하고 설명하는 차이점으로 인해 구별된다. 예를 들어, 심리측정적 접근은 지능의 개인차에 주목하고, 인지 발달적 접근은 발달 단계에 따른 지능의 구조적 변화에, 정보처리적 접근은 문제해결 처리과정에 관심을 갖는다.

1) 인지 발달적 접근

인지 발달적 접근의 주된 관심사는 지능의 개인차보다도 모든 사람에게 공통되는 지능 발달의 특성이다. 대표적인 학자는 피아제인데, 그는 인지 구조의 발달 양상을 지능 발달의 주된 관심사로 여겼다.

유아의 인지 구조는 연령이 증가함에 따라 환경과의 상호작용을 통해 제공되는 지적 정보를 기존의 인지 구조에 통합하면서 점차 질적 변화를 겪는다. 이러한 발달 변화는 일정한 순서를 따르는데 감각 운동기에서 전조작기 그리고 구체적 조작기에서 형식적 조작기로 발달한다. 인지 발달적 접근은 지적 능력의 발달과정과 수준을 보여준다. 그러나 보다 구체적이고 실제 유아가 가지고 있는 지적 능력의 크기를 보여주는 데는 한계가 있다.

2) 심리측정적 접근

심리측정적 접근은 지능을 개인 간 지적 능력의 차이를 나타내는 특성으로 본다. 따라서 심리측정적 접근에서는 지능검사를 통해 개인 간의 지적 능력의 차이를 밝히고, 이들 특성들을 정확히 측정하고자 한다. 지능의 구성 요인을 분석하고, 이들 요인에 기초하여 지적 능력을 수량화하고 비교함으로써 개인차를 진단하는 데 주된 관심을 가진다.

심리측정적 접근은 최초의 지능검사인 비네-시몽검사와 더불어 시작되었으며, 지능을 이해하기 위한 모델로 확고히 자리 잡았다. 그러나 비네의 정신연령 개념으로는 인간의 지적 수행을 적절히 반영하지 못하였다. 오히려 학자들은 이후 지능이 단일 속성인지, 아니면 여러 개의 특성으로 구성되어 있는지를 밝히기 위해 요인분석을 검증하였다.

(1) 2요인 이론

스피어만(Spearman)은 인간의 지능은 일반 요인(g요인: general factor)과 특수 요인(s요인: special factor)으로 구성된다는 지능의 2요인 이론을 주장하였다. 스피어만이 여러 하위 형태의 인지능력 검사에서 개인이 얻는 점수의 상관을 분석한 결과, 지능은 모든 종류의 인지과제 해결에 넓게 영향을 미치는 일반지능과 특정 종류의 인지과제 수행에서 작용하는 특수지능으로 구분된다는 것을 밝혔다.

(2) 다요인 이론

일반 지능이 하나의 독립된 요인으로 구성되어 있다는 스피어만의 주장과 달리, 서스톤(Thurstone)은 일반 요인(g 요인)에 해당되는 기초 능력이 7개의 독립적인 요인으로 구성된다고 주장하였다. 인간의 기본 정신능력은 언어이해력, 추론능력, 수리력, 공간관계, 지각속도, 언어적 유창성, 기억력 등 7개의 요인으로 구분되며, 이러한 7개의 정신능력은 상호독립적이지만, 하나로 통합되어 일반적 지능으로 나타난다.

(3) 지능구조 모델

길포드(Guilford)는 서스톤의 다요인 이론을 확장하여 180개의 기본 정신능력 요인으로 구성된 지능구조 모델을 제시하였다. 지능을 정보처리 능력으로 보고 내용, 조작, 산출의 3차원으로 구분하였다. 그는 5개의 내용 차원, 6개의 조작 차원, 6개의 산출 차원의 각 차원의 조합에 의해 모두 180개의 기본 정신능력으로 구성된 지능구조를 밝혔다. 그러나 지능을 너무 다각적으로 다룬 결과, 복잡하고 도입하기에는 어려움이 있다.

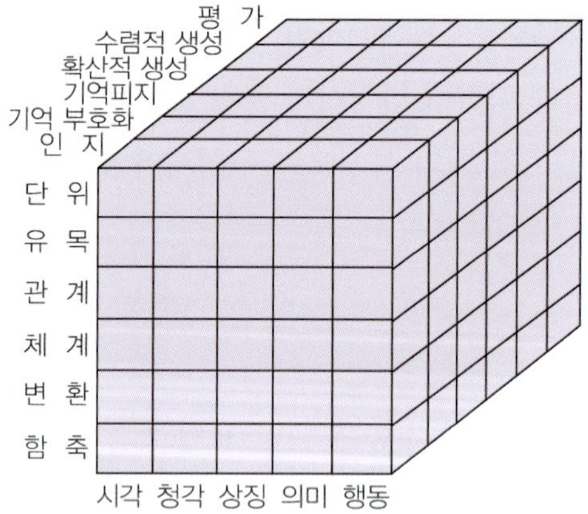

그림 6-5 길포드의 지능구조 모델(Guilford, 1988)

(4) 유동성 지능과 결정성 지능

카텔(Cattell)과 혼(Horn)은 지능을 유동성 지능과 결정성 지능의 2차원으로 구분하였다. 유동성 지능은 문화적 영향이 비교적 적고 배워 본 적이 없는 새로운 문제를 풀 수 있는 능력, 즉 선천적으로 타고난 능력으로 문화와 환경의 힘으로 변화하지 않는 능력을 의미한다. 반면, 결정성 지능은 특수한 문화에서 생활하거나 교육을 통해 후천적으로 획득되는 능력으로 어휘 지식, 읽는 것에 대한 이해, 세상에 대한 일반적 정보 등이 속한다. 따라서 유동성 지능은 생리적 성숙과 결합되어 어느 수준까지 증가하고 후기 성인기에는 감소하지만, 결정성 지능은 생애에 걸쳐 증가한다.

3) 정보처리적 접근

정보처리적 접근은 지능의 처리 과정에 관심을 가진다. 인지활동을 구성하는 처리 과정과 전략을 강조하는 견해라고 볼 수 있다.

정보처리 접근의 연구자들은 유아가 과제에 직면할 때 정신적으로 하고 있는 것이 무엇인지, 무엇이 이러한 지적 과정을 낳게 하며, 이러한 과정들은 연령에 따라 어떻게 변하는가에 관심을 가진다. 즉, 정신능력의 구조를 밝히기보다는 지적 정보를 처리하는 과정에서 나타나는 개인차를 기술하는 데 초점을 맞추며, 컴퓨터의 논리에 기초하여 지식의 처리 과정을 분석하는 추상적인 방법을 제공한다.

따라서 정보처리적 접근에서는 인간의 감각기관에 닿는 외부 자극은 모두 정보로 간주하고, 그 정보를 지각하고 수용하는 것을 입력이라 하며, 저장이나 기어·분석·비교·종합·판단하는 것을 처리 과정, 이러한 과정을 통해 획득된 정보를 인출·활용하는 것을 출력이라고 하였다. 따라서 입력 방식·처리 방식·출력 방식 등의 정보처리 능력을 곧 지능으로 본다.

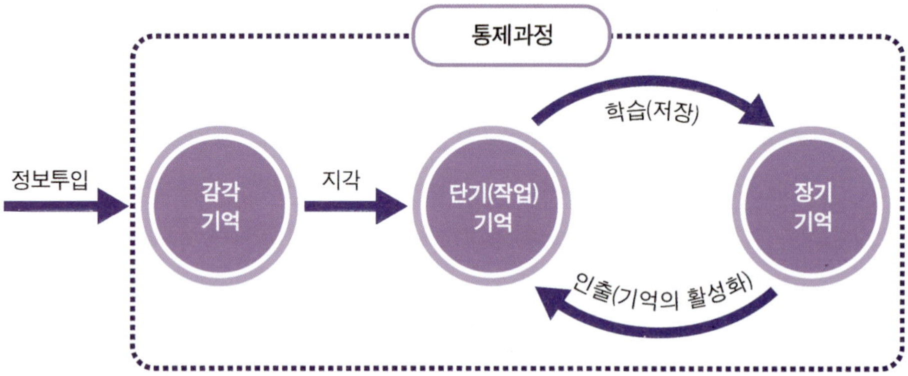

정보가 투입되면 감각기억에서 부호화되며, 이 중에서 어떤 정보를 단기기억에 저장할 것인지를 지각이 결정한다. 완전히 처리된 정보는 장기기억의 일부가 되며, 이 기억은 활성화되어 작업기억으로 되돌아올 수 있다.

그림 6-6 정보처리 모델

출처: 이신동 외(2015).

최근 정보처리론자들은 지능의 실제적 이해를 위해 전통적인 지능검사에 정보처리 수행 시 사용하는 전략 등을 측정할 수 있는 절차적 요소를 보충할 것을 주장하고 있다. 즉, 탐색하고 점검하고 수용하고 부호화하고, 정보를 해석하는 방법, 지식의 저장과 인출 그리고 어떤 전략을 사용할 것인지 결정하는 것 등을 측정하는 것이다. 이러한 접근은 문제를 풀었는지 풀지 못하였는지와 같은 결과에만 관심을 두는 것과는 달리, 유아가 어려워하는 문제해결 절차에 대한 정보를 제공해 준다. 즉, 수업을 이해했는지, 관련 정보에 주의를 기울이지 못한 것인지, 부적절한 전략을 사용했는지 등을 알 수 있다.

이러한 정보처리적 관점은 인지 역동을 강조하며, 지적 과제의 수행을 가능케 하는 구체적인 인지 과정과 지식에 초점을 둠으로써 심리측정적 접근과 인지 발달적 관점의 결점을 보완할 수 있다.

(1) 삼원 이론

스턴버그(Robert J. Sternberg)는 인간의 모든 행동을 기본적인 정보처리과정의 조합이라 보고, 심리측정적 접근에 정보처리 이론을 도입하였다. 스턴버그는 기존의 지능 이론이 실생활과 무관하고 단편적인 능력을 측정한다는 것을 비판하면서(조성연 외, 2010), 다음과 같은 지능의 삼원 이론(triarchic theory)을 제안하였다.

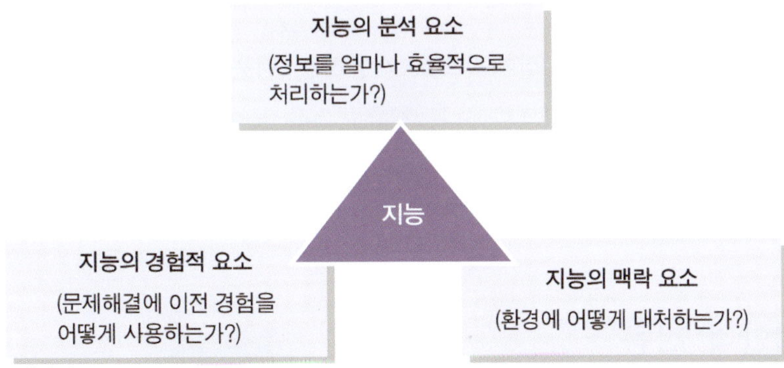

그림 6-7 스턴버그의 삼원 이론(Berk, 1994)

이후, 스턴버그는 기존의 삼원 이론을 발전시켜 성공지능으로 제안하였다. 성공지능은 전통적인 일반지능의 개념을 인간 삶의 전 영역에서의 성공에 필요한 지능으로 확장한 개념으로, 한 사람이 실생활에서 성공하는 데 필요한 능력을 의미한다.

스턴버그

성공지능은 분석적 지능, 창의적 지능, 실용적 지능으로 구성된다.

① 분석적 지능

분석적 지능은 효율적으로 정보를 처리하고 분석하는 능력으로, 새로운 지식을 획득하고 이를 과제 해결에 적용하는 논리적 능력이다. 분석적 지능이 높은 아동은 지능검사와 성취도 검사에서 높은 점수를 받는 편이다. 이는 기존의 심리측정적 지능과 유사하며, 종래 학교에서 이루어지는 과제 해결과 관련되는 인지과정이 주로 분석적 지능에 의존하기 때문이다.

② 창의적 지능

이미 알고 있는 정보와 새로운 정보를 과거의 경험과 연관시켜 새로운 것을 창출하는 지능이다. 지능의 경험적 요인으로 체계화된 지능으로, 독창성과 통찰력, 발명, 상상, 창조 등의 능력이다.

③ 실용적 지능

자신이 살고 있는 환경에 실제적으로 적응하는 지능으로, 전통적인 지능검사에서 얻은 IQ나 학업성적과는 무관하다. 정규교육을 통해 길러지는 것이 아니라 일상의 경험에 의해 획득되고 발달하는 능력으로서 문제해결력, 실제적인 적용, 실행능력 등을 포함한다.

4) 대안적 접근

종래의 지능 이론들은 제한된 학습능력만을 진단하였기에 학업성취도를 예측하는 지표는 되지만, 실제 사회생활에서 활용할 수 있는 포괄적인 지적 능력의 발달수준은 예측하지 못하였다. 또한 이미 완료된 실제적 발달수준에 관한 정보만을 제공할 뿐 앞으로의 발달가능성인 학습잠재력에 대한 정보는 제공하지 못한다는 비판을 받았다.

이에 대한 대안적 지능으로 가드너(Gardner)의 다중지능 이론과 비고츠키(Vygotsky)의 근접 발달 영역 개념이 제시되었다.

(1) 다중지능 이론

가드너(1983, 1986)는 종래의 지능이 언어적 지능과 논리·수학적 지능만을 지나치게 강조하여 이외의 지능이 우수한 유아들의 능력을 제대로 인정하지 못했거나 계발해주지 못했다고 비판하였다. 그는 『정신의 구조(Frames of Mind: The Theory of Multiple Intelligence)』라는 저서를 통해 인간의 지적 능력은 서로 독립적이고 상이한 여러 유형의 능력으로 구성되며 이러한 능력들의 상대적 중요성은 동일하다고 주장하였다.

가드너는 사회의 각 전문 분야에서 성공한 사람들의 지능을 분석하여 이들이 언어적 지능 또는 논리·수학적 지능이 아니라 그 직업이 요구하는 특정 지능을 우수하게 갖추고 있다는 경험적 자료를 제시하였다. 따라서 유아의 지적 발달을 이해하고 지도할 때 중요한 것은, 가능한 일찍부터 개별 유아가 지니고 있는 특정 능력을 바르게 진단하고 교육을 통해 이를 기르는 데 있다는 것이다.

다중지능 이론에서 구분하고 있는 아홉 가지 지능에 대한 설명은 〈표 6-6〉과 같다.

표 6-6 다중지능 이론

지능 유형	내용	관련 직업
① 언어적 지능	말과 글이라는 상징체계에 대한 소견과 적성이 뛰어난 사람이 갖고 있는 능력	언어학자, 문학가, 시인, 언론인, 아나운서, 연설가 등
② 음악적 지능	소리, 가락, 리듬과 같은 음악적 상징체계에 소질과 적성, 민감성이 뛰어난 능력	연주가, 성악가, 작곡가, 지휘자, 가수 등
③ 논리 · 수학적 지능	숫자, 기호, 규칙, 명제 등의 상징체계, 논리적 사고력과 추리력, 숫자를 효과적으로 사용하는 능력	수학자, 과학자, 물리학자, 통계학자, 회계 업무 담당자 등
④ 공간적 지능	도형, 그림, 지도, 입체 설계 등의 상징체계에 대한 소질, 적성	조각가, 화가, 건축설계사, 디자이너, 운전기사 등
⑤ 신체 · 운동적 지능	춤, 운동, 표정 연기, 몸짓 등을 이용하여 운동적인 기능을 표현하는 능력	무용가, 운동선수, 경호원, 산악인 등
⑥ 개인 간 지능	대인관계에 출중한 능력과 소질	사회복지사, 정신과의사, 간호사 등 사람들의 이해관계를 조정하고 희생, 봉사할 줄 아는 사람
⑦ 개인 내 지능	자기 자신의 감정과 의견, 태도를 엄격히 통제할 줄 알고 인식하는 능력	작가, 철학자, 심리학자, 상담자 등
⑧ 자연탐구 지능	자연 친화적인 성향과 자연에 대한 감수성 및 관심과 적성을 보이는 능력	생물학자, 환경론자 등
⑨ 영성적 지능	삶의 의미, 죽음과 인간 존재에 관련된 문제에 대한 예민성과 관련된 능력	순교자, 수노승과 같은 종교인

(2) 비고츠키의 근접 발달 영역

러시아의 심리학자인 비고츠키(Vygotsky)는 기존의 지능검사가 실제적인 발달 수준만을 진단하고, 내재적인 지적 잠재력을 보여주지 못한다는 것을 비판하면서 근접 발달 영역 개념을 제안하였다.

비고츠키의 근접 발달 영역(Zone of proximal development, ZPD) 이론은 표준화된 지능검사나 학업성취도 등에서 유아 스스로 과제를 해결하는 현재의 성취 수준을 가리키는 실제적 발달수준(Level of actual development)과 성인이나 자신보다 인지적으로 유능한 또래의 도움을 받아 과제를 해결할 수 있을 것으로 기대되는 잠재적 발달수준(Level of potential development) 간의 차이를 의미한다.

비고츠키에 의하면, 현재 동일한 지적 발달 수준에 있는 두 유아도 성인의 도움을 받아 개발될 수 있는 능력의 크기인 근접 발달 영역이 다르다면 두 유아의 정신능력이 같다고 말하기 어렵다. 유아 간의 잠재적 발달수준이 다르기 때문이다. 지능을 측정하고자 하는 검사는 유아들이 이미 도달해 있는 실제적 발달수준뿐만 아니라, 그들의 서로 다른 잠재력도 측정할 수 있어야 한다고 주장하였다.

3 지능검사

지능검사는 교육적·임상적·심리적으로 문제가 있거나 영재 아동 및 특수 아동, 기타 학습장애 아동의 평가와 이해를 돕기 위해 필요하다.

1) 지능검사의 개발

인간의 정신능력을 과학적인 방법으로 측정하고 그 결과를 교육문제 해결에 활용하려고 한 최초의 시도는 1905년의 프랑스의 비네검사가 대표적이다.

비네 검사는 알프레드 비네(Alfred Binet)와 시몽(Simon)이 프랑스 공립학교 제도 내의 학습에 어려움을 겪고 있는 아동들을 측정할 수 있는 검사 도구로 고안된 최초의 지능검사이다.

알프레드 비네

그렇다면 지능검사(IQ)는 어떻게 고안되었을까? 사실 IQ는 지능지수로, 표준화된 지능검사에서 개인이 얻는 점수를 의미하며 지적 기능의 정도를 비교할 수 있는 척도이다.

일반적으로 표준화된 지능검사는 종 모양의 정규분포곡선을 전제로 하는데, 대부분의 사람은 분포도의 중간에 있고 일부만이 저점과 고점에 분포한다. 표준화된 지능검사에서 평균 IQ 점수는 100이다. 표준편차는 평균 주위에 있는 점수들이 얼마나 밀집하게, 혹은 느슨하게 분포되어 있는지를 보여주는 것으로, 지능검사에서 표준편차는 대개 15의 값을 가진다. 대부분의 IQ 점수는 표준편차 ±1(약 68%) 이내에 있고, 모집단 대부분은 표준편차 ±3(약 99%) 이내에 있다. 실제로 평균 아래의 점수 비율(%)은 이론상으로 예측되는 정규분포 비율보다 약간 더 크다고 한다.

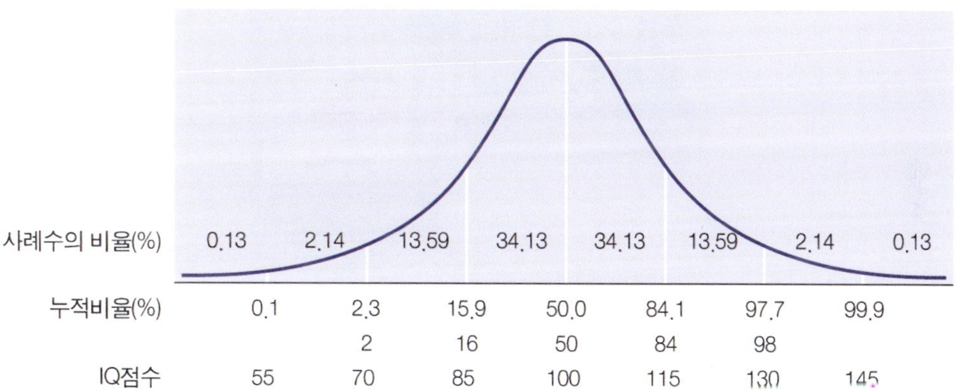

그림 6-8 지능의 정규분포곡선

출처: Santrock, J. W.(1998).

2) 유아기 지능검사

유아기의 인지 발달을 측정하기 위한 지능검사 점수는 영아용 검사와 같은 방식으로 산출되지만 검사 내용은 전혀 다르다. 유아용 검사는 지각 및 운동 반응보다는 언어적·비언어적 인지 능력을 검사한다.

(1) 스탠포드-비네 검사(Stanford-Binet Test)

1916년 스탠포드 대학의 터먼(Terman)은 비네 검사를 미국 문화에 맞게 표준화하여 스탠포드-비네 검사를 만들었다. 이후 수차례 개정(1937, 1960, 1986)된 스탠포드-비네 검사는 가장 오랫동안 전 세계에서 사용하고 있는 심리검사로서, 다른 지능검사를 비교하는 준거가 되었다.

터먼은 정신연령이 아닌 생활연령에 의해 정신연령을 비교해 보는 지능지수(intelligent quotient; IQ)를 사용하였다. 지능지수는 유아의 정신연령을 생활연령으로 나눈 뒤 100을 곱하여 산출한다(IQ=정신연령/생활연령×100).

예를 들어, 12세의 정신연령 점수를 얻은 10세 아동은 120의 IQ를 가진다. 스탠포드-비네 검사의 점수에서 정신연령과 생활연령이 동일할 때 평균 IQ는 약 100(평균 지능)이다.

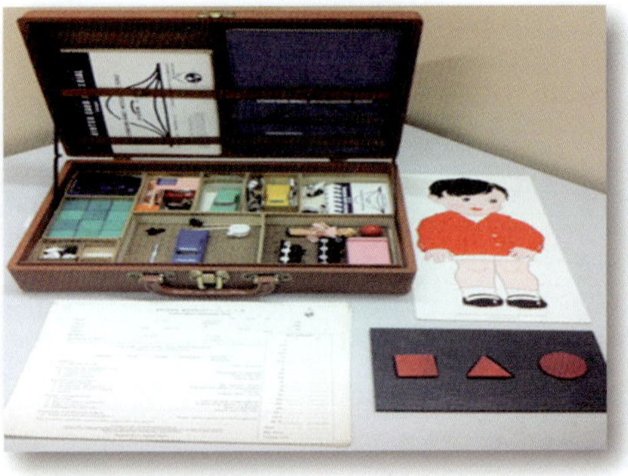

그림 6-9 스탠포드-비네 검사

스탠포드-비네 검사는 4가지 지적 기능인 언어 추론, 추상·시각 추론, 양적 추론, 단기기억을 측정한다. 이 검사는 2세~성인을 대상으로 한다. 검사 실시 동안 연령 수준에 따라 유아에게 과제가 제시되고, 유아가 자기 연령 수준의 모든 과제를 연속적으로 실패하면 검사는 끝난다.

(2) 웩슬러 지능 검사

웩슬러(Wechsler)는 스탠포드-비네 검사가 비언어적인 지적 능력을 측정하는 데 부족하다고 판단하고, 언어성 검사와 동작성 검사의 두 부분으로 구성된 웩슬러 지능검사(Wechsler Intelligence Scale)를 개발하였다. 웩슬러 지능검사는 대상 연령에 따라 유아용(Wechsler Preschool and Primary Scale of Intelligence, WPPSI), 아동용(Wechsler Intelligence Scale for Children, WISC), 성인용(WAIS)으로 구분한다. 유아의 지능을 측정하기에 적합한 웩슬러 지능검사는 취학 전 아동 및 초등학교 저학년 아동을 위한 검사 도구로서 우리나라에서도 널리 사용하고 있다.

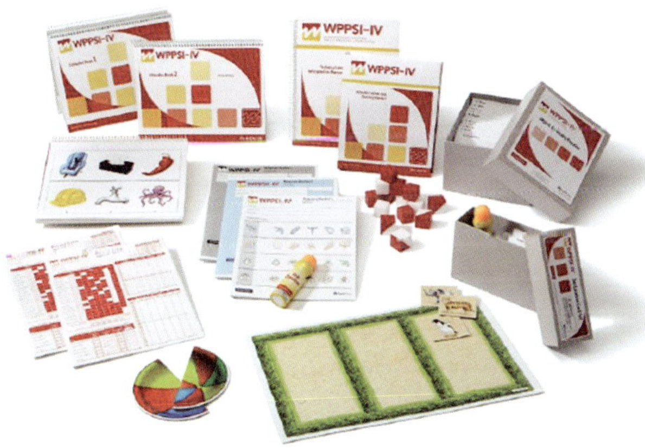

그림 6-10 WPPSI-Ⅳ

(3) 카우프만 검사(K-ABC)

카우프만 검사(Kaufman assessment battery for children, K-ABC)는 1983년에 개발되었으며, 2~12세 아동을 대상으로 한다. 정보처리 이론을 토대로 유아의 지능과 지식 습득 정도를 측정한다. 주된 관심은 지적 처리 특성, 즉 유아가 이미 알고 있는 지식 내용보다는 유아가 문제에 대해 얼마나 정확한 해결책을 산출하는가에 있다.

검사는 세 가지 척도로 구성된다. ① 순차적인 형태의 문제해결 능력을 평가하는 연속적인 처리 속도, ② 많은 양의 정보를 종합·조직하여 문제를 해결하는 동시적인 처리 검사, ③ 첫 번째와 두 번째 척도의 조합, 즉 지적 처리 구성이다. K-ABC는 문화적 편파성이 최소화되어 있어 특수 아동이나 다문화 가정의 아동들에게도 효과적으로 적용할 수 있다.

그림 6-11 K-ABC

4 지능 발달에 영향을 미치는 요인

일반적으로 지능은 연령이 증가할수록 양적으로 증가하여 20세 정도가 되면 그 정점에 이른다. 그 후 정체된 현상을 계속 유지하다가 노화와 함께 감소하는 것으로 알려져 있다. 이러한 발달 양상은 평균적이지만, 유전과 환경에 따라 서로 다른 발달 양상을 보이기도 한다.

지능 발달은 신경세포에 의한 축색돌기 부분이 수초로 둘러싸여지면서 이루어지는 과정이다. 수초화 과정은 만 2세 전후로 급격히 진행되어 10세가 되면 거의 완성된다. 또한 2세에는 성인의 50%, 4세에는 75%, 6세에는 90%, 10세가 되면 두뇌 발달이 거의 완성되므로, 유아기는 지적 발달의 기초가 형성되는 중요한 시기이다.

지능 발달의 결정적 시기를 주장한 블룸(Bloom)은 만 17세에 측정한 지능을 100% 기준으로 볼 때 약 50%의 발달이 임신에서부터 4세 사이에 일어나며, 약 30%의 발달이 4~8세 사이에, 나머지 20%의 발달이 8~17세 사이에 이루어진다고 하였다(김영봉 외, 2007; 김정희 외, 2007). 이를 통해 볼 때, 지능 발달은 유아기에 거의 완성됨을 알 수 있다. 8세 이전에는 지능의 변화가 급격히 이루어지는 반면 8세 이후에는 비교적 안정적인 경향을 보인다.

이처럼 유아기는 신경계 및 뇌 발달이 이루어지는 시기이므로 신체 활동을 통한 직·간접적인 자극, 즉 직접 관찰하고 만지고 듣고 탐색하는 주변 환경에 대한 다양한 경험은 지능 발달의 중요한 요인이다. 지능에 영향을 미치는 요인은 다양하고, 논쟁 역시 계속되고 있다. 특히, 유전과 환경은 지능에 영향을 미치는 요인으로 중요할 수밖에 없다.

1) 유전적 요인

유전적 요인이 지능에 미치는 영향을 연구하기 위해 흔히 쓰이는 방법은 가계조사를 하거나 가족 간의 지능 유사도를 밝히는 것이다.

지능이 유전적 요인에 의해 결정된다는 가정은 일란성 쌍생아나 입양아에 대한 연구로 입증되고 있다. 쌍생아 연구 결과, 지능의 상관은 일란성 쌍생아가 이란성 쌍생아보다 상관관계가 높았다. 쌍생아 이외에 형제 간, 부모자녀 간, 조부모와 손자녀 간, 사촌 간의 순인 것으로 나타났다. 이처럼 혈연관계가 가까울수록 지능의 상관이 높은 것은 지능이 유전적 요인에 의해 영향을 받음을 보여주는 것이다. 또한, 입양 연구 또한 유전적 요인의 중요성을 입증한다. 출생 직후 양자로 입양된 유아와 친부모의 지능과의 상관은 양부모와의 상관보다 일관성 있게 높게 보고되었다. 또한 입양된 형제자매와 친형제자매 간의 지능 상관성에서 입양된 형제자매보다 친형제자매와의 상관관계가 높았다. 이상의 연구 결과들을 볼 때, 지능은 유전의 영향을 크게 받는 것으로 해석된다.

지능에 영향을 미치는 유전적 요인의 힘은 발달 시기에 따라 다르다. 영아기에는 환경보다 유전이 더 중요한 결정 요인으로 작용한다. 영아용 지능검사인 베일리 척도로 생후 1~15개월까지의 영아를 검사한 결과, 성·출생 순위·부모의 교육 수준·거주 지역 등은 지능과 상관이 없었다. 즉, 영아기의 지능은 환경 요인과는 아무런 관계가 없으며 유전 요인이 더 깊이 관여함을 알 수 있었다.

표 6-7 가족관계에서 IQ 점수와 상관

관계		평균상관	관계		평균상관
생물학적 가족과 함께 성장	일란성 쌍생아	.86	생물학적 가족과 떨어져서 성장	일란성 쌍생아	.72
	이란성 쌍생아	.60		형제	.24
	형제	.47		부모-자녀	.24
	부모-자녀	.42	입양 가족과 함께 성장	형제	.32
	입양 형제	.35		자매	.24
	사촌	.15			

출처: MGue, Bouchard, Iacono, & Lykken(1993).

유전 가능성 추정치

유전 가능비란 유전적 차이를 설명할 수 있는 비율 추정치를 말한다. Jensen(1980)은 지능의 유전 가능비는 80%라고 주장한다. 즉, 지능을 환경 요인으로 설명할 수 있는 비율이 20%에 불과하다는 것이다. 연구자들은 Jensen의 유전 가능비가 실제 비율보다 더 높다고 하였는데, 대부분의 연구 결과 지능의 유전 가능비는 50~70% 정도로 나타났다(Bouchard et al., 1990; Loehin, 1989).

유전 가능성 추정치가 낮다고 해서 유전이 지능에 영향을 주지 않는다는 것은 아니며, 유전 가능성 추정도 한계가 있을 수밖에 없다(Erdle, 1990). 그 이유로는 첫째, 유전 가능성 추정치는 특정 집단에 근거를 둔 집단 추정치이므로 이 추정치를 개개인에게 적용하는 것은 적절하지 않을 수 있다. 둘째, 어떤 특성의 유전 가능성은 여러 요인에 따라 집단마다 다르게 나타날 수 있다. 예를 들면, 집단 구성원을 유사한 조건에서 양육했을 경우 유전 가능성은 증가할 것이다. 왜냐하면 유사한 조건에서 양육하면 환경 차이가 감소하기 때문이다. 그러므로 대부분 지능의 유전 가능성 추정치는 중류층의 백인 집단을 대상으로 한 결과이기 때문에 이 집단에만 적용할 수 있다.

2) 환경적 요인

연령이 증가함에 따라 가정환경의 영향력은 점차 커진다. 가정환경의 구성 요소인 사회경제적 수준, 부모의 교육 수준, 출생 순위, 형제 간 터울, 가족의 크기 등이 복합적으로 영아기 이후의 지능 발달에 영향을 미친다. 성장할수록 이러한 가정환경은 지능 발달에 있어 더 중요하게 작용한다.

사회경제적 지위도 지능에 영향을 미친다. 중·상류층의 유아가 저소득층 유아보다 지능 점수가 높다고 하는데, 이는 엄밀히 말하면 사회경제적 수준에 따른 지능의 차이는 유전적 차이라기보다는 중·상류층 사람들이 가정이나 학교에서 지적 발달을 자극하는 환경을 보다 많이 접하기 때문이다. 저소득층 아이들은 영양이 부실하고, 가정환경이 비조직적이며, 엄마와의 불충분한 상호작용 등 환경적 결손을 겪을 가능성이 많다. 일부 연구자들은 지능검사 문항이 중·상류층 아이에게 맞게 표준화된 것이기 때문에 이러한 것에서 오는 차이라고 설명하기도 한다.

가족 형태와 지능지수 간에도 상관이 있음이 밝혀졌다. 맏이가 둘째보다 더 높은 IQ 점수를 보이고, 둘째가 셋째보다 더 높은 점수를 보인다. 그러나 출생 순위가 늦더라도 형제간의 연령 차이가 크면 지능의 차이를 보이지 않는다. 또 가족 수가 적은 가정에서 자란 아이의 IQ 점수가 더 높다. 즉, 출생 순위, 터울, 가족 크기 등이 지능에 영향을 준다는 것이고, 이러한 상호작용의 정도가 자녀의 지능 발달에 영향을 준 결과로 보인다.

한편 생애 초기의 영양 부족으로 지적 발달이 지체될 수 있다. 영양결핍은 주의집중력을 떨어지게 하고, 이러한 주의산만은 학습을 방해하여 결국 지적 발달이 저조할 수 있다. 그런데 이러한 결과와 상반되는 보고도 있다. 임신기간 동안 기근상태에서 생활했던 엄마와 영양상태가 충분했던 엄마의 자녀들 간의 지능 점수에는 차이가 없다는 주장이다. 이 연구 결과는 영양실조의 심각성 정도와 지속 기간이 지능 발달의 중요 요인임을 설명해 준다. 영양실조 상태는 불리한 사회적 상황과 함께 일어날 때 더 큰 영향을 미칠 수 있다.

유아기의 지적 발달은 새로운 주변 세계의 다양한 자극에 대한 탐색을 통해 이루어진다. 그런데 친숙하지 못한 사람, 새로운 물건, 새로운 장소에 대한 탐색을 하기 위해서는 외부 세계에 대한 자신감이 있어야 한다. 이러한 자신감은 자신이 환경을 통제할 수 있음을 인식할 때 생긴다. 따라서 풍부한 자극에 대한 경험과 탐색을 가능하게 하는 애정적이고 협력적인 부모-자녀 관계형성은 지적 발달을 도울 수 있다.

다중지능과 영유아기 인지 발달

* 영아기 · 유아기의 인지 발달, 다중지능 이론 동영상 감상하기

1. 나의 강점과 약점은 무엇이라고 생각하는가?

2. 영아기의 인지 발달, 다중지능 이론 동영상을 보고난 후 인지 발달, 지능, 영유아기의 적절한 인지 발달 교육에 대해 다시 생각하고 느끼게 된 것을 기술해 보자.

출처: EBS 다큐프라임- '아이의 사생활: 다중지능'

4 창의성 발달

급변하는 현대사회는 새로운 정보와 지식, 아이디어가 한층 요구된다. 특히, 4차 산업혁명 시대에 즈음하여 창의성은 어느 때보다도 중요하게 부각되고 있다. 제4차 산업혁명의 발전을 주도할 미래형 인재는 어떤 능력을 가진 사람인가? 그 답은 창의적 아이디어를 기술과 지식에 연결할 수 있는 창의적 사람이다.

특히 유아기에는 창의성 교육이 중요하다. 유아기는 창의적인 사고의 밑바탕이 되는 상상력이 매우 뛰어난 시기이고, 다양한 감각을 통해 여러 가지 정보를 민감하게 수용하면서 일정한 사고의 틀을 만들어 가는 시기이기 때문이다. 이 절에서는 창의성의 정의, 구성 요소, 창의성의 발달, 창의성 검사, 창의성 교육 등에 대해 살펴본다.

1 창의성의 정의

창의성은 창조성, 창의력, 확산적 사고, 수평적 사고 등과 같은 용어로 흔히 사용되고 있으나, 지능과 마찬가지로 하나의 합의된 개념으로 정의하는 것은 쉽지 않다. 또한, 창의성은 학자에 따라 다양하게 정의한다. 창의성을 이해하는 접근이 서로 다르기 때문이다.

그러나 일반적으로 창의성이란 지금까지 없었던 새로운 것을 만들어 내거나 기발한 것을 생각해 내는 능력으로서 창의력, 창조성, 고등 정신 능력, 문제해결 능력, 확산적 사고, 수평적 사고 등과 유사한 의미로 사용되고 있다.

창의성에 대한 여러 학자의 정의를 살펴보면 다음과 같다.

- 스턴버그(1999) : 무엇인가 새롭고 문제 상황에 적절한 것을 만들어 낼 수 있는 능력이다.

- 길포드(1970) : 창의성이란 새롭고 신기한 것을 만들어 내는 능력이다.
- 토렌스(1975) : 창의성이란 새롭고 독특한 아이디어, 다른 관점, 문제를 새로운 시각으로 보는 것이다.

한편, 창의성에 대한 접근은 네 가지로 구분할 수 있다(임선하, 1995).

첫째, 창의성을 성취 또는 산출물(product)로 파악하는 것으로, 영유아의 작품(미술, 동시 등)이 독창적이고 기발할 때 창의적이라고 생각하는 것이다.

둘째, 창의적인 사고의 과정(process)에 중점을 두는 것으로 이야기 나누기, 탐구활동 또는 관찰 시 영유아가 독특하게 사고하거나 표현하는 경우가 해당한다.

셋째, 창의적인 사람(person)을 연구하여 이들의 특성을 밝히는 것이다. 모든 면에 기발하게 생각하고 다양하게 표현하는 사람의 공통된 특성이 무엇인가를 밝히고자 하는 것이다.

넷째, 창의적인 사고나 성취를 가능하게 하는 주변의 분위기나 압력(press)에 관심을 두는 것이다. 이는 문제를 해결해야만 하는 절박한 상황에서 창의적인 사고가 발휘되기 때문이다(임선하, 1993).

이상을 종합하면 창의성이란 비합리적이고 공상적인 상상력만의 산물이 아니라, 이미 가지고 있는 지식을 토대로 거기에 새로운 것을 더해 나갈 때 생기는 것이라고 볼 수 있다.

2 창의성의 구성 요소

창의적 행동과 창의적 산출물을 위해 필수적인 창의적 사고는 인지적(기능적) 요소와 성향적 요소가 상호작용해야 한다(이신동 외, 2015). 창의성의 구성 요인을 창의적 사고의 기능적 요소와 성향적 요소로 구분하면 다음과 같다(Kagan, 1983; Torrance, 1979; 임선하, 1996).

1) 창의적 사고의 기능적 요소

(1) 민감성

민감성은 다른 사람들이 잘 깨닫지 못하는 사안에 대해 문제를 생각해 내는 능력이다. 일상적이고 일반적인 상황이나 사물이라 하더라도 그냥 지나치지 않고 유심히 관찰하거나 문제 제기를 하며, 약간의 변화에도 적극적으로 생각하고 반응하는 것을 말한다. 즉, 주변 환경에 대해 예민한 관심을 보이고 이를 통해 새로운 탐색 영역을 넓히는 능력이다.

(2) 유창성

유창성은 특정 문제 상황에서 가능한 한 많은 양의 아이디어나 해결책을 산출해 내는 것으로 아이디어의 풍부함과 관련된 양적 능력이다. 따라서 반응의 질이 문제가 아니라 양이 중요하므로 자연스러운 분위기 속에서 많은 양의 아이디어를 낼 수 있도록 한다. 즉, 주어진 자극에 대해서 제한된 시간 안에 얼마나 많은 양의 사고 변화를 보일 수 있는가를 측정한다.

(3) 융통성

융통성은 고정적인 사고방식이나 시각 자체를 변환시켜 다양한 해결책을 찾아내는 능력이다. 즉, 주어진 문제를 해결하는 방법으로 한 가지에 집착하지 않고 여러 가지 접근법으로 해결해 보는 것은 그만큼 사고의 융통성이 있는 것이다. 이러한 요소는 유연한 사고뿐만 아니라 독창적인 사고의 관건이다.

(4) 독창성

독창성은 기존의 것에서 탈피하여 참신하고 독특한 아이디어를 산출하는 능력이다. 창의적 사고의 이상적인 목표는 사고의 독창성을 추구하는 데 있다. 유연한 사고에서 진전하여 자기만이 독특한 사고를 산출하는 능력으로 의식적으로 노력하는 데서 아이디어가 나올 수 있다.

(5) 정교성

정교성은 다듬어지지 않은 아이디어를 보다 치밀한 것으로 발전시키는 능력이다. 즉, 사물을 정교하게 관찰함으로써 남들이 보지 못하는 면을 파악하는 능력으로, 한 가지 아이디어를 설명하기 위해 상세한 내용을 가득 채워 넣거나 심층적인 아이디어를 만들어 내며, 기존의 생각이나 산물을 보다 치밀하게 구성하고, 일상 중의 평이한 생각을 보다 구체화하는 능력이다.

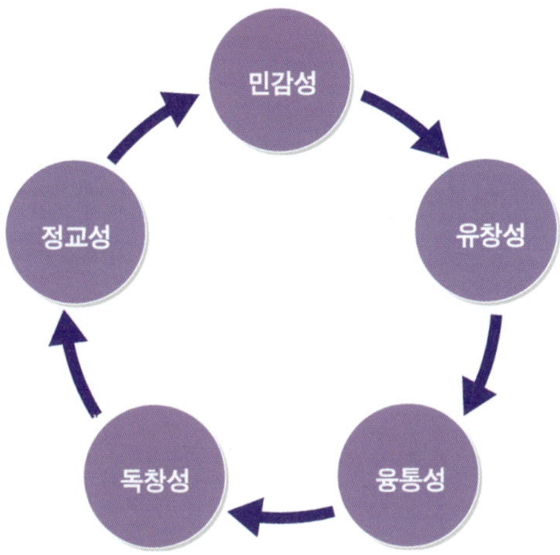

그림 6-12 창의적 사고의 기능적 요소

2) 창의적 사고의 성향적 요소

(1) 자발성

자발성은 문제 상황에서 아이디어를 자발적으로 산출하려는 성향이나 태도이다. 어떤 문제가 발생했을 때 해결하고자 하는 마음이 있어야 그 문제가 보인다. 칭찬이나 상과 같은 외적 보상 없이 스스로 문제를 해결하고자 하는 자발성은 중요하다.

(2) 독자성

독자성은 자신이 생각해 낸 아이디어에 대한 가치를 인정하고 다른 사람들의 평가에 구애받지 않으려는 성향이나 태도이다. 자신이 일단 생각해 낸 아이디어의 가치를 잠정적으로 인정하고 이를 계속 발전시키려는 태도이다.

(3) 집착성

집착성은 문제를 해결하기 위해 가능한 한 다양한 정보를 수집하고 문제가 해결될 때까지 끈질기게 물고 늘어지는 성향이다. 사고에서의 집착성은 하나의 문제가 해결될 때까지 계속 물고 늘어지는 태도이다.

(4) 호기심

호기심은 항상 생동감 있게 주변의 사물에 대해 의문을 갖고 끊임없는 질문을 제기하려는 성향이다. 주변의 사물이나 사태에 내해서 '왜 그럴까?' 또는 '무슨 일일까' 하는 질문을 의식적으로 제기해 본다.

최근 연구에 의하면, 창의성은 위에서 언급한 창의적 사고의 기능과 성향 외에 환경 및 복합적인 차원에서 인지적·개인적 특성, 사회적 맥락 및 사회 문화적 환경 등의 다차원 요소들과 관련 있다고 보기도 한다.

3 창의성의 발달

창의성의 발휘는 인생의 어느 시기에서든지 가능하지만, 창의성 교육의 효과는 다른 제반 발달과 마찬가지로 유아기에 가장 두드러진다고 할 수 있다.

앤드루(Andrew)는 3~4.5세 사이에, 버튼(Burton)은 4~4.5세 사이에 창의적 상상력이 최고조로 높게 나타나지만, 이렇게 급속히 발달한 유아의 창의성도 경직된 학교제도, 교육 과정 운영, 사회·문화 및 인적 영향 때문에 5세 무렵을 지나면서 감퇴하기 시작한다는 우려를 표명하였다(Burton, 1971). 토렌스(Torrance)는 성장한 후에도 창의성을 유지하려면 유아기에 창의성 계발을 보다 잘해야 한다고 권고하고 있으며, 그는 이 시기를 창의성 개발의 최적기라고 하였다. 즉, 유아에게 창의적 행동은 마치 숨을 쉬는 행동처럼 자연스럽게 나타나기 때문에 이 시기가 효과적이라고 본다.

또한, 유아는 원래 창의적인 존재이므로 주위에서 이를 지지하고 육성하면 자연히 창의성을 발현할 수 있기 때문에, 교육이나 보육 현장에서는 유아의 상상력을 자극하고 풍부하게 해주며 생각할 수 있는 충분한 시간을 허락하고 이를 창의적으로 표현할 수 있도록 격려해야 한다. 많은 연구 결과에 따르면 창의성은 적절한 훈련에 의하여 증진될 수 있다(Parnes, 1975; Torrance, 1979).

한편 창의성과 지능의 관계는 지난 50여년 동안 여러 관점에서 심리학자의 관심을 독차지하였다. 유전학에서 공학에 걸친 여타의 다양한 학문 영역에서 일하고 있는 과학자도 지능이 창의적인 발견과 발명에 공헌하는 것에 흥미를 보였다.

일반적으로 지능과 창의력의 상관은 낮다고 한다. 지금까지 연구한 결과, 창의성 검사 점수가 높은 유아들이 반드시 IQ가 높은 것으로 나타나지는 않아 창의성과 지능은 서로 독립적인 특성임을 시사한다(Guilford, 1983). 그러나 창의성이 높은 사람이 평균 지능 이하를 보이는 경우는 거의 없다. 즉, 지능이 높을수록 창의성의 범위가 넓고, 지능이 낮으면 창의성의 범위도 좁다. 이러한 연구 결과를 통해 창의성과 지능의 관계에서 창의력은 오히려 인지 능력과 관계가 있음을 알 수 있다. 창의력이 높은 사람은 인지적 복잡성을 선호하며, 인지적 융통성의 폭이 크고 자유로우며, 외부 세계뿐만 아니라 자아에 대해서도 감수성이 높은 지각적 개방성을 가지고 있다(Dellas · Gaier, 1970).

창의력이 높은 사람은 어떤 분야에서 필요한 본질적 지식을 훨씬 더 많이 갖고 있으며, 이 지식을 단순히 저장고에 장기 저장해 두는 것이 아니라 필요할 때 아주 짧은 시간 내에 찾아낼 수 있는 단서가 되는 다양한 유형의 색인철(index schema)을 갖고 있다. 따라서 창의력을 높이기 위해서는 어떤 과제 혹은 교과와 관련된 다양한 지식을 습득해야 하며, 더불어 인지 방략 훈련도 필요하다.

4 창의성 검사

1) 길포드의 창의적 사고력 검사

길포드는 창의성을 지적 특성으로 보고, 창의적 사고 요인으로 구성된다고 하였다. 인간의 사고는 수렴적 사고와 확산적 사고의 두 양식으로 구분하는데, 확산적 사고를 창의성으로 보았기 때문에 길포드의 창의성 검사 도구는 확산적 사고 검사가 주 내용이다.

2) 토렌스의 창의성 검사

길포드의 확산적 사고에 영향을 받은 토렌스는 유창성 · 융통성 · 독창성 · 정교성을 창의성의 구성 요소로 규정하였다. 토렌스가 개발한 창의성 검사 도구(Torrance tests of creative thinking, TTCT)는 창의성의 4가지 구성 요소의 속성과 수준에 따라 창의성 지수를 결정한다(임지영 외, 2015). 이 검사는 언어 검사와 도형 검사로 나눈다.

다음은 TTCT 도형 검사의 예시이다.

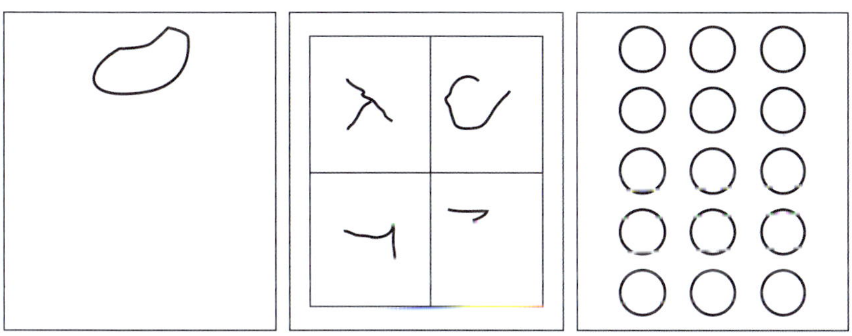

그림 구성하기   그림 완성하기   원

그림 6-13

5 창의성 교육

창의성 교육은 유아가 이미 가지고 있는 창의적인 잠재력이 위축되는 것을 막아주고, 이를 인지 발달과 조화롭게 통합할 수 있는 환경을 제공하는 것이어야 한다. 창의성 개발에 관한 연구는 주로 초등학교 아동부터 성인을 대상으로 이루어져 왔으나, Meeker(1978)는 수렴적 사고로 굳어지기 전인 유아기에 교육시키는 것이 바람직하다고 하였다.

교사는 유아의 창의성을 북돋우는 데 가장 중요한 역할을 한다. 유아는 끊임없이 교사에게 자신의 창의성을 인정받으려고 노력하는 반면, 교사는 유아의 창의적인 아이디어와 행동에 대해 관대하지 못한 경향이 있다. 유아와의 생활 속에서 분주하기 때문에 자신도 인식하지 못하는 사이에 유아의 창의적인 생각을 억누르는 일이 발생하기도 한다.

교사는 자신이 유아의 기발한 생각과 상상력을 수용하거나 거부함에 따라 창의성이 신장되기도 하고 억제되기도 한다는 사실을 알아야 한다. 때로는 창의적인 유아가 문제아로 비춰질 수도 있기 때문이다.

한편, 학생 개인에 대한 교사의 선호성 평정에서 교사는 창의력이 높은 학생보다 IQ가 높은 학생을 더 좋아하는 경향이 있다. 즉, IQ가 높은 학생은 교사가 요구하는 것을 잘 알고 있으며, 교사의 요구에 잘 따르는 경향이 높아 교사로부터 좋은 평가를 받지만, 창의력이 높은 학생은 교사의 요구대로 따르려고 하지 않고, 다양한 흥미와 관심을 갖고 있어 교사의 통제에서 벗어나려는 경향이 있기 때문이다.

창의적인 사람은 태도나 사회적 행동에 있어서 매우 독립적이고 자율적이기 때문에 집단 속에서 통솔하기가 더욱 어렵다. 더욱이 창의적인 동기를 가지고 있어 때로는 교사나 어른이 자신의 방식으로 이끌어 가려고 하면 거부 반응을 나타내기도 한다. 특히 우리나라의 전통적인 학교 풍토에서는 이러한 경향이 더욱 심할 것임을 예상할 수 있다.

따라서 유아 교사는 창의성 교육의 필요와 중요성을 알고, 유아의 창의적 사고력이 신장될 수 있도록 도와주어야 한다. 특히 4차 산업혁명 시대가 도래한 이 시점에서, 우리 사회는 지금부터 창의적인 인재를 양성할 수 있는 제도를 갖추어야 한다.

창의성 발달의 비밀! 흥미 제로, 쉽게 포기하는 아이

36개월 된 희윤이는 의자를 거세게 밀고 돌진하거나 동생에게 장난감을 던지는 공격적인 행동을 자주 한다. 엄마, 아빠가 주의를 주면 "잘못했어요, 다시는 안 할게요." 하며 대답은 시원시원하게 한다. 하지만 돌아서면 바로 똑같은 잘못을 되풀이한다. 희윤이의 반복되는 특이 행동은 하루 종일 로봇 장난감만 갖고 논다는 것이다.

아이라면 제일 좋아하는 장난감 하나쯤은 있는 것이 당연하다 싶지만 문제는 로봇 말고 다른 놀이에는 전혀 관심이 없다는 것이다. 새로운 놀이를 하자고 해도 하기 전에 "못해, 안 해"부터 외친다. 이런 희윤이에게 '창의성 제로'라는 놀라운 진단이 내려졌다.

아이들은 누구나 창의적인 존재로 태어난다. 만 1세쯤에는 상상력이 생기고, 만 4~5세까지 창의적 사고력은 폭발적으로 발달한다. 그런데 왜 왕성한 호기심과 무한한 상상력을 별칠 시기인 4살 희윤이에게 창의성 부족이라는 진단을 한 걸까?

창의성 잠재력을 알아보기 위한 과제에서 희윤이는 같은 또래들에 비해 매우 빈약한 반응을 보였다. '내가 만약 ~이라면' 과제를 통해서도 희윤이는 토끼, 강아지, 개구리, 원숭이로 변신해서도 무언가 먹는 동일한 시늉만 하였다. 하나 정도의 생각을 해내고 달라진 상황에서 다시 물으면 똑같은 얘기만 계속할 뿐 다양성이 부족했다. 또한 도형을 이용하여 무언가를 생각해내는 유창성을 묻는 과정에서도 희윤이의 생각은 보이지 않는 것에 대해 호기심이 부족했고 결국 수행을 포기하는 결과를 보였다.

평소 희윤이가 말도 잘하고, 부모도 나름대로 다양한 자극을 많이 주며 키웠고 표현이 풍부한 아이라고 믿고 있었는데 왜 창의력 발달에 문제가 생긴 걸까?

창의성을 결정하는 것은 무엇일까? 어쩌면 가장 중요한 것은 지능이 아니라 부모와의 상호작용일 것이다. 희윤이 부모의 상호작용은 '손 닦아야지, 밥 먹어야지, 말 안 들으면 어떻게 되지, 밥은 무엇으로 먹어야지' 등 주로 지적하거나 지시하는 식이다. 아빠의 일방적인 상호작용은 아이에게 생각할 겨를도, 말할 틈도 주지 않았다. 엄마 또한 사사건건 희윤이를 강압적으로 혼내기에 급했고 정서적인 상호작용은 하지 않았다. 결국 희윤이는 창의성 발달에 가장 중요한 요소인 부모와의 양질의 정서적 상호작용을 전혀 주고받지 못하였던 것이다. 이외에도 동생의 수유로 바쁜 엄마는 희윤이가 놀아 달라고 보챌 때마다 새로운 장난감을 사주고 혼자 놀게끔 했다. 결국 부모와의 정서적 상호작용 대신 희윤이는 늘 장난감하고만 일방적인 놀이를 했다. 혼자서 말없이 장난감과 노는 동안 희윤이는 생각할 기회를 점점 잃었던 것이었다.

Solution:

1. 놀이를 통해 창의적인 두뇌 근육을 만들어 주어라.
   그림자인형 놀이, 밀가루 놀이, 풍선소리 놀이 등

2. 창의적인 뇌를 만드는 대화법을 배워라.
   아이의 생각을 자유롭게 이야기할 수 있는 개방형 질문을 하라.
3. 매일 하나씩 새로운 경험을 하게 하라.
   상상 놀이를 할 수 있는 환경을 만들어 주어라.

–SBS '우리 아이가 달라졌어요' 제작팀; 조은영(2014). 경향에듀[재구성]

5 영유아기 인지 발달과 생태학적 맥락

브론펜브레너(Bronfenbrenner)가 발달 심리학에 생태학적 모형을 도입한 이래 생태적 환경이 생애 발달에 미치는 영향에 대한 많은 연구가 이루어졌다. 러너(Lener, 1995)에 따르면 맥락이란 발달에 영향을 미치는 물리적·사회적 변인들의 상호작용 체계이다. 따라서 인간이 살아가는 생태적 맥락은 개인의 성장과 발달에 결정적인 영향을 미치고, 영유아기의 인지 발달 역시 생태학적 맥락이 중요하다.

이 절에서는 영유아기의 인지 발달에 영향을 미치는 생태적 맥락으로 가정환경과 또래 집단, 매체, 영유아교육기관에 대해서 살펴본다.

1 가정환경

가정은 사람이 태어난 이후 최초의 만남이 이루어지는 곳이다. 따라서 가정환경의 교육적 가치와 영향력은 중요한 의미를 지닌다. 영유아 발달에 영향을 주는 가정환경의 변인에는 여러 가지가 있지만, 가장 중요한 요인은 부모의 양육 태도이다.

가족 구성원이 속해 있는 생태학적 맥락은 부모의 양육 태도에 영향을 미치고,

부모-자녀 간의 상호작용을 변화시킨다. 가정환경의 주요 요인으로 고려되는 것은 사회경제적 계층, 형제자매의 수, 출생 순위, 양친 부모의 존재 여부 등이다.

가정의 사회경제적 계층은 가정의 경제적 능력과 관계되어 학업 성적과도 관련된다. 일반적으로 가정환경의 질이 높을수록 학교에서의 성적이 높아지는 경향을 보인다. 무엇보다도 가정에서의 풍부한 인지적 환경, 즉 다양한 경험과 풍부한 인적·물리적 환경의 제공은 인지 발달에 커다란 영향력을 미친다.

형제와의 바람직한 상호작용이 지적 발달에 영향을 주기도 한다. 일반적으로 형제자매의 수가 적을수록 지능지수가 높다. 그리고 출생 순위로 볼 때 첫째 아이가 대체로 지능지수와 성취도가 높다.

양친 부모의 존재 여부에 대해서는 양친이 모두 있는 유아들이 한부모 가정의 유아보다 학업 성취가 높았고, 아버지가 자녀 교육에 적극적일 때 지능지수가 높았다. 뿐만 아니라 아버지의 다정함은 엄마의 다정함보다 자녀의 학업 능력과 더욱 상관된다는 연구도 있다(Wagner · Phillips, 1992). 또한 양육 활동에 많이 관여한 아버지를 둔 유아가 지능검사에서 더 높은 점수를 받은 것은 아버지가 자녀와 지적인 활동에 많은 시간을 보내며 긍정적인 상호작용을 많이 한 결과로 나타났다(황희숙 외, 2008).

영유아기에 효율적인 부모의 역할은, 적절한 애정과 통제가 병행되어야 하며 자녀의 성장 단계에 맞춰 존중하며 민주적으로 자녀와의 관계를 발전시켜 나가야 한다.

이상의 내용들을 종합해 보면 인지 발달에서 긍정적인 가정환경은 부모가 자녀 양육이나 교육에 적극적으로 참여하고, 풍부한 인지 환경을 제공해주는 것이다.

2 또래 관계

또래의 상호작용과 또래 집단에서의 인기도가 유아의 인지적 능력에 미치는 영향이 매우 크다.

친구가 많고 인기가 있는 유아를 살펴보면 사회적으로 유능하고, 창의적인 사고를 가지고 있으며, 타인의 관점에 대한 이해도가 높으며, 지적인 성향이 높은 것을 알 수 있다. 높은 수준의 문제해결 능력은 또래 관계에 영향을 주는 요인이다.

유아들은 또래와의 상호과정 속에서 갈등을 조정해 나가면서 자신의 관점과 다른 관점이 존재한다는 사실을 알게 되는 인지 발달이 이루어진다. 뿐만 아니라 또래끼리의 많은 지식이나 정보 전달이 성인보다 훨씬 효율적으로 이루어진다(황희숙 외, 2008).

또래의 사회적 지지 기능에 대한 연구 결과, 유아들도 성인과 마찬가지로 또래로부터 사회적 지지를 받고 있으며, 부모만큼 또래의 중요성 또한 높아지고 있다.

3 매체

영유아 발달에 중요한 영향을 미치는 매체는 TV와 컴퓨터와 인터넷, 스마트폰 등을 들 수 있다. 영유아의 매체 사용에 대한 찬반 논쟁은 있지만, 영유아는 이미 여러 가지 매체에 노출되어 있다. 이로 인해 매체의 역기능, 즉 신체 활동의 부족, 비만, 인내심과 집중력의 저하, 사회성 발달 기회의 부족, 폭력성 증가, 낮은 학업 성취도와 낮은 언어 능력, 전자파로 인한 시력 저하, 신체적 피해 등 부정적인 결과를 경험하고 있다.

이미 과다한 인터넷 사용과 컴퓨터 게임 중독 등의 사회적 문제의 논란 대상이 되고 있음에도 불구하고, 영유아는 점점 더 어린 나이에 이들 매체를 경험한다. 결과적으로 영유아는 긍정적이든 부정적이든 이미 매체의 직·간접적인 영향을 크게 받고 있다. 물론 매체가 영유아의 학업 성취와 학습에 대한 긍정적 태도를 높이는, 즉 인지 발달을 촉진시킬 수 있다는 연구도 많다. 많은 교육용 소프트웨어가 상위 인지를 사용하는 기회를 증대시키므로 인지 발달을 촉진시킬 수 있다는 연구가 그 한 예이다(황희숙 외, 2008).

따라서 영유아의 발달에 적합한 매체나 프로그램, 소프트웨어와 교육용 앱의 선택과 활용, 더 나아가 지도 방법에 주목할 필요가 있다. 이를 위해 영유아에게 적합한 활동이 지원되는 컴퓨터 교육이 이루어져야 하고 건전한 인터넷 환경이 마련되어야 한다. 또한 매체 내에서 또래 활동을 강화하여 사회성 발달을 기를 수 있는 활동을 찾아야 한다.

TV, 컴퓨터, 인터넷, 스마트폰 등의 매체는 영유아의 인지 발달에 긍정적·부정적 영향을 동시에 끼치는 양면성을 갖는다. 정보화 시대에 TV, 컴퓨터, 인터넷, 스마트폰 등의 매체는 이제 피할 수 없다. 따라서 영유아기의 발달적 특성을 이해하고 인지 발달을 촉진할 수 있는 긍정적인 방향으로의 지도와 대처 방안이 요구된다.

4 영유아교육기관

과거와 달리 맞벌이 부부의 증가, 가족 형태의 변화, 경제적 위기 등 오늘날 사회구조의 변화로 부모가 아이를 가정에서 직접 양육하기보다는 교육기관을 선호하는 것으로 바뀌고 있다. 이러한 변화로 교육기관이 영유아에게 미치는 발달적 영향은 실로 엄청나다.

영유아교육기관은 영유아에게 의도적이고 바람직한 교육 환경을 제공하고 적절한 인지 갈등을 유발시켜 지적 자극을 계획적으로 제공함으로써 인지 발달을 촉진시키기 때문에, 다른 발달 영역보다도 인지 발달 영역에 있어 효과가 강력하다(이수희, 2005).

영유아가 많은 시간을 보내는 장소인 영유아교육기관은 발달에 적합한 물리적 환경을 제공해야 하고, 탐색과 놀이 중심으로 환경을 구성해야 함은 물론 이를 지원하는 교사의 상호작용도 적절히 잘 이루어져야 바람직한 인지 발달이 이루어진다. 물론 교사의 변인도 교육의 질을 가늠하는 아주 중요한 변인이나, 기관의 구조적 변인보다는 교사의 자질, 교사-유아 간의 상호작용의 질 등이 훨씬 중요한 요인으로 작용한다(우수경 외, 2013).

연구문제

재미있는 낱말풀이 퀴즈

		B						D
1								
						2		
				C				
				3				
	A			4				
5								

〈세로〉

A. 감각을 해석하고 의미를 부여하는 과정

B. 실제적 발달 수준과 성인이나 유능한 또래의 도움을 받아 과제를 해결할 수 있을 것으로 기대되는 잠재적 발달 수준 간의 차이

C. 상징적 사고는 가능하지만, 조작적 사고가 충분히 발달하지 않는 시기

D. 인간의 지적 능력은 서로 독립적이고 상이한 여러 유형의 능력으로 구성된다는 이론

〈가로〉

1. 사물이 눈앞에 보이지 않아도 그 사물이 계속 존재하고 있음을 인식하는 능력
2. 생명이 없는 모든 대상에 생명과 감정을 부여하는 것
3. 기억하려는 정보를 관련 있는 것끼리 묶어서 기억하는 과정
4. 단기기억 혹은 활성기억의 또 다른 이름
5. 생후 초기 감각기관과 운동 기능을 통해 환경을 탐색하고 알아가는 영아기에 해당하는 시기

〈정답〉

		근						다
		접						중
		발						지
		달						능
대	상	영	속	성				이
		역				물	활	론
				전				
				조	직	화		
	지			작	업	기	억	
감	각	운	동	기				

Chapter 07

영유아기 언어 발달

태어날 때 울음밖에 표현하지 못하던 신생아가 영아기와 유아기를 거치면서 급속도로 언어 능력이 발달하는 것을 경험한다. 언어란 동물과 달리 인간만이 가진 유일한 의사소통 능력이다. 동물도 나름 의사소통 수단을 가지고 있다. 꿀벌은 꿀이 있는 곳을 다른 꿀벌에게 알리기 위해 날갯짓을 하고, 다른 동물은 동료에게 위험을 알리기 위해 특유의 울음소리를 내는 등의 정보 교환 수단을 가졌다. 그러나 이러한 동물의 신호는 언어라 할 수 없다.

이 장에서는 동물의 신호와는 구별되는 인간만이 가진 고유의 특성인 언어란 무엇이며, 언어를 어떻게 습득하는지 등에 대한 여러 학자의 언어 발달 이론과 언어의 발달 과정, 언어 발달에 영향을 미치는 생태학적 맥락 등에 대해여 살펴본다.

1 언어의 개념

언어는 인간만이 갖고 있는 독특하고 규칙 지배적이고 임의적인 상징체계로서, 의사소통의 수단이다. 침팬지나 앵무새는 인간의 말을 흉내 낼 수 있을지 모르나, 흉내 낸 말을 상징적으로 사용하지 못하며, 의사소통을 하지 못한다. 이러한 점에서 언어는 인간만이 습득할 수 있는 것이다.

1 언어의 구성 요소

언어는 몇 가지 구성 요소들이 있으며, 이 요소를 적절하게 규칙에 맞게 잘 조합해서 사용할 수 있을 때 완전한 언어를 구사할 수 있다.

언어는 음소(phoneme), 형태소(morpheme), 단어(word), 구(phrase), 절(clause) 등으로 구성되어 있다. 이러한 구성 요소들을 일정한 규칙과 체계에 맞게 사용하는 방법에 따라 음운론, 의미론, 형태론, 구문론, 화용론으로 나눈다.

2 언어의 체계

음운론은 최소의 음성 단위인 음소들을 가지고 단어를 만들기 위해 조합하는 규칙, 문자에서의 강세와 높낮이의 사용법에 관한 것이다. 음소는 자음과 모음에 의해 표현되는 하나의 단순음이다. 영어의 음소는 45개이며, 우리말의 음소는 43개로 알려져 있다(이연섭 외, 1999). 음운론의 습득을 통해 인간은 약 40여 개의 기본 음소를 가지고 다양한 어휘와 문장을 만들어 낼 수 있다.

의미론은 사용하는 단어와 문장이 올바른 의미를 갖도록 구성하는 것을 말한다. 예를 들면, '천둥이 살금살금 친다'라고 표현했을 때 의미를 올바로 전달하는 문장이라 볼 수 없다.

형태론은 의미 있는 올바른 단어나 문장을 만들기 위해 형태소들을 조합하는 것이다. 형태소는 음소들이 모여 언어에서 의미를 갖는 가장 작은 단위이다. 형태소에는 어휘적 형태소(lexical morpheme)와 문법적 형태소(grammatical morpheme)가 있다. 어휘적 형태소는 명사, 동사, 형용사, 부사와 같은 독립적이고 명백한 의미를 갖는 형태소인 반면, 문법적 형태소는 명사 뒤의 격조사나 형용사, 동사의 어미 변화와 같은 형태소 간의 문법적 관계와 의미를 명백히 해주는 것이다(이연섭 외, 1999). 형태소를 조합하는 규칙을 잘 사용할 수 있을 때 의미 있는 올바른 단어와 문장을 만들 수 있다.

구문론은 문법적 규칙에 따라 단어들을 조직해서 올바른 형태의 구와 절을 만드는 것이다.

화용론은 언어의 사회적 용법과 어떤 목적 달성을 위해 언어를 사용할 때 다양한 대화 방법을 사용할 수 있음을 아는 것이다. 한국과 같은 사회적 분위기에서는 윗분과 대화 시 존댓말을 써야 한다. 물을 마시고 싶은 자신의 욕구를 충족시키기 위해서는 대화할 때, '물을 달라'고 하거나, '목이 마르다'고 표현할 수도 있음을 아는 것이다. 이상의 방법들을 습득했을 때 완전한 언어를 구사할 수 있다.

2 언어 발달 이론

인간만이 갖고 있는 독특하고 규칙 지배적이며 임의적인 상징체계인 언어를 아동이 일정한 규칙과 체계에 맞게 사용하는 방법을 어떻게 획득해 나가는지를 설명하는 이론에는 여러 가지가 있다.

1 학습 이론

스키너(Skinner)를 비롯한 여러 학습 이론가들은 언어 획득과 발달은 다른 모든 행동과 마찬가지로 강화 작용에 의해 학습된다고 주장하였다. 언어 획득은 영아의 초기 음성화라든지 옹알이에 대한 성인의 선택적 강화라는 조건 형성의 결과가 점차 기억 속에 저장됨으로써, 시간이 경과함에 따라 아동의 언어가 성인 수준의 언어에 점차 접근하게 된다는 것이다.

학습 이론가는 아동의 언어 발달은 옹알이에서부터 시작된다고 하였다. 옹알이 속에는 여러 나라의 언어에서 사용하는 음소가 포함되어 있어, 부모가 사용하는 언어에 포함된 음소를 아동이 발음하면 부모는 더 주의를 기울이거나 칭찬하여 강화함으로써 아동으로 하여금 그가 속한 사회에서 통용되는 음소를 획득하게 하고, 나아가 음소와 음소의 조합방식을 학습하는 데 긍정적인 강화 역할을 하여 단어와 문장을 습득하게 된다고 주장한다.

언어 획득이 언제나 이와 같은 조건 형성에 의존한다면 부모는 아동이 어떤 발음을 할 때마다 강화를 해야 할 것이다. 그러나 실제로는 한 번의 강화를 준 적이 없는 단어도 아동이 사용하는 것을 볼 수 있고, 아동의 언어 발달 속도는 부모의 강화 빈도와는 비교도 되지 않을 만큼 빠르기 때문에 이런 측면에서 학습 이론에 대한 반론이 제기되기도 한다.

2 사회 학습 이론

대표적인 사회 학습 이론가인 반두라(Bandura)는 인간의 학습 과정이 직접적인 강화에 의해서도 이루어지지만, 타인의 행동을 관찰하고 이를 모방함으로써 이루어진다고 보았다. 아동의 언어 획득 역시 모델이 보여주는 언어 행동을 관찰하고 모방한 결과라고 하였다.

아동은 다른 사람이 하는 말을 듣고 그대로 모방하는 과정 속에서 모방 대상의 언어 문법 구조를 획득하게 된다는 것이다. 그러나 모방이 어휘 발달이나 문법 획득에 중요한 영향을 미친다는 것은 사실이나 전적으로 그렇지는 않다. 예를 들면, 이어문 시기에 엄마가 유아에게 "엄마 머리 빗고 있지"라고 표현해도 유아는 엄마의 말을 그대로 모방하는 것이 아니라 "엄마, 머리"라고 그들 특유의 전보식 언어로 표현한다. 그리고 "아빠가 나에게 붙잡았어"와 같은 흔한 언어적 실수를 하는데, 이 경우 유아 나름의 어떤 문법적 규칙을 활용하고 있음을 알 수 있다. 따라서 모방에 의해서 언어를 학습한다는 것은 아동이 성인을 모방하거나 흉내 냄으로써 말을 배운다는 것을 의미한다.

그러나 반두라의 주장처럼 모방이 어휘 발달이나 문법 습득에 중요한 영향을 미치는 것은 사실이나, 전적으로 모방에 의해서만 언어를 획득한다는 것을 설명하기에는 충분하지 않다.

3 생득 이론

인간의 발달은 선천적으로 생물학적 성숙의 과정에 의해 이루어지는 것으로 보는 생득주의 입장에서는 언어의 발달 역시 선천적으로 타고난 기제에 의해 이루어지는 것으로 생각한다. 그 대표적 학자로 놈 촘스키(Noam Chomsky; 1928~)를 들 수 있다.

촘스키는 인간의 신경 조직이 언어 개념을 내포하고 있는 정신 구조로 이루어져 있다고 주장하면서 인간은 누구나 언어 획득 기제(language acquisition device, LAD)라고 부르는 구조를 선천적으로 갖고 태어난다고 했다. 이 기제로 인하여 아동은 청각을 통하여 들은 언어, 즉 언어적 입력을 처리할 수 있으며, 언어 규칙을 구축하고 문법적으로 알맞은 언어를 이해하며 말할 수 있게 된다는 것이다. 그러나 언어 획득 기제는 생리적 기관이 아니며 단순히 촘스키가 가설적으로 추론해 낸 기제이다. 그의 가설적 모델은 [그림 7-1]과 같다(이연섭 외 1999).

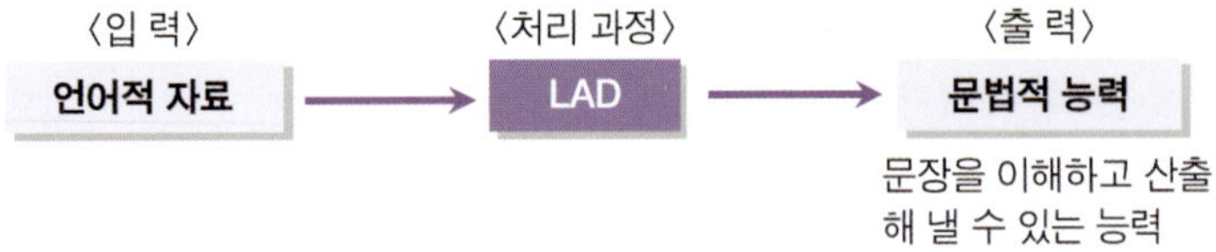

그림 7-1 촘스키의 가설적 모델

촘스키는 아동의 언어 획득은 어른의 가르침에 의해서라기보다는 자신의 노력을 통해서 언어 구조의 조작을 자발적으로 파악하는 자율적인 과정으로 보았다 이러한 자율적인 과정을 통하여 아동이 문장의 구성, 규칙에 맞는 말을 무한히 만들어 낼 수 있으며, 이는 태어날 때부터 갖고 있는 언어 능력 때문이다(이연섭 외, 1999). 이 언어 능력은 모든 문화권에서 공통적으로 규칙적인 순서에 따라 발달하며, 인간이라는 종 특유의 현상이다. 특히 언어 습득의 선천적 특성을 강조한 점과 초기 언어 발달이 중추 신경계통의 성숙과 유관하다는 그의 지적은 뇌신경학자의 관심을 끌었다, 그러나 에릭 레넌버그(Eric Lenneberg, 1921~1975)가 중심이 되어 진행한 연구 결과 언어 발달과 신경계통 간 관계가 있음은 분명하나 이것이 선천적 언어 획득 기제의 존재를 증명해 주는 것은 아니라는 반론을 제기하였다(이연섭 외, 1999).

촘스키는 아동이 언어적 규칙과 문법적 변화를 어떻게 습득해 나가는지에 대한 새로운 관점을 제시해 주었다. 그러나 그의 언어 획득 이론은 확고한 경험적 증거에 기초를 둔 이론이라기보다는 다분히 가상적이고 논리적인 이론이므로 보다 실증적인 연구를 통해서 보완할 필요가 있다(이연섭 외, 1999).

4 상호작용 이론

1970년대 중반부터 행동주의적 입장과 생득적 입장에 대한 비판이 시작되면서 상호작용주의적 입장이 나타났다. 상호작용주의적 이론에서는 사회적, 언어학적, 성숙적, 인지적인 여러 요인이 언어 발달에 영향을 주며, 이러한 요인들이 상호의존적으로 작용하여 언어가 발달한다고 하였다.

상호작용주의 이론은 크게 인지적 상호작용주의 이론과 사회적 상호작용주의 이론으로 나누어 볼 수 있다(조정숙 외, 2001). 인지적 상호작용주의 이론의 대표적인 학자는 피아제(Jean Piaget, 1896~1980)이고, 사회적 상호작용주의 이론의 대표적인 학자는 비고츠키(Lev Semenovich Vygotsky, 1896~1934)이다.

인지적 상호작용주의자는 언어를 생득적 특성이라기보다는 인지적 성숙의 결과 획득되는 여러 능력 중의 하나로 본다. 특히 피아제는 언어 이전에 인지 능력이 먼저 발달한다고 보고 감각 운동기에 생기는 도식이 언어의 기초를 이루기 때문에 도식이 잘 발달되어야 언어 발달이 제대로 이루어질 수 있다고 주장하였다. 즉, 인지 발달을 토대로 아동의 언어 발달은 계속 이루어진다고 보았다. 그의 주장에 따르면, 출생 후 첫 18개월 동안 영아는 주위의 사물을 만져 보고, 냄새를 맡아 보고, 입에 넣어 보며 이러한 종류의 탐색을 통해 아동은 세상에 대해, 사물과 사람이 행동하는 방식에 대해 알게 되며, 이러한 첫 단계 감각 운동기 말에 언어가 나타난다는 것이다. 따라서 영아가 언어를 획득하기 이전에 이미 그들에게는 인지 발달이 이루어져 있음을 알 수 있다.

예를 들어, 말을 하기 이전에 이미 영아는 물체의 대상영속성 개념을 갖고 있다. 따라서 피아제는 언어 획득에는 인지 과정의 발달이 선행되어야 한다고 보았다. 피아제는 이와 같은 관점에서, 어린 아동의 언어를 인지 구조의 발달적 특징에 따라서 구분하였다. 즉, 구체적 조작기인 7~8세 미만의 영유아는 인지적으로 자아중심적 사고 특징을 가지고 있으므로, 그 시기의 어린이가 산출하는 언어도 역시 인지적 특성과 일치되어 자아중심적 특성을 보여 자아중심적 언어를 사용한다는 것이다. 자아중심적 언어란 다른 사람의 관점이나 요구를 이해하지 못하고, 사고가 자기 자신에게 집중되어 있어 의사소통을 위한 대화가 제대로 이루어지지 못하는 형태의 언어이다. 이러한 언어 형태는 반복, 독백, 집단적 독백 등이다.

어린이가 구체적 조작기에 이르러 인지적으로 구체적 조작이 가능해지고 타인의 관점을 조망할 수 있게 되면, 어린이의 언어는 자아중심적 특성을 벗어나서 듣는 이를 고려하는 사회화된 언어로 변화한다. 사회화된 언어란, 타인의 관점을 고려하여 사용하는 언어로서 정보 교환, 비평, 명령, 요구, 질문 등 타인과의 관계 속에서 활발히 이루어지는 특징이 있다.

따라서 피아제는 자기중심적 사고에서 벗어나는 7~8세 정도가 되어야 진정한 의미의 언어를 사용하게 된다고 하였다. 다시 말해, 아동의 언어는 자아중심적 언어에서 사회화된 언어로 발달해 간다고 보았다.

피아제에 의하면 아동은 사물에 대한 이름을 말할 수 있기 전 사물에 대한 사고를 할 수 있다. 이것은 언어가 없이도 사고를 할 수 있다는 것을 의미하며, 언어를 인지의 한 부수물로 간주한다.

그러나 이와는 대조적으로 비고츠키는 유아가 물체 및 성인과 사회적 상호작용을 하는 발달 과정에서 유아 자신의 행동을 조절하기 위해 언어를 사용하게 된다는 견해를 갖고, 사고(인지)란, 언어의 형식으로만 존재한다는 기본 전제 하에 언어를 중심으로 인지 발달을 연구했다. 그는 피아제와 달리 언어와 사고는 그 근원이 서로 다른 상태에서 발생하여 서로 독립적으로 발달하다가 생후 2세 때 언어와 인지는 서로 교차되어 생각하는 것을 말로 표현할 수 있고 말도 논리적으로 된다고 하였다.

비고츠키는 언어의 형식을 외적 언어와 내적 언어로 분류하였다. 외적 언어는 남에게 소리 내어 하는 말이고, 내적 언어는 자기에게 소리 없이 하는 말(즉, 사고)이다. 먼저 외적 언어가 나타난 다음 내적 언어가 나타난다. 이 외적 언어와 내적 언어의 중간 지점에 해당하는 단계에서 자아중심적 언어가 나타난다.

비고츠키의 언어 이론의 또 다른 특징은, 언어가 자아중심적인 것에서 사회화된 언어로 발달한다고 주장한 피아제와 달리, 아동의 언어는 먼저 사회화된 언어에서 자아중심적 언어를 거쳐 차츰 내적 언어로 발달해 간다는 점이다.

사회적 상호작용주의 이론은 유아의 언어 발달을 위해서는 환경, 특히 사회적 상호관계 내에서의 특수한 경험과 훈련이 필요하다고 보고 적절한 언어 경험을 유아에게 제공해 주는 엄마와 어른의 역할을 강조한다(박혜경 외, 1999).

이상에서 언어의 습득 과정을 학습 이론, 사회 학습 이론, 생득 이론, 상호작용주의 이론의 입장에서 살펴보았는데, 어느 한 가지 이론만으로는 설명하기 어렵다. 언어는 생리적 발달, 신경적 발달, 인지적 발달, 사회적 발달 등과 상호 관련이 있고 어느 입장을 강조하느냐에 따라 언어 발달을 다르게 설명할 수 있다. 그러므로 어느 특정 이론에 제한하지 않고 유아의 발달 수준에 따라 통합적인 발달 과정으로 언어 발달을 이해하는 것이 바람직하다.

3 언어 발달 과정

언어 발달 과정은 언어 이전의 시기와 언어기로 나눈다.

1 언어 이전기

(1) 울음

출생 후 첫 울음으로 영아는 자신의 존재를 세상에 알린다. 인간의 최초 언어는 울음이다. 영아에게 울음은 자신의 욕구를 외부에 전달할 수 있는 효과적인 수단이다. 영아는 배가 고프거나 아플 때, 뭔가 불편하거나 바라는 게 있을 때 운다. 출생 직후 영아의 울음은 이유를 구분할 수 없는 미분화된 울음으로 숨을 내쉼으로 일어나는 반사적 반응으로서 우는 울음이다. 그러나 생후 1개월 이후부터 울음이 분화하기 시작한다. 즉, 울음소리의 음조와 강도를 변화하며 운다. 예를 들면, 배고프거나 놀아달라고 할 때 울음은 울음소리의 높낮이가 규칙적이다. 불만이 있거나 몸이 불편할 때는 낮고 작은 소리로 칭얼거리듯 운다. 고통스러울 때는 비명을 지르듯, 숨이 넘어 갈 듯한 불규칙적인 울음을 운다. 즉, 울음을 통해 주변 사람들에게 자신의 욕구와 감성을 알리며 자신의 의사를 전달한다.

(2) 쿠잉

생후 2개월 때 영아는 기쁘거나 만족스러울 때 주로 모음으로 구성된 '소리내기'를 시작하는데 이를 쿠잉이라 한다. 주로 '우우…… ', '어어……' 같은 발성인데 좋아하는 대상이나 대상물의 얼굴을 보며 '우우우'나 '꾸룩꾸룩' 하는 목 울림 소리를 낸다. 이러한 쿠잉은 상대방에게 자신의 만족한 감정을 표현하는 의사소통의 수단이다. 이 시기에 웃음도 나타난다.

(3) 소리내기 놀이

생후 4개월 무렵부터 소리내기 놀이가 시작된다. 이때 영아는 다양한 소리를 내보려 애쓰는데, 자음과 모음이 합해진 '바, 가, 마'와 같은 한 음절의 소리를 내보는 놀이를 시작한다.

(4) 옹알이

생후 6개월 무렵 옹알이를 시작한다. 음절을 하나하나 따로 내뱉기보다는 '마-마-마-마-'와 같이 음절을 반복, 연속해서 소리를 낸다. 이때 다양한 음절을 발성하지만 자기가 소속하고 있는 집단에서 쓰지 않는 소리는 점차 내지 않고, 반대로 많이 쓰이는 소리는 점점 많이 낸다. 10개월 무렵에 이르면 옹알이에 성인의 언어처럼 리드미컬한 억양을 붙여 강세와 어조의 높낮이가 있는 소리를 낸다. 이때 대화하는 것처럼 들리는데 이를 자곤이라고도 한다.

생후 10~12개월 무렵은 언어 이전의 시기에서 언어 사용의 시기로 넘어가는 과도기이다. 이때 옹알이에서 벗어나 언어 사용을 시도하지만 진정한 의미의 단어는 출현하지 않으며, 단어 비슷한 형태로 발음을 할 수 있다. 이때 입, 혀, 이, 목청 같은 조음 기관의 조절 능력을 획득해야 한다.

(5) 몸짓

영아는 첫돌이 가까워지면 몸짓을 사용한다. 몸짓을 베이비 사인(baby sign) 또는 몸짓언어라고 한다. 몸짓은 단어가 나타나기 전 몸으로 표현하는 언어라고 할 수 있다.

몸짓은 일종의 상징으로서 언어처럼 의미를 전달한다. 물건을 달라고 할 때는 두 손을 모아 뻗거나, 떠날 때는 손을 흔들고, 좋을 때는 손뼉을 친다. 이처럼 몸짓을 통해 요구, 제안, 감정을 전달한다. 몸짓을 많이 사용한 유아는 말하기 능력이나 언어 구사 능력이 더 뛰어나는 등 언어 발달에 도움이 된다(Roww · Raudenbush · Goldin-Meadow, 2012; Goodwyn · Acredolo · Brown, 2000). 따라서 몸짓언어를 많이 할수록 말을 더 쉽고 빨리 배운다.

베이비 사인의 3단계

- **1단계: 아기가 말 없는 동작에 관심을 기울인다**
  아이에게 처음 베이비 사인을 가르치는 단계로, 엄마가 코를 찡그린 채 킁킁대면서 정원의 꽃을 가리키면 아이들은 그 동작을 유심히 관찰한다.
- **2단계: 부모가 표현하는 사인을 아이가 이해한다**
  아이는 자신이 말할 수 있는 것보다 더 많은 단어를 이해하고 있다. 부모가 강아지 사인을 하면 아이는 강아지 쪽을 본다. 혹은 부모가 입술을 움직여 쪽쪽 소리를 내면 장난감 물고기를 가져온다. 아이가 베이비 사인의 의미를 이해한다는 증거이다.
- **3단계: 아이가 베이비 사인으로 말하려고 노력한다**
  발달의 가장 중요한 증거는 아이가 처음으로 베이비 사인을 시도하는 것이다. 서툴지만 해냈다면 열렬한 반응을 보여 주는 것이 좋다.

출처: EBS 아기성장보고서(2015).

2 언어기

(1) 일어문 시기

생후 12~18개월 사이 영아는 친숙한 인물, 동물, 물건과 관련된 단어를 상대방이 알아들을 수 있게 한 단어로 표현한다. 간혹 발음이 어려우면 스스로 단어를 만들기도 한다. 엄마, 아빠, 언니, 이찌, 맘마, 고양이, 쥐 등이다. 이 시기 어휘력은 50개 정도이다. 한 단어를 가지고 자신의 모든 의사를 전달한다. 한 단어가 문장 전체의 기능을 하므로 이때의 언어를 일어문이라 한다. 즉, 하나의 단어가 상황에 따라서 여러 의미를 함축하며 여러 기능을 수행한다. 예를 들면, 엄마를 부를 때 '엄마'라고 하지만, '업어주세요'라고 할 때도 '엄마'라고 표현한다.

또한 이때 단어의 의미가 과잉 축소되거나 과잉 확대되는 현상이 일어나기도 한다. 과잉 축소 현상이란 단어를 적용하는 범위를 너무 좁게 한정해서 사용하는 것이다. 자기 집에 있는 곰 인형에게만 곰 인형이란 단어를 사용한다. 과잉 확대 현상이란 한 단어의 적용 범위를 넓게 잡는 것이다. 예를 들면, 강아지란 단어를 네 발 달린 모든 동물에게 사용해서 염소, 고양이도 강아지라고 부른다. 이러한 오류는 언어에 대한 경험이 증가하여 어휘의 의미를 세분화하면서 점차 사라진다(권민균 외, 2016).

(2) 이 · 삼어문 시기

생후 18~24개월 무렵이 되면 두 개, 세 개의 단어들을 조합하여 하나의 문장을 만들어 자신의 모든 의사를 표현한다. 이렇게 두세 개의 단어로 이루어진 문장을 이 · 삼어문이라고 한다. 과거형, 소유격, 조동사 등은 없이 핵심적인 낱말만 나열해 표현하므로 전보식 언어라고도 한다. 예를 들면, '엄마가 신을 신고 있어요'라는 표현을 '엄마, 신'이라고 말한다. '비행기가 하늘에 날아가고 있어요'를 '비행기, 하늘'이라고 표현한다. 때로는 자신의 필요에 따라 전혀 들어보지 못한 새로운 문장을 만들어 내기도 한다(이연섭 외, 1999). 또한, 이 시기에는 일어문 시기에 비해 어휘 수도 급속하게 증가한다. 약 24개월 때 어휘 수는 320개 정도 되며, 30개월 무렵에는 600개 정도나 된다(Fenson et al., 1994; E. Bates et al., 1994).

(3) 삼어문 이상의 시기

생후 26~36개월 사이에는 3개 또는 4개의 단어들로 구성된 보다 긴 문장을 사용할 수 있다.

이 시기에는 문장을 만들 때 나름대로 문법적 규칙을 적용하고자 한다. 의문문, 부정문, 긍정문과 같은 기본 문형을 알고, 여러 가지 어형 변화를 할 수 있다. 그러나 초기에는 문법적 규칙을 적용하는 과정에서 과잉 일반화 또는 과잉 규칙화라고 하는 문법적 오류를 범하기도 한다. 즉, 문법을 습득해가면서 알게 된 규칙을 확대해서 적용한다. 예를 들면, 영어 규칙동사의 과거형을 만들 때 동사어미에 'ed'를 첨가해야 함을 익힌 후 모든 동사의 과거형을 만들 때는 예외 없이 무조건 'ed'를 첨가하는 것과 같다. run의 과거형은 ran임에도 runed로 만든다. 또한, 주어 뒤에 주격조사 '이'나 '가'를 붙이는 문법 규칙을 과잉 적용하여 주격조사로 '이가'를 함께 써서 '선생님이가 밥 먹어요'라고 말하기도 한다.

생후 30~48개월 사이에는 접속사를 사용하거나, 중문·복문과 같은 복잡하고 긴 문장을 사용할 수 있다. 어휘 수도 폭발적으로 증가한다. 30개월 때 사용하는 어휘 수는 약 600개 정도 되며, 5~6세 때에는 15,000개 정도까지 증가한다. 이 시기에는 매일 약 10개의 새로운 어휘를 습득한다고도 한다(Pinker, 1994). 어휘의 증가처럼 문법 사용 능력도 급속하게 증가한다. 언어 발달은 1세 무렵부터 4세 사이에 가장 급격하게 일어나서 4세 아동의 언어 표현력은 거의 성인과 비슷하다. 그러나 문법적 구사는 아직 완전하지 않으며, 특정 형태의 문법적 오류를 범하기도 한다. 이러한 오류들은 이후의 발달 과정에서 차츰 수정이 이루어진다.

(4) 의사소통 능력의 발달

유아기에는 사용하는 단어의 수가 급속하게 증가한다. 단어를 사용하여 문장을 만들고 문법 규칙을 이해함에 따라 다양한 문장을 구사할 수 있으므로 상대방과 효율적인 의사소통이 가능하다(조성연 외 2003).

효율적인 의사소통을 하기 위해서는 다음과 같은 몇 가지 규칙이 필요하다. 첫째, 대화를 할 때는 차례를 지켜야 한다. 두 사람이 동시에 말할 수는 없기 때문에 한 사람이 말 할 때는 다른 사람은 들어야 된다. 즉, 말하고 듣는 순서를 지켜야 된다. 둘째, 대화자는 현재 진행되고 있는 주제와 관련된 대화를 한다. 주제와 관련이 없는 응답이 주어지면 더 이상 대화가 지속되기 어렵다. 셋째 상대방의 연령이나 언어 수준, 지적 수준, 수행 능력 수준, 사회적 맥락 등을 고려하여 대화한다. 유아도 효과적인 의사소통에 필요한 대화의 순서나 대화 상대의 연령, 장소 그리고 시간, 주제와 같은 의사소통을 위한 물리적 상황이나 사회적 맥락에 맞는 언어를 사용할 줄 안다.

유아는 2세 무렵이 되면 대화라는 것이 무엇인지 알고, 누가 자신에게 말을 하거나 질문을 하면 그 다음 차례로 자기가 답해야 된다는 대화의 순서를 안다. 3세 무렵이 되면 대화의 상대가 자신의 질문이나 대화에 반응하지 않으면 자신의 말을 반복함으로써 상대의 반응을 이끌어 내려고 노력한다. 예를 들면, 형을 불렀을 때 형이 응답하지 않으면 형이 대답할 때까지 더 큰 소리로 반복해서 부른다. 즉, 상대방에게 말을 하면 상대방도 대답해야 한다는 지식과 기대를 갖고 있다(권민균,

2016). 4세 정도가 되면 의사소통하는 상대를 고려하여 상대의 수준에 맞게 화법을 조절해야 한다는 것을 안다(조성연 외, 2003). 자신보다 어린 유아에게 이야기할 때에는 쉬운 단어를 사용하거나 천천히 말을 반복하여 듣는 사람이 쉽게 이해할 수 있는 말을 하고, 성인에게는 더 복잡한 구조와 문장으로 설명한다. 예를 들면, 로봇 장남감 사용법을 성인에게 설명할 때는 '여기 뒤에 건전지를 넣어야 돼요. 그러고 나서 여기 버튼을 누르는 거예요'라고 말한다. 그러나 자기보다 어린 동생에게는 '봐, 여기 뒤를 봐. 여기 뚜껑 보이지? 뚜껑을 열고 건전지를 넣는 거야. 그리고 앞으로 돌려. 여기 버튼 보이지? 이 버튼 누르는 거야'라며 더 자세하게, 단순한 문법과 짧은 문장으로 사용법을 반복 설명한다. 그리고 성인에게는 존칭을 사용하는데 선생님이나 낯선 성인에게는 부모나 가족에게 이야기하는 것보다 더 공손하게 존칭을 사용하여 이야기한다.

언어 발달의 적신호

시기	특징
0~3개월	말이나 의성어를 사용해 얼러도 돌아보지 않는다.
4~6개월	초인종 소리, '안 돼'라는 말에 반응하지 않는다. 옹알거리지 않는다.
7~12개월	자신의 이름을 불러도 돌아보지 않는다. 다른 사람의 말에 귀를 기울이거나 흉내 내지 않는다.
1~2세	그림책 속의 사물 이름을 가르쳐 줘도 무엇을 가리키는지 알 수 없어 지적하지 못하며, '강아지 어디 있지?'와 같은 간단한 질문에 답하지 못한다.
2~3세	위아래를 구분하지 못한다. '물 컵을 집어 이리로 가져올래'와 같이 한꺼번에 두 가지를 시키면 제대로 처리하지 못하고, 두세 개의 단어를 연결하는 것을 힘들어 한다.
3~4세	'누가, 무엇을, 어디서'가 들어간 간단한 물음에 답하지 못한다. 음소를 정확하게 발음하지 못하며 가족 외의 사람들은 알아듣지 못하는 말을 한다.

출처: EBS 아기성장보고서(2015).

4 언어 발달과 생태학적 맥락

아동의 언어 발달은 여러 가지 생태학적 맥락의 영향을 받는다. 생태학적 맥락으로서 아동의 성, 지능, 가정환경 등은 언어 발달을 촉진하거나 저해하는 요인으로 지적되고 있다. 이러한 요인에 대해 간단히 살펴본다.

1 성차

많은 연구에서 남아와 여아 간 언어 발달 정도는 성에 따라 차이가 있는 것으로 보고되고 있다. 대체로 여아는 언어 발달 속도나 유창성, 정교성, 이해력 등에서 남아를 능가한다. 그 차이의 원인은 부분적으로 남녀 간의 신체적 성숙률의 차이에 기인한다. 또 다른 원인으로는 남아와 여아의 서로 다른 양육 방식이 언어 발달의 차이를 가져온다(김성희 외, 1998). 즉, 문화 간의 차이는 있겠으나 일반적으로 엄마는 남아보다 여아와 더 많은 대화를 나누는데, 이러한 대화 방식의 차이가 장기적으로 여아의 언어 발달을 촉진한다.

2 지능

대체로 지능과 언어 발달은 정적인 상관관계가 있는 것으로 나타났다. 일반적으로 지능이 높은 유아가 지능이 낮은 유아보다 더 빨리 말을 시작하고 사용하는 어휘 수도 많으며, 문법적 요소도 더 빨리 발달한다. 이는 말을 하고, 듣고, 읽고, 쓰기 위해서는 적절한 기억력, 사고 능력, 모방력, 문장 구성력 등 지적 능력이 필요하기 때문이다. 그러나 지능이 높다고 해서 반드시 말을 잘한다고 단정 지을 수는 없으며, 말이 많다고 해서 반드시 지능이 높은 것은 아니다(박홍자 외, 1993). 특히 촘스키는 언어 발달이 지능과 깊은 관련이 없다고 보며, 레넌버그는 IQ가 50 정도인 아동도 쉽게 언어를 습득할 수 있다고 하였다. 즉, 언어 발달이 선천적 기제에 의해 이루어진다고 보는 견해에서는 지능과 언어 발달이 무관하다고 주장한다.

3 가정환경

가정의 사회경제적 지위에 따라 아동의 언어 발달에 차이가 발생한다. 예를 들면, 결손 가정이라는 환경 요인 때문에 언어 발달에 차이가 생긴다는 것이다.

번스타인(Berstein, 1973)은 하류층과 중류층 엄마와 아동 간의 대화에 대하여 조사하였다. 그 결과 하류층 엄마는 짧은 대화와 단순한 문법을 구사하는 제한된 언어를 사용하는 반면, 중류층 엄마는 문장이 길고 문법적으로 복잡하며 정확한 문장으로 정교한 언어를 사용하였다. 이처럼 사회계층에 따른 언어 사용의 차이로 인해 아동의 언어 발달에도 차이가 생긴다. 즉, 중류층 자녀는 부모의 영향으로 사용하는 어휘가 더 풍부하며, 문장 구조가 복잡한 정교한 언어 능력을 보이는 반면에, 하류층 자녀는 사용하는 어휘가 부족하고, 문법적으로 부정확한 덜 세련된 언어 능력을 보인다.

그러나 아동의 언어 발달 차이가 전적으로 사회계층의 차이에서 비롯한 것은 아니다. 언어 발달에 영향을 미치는 또 다른 요인으로 가정 내에서의 아동과 어른의 언어적 상호작용의 양을 지적할 수 있다. 예를 들어, 형제 수가 많아 자녀와 부모 간의 언어적 상호작용이 빈번하지 못한 가정의 자녀는 형제 수가 적은 가정에 비해 상대적으로 언어 발달의 정도가 뒤쳐진다.

또한 가족의 크기가 작은 핵가족 내의 아동은 대가족 내에서 많은 어른과 상호작용을 하며 자라는 아동에 비해 언어 발달이 늦을 수 있다. 이외에도 부모의 교육 수준이 영아의 언어 발달에 영향을 미치기도 한다. 부모의 교육 수준이 높을수록 영아의 언어 능력이 높게 나타난다. 이는 부모의 교육 수준이 높으면 지능 수준, 사회경제적 수준, 부모의 언어 사용 수준, 부모의 양육 태도 등이 양호할 수 있기 때문이다(공인숙 외 2015). 이와 같이 가정환경 요인 중 아동의 언어 발달에 중요한 영향을 미치는 것은 부모가 유아에게 얼마나 반응적이고 민감한가, 부모가 영아와 얼마나 많은 언어적 상호작용을 하는가이다(공인숙 외, 2015).

▣ 아동의 언어 발달을 도와줄 수 있는 방법

1. 아동에게 자주 말을 시키고 아동을 대화의 상대로 존중한다.
   즉, 아동에게 지시하기보다는 상호 존중하는 대화를 한다.
2. 아동이 사용하는 언어를 기초로 해서 확장, 수정한다.
   아동이 한 발에 기초하여 새로운 어휘를 소개하거나 올바른 문법적 형태를 들려준다.
3. 아동이 최소한의 의사소통을 넘어 확장하여 자신의 느낌이나 생각을 표현하도록 장려한다.
   질문에 대한 답을 요구할 때 단답형보다는 문장으로 대답하도록 장려한다. 또한 이것, 저것, 그것 등의 애매한 표현보다는 맛있는 사과, 큰 자동차와 같은 기술적 어휘를 사용한다.
4. 아동의 말을 듣는다.
   아동은 천천히 말하는 경향이 있는데, 이때 인내심을 갖고 아동이 문장을 끝낼 때까지 기다린다. 또한 아동이 이야기하는 것에 주의를 주고 적절하게 응답하도록 노력한다.
5. 언어 사용이 즐겁다는 것을 느끼게 한다.
   책을 읽어주고, 노래를 들려주며, 농담을 하여 아동이 언어를 배우고 사용하는 것은 놀이와 같다는 느낌을 갖도록 도와주다

출처: 권민균 외(2016).

연구문제

01 언어 발달 과정을 관찰해 보자.

02 언어 발달 이론에 대해 조사해 보자.

03 언어 발달에 영향을 미치는 요인들에 대하여 조사해 보자.

Chapter 08

영유아기 정서 발달

아이가 처음 세상과 접할 때, 최초로 보이는 반응은 울음이다. 이렇듯 웃거나 우는 등의 정서적 반응은 인간이 태어나면서 본능적으로 가지고 있는 행동으로 여길 수 있다. 그리고 정서 반응이나 표현은 선천적이거나 생애 초기에 형성되므로 발달 과정에서 특별한 변화를 보일 것으로 기대하지 않는다. 그러나 정서 표현은 언어적 반응보다도 더 확실한 의사소통 역할을 하며, 변화하는 인간의 모습을 기술할 때 매우 중요한 영역이다.

이 단원에서는 영유아기 아이들의 정서적 표현과 정서적 변화에 대한 이해가 어떻게 발달하는지 살펴본다. 정서는 기분이나 감정 상태에 대한 개인적 표현이지만, 타인과 의사소통하는 방식으로도 기능한다. 특히 타인과의 정서적 관계인 애착을 중심으로 정서적 유대의 심리적 중요성을 알아보고, 영유아의 후기 발달에 어떠한 영향을 미치는지에 대해서도 살펴본다.

1 정서 발달

1 정서의 정의

사람들은 슬프거나 우울할 때 어떠한 변화를 보일까? 어깨는 처지고 얼굴 표정은 어두워지기도 하며 때론 무표정하거나 생기가 없어진다. 그러면 기쁠 때는 어떠한가? 눈과 입꼬리가 올라가고 얼굴 표정이 웃음으로 번지고 심장이 두근거리는 등의 변화를 보일 것이다. 또한 사랑을 느낄 때 어린 영아들도 사랑하는 대상과 함께 하고 싶어 울거나 매달리고 졸졸 따라다니는 모습을 종종 보이기도 한다. 이처럼 외현적으로 정서의 상태나 변화를 쉽게 포착할 수도 있지만 때로는 어떤 감정, 어떤 상태인지 쉽게 파악하지 못할 수도 있다.

어떤 정서 상태인가요?

영아를 포함하여 사람은 자신이 어떠한 정서 상태에 있는지 그리고 자신뿐만 아니라 다른 이의 정서를 이해하고 사회적으로 적합한 정서를 표현하는 것은 발달에 있어 매우 중요하다. 온종일 먹고 놀고 자기만 하는 것처럼 보이는 매우 어린 아이에게도 행복, 기쁨, 공포 등과 같은 정서가 있을까?

일반적으로 정서는 인간의 주관적인 경험으로 기분, 감정, 정서 등과 같은 다양한 용어로 표현된다. 이 중 감정과 정서는 별다른 구분 없이 사용하는 편이지만,

학문적인 영역에서는 정서를, 일상생활 혹은 임상 영역에서는 감정이라는 용어를 더 많이 사용하는 편이다.

학문적으로 정서란 개인이 내·외부 자극을 인지하고 경험함으로써 발생하는 생리적 요소, 표현적 요소, 인지적 요소를 포함하는 복잡한 일련의 반응 상태라 할 수 있는데, 다음과 같은 요소를 포함한다.

첫째, 정서는 호흡과 심장박동과 같은 자율신경계의 변화를 포함하는 생리적 요소를 가진다. 예를 들어, 공포나 불안을 느끼면 호흡이 빨라지고, 심장박동 수와 혈압이 증가하며, 발한이 수반된다. 둘째, 정서는 대개 이를 나타내는 행동적 표현 요소를 포함한다. 미소, 찌푸림, 울음, 웃음, 다가옴, 피함 등은 명백히 한 개인의 정서 상태를 드러낸다. 셋째, 정서는 개인의 정서 상태에 대한 인지적 판단인 경험적 요소를 포함한다. 개인의 정서 상태에 대한 해석과 평가는 그 사람의 인지 수준과 자신이 겪었던 경험에 의존한다고 볼 수 있다. 즉, 누군가 "난 행복해"라는 말을 하기 위해서는 경험으로부터 나온 '행복'과 관련된 내적 단서와 외적 상황을 인식해야 한다.

2 정서의 기능

인간은 사랑, 기쁨, 연민, 질투, 우울, 죄책감, 분노 등 많은 정서를 가지고 있다. 정서는 삶을 윤택하게 하지만 잘못된 정서 조절로 자신이나 타인의 삶을 힘들게 하기도 한다.

이자드(Izard, 1991)는 전 세계적으로 영유아의 기초 정서 표현이 유사하다는 점을 들어 인류에게는 보편적인 정서가 있으며, 이는 성숙에 의해 출현하고 특정한 방식으로 표현하도록 생물학적으로 프로그램 되어 있다고 하였다. 예를 들어, 전 세계 대부분의 영아는 공포를 느끼면 눈이 커지고 눈썹이 올라가며 입은 벌어지는 등 유사한 현상을 보인다는 것이다. 이에 반해 정서의 기능에 관심을 가지는 현대 이론에 따르면, 정서는 인류로 하여금 환경에서 살아남고 삶을 유지하도록 기능한다고 주장한다.

또 다른 관점인 영유아의 발달 측면에서 볼 때 정서가 하는 역할과 기능은 무엇인가?

첫째, 정서는 개인으로 하여금 자신의 행동을 조직하고 조절하게 한다. 만약 어떤 아이가 자전거 타기를 배울 때 비틀거리지만 넘어지지 않고 타는 것에 성공했다면, 아이는 성취감을 느끼며 몇 분 또는 몇 시간이라도 새로운 기술을 실행해 보기 위해 더 동기화되는 것을 종종 볼 수 있다. 반면 되풀이해서 실패하거나 심지어 다치기라도 하면, 아이는 화가 나고 낙담하여 며칠간 자전거를 타지 않을 수도 있다. 이렇듯 정서 상태는 유아로 하여금 자신이 해야 할 것이 무엇인지 결정하도록 조절해 주는 기능을 한다(Campos 등, 1983).

둘째, 정서는 인지와 관련되어 있다. 영유아는 종종 인지적 활동에 참여하고 있는 동안 미소 짓거나 놀라움을 보이거나 심지어 두려운 표정을 보이기도 한다. 예를 들면, 침대 난간 위에 있는 아이는 깊이를 지각한 듯 조심성을 드러낸다. 학령기 아동은 어려운 퍼즐이나 학교 숙제를 완성하는 것과 같은 지적 도전을 완수해 낸 후 자랑스러움으로 의기양양해 한다. 이처럼 영유아의 인지 활동은 정서적 표현을 유발하기도 하지만, 반대로 영유아의 정서 상태 역시 인지 과정에 영향을 주기도 한다. 정서와 학습 관련성 연구에서 영유아들은 흥미를 보이는 주제, 대상에 더 많은 관심과 주의를 기울이며 다른 사물에 비해 더 오랫동안 기억하는 것으로 나타났다(Renninger, 1992).

셋째, 정서는 타인과의 상호작용을 촉발하거나 유지하며, 끝나게 하는 역할을 한다. 아이의 울음이나 미소는 대부분 양육자와의 접촉을 촉진하며, 장난감을 갖지 못하는 아이의 좌절과 분노는 일시적으로 놀이 친구를 외면한다. 정서적 상태를 보다 더 지속시키는 '기분(moods)'은 위축되거나 의존적 또는 공격적 경향성을 보이는 영유아의 성격 특성을 이해하도록 도와주는데, 이러한 성격 특성은 영유아의

정서의 기능

사회적 접촉의 빈도 및 형식에 영향을 준다. 따라서 정서 발달을 이해하는 것은 다른 영역에서의 영유아의 행동에 대한 올바른 인식을 증가시킨다.

3 정서의 발달 과정

정서는 어떻게 발달하는가? 정서적 표현은 영유아의 발달 수준에 따라 달라진다. 영유아는 미분화적, 전체적, 직접적인 정서 표현을 하는 경향이 있으나 연령이 증가하면서 자신의 정서를 스스로 통제하면서 분화되고 간접적인 행동으로 표현한다. 즉, 외부적인 표현이 감소하면서 점차로 내면화된 정서로 발달한다. 영아기에서 유아기에 이르기까지의 정서적 발달 변화들을 살펴본다.

1) 영아기

영아의 초기 정서적 경험은 어떠한가? 언제 처음 미소를 짓나? 분노는 어떻게 표현하는가? 대부분의 학자는 정서란 덜 분화된 상태에서 연령이 증가함에 따라 점차 분화한다고 믿는다. 정서 유형의 발달 과정은 다음과 같다.

(1) 정서 발달의 예정표

생후 며칠 혹은 몇 주밖에 되지 않은 영아라 하더라도 흥미, 걱정, 혐오, 기쁨, 슬픔, 분노, 놀람 등의 정서와 관련된 얼굴 표정을 보인다. 하지만 영아가 실제로 어떠한 정서적 표현을 하는지 알기 위해서는 정서를 측정하는 시스템이 필요하다.

이자드(Izard, 1982)의 얼굴 안면 부호화 체계(maximally discriminative facial movement coding system, MAX)는 정서와 관련된 영아의 얼굴 표현을 부호화하는 체계이다. 이에 따르면 관심, 불안, 혐오 등은 출생 시에, 사회적 미소는 4~6주 사이에, 분노, 놀람, 슬픔 등은 3~4개월에 나타났다. 공포는 5~7개월 사이에, 부끄러움이나 수줍음은 6~8개월에 나타났다. 수치심과 죄의식은 2세 때까지 나타나지 않았다. 이처럼 신생아는 출생 시부터 선천적으로 몇 가지 정서를 표현하며, 그 얼굴 표정만으로도 정서 상태를 쉽게 알 수 있다. 세계 모든 문화권의 영아에게서 보편적으로 볼 수 있기 때문에 이 정서를 1차 정서 혹은 기본 정서라 부른다. 학자마다 1차 정서의 수와 종류는 다소 차이가 있지만 기쁨, 분노, 놀람, 공포, 슬픔 등의 정서는 공통적으로 포함한다.

한편 당황, 수치, 부러움, 죄책감, 자긍심 등과 같은 정서는 첫 돌이 지나면서 나타나므로, 이를 2차 정서 또는 복합 정서라 한다. 또, 좀 더 복잡한 인지 능력을 필요로 하며 자기 인식과 자신의 행동을 평가하는 능력까지도 필요로 하기에 자의식적 정서라고도 한다.

이상의 정서 발달 과정에 대해 부카트코와 댈프(Bukatko · Daehlef, 1998)는 여러 연구 결과들을 종합하여 〈표 8-1〉과 같이 제시하였다.

(2) 울음

영아기의 대표적인 정서 표현은 울음, 기쁨, 두려움, 분노 등이다. 이 중 울음은 영아가 이 세상과 소통하는 중요한 기제이다. 신생아는 대부분 배고프고, 춥고, 기저귀가 젖고, 아프고, 잠을 못 이루면 우는데 어떤 부모든 자신의 아기 울음을 잘 구별한다.

울음은 영아와 양육자 간의 접촉을 활성화시킨다. 엄마는 대개 아기 울음에 재빨리 반응하며, 특히 분노, 고통의 울음일 때 그러하다. 울음을 그치게 하려면 먼저 영아의 신체적 욕구를 확실히 알 필요가 있으며, 부가적으로 고무젖꼭지를 물리거나, 담요를 덮어 요람에 누이고 아기의 신체 한 부분을 토닥거려 주는 것이 효과적인 방법이다. 반복 리듬이나 계속되는 일관된 자극 형태를 제공하는 것이다.

생후 약 2개월이 되면 영아의 울음은 생리적인 차원을 벗어난다. 영아는 자신을 침대 안에 놓아두기만 하거나 좋아하는 장난감을 손에서 치워버리면 울기도 한다. 이 시기에는 새로운 울음 유형이 나타나는데 특정 물건이나 행동에 대한 요구를 반영하는 것으로 보인다(Bruner, 1983).

울음 양상은 영아의 이상 발달을 진단하는 데 도움이 된다. 산소 결핍을 경험한 영아들은 더 짧고, 더 높은 음소로 우는 반면, 영양실조 영아의 울음 음조는 더 자주 변하는 특성을 보인다.

표 8-1 정서 발달의 예정표

신생아
- 엄마의 얼굴, 목소리, 냄새 구별
- 흥미, 고통, 혐오, 즐거움, 슬픔, 분노, 놀람 표현
- REM 수면 시 미소 표현
- 신체적 욕구에 의한 울음

1개월
- 안달복달한 울음 표현

3개월
- 양육자에게 미소 지음
- 분노, 놀람, 슬픔을 구별
- 상호 동시적으로 참여

4개월
- 촉각적, 시각적 자극에 대한 반응에 웃음

7개월
- 공포 표현
- 구체적인 애착, 낯선 이에 대한 불안, 분리저항 보임

12개월
- 사회적 참조 표현 시작

18개월
- 죄의식, 수줍음, 분노 표현
- 감정 상태를 표현하는 어휘 사용
- 고통을 일으키지 않는 대상에 관심을 돌림으로써 정서 조절함

3~4세
- 동성친구 선호
- 정서의 원인과 결과를 표현
- 영아기 때의 분리불안과 애착행동 감소

6~7세
- 시간이 지남에 따라 감정은 희석되고 사고가 정서를 통제한다는 것을 이해
- 동시에 두 가지 감정을 느끼는 것이 가능함을 이해

19~20세
- 위장된 감정을 표현함
- 내적 감정 상태에 기초한 정서개념 획득

(연령 축: 신생아, 1세, 2세, 3세, 4세, 5세, 6세, 7세, 8세, 9세, 10세, 11세, 12세, 13세, 14세, 15세, 16세, 17세, 18세 / 신생아, 1개월, 2개월, 3개월, 4개월, 5개월, 6개월, 7개월, 8개월, 9개월, 10개월, 11개월, 12개월, 13개월, 14개월, 15개월, 16개월, 17개월, 18개월)

출처: Bukatko. D., · Daehler, M. W.(1998). Child Development. N.Y.: Houghton Mifflim. p.165.

(3) 기쁨

영아의 기쁨은 쾌감에서 나타나는 행복한 정서로 미소, 웃음, 손뼉 치기 등으로 표현한다. 영아는 젖을 배불리 먹었을 때나 따뜻한 물에 목욕을 하였을 때와 같이 기분이 좋을 때 미소를 짓거나 즐겁고 신날 때 소리를 치고 손뼉을 치는 등 얼굴 표정이나 신체 동작으로 기쁨을 표시한다.

매혹적이며 어른으로 하여금 저항할 수 없게 하는 영아의 대표적인 행동 중 하나는 미소이다. 신생아는 자면서도 살며시 미소를 보이는 배냇짓을 하는데, 이는 단순한 반사 반응으로 신생아는 잠이 들거나 졸릴 때와 같은 생리적 각성 상태에서 변화를 경험할 때 미소를 짓는다(Wolff, 1987).

생후 2개월이 되면 사람 얼굴을 대하면 사회적 미소를 보이거나 상호작용이 이루어질 때 더 자주 미소를 띤다. 생후 3개월이 되면 미소 짓는 횟수는 증가하며 시각적인 자극, 특히 아기의 최초 양육자인 엄마에게 더 자주 미소를 띤다. 이러한 사회적 미소는 영아가 의미 있는 어른과의 상호작용을 시작하고 유지하는 데 중요한 역할을 하므로 영아 발달에 획기적인 사건으로 인식된다. 생후 9~12개월 무렵에는 친숙한 사람이 사라졌다가 갑자기 나타나는 까꿍 놀이에서 미소와 웃음을 보이기도 한다.

아이의 미소

긍정적인 정서 표현은 인지 성숙과 관련 있다. 연령이 높아지면서 반사적 반응의 미소가 통제되고 자발적인 반응으로 변화하는 것은 고등 정신 기능과 목적 지향적인 행동을 책임지는 대뇌피질의 성숙과 관련 있다.

(4) 두려움, 공포, 불안

영아는 출생 후 첫 해까지 큰 소리나 낯선 사람, 장소 등에서 공포를 느낀다. 주요 공포 반응으로 낯가림(stranger anxiety)이 있는데, 낯가림은 친숙하지 않은 대상에 대한 경계 반응이다. 이러한 경향은 생의 첫해부터 나타나지만 모든 영아가 그런 경향을 보이는 것은 아니다. 낯선 이에 대한 두려움은 대개 생후 약 6개월부터 보이고, 9개월쯤에는 좀 더 강렬해지며, 애착 행위가 최고조에 달하는 첫돌 무렵에 가장 심하다가 서서히 감소한다(Emde · Gaenbauer · Harmon, 1976). 이러한 낯가림은 인지 발달의 성장을 통해 친숙한 양육자와 낯선 사람의 얼굴이 불일치한다는 점을 인식함으로써 나타난다. 또한 영아는 엄마가 사라지는 것을 두려워하는데, 이는 영아가 엄마로부터 분리될 때의 공포 반응이 불안으로 나타나는 것이다. 분리 불안은 생후 8~9개월 무렵부터 나타나기 시작하여 15개월 무렵에 최고조에 달하고 2세 무렵에 사라진다. 2세 무렵에는 공포 대상이 확대되어 어두운 곳, 동물, 천둥소리에도 공포를 느끼며, 자신이 경험하지 않은 상상에 의해서도 공포를 느낀다.

(5) 분노

분노는 영아기에 가장 많이 나타나는데 목표 행동이 방해받거나 자신의 요구가 거부되었을 때 표출한다. 출생 초기에는 배고픔이나 고통으로 분노를 표현하지만, 차츰 자신의 것을 빼앗기거나 하고 싶은 것을 제지당할 때 생기는 욕구 좌절을 분노로 표현한다. 처음에는 울음으로 표현하지만 차츰 큰 소리를 치고, 발을 동동 구르며, 바닥에 뒹구는 등 신체 표현을 통해서도 분노를 표현한다. 2세 무렵 분노는 최고조에 달하는데 사랑과 수용으로 분노를 달래주지 않으면 공격성으로 발전하기도 한다.

분노 정서는 영아가 감정을 조절하고 통제하는 법을 배우면서 공격보다는 사회적으로 수용하는 방식으로 표현하기에 이른다.

(6) 사회적 참조

사회적 참조란 특정 상황에서 어떻게 행동해야 할지 결정하도록 도움받기 위해 타인의 정서적 표정을 읽는 것을 의미한다. 사회적 참조는 특별히 영아들이 낯선 사람을 만났을 때 그 사람에게 두려움을 느껴야 하는지 알고자 하는 그런 애매한 상황을 해석하도록 도와준다(Mumme · Fernald · Herrera, 1996). 두 돌이 되면서 영아는 사회적 참조를 더 잘 활용하는데, 행동하기 전에 엄마를 '확인'해 보는 경향성을 보인다. 즉, 엄마가 행복해 하는지, 화가 나 있는지, 두려워하는지를 확인하는 것이다. 연구에 따르면, 14~22개월의 영아는 6~9개월의 영아보다 낯선 상황에서 어떻게 반응해야 하는지에 대한 정보의 근원으로 엄마의 얼굴을 더 많이 쳐다보는 경향을 보였다.

2) 유아기

유아기의 정서는 강하게 나타나지만 지속 시간이 짧고 정서 반응이 다양하며 폭발적인 특징을 보인다. 예를 들면, 어떤 특정 정서의 상태가 짧고 자주 바뀌는 모습을 보이는데, 잘 놀다가도 금방 싸우고, 지금까지 함께 놀던 친구와 다시는 놀지 않을 친구처럼 싸우기도 한다. 또한 정서의 기복이 심해 작은 일에도 굉장히 좋아하는 반면, 사소한 일에도 화가 나서 발버둥을 치며 울기도 한다. 그러나 약 4세쯤 되면 이러한 표현은 감소한다. 그리고 자신의 감정을 자주 표현하는 특징을 보인다.

연령이 증가하면서 큰 소리로 울거나 신경질을 부리는 등의 직접적이고 외적인 표현은 줄어들고 조용히 눈물을 흘리거나 울상을 짓는 등 구체적이고 내적인 표현이 증가한다. 또한 유아는 다양한 사회적 경험을 통해 보채는 행동만으로는 자신의 욕구를 충족시킬 수 없다는 것을 이해하게 되고, 감정적 언동이 부모와 또래로부터 수용될 수 없다는 사실을 반복적으로 경험하면서 정서의 행동적 표출은 언어화 및 내면화로 이행한다.

어른처럼 유아도 일상생활을 통해 여러 가지 정서적 경험을 하며, 때때로 타인의 정서적 반응과 감정에 대해 인식하려고 애쓴다. 유아기의 정서 발달 중 가장 큰 변화는 자신과 타인의 정서를 지칭하는 언어 사용 능력과 정서에 대한 이해력이 향상된다는 것이다. 유아가 자신에 대해 언급할 수 있고 다른 사람과 구별되는 사람으로 인식하면서 자의식이 발달한다. 자부심, 수치심, 당황스러움, 죄책감과 같은 정서가 이에 해당한다(최경숙 · 박영아, 2005).

2, 3세 유아는 정서를 나타내는 많은 단어를 사용한다. 또 성장하면서 정서적인 낱말 그 이상을 이해하게 되어 정서의 원인과 결과에 대해서도 알아간다. 3, 4세 유아에게 질투심은 흔히 볼 수 있는 정서인데, 이는 신체·생리적 현상이라기보다는 인지적·사회적 발달로 나타나는 행동이다. 예를 들면, 동생의 출생으로 인한 심리적 스트레스는 오줌 싸기, 손가락 빨기 등 퇴행 행동으로 나타나기도 한다. 4세가 되면 청각적인 것에 대한 두려움이 강해지고, 5세 때에는 불안, 수치, 실망, 부러움, 기대, 희망 등의 정서가 분화되어 나타난다. 또한 6세 때에는 귀신과 같은 상상적인 대상에 대한 공포를 느끼면서 심리적으로 위축되기도 한다.

5세가 되면 정서에 대한 유아의 반성적 사고 능력이 증가한다. 이는 동일한 사건이 사람 간에 상이한 감정을 유발할 수 있고, 사회적 규준에 부합하기 위해 정서를 통제하고 관장하는 것에 대한 인식이 증가하고 있음을 보여준다.

유아기 후반에 들어서면 전체적으로 균형 잡힌 정서 표현이 가능해진다. 이제까지 시기나 괴롭힘의 대상이었던 동생에 대해 형(언니)의 입장에서 귀여워 해주기도 하고 도와주고 보호해 주는 등 적극적인 애정 표시를 한다. 하지만 때로는 동생을 귀여워하면서도 조그마한 일로 다투기도 하는데, 그 이유는 아직 감정의 통제력이 미흡해서 자신의 욕구 표출에 대한 적극성과 억제력 사이에서 균형을 잡지 못하기 때문이다. 이처럼 유아기 동안 다른 사람의 정서 표현을 인지하고 해석하는 능력은 꾸준히 향상한다.

따라서 부모와 교사는 유아로 하여금 정서를 이해하도록 도와야 한다(Saariini, 1999). 불쾌, 슬픔, 분노, 죄의식 등과 같은 정서를 유아가 잘 조절하도록 도와주기 위해 이야기를 나누며, 유아의 정서적 감정과 욕구에 귀 기울임으로써 유아를 이해하게 되고, 그러한 정서를 유아가 통제할 수 있도록 도와야 한다. 정서적 이해력과 조절력이 높은 유아는 사회적 유능감이 높고 또래와 좋은 관계를 유지하며 즐기는 경향을 보인다.

표 8-2 영유아기 공포를 극복하는 방법

공포 유형	극복 방법
괴물, 유령, 어둠	• 유아가 현실과 실제를 구별할 수 있을 때까지 책이나 TV 속의 무서운 이야기를 들려주거나 보여 주지 않는다. • 유아와 함께 방에서 괴물을 찾아보는 놀이를 함으로써 방에는 아무것도 없다는 것을 알게 한다. • 야간등을 켜 놓고 유아가 잠들 때까지 옆에 있는다. • 유아가 보호받는 느낌을 갖도록 좋아하는 장난감을 껴안고 자게 한다.
어린이집, 유치원	• 유아가 기관 생활은 재미있어 하지만 가기 싫어한다면 분리 불안일 수 있다. 이 경우 따뜻함과 보살핌을 주는 동시에 점진적으로 독립심을 고무시켜 준다. • 유아가 기관을 두려워한다면 무엇을 무서워하는지 알아본다(교사인지, 친구인지, 사람이 많고 시끄러운 환경인지 등). 처음에는 유아와 함께 기관에 머물며 특별한 지지를 해주다가 점차 함께하는 시간의 양을 줄인다.
동물	• 유아에게 공포를 유발할 수 있는 강아지, 고양이, 혹은 다른 동물에게 가까이 가도록 강요하지 않는다. • 유아에게 동물을 어떻게 안아야 하는지, 안아주면 동물이 어떻게 반응하는지에 대해 설명해준다. • 유아보다 동물이 크면 '너가 훨씬 크단다. 그 동물이 너를 무서워할 거야!'라며 크기를 강조한다.
격렬한 공포	• 유아의 공포가 매우 격렬하고 오랫동안 지속되어 일상생활을 방해할 뿐만 아니라, 위에서 제시한 방법으로 감소하지 않는다면 이는 공포병(phobia)에 해당한다. • 공포병은 가족문제와 관련된 경우가 많기에 전문가와의 상담이 필요하다.

출처: 이영 외(2015). 『유아발달』.

2 기질 발달

정서 반응은 영아에 따라 다양하게 나타난다. 어떤 아기는 많은 시간 즐겁게 지내는 반면 어떤 아기는 오랫동안 울며 부정적인 기분을 자주 보인다. 이러한 상이한 행동은 기질의 차이에 기인하는 것 같다.

이 단원에서는 기질의 정의에 대해 알아보고, 분류 방식, 양육에서의 기질적 변이의 영향에 대해 살펴본다.

1 기질의 정의

갓 태어난 아기들의 키, 몸무게, 얼굴 모습이 다르듯이 아기의 행동 유형 또한 출생 시부터 상당한 차이를 보인다. 여러 개의 모빌을 크게 흔들거나 음악을 크게 틀어주면 어떤 아기는 흥분하며 좋아하는 반면, 어떤 아기는 울거나 눈을 감으며 자극을 피한다. 매사에 조심스럽고 낯선 장소나 사물에 쉽게 접근하지 않는 아이가 있는 반면, 처음 보는 사물이라도 무조건 손을 대거나 호기심을 보이는 아이도 있다. 이러한 반응은 형제는 물론이고 쌍둥이라도 서로 다른데, 이것을 기질(temperament)이라고 한다.

이처럼 기질은 개인의 행동양식과 정서적 반응 양상의 차이를 통해 식별할 수 있는 성격의 개인차를 보여준다. 기질의 개인차는 선천적으로 타고나는 부분이 있어 유전의 영향을 많이 받는다고 믿어 왔고, 영아기에 보이는 기질의 특성은 유아기를 거쳐 성인기까지 지속된다고 보고 있다.

이러한 기질의 안정성에도 불구하고 연구자들은 영아의 기질에 미치는 환경의 중요성에 언급하고 있으며, 특히 까다로운 기질을 가진 영아를 위한 양육과 교육 적용에 대해 지속적인 관심을 가지고 있다.

2 기질의 구성 요소 및 유형

학자에 따라 기질의 구성 요인은 상이하나 주로 활동 수준이나 흥분 상태, 능동성 같은 경향을 기질적 특성으로 보고 있다(Tomas · Chess, 1977).

대표적으로 NYLS 모형, EAS 모형, 로스바트(Rothbart) 모형을 중심으로 살펴본다.

1) NYLS(New York longitudinal study, NYLS) 모형

기질과 관련된 가장 대표적인 연구로 토마스와 체스(Thomas · Chess)는 뉴욕 종단 연구(NYLS)를 통해 기질의 9가지 요인, 즉 활동 수준, 규칙성, 새로운 자극에 대한 접근 회피 정도, 적응력, 반응역, 반응 강도, 일반적인 정서 상태(기분 특성), 산만성, 주의력 및 지속성을 발견하였다.

구성 요소	설 명
활동 수준	일상생활에서의 신체 활동량
규칙성	배고픔, 배설, 수면, 깨어나기 등 생리적 기능의 예측 가능성
접근-회피성	새로운 자극(새로운 음식, 장난감, 낯선 사람 등)에 대한 반응
적응력	일과의 변화에 대한 반응
반응 역치	반응을 일으키는 데 필요한 자극의 양
반응 강도	자극에 대한 긍정적 또는 부정적 반응의 강렬한 정도
기분 (정서의 질)	즐겁고 행복하고 우호적인 행동 또는 슬프고 불행하고 적대적인 행동의 빈도
주의 산만성	외부 자극으로 인해 하고 있던 활동이 방해받는 정도
주의 지속성	활동이 지속되는 시간 및 방해를 받았을 때 활동을 계속하는 정도

토마스와 체스는 이 9가지 특성을 중심으로 기질의 유형을 순한(ease) 기질, 까다로운(difficult) 기질, 느린(slow or warm up) 기질 등 3가지 유형으로 제시하였다.

첫째, 순한 기질은 약 40%의 영아가 이에 속한다. 순한 영아는 수면, 음식 섭취, 배설 등 일상 습관이 대체로 규칙적이며, 새로운 음식을 잘 받아들이고 낯선 대상에게도 스스럼없이 접근한다. 새로운 환경에도 쉽게 적응하는 경향이 있으며 대체로 기분이 좋고, 평온하고 행복한 정서가 지배적이다.

둘째, 까다로운 기질은 약 10%의 영아가 이에 속한다. 까다로운 기질의 영아는 수면이나 식사, 즉 생활습관이 불규칙적이며 예측하기 어렵다. 전체적으로 부정적으로 반응하며, 새로운 음식을 받아들이는 속도가 느리고, 낯선 상황이나 사람에게 적응하는 시간이 많이 걸리며, 새로운 경험에 대해 매우 민감하게 반응하는 편이다. 특히 욕구 좌절을 경험할 때 매우 격하게 반응하며 크게 울거나 웃는 등 강한 정서와 부정적인 정서를 자주 보인다.

셋째, 반응이 느린 기질은 약 15%의 영아가 이에 속한다. 느린 기질의 영아는 활동이 적고 온순하지만 다소 부정적이며, 환경에 적응하는 데 시간이 오래 걸리지만 천천히 순응하는 모습을 보인다. 상황 변화에 대한 적응이 늦고, 낯선 사람이나 사물에 부정적인 반응을 보이는 점에서는 까다로운 기질의 영아와 유사하다.

2) EAS 모형

부스와 프로민(Buss · Plomin, 1984)은 행동 유전학의 관점에 기초하여 기질이란 일생 초기에 나타나는 유전에 의한 개인의 특성으로 보았다. 이들은 기질에 있어 유전의 영향을 매우 강조하여 기질이 생애에 걸쳐 안정적이고 인성의 발달에 지속적인 영향을 미친다 하였다.

부스와 프로민은 기질의 구성 요인으로 사회성(sociability, S), 정서성(emotionality, E), 활동성(Activity, A) 등 세 가지로 구분한 EAS 모델을 제시하였다. 정서성은 정서적 반응의 강도를 의미하며, 영아가 자극에 대해 부정적인 정서를 많이 나타냄을 의미한다. 활동성은 일상생활에서 보이는 행동의 속도와 강도를 의미한다. 활동성이 높은 영아는 잠시도 가만히 있지 못하고 계속 움직이며 끊임없이 새로운 것을 탐색하고 격렬한 활동을 추구한다. 사회성은 영아가 얼마나 다른 사람과 함께 있기를 좋아하는가를 의미하며, 사람으로부터의 자극을 좋아한다는 것을 의미한다.

구성 요소	설명
정서성	영아가 자극에 대해 얼마나 빨리 부정적인 반응을 보이는가. 예: 쉽게 놀라고, 쉽게 잠에서 깨거나 잘 운다.
활동성	영아의 일상적인 활동이 얼마나 강렬한가. 예: 계속해서 움직이고 끊임없이 새로운 것을 찾는다.
사회성	영아가 다른 사람과 함께 있는 것을 좋아하는가. 예: 낯선 사람에게도 쉽게 다가간다.

3) 로스바트(Rothbart) 모형

로스바트와 데리베리(Rothbart & Derryberry, 1981)는 기질을 반응성과 자기조절에서 나타나는 개인차로 보았으며, 하위 요소로 활동 수준, 미소와 웃음, 공포, 좌절에 대한 불쾌감, 지속적인 성향, 진정 능력을 제시하였다. 여기서 반응성이란 자극에 반응하는 속도와 강도를 의미하며, 자기조절은 영아가 스스로 자신의 반응을 증가시키거나 감소시키는 능력을 말한다.

구성 요소		설 명
반응성	활동 수준	대근육 운동 활동의 정도
	주의 지속성	관심과 흥미를 지속하는 시간
	공포	강렬하거나 새로운 자극에 대한 경계 또는 고통스러워하는 반응
	좌절에 대한 분노 반응	욕구가 좌절되었을 때 당황스러워하거나 울거나 고통스러워하는 정도
	긍정적 정서	행복과 즐거움을 표현하는 빈도
자기조절	진정 능력	적응적인 반응을 하기 위해 스스로 반응을 억제하는 능력

3 기질: 조화의 적합성

영유아의 기질을 파악하는 목적은 기질에 맞는 성장 환경을 조성하여 조화롭게 양육함으로써 아이의 보다 나은 발달과 적응을 돕는 데 있다(Thomas · Chess, 1984).

영아의 기질과 엄마의 성격 또는 양육 방식의 조화는 매우 중요한 요인이다. 예를 들어, 깔끔하고 규칙적인 엄마가 생활습관이 불규칙한 아기를 기르는 데에는 어려움이 따르기 마련이다. 이 경우 엄마는 아기가 원치 않는 때라도 억지로 먹이거나 재우려는 경향이 있다. 이러한 양육 방식은 엄마와 아기 사이에 갈등과 긴장을 유발할 수 있다. 그러나 생활 습관이 불규칙한 아이라 하더라도 엄마의 성격이 너그럽고 관용적일 때는 보다 나은 조화를 기대할 수 있다. 반면, 매우 활동적이고 정열적인 부모에게는 순한 아이보다 까다로운 기질의 아이가 조화를 잘 이룰 수도 있다(Shaffer, 1993).

토마스와 체스가 말한 발달에서 중요한 차원은 영유아의 기질이나 환경(특히 부모, 교사, 또래, 타인)이 아이에게 부과하는 요구 사이의 '조화의 적합성'이다. 여기서 '조화의 적합성'이란 자녀의 기질과 양육자의 양육 방식 간의 조화가 발달 초기에서부터 일생을 통해 인간 발달에 영향을 미친다는 것이다.

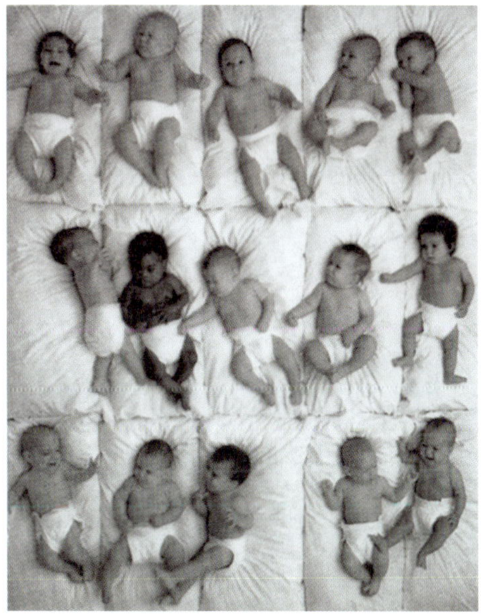

그림 8-1 영아의 기질적 차이

기질은 성차에 의해서도 변화의 차이가 있음을 볼 수 있다. 콘(Korn)은 아이가 성장함에 따라 일반적으로 극단적인 기질 특성은 조금 덜 극단적인 유형으로 변화되어 가지만, 남아는 까다로운 기질 특성이 지속되는 반면, 여아는 순한 기질의 특성이 유지될 가능성이 크다고 하였다. 코헨(Cohen) 등의 연구에서도 남아와 여아의 기질 특성에는 성차가 있음을 강조하고 있다. 남아는 주의력, 활동성, 사회성이 두드러지며, 여아는 말하기를 즐기는 특성이 많이 나타난다. 이상에서 살펴보았듯이 기질 유형은 신생아기에 갖고 있는 특성을 안정적이고 연속적으로 유지하면서도 환경적인 요인에 의해 변화되는 것을 알 수 있다.

일반적으로 순한 아이에 비해 까다로운 아이가 적응의 문제를 가진 것으로 알려져 있다. 까다로운 아이가 문제 행동을 유발하는 이유에 대해서는 몇 가지 설명이 가능하다. 첫째, 까다로운 기질 자체가 문제 행동의 가능성을 내포하고 있으며 이것이 상당 기간 지속되는 것으로 생각해 볼 수 있다. 둘째, 이런 기질은 부모의 부적절한 양육 방식을 유발하고 부모 자녀 간 갈등을 초래하기도 한다. 셋째, 기질과 문제 행동 간의 관련성보다 부모가 그렇다고 지레짐작하는 데 문제가 있다.

영아기, 유아기의 기질, 애착 발달 이론 관련 동영상 감상하기

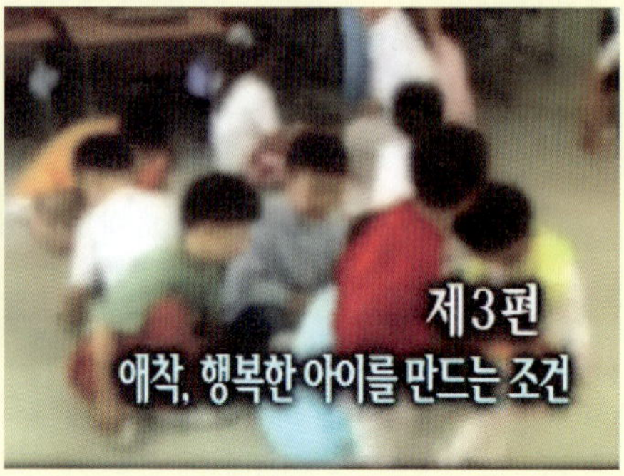

아기는 ______________________이다. 어머니는 ______________________이다.
왜냐하면

1. 기질 및 애착유형을 접할 때 나의 기질유형 및 애착유형은 무엇이라 생각하는가?

2. '육아의 키워드: 기질', '애착, 행복한 아기의 조건' 동영상을 통해 기질과 애착의 특성과 차이를 살펴보고 영유아기의 적합한 정서발달교육에 대해 생각하고 느끼게 된 부분을 기술하시오.

산만한 아이, 어떻게 대처해야 할까?

요즘 부모들은 산만하고 충동적인 아이를 보면 '혹시 ADHD가 아닐까?'라는 의심을 많이 한다. 물론 산만한 행동을 하는 아이 중에 'ADHD' 진단을 받아야 하는 아이가 있다. 정확한 진단은 ADHD를 가진 아이에게 그에 맞는 양육 방법을 제공할 수 있으므로 중요하다. 아이가 ADHD가 아닌지 의심된다면, 다음의 ADHD 체크 리스트를 참고할 만하다. 그러나 ADHD가 아니면 자기감정을 조절하지 못해 발생하는 산만함일 수 있다.

다음 내용 중 해당하는 항목에 체크한다.

ADHD 체크리스트

산만한 우리 아이, 의심이 된다면? 상태를 점검해 보자.

[주의력 결핍 진단 기준]	
1. 수업이나 다른 활동을 할 때 부주의해서 실수를 많이 한다.	
2. 과제나 놀이를 할 때 지속해서 주의를 집중하기 어렵다.	
3. 다른 사람이 앞에서 이야기할 때 귀를 기울이지 않는다.	
4. 어른의 지시에 따라 자신이 해야 할 일을 마치지 못한다.	
5. 계획을 세워 체계적으로 활동하는 것이 어렵다.	
6. 지속해서 정신 집중을 해야 하는 일을 꺼린다.	
7. 물건을 자주 잃어버린다.	
8. 외부 자극에 쉽게 정신을 빼앗긴다.	
9. 일상적으로 해야 할 일을 자주 잊어버린다.	
[과잉행동장애 진단 기준]	
1. 손발을 가만히 두지 못하고 계속 꼼지락거린다.	
2. 제자리에 있어야 하는 상황에서 마음대로 자리를 뜬다.	
3. 상황에 맞지 않게 과도하게 뛰어다닌다.	
4. 조용히 하는 놀이나 오락에 참여하지 못한다.	
5. 끊임없이 움직인다.	
6. 지나치게 말을 많이 한다.	
7. 질문을 끝까지 듣지 않고 대답한다.	
8. 자기 순서를 기다리지 못한다.	
9. 다른 사람을 방해하고 간섭한다.	

❖ **평가**

주의력 결핍, 과잉행동장애 진단 기준에서 각 9개의 증상 중 6개 이상 항목이 6개월 이상 나타날 경우 ADHD를 의심해 볼 수 있다.

3 애착 발달

정서와 사회성 발달에서 가장 많이 논의되고 실제로 연구된 것 중 하나가 애착이다. 애착이란 아이와 양육자 사이에 나타나는 강한 정서적 유대를 말한다. 애착은 아동기 동안 인지적, 사회적, 정서적 발달과 관련되기 때문에 발달 심리학에서 중요한 위치를 차지하고 있다. 이 단원에서는 애착에 대한 이론적 접근에 대해 탐색하고, 분류 방식 그리고 양육에 있어 이들 변이의 영향에 대해 살펴본다.

1 이론적 접근

많은 학자들은 자신의 이론에 근거하여 애착 행동이 어떻게 형성되고 발달해 가는지 설명하고 있다.

1) 정신분석 이론

정신분석 이론에 의하면 애착은 기본 욕구를 만족시키는 수단일 뿐만 아니라 생물학적 성향이라고 가정한다. 프로이트(Freud)는 영아의 구강적 욕구를 충족시켜 주는 대상과의 사이에서 형성하는 밀접한 관계를 애착으로 보고 있다. 영아가 첫 애착을 느끼는 것은 엄마의 젖이며, 엄마의 젖이 구강기 동안에 영아에게 가장 큰 즐거움을 주는 원천이라고 한다. 그러므로 영아가 엄마에게 애착을 형성했을 때 분리와 같은 갑작스러운 변화는 발달의 고착을 일으킬 수 있다.

2) 학습 이론

학습 이론은 강화 개념으로 애착 현상을 설명한다. 엄마는 아기에게 배고픔의 해소 등 1차적 욕구를 강화물(음식물, 신체 접촉, 편안하게 해줌)로 해소시켜 주므로 엄마 자신이 2차 강화자이다. 아기는 엄마와 엄마가 아닌 사람을 구분하여 반응하기도 하고, 다른 사람에게까지 애착을 일반화시키기도 한다. 이와 같이 영아는 엄마와의 초기 접촉을 통해 애착을 발달시키고, 애착을 다른 사람에게까지 일반화시킨다고 하는 것이 학습 이론의 주장이다.

3) 동물행동학 이론

애착에 대해 동물행동학적 접근을 시도한 존 볼비(J. Bowlby)는 애착 발달이 모든 종에게서 나타나며, 환경적인 차이에 의해 거의 영향을 받지 않는 종의 보존과 생존에 중요한 의미를 갖는 본능적인 반응의 결과라고 본다. 따라서 애착은 영유아의 초기 발달을 활성화시키는 적응적이며 생물학적으로 계획된 반응 체계이며 각인 원리에 따른다. 인간은 출생 시 미소, 울음, 매달리기와 같이 자신의 생존에 필요한 부모의 보살핌과 보호를 이끌어내는 일련의 유발 자극을 생득적으로 가지고 있으며, 어머니는 이러한 유발 자극에 반응하도록 생물학적으로 프로그램화되어 있다(송명자, 1995).

4) 인지 발달 이론

인지 발달 관점에서 볼 때, 애착을 형성하는 영아의 능력은 영아의 전반인 인지 능력(특히, 대상영속성 개념)의 발달에 달려 있다고 주장한다. 애착 형성이 되려면 영아는 애착 대상과 다른 대상을 구별할 수 있는 지각적 변별이 가능해야 하며, 애착 대상이 시야에서 사라져도 어딘가에 존재한다는 것을 아는 대상영속성 개념을 획득해야 한다. 예를 들면, 낯선 이에 대해 불안을 느끼려면 영아는 낯선 이의 얼굴과 비교되는 양육자의 조상을 내면화해야 한다. 따라서 분리불안 정도는 양육자가 영아와 떨어져서 어딘가에 계속 존재한다는 것을 영아가 인식하는지 못하는지 여부에 달려 있다.

사회성의 뿌리, 애착! 민폐를 끼치고 다니는 아이

4살 정서는 유명한 민폐대장이다. 문만 열려 있으면 어디든 제집처럼 맘대로 들어간다. 막무가내로 들어가 이곳저곳 종횡 무진하는 것은 물론이고 침대에 올라가 뛰거나, 친구 장난감을 마음대로 꺼내고, 배고프면 당당하게 간식까지 요구한다. 또 다른 민폐 행동은 내 것, 남의 것 구분이 없다는 점이다. 남의 자전거를 맘대로 타다가 버리고 오거나, 친구 장난감을 몰래 가지고 오기도 한다. 엄마가 집에 가지고 애원해도, 협박해도 듣지 않고 외출금지를 시켜도 어느새 몰래 밖으로 빠져 나간다. 유치원에서 선생님의 지시를 따르지 않는 것은 물론이고 재미삼아 친구들을 방해하고 괴롭힌다. 그야말로 통제 불능, 시비대장이 따로 없다. 대체 무엇이 문제인 걸까?

전문가 진단: 아무 집에나 들어가 놀거나 먹을 것을 달라는 아이, 어찌 보면 넉살 좋은 것 같아 보이지만 정서는 애착에 심각한 문제가 있는 상태이다. 애착 문제로 엄마와 다른 아이의 엄마에 대한 구별이 없고, 사랑하는 특정인도 없고 마음을 쉴 수 있는 특정 장소도 없다.

정확한 원인 찾기

1. 엄마와 아이의 애착 정도는?

내 아이 찾기: 헤드폰을 끼고 아이의 목소리를 못 듣는 상태이며 눈가리개로 눈을 가린다. 손으로 아이 3명의 손, 발 같은 신체 일부를 만져보고 그 중 자신의 아이를 찾는다.

실험 결과: 엄마가 아이를 찾는 과정에서 다른 아이와 달리 정서는 거부 반응을 보였다. 친엄마에게도 동일한 반응을 보였다. 정서는 엄마의 접촉마저 허락하지 않았다. 왜 그런 걸까? 정서는 사람과의 접촉을 불편해하고 거부하는 반응을 보였는데, 이는 그동안 아이에게 긍정적인 접촉의 경험이 없었음을 추측할 수 있다. 즉, 정서가 사람에게 신뢰감이 없다는 것을 의미한다.

2. 불안정 애착에 민폐를 끼치게 된 원인: 아이를 방치하는 엄마, 무관심한 아빠

유치원 등원 시간 엄마는 아파트 복도에서 내다볼 뿐 정서를 데려다 주지 않는다. 친구 장난감을 가져와도 아이를 혼낼 뿐 네가 책임지라며 냉정하게 돌아선다. 따라서 정서는 친구 물건을 가져오는 것이 왜 잘못된 일인지, 또 이럴 땐 어떻게 대처하고 사과해야 하는지 사회적 기술을 배울 기회가 없었다. 잘못할 때마다 엄마는 집에 들어오지 말라고 화를 내고 아이를 집밖으로 내몰았다. 물론 엄마에게도 이유가 있었다.

아픈 동생을 온종일 돌봐야 하기 때문에 정서까지 챙길 여유가 없었다. 아이와 엄마가 건강한 애착을 형성하려면 무엇보다도 엄마의 정서가 편안하여야 한다. 하지만 엄마는 육아에 지쳐 우울감이 높았고, 이런 엄마를 이해하지 못하고 육아에 무관심한 아빠와 자주 다투다 보니 하루도 마음이 편할 날이 없었다. 정서는 물론 정서의 부모 또한 집이 편안하지 않았던 것이다.

Solution

1. 부족한 애착을 안정되게 끌어올린다.
2. 작은 습관으로 아이와 안정된 애착관계 형성한다.
3. 민폐 행동에 대한 대처법을 이웃들과 공유한다.
4. 거부당한 아이의 마음을 이해한다.

SBS '우리 아이가 달라졌어요' 제작팀; 조은영(2014). 경향에듀[재구성]

앞에서 살펴본 애착 이론 중 정신분석 이론은 수유를 중심으로 하는 영아의 욕구 충족을 강조한다. 영아의 초기 성장 과정에서 수유는 중요한 발달 요인이기는 하지만, 최근에 이 관점은 비판의 대상이 되고 있다. 할로우와 짐머만(Harlow · Zim-merman, 1959)은 원숭이 대리모 실험을 통해서 애착 발달의 주 요인이 정신분석학적 관점이나 학습 이론적 관점에서 수상하는 것과 같이 수유 욕구의 충족이 아니라 접촉 위안이라는 사실을 밝혀냈다(그림 8-2).

그림 8-2 Hallow의 고전적 접촉 위안 연구

영유아를 대상으로 유사한 과정을 관찰한 초기 연구에서는 엄마의 아기에 대한 반응의 민감성과 신속성, 엄마와 아기의 접촉량이 애착 형성의 중요 요인이라는 사실을 확인하였다(송명자, 1995).

대부분의 걸음마 단계에 있는 아기는 부드러운 장난감이나 담요 등에 강한 애착을 형성한다. 어디를 가든지 장난감이나 담요를 가지고 다니며, 특히 위기 상황일 때는 그러한 사물에 더욱 집착하는 경향을 보인다. 그래서 새로운 장난감이나 혹은 애착된 사물을 치우려고 할 때 아이는 대개 저항하는 행동을 보인다. 아이는 담요나 곰 인형이 엄마가 아니라는 것을 알고 있지만, 여전히 애착되는 사물들에 대해 애정적으로 반응하며, 마치 엄마인 것처럼 접촉 위안을 얻으려고 한다. 성장하면서 자신감이 생길 때 이러한 대물 애착은 사라진다.

이처럼 애착은 자기가 필요할 때 언제나 엄마에게 다가갈 수 있고, 자기의 욕구가 엄마에 의해 만족되고, 자기의 불편함이 엄마에 의해 해소되는 경험을 일관되게 한 아기가 형성하는 내적 작동 모델로, 그 기대를 사용하는 능력을 갖추고 있을 때 형성된다고 볼 수 있다.

2 애착 양식

정서 및 사회성 발달과 관련된 가장 중요한 변인은 부모와 자녀와의 초기 유대 관계이다. 부모, 자녀 관계에서 가장 널리 논의되며 실제로 연구된 것 중 하나는 애착으로, 존 볼비는 부모와 자녀의 초기 정서적 관계를 애착이라 하였다.

애착은 모든 사람에게 나타나는 생물학적 특성이기도 하지만 애착의 질은 제각각 다르다고 할 수 있다. 영아기에 형성된 애착이 영유아기 정서 발달에 어떻게 영향을 미치는지 살펴본다.

1) 애착 유형

애착(attachment)이란 용어는 볼비가 그의 저서 『Attachment and Loss』(애착과 상실, 1969)에서 가장 먼저 소개되었다. 볼비는 영아가 생애 초기에 자신을 돌보아주는 주 양육자(주로 엄마)에게 형성하는 특별한 정서적 유대(affectional bond)를 애착이라고 하였다. 그의 이론은 엄마와 자녀의 초기관계에 대한 이론이다. 엄마는 칭얼거리는 아기를 돌보면서 기쁨을 느낀다. 영아도 처음에는 누구에게나 미소짓다가 어느 순간부터는 주 양육자에게만 미소를 짓는다. 엄마가 눈에 보이지 않으면 불안해 하며 돌아올 때까지 우는 등 오직 엄마에게만 매달린다. 엄마 외 다른 사람의 얼굴은 보기만 해도 울음을 터트린다. 볼비는 이러한 엄마와 영아의 강렬하면서도 독특한 유대관계를 애착으로 설명하였다.

사람은 누구나 어렸을 때 자신을 돌보아 주는 주 양육자(주로 엄마)에게 애착을 형성하는 생물학적 속성을 지니고 있으며, 애착 관계에서 느끼는 안정성 수준에는 개인차가 있다. 즉, 애착의 질이나 유형이 다르다. 에인스워스(Mary Ainsworth, 1978)와 그의 동료는 애착을 측정하는 방법의 하나로 낯선 상황 실험을 하였다. 그들은 아이를 엄마와 함께 장난감이 있는 낯선 방에 들여보낸 뒤 아이의 노는 모습을 관찰하였다. 잠시 후 엄마를 방에서 나가게 한 후 다시 엄마가 방에 들어왔을 때 아이가 엄마에게 보이는 반응을 토대로 애착 유형을 분류하였다(Ainsworth. et al., 1978; Main · Solomon, 1990).

(1) 안정-애착

아이는 엄마와 함께 있을 때 편안하게 놀고, 낯선 사람에게도 비교적 긍정적인 반응을 보인다. 그리고 엄마를 안전기지 삼아 주위 장난감을 탐색하기 위해 엄마로부터 쉽게 떨어져 낯선 상황을 탐색한다. 엄마가 떠나면 놀이를 중단하고 울지만 엄마가 돌아오면 매우 반기는 모습을 보이며 다가가 안아주면 울지 않고 다시 진정하면서 분명한 애착 신호를 보인다. 애착 행동과 탐색 행동 간의 균형을 유지하고 있다.

(2) 불안정-회피 애착

엄마와 함께 있을 때에도 엄마에게 관심을 나타내지 않는다. 심지어 엄마와 떨어져도 심하게 울지 않고 스트레스를 별로 받지 않는 것처럼 보였다. 엄마가 돌아와도 무관심하거나 혼자 놀면서 엄마를 회피하거나 무시하는 경향이 있으며, 신체 접촉 및 상호작용을 거부한다. 엄마를 탐색의 기지로 삼지 않으며, 엄마나 낯선 사람 모두에게 유사한 반응을 보인다. 엄마와 떨어지거나 곤경에 처해도 엄마에게서 위안을 구하지 않는 경향이 있다.

(3) 불안정-저항 애착

엄마와 함께 있을 때에도 불안해하며 곁에 계속 붙어 있으려 하고 놀이에 몰두하지 못한다. 탐색 행동을 거의 하지 않고 엄마 옆에만 있으려 한다. 엄마와 함께 있을 때에도 낯선 사람에 대해 경계를 나타내고, 엄마가 방을 나가면 큰 소리로 울며 심한 분리 불안을 보인다. 그러나 엄마와 재회 시에는 더 오랫동안 울며 엄마로부터 안정감을 받기보다는 분노를 표시하거나 엄마를 거부하는 양면적인 모습을 나타낸다. 이들은 지나친 애착 행동으로 탐색 행동을 하기가 어렵다.

(4) 불안정-혼돈 애착

그림 8-3 다양한 인물에 대한 애착

애착 형성이 불안정하면서도 회피와 저항의 어느 쪽에도 속하기 어려운 복합된 반응을 보인다. 낯선 상황에서 엄마가 돌아오면 처음에는 다가가서 안겼다가 이내 화난 듯이 밀어버리거나 엄마에게서 떠나는 양극적인 반응을 보인다. 이러한 반응은, 엄마와의 접촉에 대한 욕구는 강하나 엄마로부터 무시당하거나 구박받는 데서 오는 공포가 공존하기 때문인 것으로 해석된다.

에인스워스 연구 결과 63%의 영아는 안정 애착으로, 10%는 저항 애착으로, 20% 정도는 회피 애착으로, 8%는 양가감정을 보이는 혼돈 애착으로 범주화하였다. 우리나라 경우는 약 61.8%에서 약 80%까지 다소의 차이가 있으나 안정 애착 유형이 가장 많은 것으로 나타났다(박응임, 1995; 홍계옥 · 정옥분, 1995). 문화적 다양성과 차이에도 불구하고 대부분의 문화권에서는 애착 유형 중 안정 애착 유형이 차지하는 비율이 가장 높고, 일반적으로 가장 건전하며 바람직한 유형으로 여긴다.

2) 애착 형성과정: 세상과 인간에 대한 신뢰 형성의 기초

애착은 근본적으로 선택적인 특성을 갖고 있어서 극히 소수의 제한된 대상에 대해서 형성한다. 애착이 형성된 대상에 대해서는 가까이 다가가거나 근접하고 싶은 욕구를 갖게 된다. 이런 초기의 애착 관계는 영유아의 정서적 안정성과 대인관계 등의 사회적 발달에 중요한 기반이 된다.

애착 과정은 출생 시부터 시작한다. 출생과 더불어 영아는 감각적 자극에 반응하고 정보를 처리할 뿐만 아니라 환경에 대해 매우 능동적으로 반응한다. 영아와 양육자 간의 관계는 결코 일방통행이 아니며, 아기의 작은 몸에 비해 그 영향력은 막대하다(Bell, 1979). 아기는 엄마를 쳐다보고, 미소 짓고, 울고, 발버둥치고, 무력하게 보이지만 엄마로 하여금 껴안아 주고, 영양을 공급해 주고, 기저귀를 갈게 하는 등 돌보는 반응을 이끌어 낸다.

자주 우는 아기의 엄마는 아기를 돌보는 자신의 능력에 대해 회의감을 느끼거나 불안을 갖기 쉽다. 불행히도 상호작용은 순환적이어서 불안한 엄마의 아기는 더욱 자주 우는 경향이 있으며, 이 관계가 발달해 가면서 보다 더 복잡한 방식으로 서로 영향을 준다. 생후 2년 동안 영아는 엄마와의 상호작용 경험을 통해서 자신의 환경을 신뢰하거나 불신하는 것을 배운다.

애착 관계의 특성은 다음과 같다. 첫째, 놀고 싶을 때뿐만 아니라 괴롭고, 피곤하고, 싫증나고, 배고프고, 아프고, 두려울 때와 같은 스트레스 상황에서 애착 대상에 접근하려 한다. 둘째, 다른 사람보다 애착 대상이 영유아를 잘 달래고 안정시킬 수 있다. 셋째, 애착 인물과 같이 있을 때 영유아는 즐거워하고 낯선 대상을 접해도 덜 불안해하며 애착 대상을 안전기지 삼아 주위 환경을 탐색한다.

영아가 양육자와 애착 관계를 형성하는 과정을 간략히 설명하면 다음과 같다(Hertherington · Parte, 1993).

표 8-3 애착 발달 이론 단계

애착 단계	발달 내용
애착 형성 이전 단계 (출생~3개월)	영아는 사람을 비롯한 사회적 대상을 선호하나 특정 대상을 구분하지는 않는다. 아직 애착이 형성되지 않아 모든 사람에게 미소를 띠며 반긴다. 생후 5주 이후 영아는 특정 대상에 대한 구분 없이 사회적 미소를 표현하는데, '배냇짓'이 대표적 반응이다.
애착 형성 단계 (3~8개월)	영아는 친숙한 사람, 친숙하지 않은 사람을 구분하고 다르게 반응한다. 생후 3개월이 되면 영아의 사회적 반응은 몇몇 친숙한 성인에게 한정된다. 생후 5개월이 되면 친숙한 대상, 낯선 대상 간의 구분이 생기면서 양육자에게 보다 분명한 사회적 미소를 자주 보낸다. 생후 6~7개월이 되면 본격적인 애착 관계를 형성한다. 영아는 엄마의 냄새, 음성, 안는 방법, 얼굴 모습 등 여러 감각적 · 지각적 단서를 통합해서 엄마를 알게 된다. 그러나 엄마가 아기로부터 떨어져도 아직은 분리 불안 행동은 보이지 않는다.
애착 단계 (6·8~18개월)	영아는 특정 대상에 대해 강한 집착을 보이며 애착 대상과 떨어질 때 분리 불안을 보인다. 낯가림도 이 시기에 서서히 나타난다. 영아는 엄마가 눈에 보이지 않으면 다시 돌아온다는 생각을 하지 못한다. 따라서 엄마가 보이지 않을 때는 매우 큰 분리 반응(불안)이 나타난다.
상호관계의 형성 단계 (18~만 2세)	2세 정도가 되면 영아는 애착 대상을 형제, 할머니, 할아버지, 정규적인 양육자 등에게 확대한다. 이러한 애착은 1차적인 양육자에 대한 애착 반응과 같은 특성이다. 이 무렵 영아는 언어와 인지가 발달하여 엄마가 보이지 않아도 언제쯤 다시 올지 예측할 수 있다. 어린이집(유치원)에 있어도 엄마가 다시 돌아온다는 것을 이해한다.

3 애착과 후기 발달

4살 홍주는 온종일 엄마에게서 딱 붙어 떨어지지 않는다. 눈뜨는 순간부터 잠드는 순간까지 엄마를 그림자처럼 따라다닌다. 엄마가 잠시 화장실에 가도 울음을 터뜨리고, 엄마가 집안일만 해도 업어 달라, 안아 달라, 매달리며 짜증을 내고 떼를 쓰며 엄마 품에 안겨 있어야 직성이 풀리는 아이다. 그런데 온종일 엄마와 함께 있어도 편안해 보이지 않는다. 엄마와 떨어져 있을 때나 엄마와 함께 있을 때나 늘 불안하기만 한 홍주는 왜 그러는 걸까?

출처: SBS '우리 아이가 달라졌어요'(328회); 엄마 찰거머리 홍주.

앞서 애착을 안정 애착과 불안정 애착(회피, 저항, 혼돈)으로 구분하였다. 안정 애착을 형성한 유아는 엄마를 안전기지(secure basement) 기반으로 삼아 낯선 환경에서도 호기심을 가지고 환경을 탐색하며 즐거움과 자신감을 가지고 놀이에 몰입한다.

이처럼 엄마가 아이의 안전기지, 즉 '믿는 구석'이 되어 주는지 아닌지는 안정 애착과 불안정 애착을 구분하는 요소가 된다. 엄마가 유아의 안전기지가 되지 못하는 심각한 불안정 애착은 모두 애착장애라 할 수 있다.

애착장애는 발달 단계에 따라 다르게 나타나며, 반응성 애착 장애와 분리 불안 장애 등이 있다. 주 양육자와의 애착이 실패한 경우 나타나는 반응성 애착장애 유아는, 아무에게나 강한 애착을 보이거나 반대로 지속적으로 접촉을 거부하기도 한다. 상대방과 눈을 맞추려 하지 않고 회피하거나 이름을 불러도 반응이 없는 자폐아동과 유사한 행동 특성을 보인다. 이에 반해 분리불안장애는 아이가 엄마와 절대 떨어지지 않으려는 애착 행동이다. 2~3세 이전의 영유아가 어머니와 떨어지지 않으려 우는 분리 불안은 모든 아이에게 나타나는 정상적인 특성이다. 그러나 분리 불안 정도가 울음에 그치지 않고 자신의 머리를 바닥에 부딪치는 자해 행동을 보이거나, 엄마가 와도 진정하지 않고 여전히 극심한 불안과 공격적인 행동을 보이거나 학교에 갈 나이가 되어도 여전히 심각한 분리 불안을 나타낸다면 분리불안장애를 생각해 보아야 한다.

이상과 같은 애착장애는 후기 발달에서 학교 공포, 공격성, 반사회적 행동, 중독, 우울증 등의 문제를 일으키는 주요 요인이 되거나, 건강한 대인관계를 형성하지 못하는 원인이 되기도 한다. 다른 사람과 관계를 맺을 때는 시간과 적절한 선(경계)이 필요하다. 대부분의 사람은 관계가 친밀해지면서 점차 자신을 개방하고 타인과 가까운 관계가 되어간다.

그러나 애착장애가 있는 사람은 처음 만나 호감을 느끼면 자신의 사생활 모든 일을 털어놓는 반면, 상대방이 자신이 원하는 친밀감을 보여주지 않으면 극도로 분노하는 경향을 보인다. 자신과 타인에 대해 부정적인 시각을 가짐으로 타인과의 친밀한 관계를 회피하고 거부하거나(무시 유형), 타인과의 친밀한 관계를 지나치게 갈망하여 자신을 돌보지 못하거나(몰입, 집착 유형), 타인과의 관계를 원하지만 상처받을지 모른다는 두려움으로 건강한 관계를 맺지 못하는(두려움 유형) 경우 모두 분리

불안의 영향이다(황현주 외, 2013). 이처럼 어린 시기의 안정 애착은 환경에 대한 탐색을 촉진하며, 타인과 협조적이면서 긍정적인 사회적 상호작용을 하게 하여 결국 후기의 사회적·인지적 영역 모두에서 긍정적인 발달을 가져온다.

애착과 후기 사회·정서 발달 측면을 살펴보면, 안정 애착을 형성한 5세 무렵 유아는 더 뛰어난 리더십과 공감 능력을 보였고, 또래에 비해 더 높은 사회적 유능감을 보였다. 반면, 불안정 회피 유형의 애착을 형성한 유아는 취학 전 시기를 잘 보내지 못하며, 또래와의 관계에서 고립되고 비사회적 행동(높은 의존심, 불복종, 빈약한 사회적 기술 등)을 많이 보였으며, 교사는 이에 대해 적의적이고, 충동적이며, 의기소침해지는 경향이 있다고 하였다. 게다가 회피적인 유아는 또래에 대해 부정적인 표현을 하며 또래의 행동을 적의적인 것으로 해석하는 경향이 있었다.

또한 초기 애착 형성의 효과는 청소년기와 성인기까지도 영향을 준다. 이는 가족, 친구, 이성에 대한 미래의 정서적 유대에 영향을 주는 관계에 대한 내적 작동 모델을 아이가 구성하기 때문이다(Bowlby, 1973; Main · Kaplan · Cassidy, 1985). 부모에게 안정적인 애착을 보이는 청소년은 일반적으로 높은 자아 존중감과 사회적 유능감을 보여 준다(Rice, 1990).

이상에서 살펴본 연구 결과는 영아기에 안정된 애착을 형성하는 것이 아동기, 청소년기의 자율성과 인지·사회적 유능성을 증진시킨다는 것을 뒷받침해 준다.

4 애착의 세대 전달

어린 시절에 형성된 애착 양식이 평생 유지될까? 애착 양식은 부모 세대에서 자녀 세대로 전달될까? 부모에게 불만을 갖고 자란 자식이 평생 부모를 원망하였지만, 결국 부모와 닮은 자신의 모습을 발견하고 놀라는 경우가 종종 있다. 과연 자식이 부모를 극복한다는 것이 가능할까? 사랑하는 방법까지 닮는다는 말은 어떤 의미일까?

진료실에서 만나는 아픈 아이의 경우도 알고 보면 대물림하는 애착 문제를 갖고 있는 경우가 많다. 처음에는 부모도 자녀도 서로 성격이 너무 다른 탓에 갈등이 생긴다고 생각하지만, 수차례 면담과 치료를 진행하다 보면 서로의 성격과 아픔까지 매우 닮았다는 것을 깨닫는다. 진료실에서 만난 고등학생 여자아이와 엄마는 각자의 모습을 지점토 만들기로 표현했다. 아이는 가족 내에서 자신의 모습을 '눈사람'이라 표현했고, 엄마는 '해바라기'로 표현했다. "눈사람은 많은 사람들 중에 있어도 외로워요. 다리가 없어서 다가갈 수도 없고, 누가 다가와도 혼자 있는 것 같아요. 관심 가져주길 기다리고 있어요"라고 말하는 아이. "해바라기는 따사로운 햇볕을 받아 열매를 맺을 수 있어요. 모두에게 유익한 열매를 나눠주고 싶기도 하지만 한편으로 자신을 바라봐 주길 원하는 해바라기에요"라고 말하는 엄마. 놀라울 만치 닮은 아픔을 가진 엄마와 딸은 치료를 통해 점점 서로를 잘 이해하는 친구가 되어갔다.

애착 이론에 의하면, 애착 형성은 엄마가 자신의 엄마와 어렸을 적에 형성한 애착 경험에 대한 기억, 즉 애착의 내적인 표상 때문이라고 한다. 신생아는 다른 사람의 보살핌과 도움 없이는 생존할 수 없다. 따라서 자신을 가장 많이 보살펴주는 사람과 애착을 형성하는 것은 모든 인간이 갖는 범문화적이며 생물학적 특성이다.

대부분의 사람이 영아기에 애착을 형성하지만 모두 안정 애착을 형성하는 것은 아니다. 주 양육자인 엄마가 어떻게 돌보아주었는지에 따라 어떤 아이는 안정 애착을, 어떤 아이는 불안전 애착을 형성한다. 안정 애착을 형성한 아이는 엄마와 자신에게 긍정적인 개념을 형성하고 이후 성인이 되어서 이성친구나 배우자와 상호 신뢰하는 관계를 이루며, 자신의 자녀에게도 온정적이며 민감하게 양육하는 모습을 보인다. 그러나 엄마의 부정적인 작동 모델, 즉 불안성 애착을 형성한 아이는 자신과 타인을 불신하게 되고 나아가 배우자와 자녀에게도 불안정 애착을 형성하기 쉽다.

실제로 많은 실험에서 어린 시절의 애착 양식이 청소년기와 성인기까지 유지된다는 것과, 조부모–부모 간의 애착 양식과 부모–자녀 간의 애착 양식이 상당 부분 일치한다는 사실이 밝혀졌다. 생후 12개월 때 확인된 애착 유형은 일반적으로 18개월 무렵 측정할 때와 같은 애착 유형을 보여준다(Waters, 1978). 엄마와 재결합 시의 행동을 토대로 메인과 케시디(Main · Cassidy, 1988)는 6개월 때 애착 분류가 12

개월 때 애착 유형을 84% 정도 예측해 준다고 하였다. 애착 분류의 안정성에 대해 유사한 비율이 독일 아동에게서도 관찰되었다. 그러나 최근 연구 결과는 애착의 안정성 비율이 50%임을 지지한다(Belsky 등, 1996).

영유아기 동안의 애착 형성은 성인이 되었을 때 자신의 양육 형태에도 영향을 준다. 마가렛 릭(Margaret Ricks, 1985)은 중류층 엄마들을 대상으로 자아 존중감과 자신의 영유아기 회상을 측정하여 애착의 세대 간 효과를 연구하였다. 안정적으로 애착된 유아의 엄마는 자신의 어린 시절에 대해 긍정적으로 회상하였으며 높은 자아 존중감을 보여 주었다. 또한 연구에서는 성인 애착 면담을 통해 부모에게서 나타난 애착 유형과 그들 자녀의 애착 유형 간의 유의미한 관계를 지지하고 있다(Steele · Fonagy, 1996). 이러한 연구에 의하면 분명히 애착은 강한 세대 간의 관련성을 가지고 있음을 시사해 준다.

가정환경의 스트레스나 변화 또한 애착의 안정도에 영향을 미친다. 보헌(Vaughn 등, 1979) 등은 12개월 된 영아를 대상으로 애착 분류 실험을 하고 18개월이 되었을 때 다시 측정하였다. 영아의 가족은 저소득층이면서 대부분 한부모 가정이었고, 관찰 6개월 동안 이사나 혹은 가족원이 늘거나 감소하는 경험을 하였다. 연구 결과 12개월 때 안정 애착을 보였던 영아의 20%가 18개월 때 불안정 애착을 보였다. 이처럼 안정 애착에서 불안정 애착으로의 변화에는 엄마의 실직, 재정 문제, 질병과 같은 생활상의 스트레스 요인이 영향을 미치는 것으로 여겨진다. 이와 반대로 다른 연구에서는 저소득층 엄마가 자녀 양육에 대한 정보와 사회 지원을 제공받을 때 자녀들 간에 안정 애착이 더 많이 나타났다(Jacobson · Frye, 1991).

이는 애착 안정성이 대체로 오랜 시간 동안 지속된다는 걸 입증하는 결과이지만, 초기에 불안정하게 형성된 애착 양식이 언제나 부정적인 결과만을 의미하는 것은 아님을 인정해야 한다. 비록 안정 애착을 형성한 아동일지라도 이후 삶에서 가정과 개인의 위기로 인해 불안정 애착이 될 수 있으며, 반대로 불안정한 애착 형성도 이후 친구들이나 연인, 배우자와의 관계 또는 외적 환경 요인 등에 의해 긍정적으로 변화할 수 있다.

4 정서지능 발달

정서지능은 왜 중요한가? IQ, 즉 논리적인 이성 능력의 개발만 가지고는 이 사회에 적응하기에 부족한가? 정서지능에 많은 관심을 가지는 학자는 이러한 물음에 그렇다고 응답한다.

정열과 용기, 도덕성과 신념 등 성숙한 정서와 감정은 매우 중요한데 이러한 능력들이 바로 정서지능(Emotional Intelligence; EI)이며, 정서지능을 측정하여 양화한 것이 곧 정서지수(Emotional Quotient; EQ)이다.

정서지능이 높은 사람은 어떤 장점이 있는가? 미국 스탠포드 대학의 월터 미셸(Walter Mischell) 연구소에서는 4살 된 아이들의 정서지능을 측정해서 18살이 될 때까지 삶에 어떤 변화가 나타나는지 계속 관찰하였다. 연구 결과는 정서지능의 높고 낮음이 그 아이의 미래에 매우 중대한 변화를 가져올 수 있음을 보여 준다. 정서지능이 높았던 유아의 경우 학교 성적이 훨씬 높았으며, 친구와 교사로부터 '인기 있는 사람, 좋은 사람'이라는 평가를 받았다. 이와 같은 정서 능력의 장점은 학업 성취뿐만 아니라 직장과 대인관계 형성에서도 긍정적인 결과를 예측해 주었다.

같은 맥락으로 스턴버그와 가드너(Sternberg · Gardner)의 지능은 사회적 지능의 범주를 포함하고 있는데, 스턴버그는 이를 '실용적 지능'으로, 가드너는 '자신에 대한 통찰, 타인에 대한 통찰', 즉 개인 내 지능, 개인 간 지능으로 명명하고 있다.

최근 사회적 측면의 지능에 대해 가장 주목하는 것은 정서지능이다. 정서지능이란 자신과 타인의 정서를 평가하고 표현할 줄 아는 능력, 자신과 타인의 정서를 이용하고 활용할 줄 아는 능력, 자신의 삶을 계획하고 성취하기 위해서 그런 정서를 이용하고 활용할 줄 아는 능력이다. 이는 1990년 메이어와 살로베이(Mayer · Salovey)가 처음으로 소개하였다. 그러나 정서지능의 개념이 널리 알려진 것은 다니엘 골만(Daniel Goleman)의 『정서지능(Emotional Intelligence)』이란 책을 통해서이다. 이 책에서 골만은 개인의 능력을 예측할 때, 정서지능이 표준화된 지능검사로 측정된 IQ 설명력보다 높다고 주장하였다. 골만은 살로베이 등의 주장을 토대로 정서지능의 영역들을 구체화하였는데, 그 내용은 다음과 같다.

표 8-4 정서지능

영 역	내 용
정서 인식하기	자신이 느끼는 감정을 재빨리 인식하고 알아차리는 능력이다. 정서지능의 초석이며 자기통제의 첫 단계로, 심리적인 통찰과 의사결정을 위해 매우 중요하다.
정서 조절하기	앞서 인식한 자신의 감정을 적절하게 처리하고 변화할 수 있는 능력이다.
자기 동기화하기	어려움을 참아내고 자신의 성취를 위해 노력할 수 있는 능력이다. 만족 지연이나 낙관성 등이 이에 속한다.
감정 이입하기	타인이 느끼는 감정을 자신의 것처럼 느끼고, 타인의 감정을 공유할 수 있는 능력이다. 타인의 욕구와 필요에 민감해지며, 타인에 대한 배려나 선을 베푸는 사랑의 원동력이 된다.
대인관계 형성하기	인식한 타인의 감정에 적절하게 대처할 수 있는 능력이다. 적절한 정서 표현력을 의미한다.

출처: Daniel Goleman. 『정서지능(Emotional Intelligence)』.

그러면 정서지능은 측정될 수 있는가? IQ는 지능검사를 통해서 측정할 수 있으며, IQ가 100 정도이면 평균이고 130이 넘으면 꽤 똑똑하다. 그리고 70 이하이면 학습에 특별한 노력을 기울이지 않으면 어려움이 따른다고 말한다. 이처럼 정서지능도 수치로 제시될 수 있는가?

앞선 언급된 정서지능의 하위 영역을 토대로 정서지능을 측정하려는 노력이 있어 왔지만, 정서지능을 양화하기에 어려운 몇 가지 이유가 제기되었다. 첫째, 정서지능은 측정할 수 있는 정서의 하위 영역이 너무도 다양하고 복잡해서 지능검사처럼 몇 개의 하위검사 점수를 합산하여 하나의 점수로 계산해 내기가 어렵다는 것이다. 둘째, 정서지능은 지능검사 문항처럼 정답 찾기가 아니라 느낌과 감정의 통제 능력을 측정하는 것이기 때문에 단순한 지필 평가로 측정하는 것이 어렵거나 불가능하다는 것이다. 셋째, 정서지수를 산출한다 하더라도 정서 능력을 개인 간에 비교해서 서열화하는 것은 바람직하지 못하다. 사람에 따라 인내심이라는 정서 능력은 높지만 정열과 용기는 부족할 수도 있고, 오히려 그 반대인 경우도 있기 때문이다. 따라서 이런 구체적인 정서지능의 하위 능력을 세세하게 파악하는 것이 더 중요하지 이것을 지수화하여 등수를 매기는 것은 장점보다 단점이 더 클 수 있다.

부모의 정서지능이 문제? 울었다 하면 오줌을 싸는 아이

4살 EQ는 낯선 사람만 보면 엄마에게서 떨어지지 않는 초강력 '껌딱지'이다. 제작진을 보자마자 EQ가 기겁을 하고 울더니 고목나무에 붙은 매미처럼 엄마 다리를 붙잡고 떨어지지 않았다. 한참을 콧물, 눈물, 땀까지 흘리며 울어대더니 앉은 자리에서 오줌을 싸는 것이 아닌가! 소변을 못 가리는 것도 아닌데 울음과 떼가 폭발했다 하면 쉬를 하는 '울보 오줌싸개 공주'였다. 또래 친구 집에 놀러가서도 엄마만 붙들고 늘어져 울다가 결국 엄마 무릎에 실례를 한다. 이처럼 낯가림이 심하고 시도 때도 없이 울다 오줌을 싸는 아이. 대체 왜 그런 걸까?

전문가 진단: EQ의 문제는 야뇨증처럼 신경계 발달이 늦은 것과는 다른 상황이다. 확인 결과 EQ는 전형적인 분리 불안과는 확연히 다른 모습을 보였다. 한글방문선생님의 방문 중에는 EQ가 울지도 않고 즐겁게 수업을 하는 모습을 보였다. 그렇다면 뭐가 문제일까?

정확한 원인 찾기

1. 울면 때리고 오줌 싸면 안아줬던 엄마

평소 아이가 울면 엄마는 무작정 다그치고 손찌검을 하고 집에서는 매로 위협했다. EQ는 엄마가 매를 들기만 해도 지레 겁을 먹고 실례를 해버린다. 버릇을 고치기 위해 울면서 안아달라는 EQ를 한두 시간 동안 밀쳐 내면서 심하게 체벌한 적도 있다. 결국 아이의 마음을 이해하려 하지 않고 밀어내기만 했던 행동이 아이에겐 독이 되어 문제를 더욱 키웠던 것이다.

진단: 아이를 수용하지 않고 계속 버티고 있으니까 아이가 할 수 있는 방법인 소변을 봤더니 엄마가 빨리 와서 수습을 해줬다. 이때 아이는 '아하, 이 방법이 제일 잘 통하는 것이구나'라고 학습한 것이다.

2. 정서지능 제로 가족

타인의 얼굴 표정을 보고 감정을 읽어내는 정서지능 검사 결과, 부부의 정서 발달 자체가 매우 낮게 나왔다. 정서적으로 둔감하다 보니 아빠는 아이와의 관계를 소홀히 하고 그 결과 자주 부부싸움을 했다. 아빠와의 갈등으로 마음이 불편한 엄마 또한 아이의 정서를 읽어 줄 여력이 없었다. 아이가 왜 우는지, 아이의 마음이 어떤지 알려 하기보다는 오직 아이의 문제 행동을 바로잡고 고집을 꺾어야 한다고만 생각했다. 결국 부모의 정서 발달 문제가 아이의 미숙한 정서 발달 문제로 연결되는 악순환이 된 것이다.

SBS '우리 아이가 달라졌어요' 제작팀; 조은영(2014). 경향에듀[재구성]

나의 정서지능 어떨까? 점검해보자

정서지능 체크리스트

1. 나는 대부분의 경우 내가 왜 어떤 감정을 느끼는지 잘 안다.					
2. 나는 내 자신의 감정을 잘 이해한다.					
3. 나는 내가 정말로 어떤 기분을 느끼는지 잘 안다.					
4. 나는 내가 행복한지 아닌지를 항상 알고 있다.					
5. 나는 언제나 동료교사나 아이의 행동을 보면 그 사람의 기분을 잘 안다.					
6. 나는 다른 사람의 정서를 잘 파악할 수 있다.					
7. 나는 다른 사람의 기분이나 감정에 민감하다.					
8. 나는 내 주변 사람들의 정서를 잘 파악한다.					
9. 나는 항상 목표를 세우고 이를 이루기 위해 최선을 다한다.					
10. 나는 항상 내 자신이 유능한 사람이라고 생각한다.					
11. 나는 스스로에게 동기 부여를 잘할 수 있다.					
12. 나는 항상 최선의 노력을 기울일 수 있도록 스스로에게 격려한다.					
13. 나는 내 감정을 조절해서 어려운 일도 이성적으로 처리할 수 있다.					
14. 나는 내 감정을 매우 잘 통제할 수 있다.					
15. 나는 화가 많이 났을 때도 금방 감정을 가라앉힐 수 있다.					
16. 나는 내 감정을 잘 조절한다.					

출처: 김수연(2015). 『정서지능 척도』.

❖ **평가**

* 1~4: 자기 정서 인식, 5~8: 타인 정서 인식, 9~12: 정서 활용 13~16: 정서 조절
* Wong · Law(2002)의 정서지능 척도(Emotional Intelligence Scale) 참조
* 5점 척도이며, 점수가 높을수록 정서지능이 높음을 의미한다.

5 영유아기 정서 발달과 생태학적 맥락

영유아기의 정서 발달에 미치는 요인은 생리적 요인, 기질적 요인, 성차, 가정적 요인, 문화적 요인 등 매우 다양하다고 볼 수 있다(정미라 외, 1998; 이숙재 · 이봉선, 1999 재인용).

첫째, 생리적 요인이 정서 발달에 영향을 줄 수 있다. 영유아의 정서 발달을 연구하는 많은 학자는 정서가 인간의 생리적 요인과 밀접하게 관련되어 있음을 주장한다. 즉, 행복, 두려움과 같은 기본적인 정서 표현이 뇌와 신경 조직의 영향을 받는다는 것이다. 예를 들면, 분노나 두려움과 같은 정서는 영유아들 심상 박동이나 호흡, 뇌 활동의 변화와 관련되어 있다. 실제로 아이의 기분이나 느낌에 따라 뇌파의 형태가 달리 나타나는 것이나, 뇌에서 분비되는 신경 화학적 물질인 도파민(엔도르핀)이 적절하게 분출되면 기분이 좋아지지만 지나치게 많이 분비되면 정신분열증을 일으키기도 하고, 스트레스 상황이 지속되면 뇌의 코르티솔 수준이 높아지거나 세로토닌의 부족으로 우울증이 오기 쉽다는 것은 잘 알려진 사실이다.

둘째, 영유아의 기질 또한 정서 발달에 영향을 미치는 요인으로 볼 수 있다. 아이의 정서적 표현 양식은 기질적 특성에 따라 큰 차이를 보인다. 낯가림이 심한 아이의 심장박동 리듬은 다른 아이와 달랐으며, 기질적으로 스트레스에 약한 아이의 경우 다른 아이에 비해 특정 호르몬의 수준이 다를 수 있다. 잘 어울리고 대체로 편안하고 기분 좋은 아이는 새로운 집단에도 비교적 잘 적응하는 편이다. 이처럼 태어나면서 갖고 있는 기본적 기질은 일생 지속한다고 하지만 성장하면서 주변 사람의 영향에 의해 변화할 수 있음도 유념해야 한다.

셋째, 정서 발달은 인지 발달과 상호의존적인 관계에 있다. 특히 어린 아이의 경우 정서 발달과 인지 발달은 밀접한 관련이 있다고 학자들은 주장한다. 정서 반응을 야기시키는 대상이나 상황이 좋은 것인지 나쁜 것인지 판단하는 인지 능력에 따라 적절한 정서 반응을 할 수 있기 때문이다. 생후 6~7개월이 되면 낯가림을 하는데, 낯가림이란 결국 친숙한 얼굴과 낯선 얼굴을 인지적으로 구별 가능하기 때문이다.

부끄럼이나 죄의식 같은 정서도 자기 인식에 관련된 인지적 기능의 영향을 많이 받는다.

넷째, 많은 학자는 정서 발달에 남여의 차이가 있음을 주장하며, 이러한 성별 차이는 신생아 때부터 나타난다고 한다. 신생아 여아는 양육자와 눈 접촉을 많이 하며 다른 아기의 울음소리에 민감하게 반응하는 반면, 신생아 남아는 더 쉽게 놀라고 강하게 울며 불안정하여 달래기가 어렵다. 성장해서도 여아가 남아보다 더 잘 웃고 사교적이며 다른 사람의 감정에 민감하고 동물과 같은 실제적인 대상에 대해서 더 민감하게 공포 반응을 나타낸다. 이처럼 생물학적 차이에서 오는 정서 반응의 차이도 있지만 환경적인 영향, 즉 남녀 아이에게 대하는 부모의 양육 태도도 아이의 정서적 반응의 차이를 가져오기도 한다. 엄마는 남아보다 여아에게 더 많은 정서적 반응을 보이기도 하고 남녀에 따라 서로 다른 양식의 표현 행동을 하도록 영향을 주기도 한다.

다섯째, 부모나 양육자의 영향도 영아의 정서 발달에 영향을 미친다. 자녀는 부모의 정서 표현을 모방하거나 동일시하는 경우가 많다. 공포 대상에 대한 연구 결과 부모가 무서워하는 대상과 어린이의 공포 대상이 동일하게 나타났으며, 가학적인 부모를 둔 어린이는 자신의 정서를 표현하고 다른 사람의 정서를 이해하는 데 많은 어려움을 겪는 것으로 밝혀져 부모의 정서가 자녀의 정서에 영향을 미치고 있음을 보여준다.

또한 부모의 양육 태도와 자녀의 정서 발달 간에도 높은 관련성이 있는 것으로 나타났다. 아버지의 민주적인 태도와 자녀의 정서적 안정은 높은 상관을 보인 반면 (차은영, 1987), 부모의 거부적 태도, 모순 불일치적 태도와 자녀의 정서적 부적응 행동 간에도 높은 상관을 보였다. 부부관계도 유아의 정서 발달에 영향을 미치는데, 부부관계가 원만치 못한 가정의 아이는 높은 수준의 분노, 긴장, 불안을 느끼는 것으로 관찰되었다(이숙재 · 이봉선, 2008). 이처럼 가족 환경적 요인 또한 영유아의 정서 발달에 영향을 미치는 주요 요인이다.

연구 문제

※ 영유아기의 정서 발달과 관련된 단어들로 빙고게임을 해보자.

정서	순한 아이	정서의 기능	정서지수(EQ)	Ainsworth 낯선 실험상황
까다로운 아이	배냇 웃음	낯가림	분리불안	접촉위안
사회적 참조	일차정서	이차정서	기질	내적 작동 모델
NYLS 모형	EAS 모형	Rothbart 모형	토마스 & 체스	느린 아이
안전기지 기반	애착의 세대전달	안정 애착	불안정-회피애착	정서지능 요소
불안정-저항애착	J. Bowlby	자의식적 정서	불안정-혼돈애착	조화의 적합성
대리모 원숭이실험	애착발달단계	반항성 애착장애	분리불안장애	정서지능(EI)

게임 방법

1. 25개의 빙고판을 위의 단어 키워드로 채운다.
2. 게임 순서를 정하여 단어와 의미를 말하고 해당되는 칸의 단어를 지운다.
3. 세로, 가로, 대각선으로 다섯 칸을 나란히 지우게 되면 '빙고'를 외친다.
4. 다섯 칸의 빙고를 성공하면 게임이 끝난다.

Chapter 09

영유아기 사회성 발달

사회성이란 한 개인의 사회 적응의 정도나 대인관계의 원만성을 의미하며 사회성 발달이 잘 된 아이는 사회적 유능성이 있다고 할 수 있다. 사회적 유능성은 유아가 자신에 대해 어떻게 느끼고 다른 사람에게 어떻게 지각되는지를 보여준다. 일반적으로 사회적으로 유능한 사람은 성공적으로 상호작용하고 인기가 많으며 자신의 삶에 더 만족한다. 학업 성취도가 높으며 사회적 관계에서도 좋은 동료, 더 유능한 사회 구성원으로 지각된다. 그러므로 영유아기의 사회성 발달에 영향을 주는 요소들을 이해하는 것이 중요하다.

이 장에서는 자아 발달, 성역할, 도덕성, 이타성과 공격성 등 영유아기 사회성 발달의 주요 발달 양상과 관련 요인들을 살펴본다.

1 자아 발달

'나는 누구인가'라는 질문은 인간이 평생에 걸쳐 생각하는 중요한 문제이다. 영유아기는 이러한 질문에 대한 답, 즉 자아 개념(self-concept)을 확립하기 위한 기초가 시작되는 시기이다. 자아 개념이란 자기 자신에 대해 가지고 있는 이미지, 느낌, 태도 등을 말하며 자아상, 자아감 등의 용어와 유사하게 사용하기도 한다.

태어난 지 몇 달이 지나면 영아는 거울 속의 자기 모습을 보고 미소 짓는다. 언제쯤 아이는 거울 속의 아이가 자기 자신이라는 것을 알까? 이처럼 영유아는 자신을 다른 사람이나 주변 환경과 구분하면서 자아라는 인식이 발달하게 되는데, 자아에 대한 인식은 한 번에 이루어지는 것이 아니라 자기 스스로를 인식하는 주관적 자아 인식에서 출발하여, 다른 사람과의 관계나 주변 환경 속에서 자신을 발견하는 객관적 자아 인식 단계를 거쳐 완전한 자아 인식이 이루어진다. 이런 자기 존재에 대한 깨달음은 자아 개념 형성의 토대가 되며, 초기의 자아 인식은 이후 유아의 사회성 발달과 자아 존중감 등에 영향을 미치기 때문에 인간 발달에서 매우 중요하다. 그러면 삶의 적응에 중요한 역할을 하는 자아 인식, 자아 개념과 자아 존중감에 대하여 살펴본다.

1 자아 인식

나는 누구인가?

- 나의 장점은 무엇인가?
- 내 안에 숨겨진 나의 잠재 능력은 무엇인가?
- 앞으로 나는 무엇을 하고 싶은가?

⋮

- 자신에 대해 얼마나 알고 있는가?

영유아는 자신이 부모 또는 타인과 분리된 존재라는 것을 인식하기 시작하면 자신이 누구인지에 대해 알고자 하는데 이것이 자아 인식이다. 예를 들면, 초기에는 자기의 이름, 신체적 외모, 자신의 소유물, 일상생활 등과 같이 실제적으로 관찰이 가능한 매우 단순한 특성을 기초로 자신을 인식하지만 점차 지적으로 성숙되어 갈수록 자신의 능력, 가치관이나 사고 또는 안정적인 심리적 특성이나 정서 등 추상적이고 일반적인 차원으로 자기를 인식해 간다.

영유아의 자아 인식은 외형적인 물리적 자아(physical self)로부터 내재적인 심리적 자아(psychological self)로 발달해가는 과정을 거치는데, 영유아의 물리적 자아 인지는 아동기에 발달하는 심리적 자아 인지의 기초가 된다.

이처럼 영유아의 자아 인식은 개체화의 과정으로 나타나기 시작한다. 영유아는 주변 환경 내의 사람과 사물과의 초기 관계에서 자아에 대한 세 가지 주요 요소를 발달시킨다. 자아 인식, 자아 개념, 자아 존중감은 개인의 사회적 경험과 인지 발달을 기초로 하여 시간이 경과하면서 발달하며 개별적이다. 이러한 세 가지 자아 발달 특징이 합쳐서 영유아의 사회적 능력에 기여한다.

나는 누구인가?

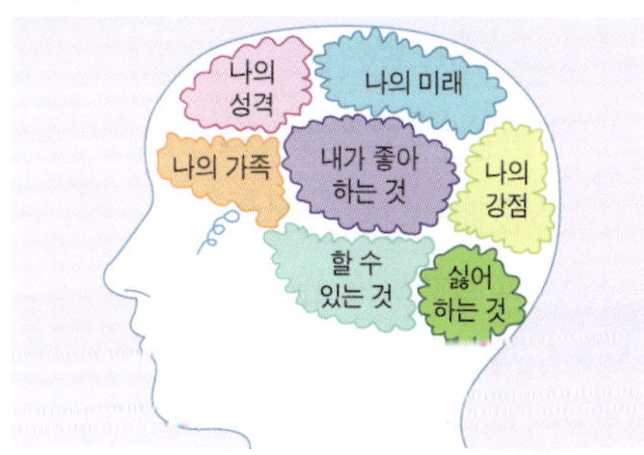

올포트(Allport, 1955)는 자아의 발달이란 한 개인이 독특하게 가지고 있으며 유일하다고 명명할 수 있는 고유 자아로, 유아기에서 청소년기까지 7단계를 거쳐 발달한다고 보았다(김경혜 외, 2009; 이제성 역, 2001).

신체적 자아가 발달한다.

신체적 자아는 생후 15개월부터 나타난다. 영아는 자신을 둘러싸고 있는 세상을 구별할 수 없으나 점차 학습과 경험을 통해 자신과 타인, 환경을 구별할 수 있으며 어떤 대상을 만지고 보고 들을 때 변별력이 생긴다.

▼

자아 정체감이 발달한다.

올포트는 자아정체성의 가장 중요한 면이 그 사람의 이름이라고 보았다. 이름은 그 사람 존재의 상징이고, 그 사람의 자아에 동일시하며, 이름을 통해 다른 사람과 구별된다. 유아는 자신의 이름을 먼저 배우고, 이름을 지칭하며 말하는 시기를 거친다.

▼

자아 존중감이 발달한다.

자아 존중감은 2세 때부터 나타나는데 자신감과 자랑스러운 감정을 가지고 만족해하면서 탐구하려 하는 한편 환경을 변화시키려 하기도 한다.

▼

자기 확대감이 발달한다.

자기 확대감은 4세 즈음에 나타나는데 나의 집, 나의 학교, 나의 소유물도 점차 알게 된다. 사물뿐 아니라 가치와 신념에 이르기까지 자아를 넓게 확대시키는 능력이 발달하기 시작한다.

▼

자아상이 발달한다.

이 단계에서는 유아가 자신을 어떻게 보고 있는가를 생각하는데, 이 자아상은 부모와의 상호작용을 통해 발달한다. 부모로부터 받는 칭찬과 벌을 통해 자아상이 형성한다.

▼

이성적 존재로서의 자아 발달이 이루어진다.

초등학교에 입학 후 이성적 대체자로서의 자아가 나타나기 시작한다. 새로운 규칙과 기대를 배우고 지적 활동과 도전이 나타나며 논리적, 합리적으로 문제를 해결하도록 배운다.

▼

자아 추구가 발달한다.

사춘기의 마지막 단계인 자아 추구가 나타난다. 사춘기에 겪게 되는 경험은 부모와 친구의 영향을 받으면서 자아상을 시험하게 된다. 자아 추구 과정에서 가장 중요한 것은 인생의 장기 목표와 꿈에 대해 생각하는 것이다.

2 자아 개념

1) 자아 개념의 정의

일반적으로 '나는 누구인가'라는 질문에 대한 대답이 자아 개념(self concept)이다. 자아 개념은 다른 사람과 자기 존재를 구별하여 인식하는 것에서부터 발달한다. 처음에는 자기 모습이 남과 다르다는 것을 깨닫고, 2세가 되면 자기 속성이나 자기의 행동을 말로 표현하게 된다. 이후 겉모습과 단편적인 행동면(물리적 자아)에서 자기를 묘사하다가 점차 세부적이고 심리학적인 면(심리적 자아)으로 옮겨간다.

- 신체: 나는 애기야.
- 소유: 나는 장난감이 있어.
- 능력: 나는 달릴 수 있어
- 선호도: 나는 과자를 좋아해.
- 사회적 병합: 나는 동생이 있어.
- 사회적 비교: 나는 친구보다 영어를 잘해.

학자마다 자아 개념을 달리 정의하고 있다. 먼저 로저스(Rogers, 1951)는 자아 개념을 개인의 의식 속으로 들어올 수 있도록 용인된 자아 지각의 조직된 형태라고 정의하고, 개인은 이러한 자아 개념을 계속 유지하고 환경적 요인이 허용하는 한 그 자아를 실현하고 신장하려는 경향이 있다고 하였다. 쿨리(Cooley)는 사회적 관계 속에서 타인은 자신의 거울 역할을 한다고 보고 주변 인물과의 관계에서 평가되는 면경자아(looking glass self)의 개념을 제시하였다.

한편 교육학 용어사전(1995)에서는 개인이 가지고 있는 자신에 대한 견해로, 주어진 시간에 자기 자신에 대해 가지고 있는 생각을 말하며 긍정적 개념과 부정적 개념으로 대별하고 있다. 송인섭(1989)은 자기 자신에 대한 총체적 지각으로 나와 관련된 모든 자기 지각, 즉 한 개인이 인간으로서 자기 자신의 신체 행동, 능력에 대해 지니고 있는 태도, 신념, 견해라고 보고 있다. 또한 최경숙(2005)은 자신의 특성, 능력, 태도와 가치에 대한 총체적 개념으로서 자신이 누구인가에 대한 개인의 믿음으로 보았다. 정옥분(2002)은 신체적 특징, 개인적 기술, 특성, 가치관, 희망, 역할, 사회적 신분 등을 포함한 '나'는 누구이며 무엇인가를 깨닫는 것을 의미하며, 전반적인 자기에 대한 인지적 이해 및 평가라고 보았다.

종합해 보면 자아 개념이란 자신을 정의하며 다른 사람과 자신을 다르다고 판단하는 특징, 능력, 행동, 태도, 가치가 모두 합쳐진 심리적인 구성 요인이다. 이와 같은 구별은 유아기 초기에서 성인기를 거쳐 나타나며 지속적으로 변화한다. 결과적으로 아이가 성숙해감에 따라 자아 개념도 다듬어지고 명료해지며, 우리 자신에 대한 견해는 더 차별화되고 복잡해진다.

긍정적 자아 개념은 자신이 유능하고 가치 있는 존재로 여기는 것으로, 이는 각 개인이 그 내면에 지니는 강력한 힘으로 삶에 필수적이다. 긍정적 자아 평가, 자아 존중감, 자아 인정감, 자아 수용과 같은 개념이며 부정적 자아 개념은 부정적 자아 평가, 자아 멸시, 열등감, 개인적 무가치, 자아 거부와 같은 개념이다. 따라서 긍정적 자아 개념은 높은 자아 존중감과 관련이 있으며 원만한 대인관계를 유지하고 건강한 성격 발달의 기반이 되며 성취에 영향을 미치는, 궁극적으로는 인간의 행복감을 느끼기 위한 필수요건이라 할 수 있다(김경혜, 2009).

2) 자아 개념의 발달

(1) 영아기

최초의 자아 개념은 영아가 자신을 다른 대상과 독립된 실체로 인식하는 데서부터 시작한다. 영아가 자신과 외부 환경이 별개라는 것을 어렴풋이 인식하다가 서서히 자신이 다른 사람 또는 사물과 뚜렷이 구분되어 있다는 것을 알게 된다. 이 과정에서 자아 인식이 발달된다. 매럴(Mahler)은 생후 4~5개월까지 영아와 엄마가 분리되지 않은 채 하나라고 보는 공생적 관계에 있다가 이후 30~36개월까지 자신과 엄마 및 환경이 서로 분리되어 있는 존재라는 것을 점차 인식하게 되는 분리 개별화(separation-individuation) 과정을 거친다고 보았으며, 이를 제2의 탄생이라고 표현하였다(문혁준 외, 2014).

이후 영아가 자신의 모습을 명확하게 구별하게 되는 것을 자아 인지라고 한다.

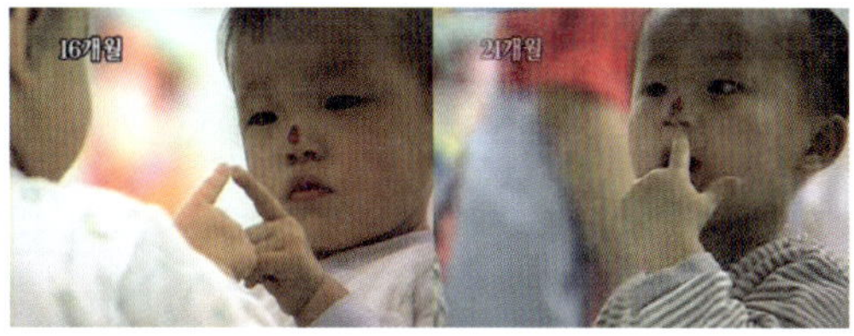

영아기에는 자신의 신체에 대한 개념, 즉 신체 자아를 먼저 형성한다. 루이스와 브룩스(Lewis · Brooks, 1978)는 6~24개월의 영아 코에 립스틱을 묻히고 거울을 보여주는 실험을 하였다. 그 결과 9~12개월 영아는 거울 속의 자기 모습을 인지하지 못하였고, 15~18개월 영아의 25%, 21~24개월 영아의 75%는 거울에 비쳐진 자신의 코에 묻은 립스틱 자국을 만지는 행동을 하였다.

사진이나 영상 속의 자신을 알아보는 것도 이와 비슷한 시기에 가능한 것으로 보인다. 국내 연구 또한 18~23개월 영아의 84%, 24개월 이상 영아의 93.8%가 자신을 알아보는 행동이나 말을 하는 것으로 나타났다.

언어 발달이 가속화하면서 영아기 후반기에는 자신의 특성을 언이로 나타내는 자아 개념이 발달한다. 24개월을 전후하여 영아는 자신의 특성을 언어로 분명하게 표현하는데, 이 시기의 자아 개념을 언어적 자아라고 할 만큼 언어 발달은 자아 발달에서 중요한 역할을 한다. 특히 자신을 나타내는 말(유진이는, 나, 내 것 등)을 사용한다는 것은 자아 개념을 획득했음을 보여주는 것이다.

소유권 주장이 강해지는 것도 영아의 자아 개념 발달을 보여준다. 만 2세 전후의 영유아는 좋아하는 장난감에 대해 '내 거야' 하고 우기면서 다른 친구와 공유하려고 하지 않는 모습을 종종 보인다. 이는 영아가 공격적이거나 이기적이어서가 아니라 이전에 내가 가지고 놀던 장난감임을 의미하며 자신의 물건을 정의하는 과정으로 볼 수 있다. 다른 친구에게 장난감을 주기 싫다기보다는 그 장난감을 가지고 노는 것을 자아의 중요한 측면으로 인식하는 것이다.

자아에 대한 인식이 발달하면 영아는 일상생활에서 자기를 주장하고 스스로 해결해 보려는 행동을 보인다. 특정 음식이나 맛에 대한 선호를 보이기도 하며, 자신이 스스로 음식을 먹으려 하거나, 기저귀를 갈아줄 때 버둥거리거나 신발을 신으려 하지 않고 다리를 꼬거나, 머리를 빗겨주려는데 얼굴을 돌리는 등 스스로 하고자 하는 욕구를 드러내기도 한다(임지영 외, 2014).

(2) 유아기

24개월 이후 유아의 자신에 대한 인식은 급속히 발달한다. 유아기 초기에는 사람들의 서로 다른 측면, 즉 연령이 적은지 많은지에 따라 아이와 어른으로 구분하고 신체가 큰지 작은지 또는 여자인지 남자인지 등에 초점을 맞추어 구분하는 것과 관련하여 자신을 어떤 한 범주 안에 포함시킨다.

하터(Harter, 1990)는 이를 범주적 자아(categorical self)라고 명명하였는데, 유아가 자신에 대하여 설명할 때 전체적인 범주 안에서 자신을 구별 지어 특정 범주에 두어 설명하고자 하기 때문이다.

3세가 되면 언어 능력이 발달하면서 유아는 자신의 제반 특성에 관해 언어로 표현할 수 있게 된다. 3~5세까지의 아동은 자신의 외모에 주의를 기울여 신체적 특징, 자신의 기호, 소유, 인간관계 등 외적인 특성에 관해 자주 말하는 것을 볼 수 있다. 예를 들면, "나는 키가 작아(신체적 특성)", "나는 아이스크림을 좋아해(기호)", "나는 언니가 있어(소유)" 등으로 전체적인 범주 안에서 구체적으로 자신을 설명한다. 그러나 이 시기의 유아는 물리적인 자아에 한계를 두며 자신의 내면적이고 영속적인 특질에 대하여는 고려하지 못하는 경향을 보인다. 즉, 이 시기의 유아는 주관적 감정이나 심리적 특성에 대하여 진술하는 것은 어렵다.

5~7세 유아는 주로 능력면에서 자신을 묘사한다. "나는 달리기를 잘 하고, 공부를 잘 해"라는 식으로 몇 가지로 나누어 잘하는 것을 나열하기도 한다. 그러나 '똑똑하다'란 기준은 '똑똑하지 않다' 등과 같은 반대 개념을 가지고 판단하지 않으며, 전적으로 잘하든지 전적으로 못하든지 둘 중 한 가지만으로 판단한다. 여전히 이 시기의 유아는 대체로 자기 능력에 대해 매우 긍정적이고 과대평가한다.

7~8세 아동은 자신의 사적 자아를 더 많이 사용하여 추상적으로 자기를 묘사하기 시작한다. 멋진, 뛰어난 등과 같이 대인관계에서의 특징과 능력에 초점을 두어 "나는 친구보다 수학을 더 잘해", "친구는 나보다 영어를 잘 해"와 같이 또래와 자신을 비교하여 할 수 있는 것과 없는 것을 말할 수 있다.

종합해 보면 유아기에는 영아기에 비해 인지 및 언어 능력이 정교화되면서 신체 특징과 소유물 등과 같은 외현적 특성을 토대로 자신을 여러 측면에서 진술하는 범주적 자아를 발달시키며, 점차 심리적 측면에서 자신을 기술하고 현재 속해 있는 집단 내 위치(역할)에 대한 사회적 자기 인식이 발달하게 된다.

표 9-1 자아의 출현과 자아 개념의 발달

연령	특징
1~2세	• 자아 인식 확립 • 범주적 자아 발달
3~5세	• 자아 개념은 관찰 가능한 특성과 전형적인 정서와 태도 강조
6~10세	• 자아 개념은 개인의 긍정적 태도와 부정적 태도의 특성 강조 • 다양한 사람들 사이에서의 사회적 비교 출현

출처: 김경혜 외(2009)[재구성].

3 자아 존중감

1) 자아 존중감의 정의: 자아 개념의 평가적 측면

아이들은 성장하면서 자신에 대한 물리적, 심리적인 특성을 구체적으로 설명할 수 있게 될 뿐만 아니라 자신에 대해서 복합적인 평가를 할 수 있게 된다. 예를 들면, 유아도 타인이 자기를 얼마나 좋아하는지, 자신이 어떤 일을 얼마나 잘할 수 있는지를 구별할 수 있다. 이러한 평가는 유아의 정서적 경험, 미래의 행동에 영향을 줄 뿐만 아니라 장기적으로 심리적 적응에 영향을 주기 때문에 자아의 발달에서 매우 중요하다.

자신의 어떤 내적 기준이나 기대 수준에 비추어 자기에 대한 평가 결과가 긍정적·부정적으로 인식되는 것은 자아 존중감으로 연결된다. 평가 결과가 긍정적인 경우 유아는 긍정적인 자아 개념과 높은 자아 존중감을 갖게 되나, 평가 결과가 부정적일 때는 부정적인 자아 개념과 낮은 자아 존중감을 가지며 자신을 바람직하지 못하다고 지각하는 경향이 높아진다(김정희 외, 2014). 이처럼 자신의 가치에 대한 스스로의 판단이나 감정을 자아 존중감(self-esteem)이라고 한다. 일반적으로 자아 존중감은 유아가 자신의 유용성에 대해 갖는 자아 이미지와 주위의 사람들이 자신에 대해 내리는 평가를 바탕으로 이루어진다. 유아 스스로 자신이 능력이 있다고 생각할 뿐 아니라 주위의 어른들이 인정을 해주면 유아는 긍정적 자아 존중감을 갖게 된다.

쿠퍼스미스(Coopersmith, 1967)는 자아 존중감을 규정짓는 기준을 다음과 같이 설명하고 있다. 첫째, 중요도(significance)로서 자기의 중요한 타인들(significant others)로부터 사랑과 관심, 인정을 받고 있다고 느끼는 정도이며, 둘째, 능력(ability)으로서 자신이 중요하게 생각하는 활동을 수행함에 있어 성공적인 성취 수준을 달성할 수 있는 능력의 정도를 의미한다. 셋째, 힘(power)으로 타인에게 영향을 미치고 통제할 수 있는 능력의 정도를 의미하며, 넷째, 미덕(virtue)으로 윤리적이고 도덕적인 규범을 지키는 정도를 의미한다. 이러한 기준에서 높은 점수일수록 자신을 높게 평가하며 자아 존중감은 높아진다.

2) 자아 존중감의 발달

4세 무렵이 되면 학습 능력, 친구 사귀기 등 여러 면에서 자신에 대해 평가할 수 있다. 그러나 자아 존중감 관련 연구 결과는 유아의 자아 존중감이 매우 높음을 보고하는데, 이는 유아가 자신의 바람과 실제 능력을 정확히 구분하지 못한 결과에서 비롯된다고 한다. 대부분의 유아는 자기 자신을 매우 긍정적으로 보는 경향이 있다는 것이다.

자아 존중감의 발달 과정을 살펴보면 다음과 같다. 영유아의 자아 존중감은 만 2세 때부터 나타나는 자조 기술의 발달과 더불어 시작되는데 식사하기, 대소변 가리기, 세수하기, 옷 입기 등 일상적인 과제를 성공적으로 수행하게 되면서 영아는 자신의 능력에 대한 기본적인 신뢰감을 갖게 되며 이러한 신뢰감은 자아 존중감의 중요한 기초가 된다.

이 시기의 영아는 식탁을 어지럽히고 어수선하게 만들면서도 스스로 숟가락으로 밥을 먹고 싶어 한다. 또한 거꾸로 입을지라도 혼자서 옷을 입으려고 애를 쓰기도 한다. 이러한 과정을 통해 스스로 하고자 한 것을 해결했을 때에 큰 만족감과 자신감을 갖는다.

3, 4세로 성장하면서 유아는 자신의 운동 능력 및 인지 기능을 발달시키면서 스

스로 어떤 일을 해결하는 경험을 통해 숙달감을 갖게 되는데, 이를 통해 유아는 성공에 대한 기대감과 자신에 대한 긍정적 가치감과 자기 존중감을 발달시킨다. 이처럼 유아기에 형성되는 자아 존중감은 개인의 생애에 걸쳐 지속적으로 자신감을 부여하고 자기 유능감을 유지하는 데 큰 영향을 준다.

그러나 유아기의 자아 존중감은 객관적이고 상대적인 평가에 의해서라기보다는 유아의 개인적인 기대감이 작용하므로 판단의 정확성이 낮고 수시로 변화되므로 안정적이지 못하다. 유아는 대체로 자신을 매우 긍정적으로 좋게 받아들이는 경향이 있다. 유아가 긍정적 자아 존중감을 갖느냐 아니냐는 유아가 자신의 능력을 발휘하고 적응하는 데 중요한 영향을 미친다. 유아의 높은 자아 존중감은 여러 가지 새로운 기술과 과제를 성공적으로 숙달시키는 데 매우 중요하며, 이 시기의 유아가 갖는 주도성 형성에 기여하는 바가 크다.

자아 존중감이 높은 유아는 자신의 판단에 자신감을 갖고 사회적 상호작용에서도 긍정적으로 자기주장을 하며 또래 관계도 원만하다. 반면, 낮은 자아 존중감을 가진 유아는 조금 어려운 과제를 만나면 쉽게 포기하는데, 과제를 할 수 없다고 생각하고 실패를 한 다음에는 기가 죽는다.

유아의 자아 존중감 형성에는 유아 자신의 능력에 대한 기대 및 가족과 사회의 태도가 중요하다. 자신의 능력에 있어 성공의 경험이 많아지면 긍정적 자아 개념을 형성하며, 긍정적 자아 개념은 성공의 기회를 더 많이 갖게 한다. 반대로 실패의 경험이 많아지면 자아 개념이 낮아지며 자아 개념이 낮으면 무언가를 시도하고자 하는 동기가 적어 성공의 기회도 감소한다. 이외에도 정서적 지지와 사회적 인정도 중요하다.

학령기에 접어들면 자아 존중감은 다소 떨어진다. 그 이유는 초등학교 시기 동안에는 자신을 또래들과 비교하기 때문이다. 학령기 아동은 더 이상 자신이 반에서 가장 똑똑한 아이가 아니며, 그림그리기는 못 그리는 축에 속한다는 것을 깨닫게 된다. 이처럼 또래와의 비교는 개별 아동의 자아 존중감을 떨어뜨리는 원인이 된다. 학령기 아동의 자아 존중감은 학업, 신체, 사회성 세 측면으로 분화되어 다시 전반적 자아 존중감으로 통합한다(유효순 외, 2014).

표 9-2 자아 존중감의 발달

연령	특징
1~2세	• 과업을 완수했을 때 기쁨 • 성인의 평가에 민감함
3~5세	• 자아 존중감이 높으며 여러 측면의 자기평가로 구성되어 있음 • 성취와 관련된 귀인이 나타나지만 분화되지 않음(예: 열심히 공부하는 사람은 똑똑하며 성공할 것이다)
6~10세	• 자아 존중감이 위계적으로 조직됨: 학문적, 사회적, 신체적 능력, 신체적 외모 등 분리된 자아 평가가 전체 자아상으로 통합함 • 사회적 비교를 함에 따라 자아 존중감이 낮아지다가 다시 높아짐

출처: 김경혜 외(2009)[재구성].

4 자아 발달에 영향을 미치는 요인

1) 부모의 영향력

자아 발달은 자기 스스로에 대한 긍정적인 느낌과 자신의 특성에 대한 평가로부터 시작된다. 부모는 영유아가 긍정적인 자아 발달을 형성하는 데 결정적인 영향을 미치는데, 부모의 자녀를 대하는 태도는 유아의 자아 발달에 영향을 준다. 부모가 자녀를 수용하고 애정적이며 자녀의 문제에 민감한 관심을 보이는 경우 유아는 긍정적인 자아 개념을 가진다. 반대로 부모가 유아를 거부하고 무관심하게 대하면 유아도 자기 자신에 대한 부정적인 자아 개념을 갖는다.

2) 자아 발달에 영향을 미치는 다른 요인

영유아의 긍정적인 자아 발달 형성에 강한 영향을 주는 요인은 부모이지만 부모 이외에도 여러 요인이 영향을 준다고 볼 수 있다. 유아는 사회적 관계를 맺기 시작하면서 자신을 끊임없이 다른 유아와 비교하는 사회적 비교(social comparison)를 통해 자신을 평가하는 경향을 가지고 있다. 이러한 평가를 통해 갖는 자기 인식은 자아 존중감의 형성에 중요한 요인으로 작용한다. 5~6세의 유아는 자신의 능력이나 소유하고 있는 장난감, 옷 등을 비교하여 그 결과가 긍정적일 때 적절한 자아 존중감을 형성하지만, 그렇지 못한 경우에는 낮은 자아 존중감을 갖기 시작한다. 또한 유아의 대인관계가 확대되면서 유아는 타인으로부터 겪는 수용이나 거부의 사회적 경험을 통해 자아 개념 형성에 영향을 받는다. 이때 형성되는 긍정적인 자아 개념은 사회적 행동과 자신에 대한 평가에 영향을 줄 뿐만 아니라 성인이 되어서도 지속적인 영향을 주게 된다.

아동이 초등학교에 입학하여 고학년이 되어 갈수록 인지적 능력과 사회적 능력이 긍정적인 자아 개념과 높은 자아 존중감에 영향을 준다. 콜리(Cole, 2001)는 학업 성적이 높은 아동이나 친구가 많은 아동은 긍정적인 자아 개념과 자아 존중감이 높고, 호기심이 많은 아동 역시 높은 자아 존중감을 가지고 있음을 보고하였다. 반면, 자신의 능력에 대한 부정적인 자아 개념이나 낮은 자아 존중감을 가진 아동은 학습 동기가 낮고 새로운 과제나 주변에 대한 흥미와 탐색 노력이 부족한 것으로 알려지고 있다.

2 성역할 발달

대부분의 엄마는 출산 직후 아이가 여아인지, 남아인지 가장 먼저 묻곤 한다. 생후 첫날부터 성별의 차이는 적용되며 이름, 옷, 머리 모양, 장난감 등의 선택에서도 성별에 따라 어른들은 다르게 반응한다. 또한 자녀와의 상호작용 시에도 아들, 딸에 따라 놀이하는 방식이 다르며 자녀로부터 기대하는 바도 다르다고 할 수 있다. 이처럼 성은 주위에서 영유아에게 어떻게 반응하는지를 결정하는 중요한 요인이 된다.

왜 사람들은 성별에 따라 다르게 반응하는가? 물론 성의 생물학적 차이에 근거하여 설명할 수도 있지만, 더 중요한 이유는 대부분의 사회가 성에 따라 각기 다른 역할과 행동을 기대하기 때문이다. 따라서 영유아는 자신이 여자인지 남자인지 먼저 이해해야 하며, 자기 문화 내에서 자기 성에 맞는 가치 및 행동을 획득해야 한다.

그러면 성역할 발달의 이론적 접근 그리고 성역할 발달에 미치는 요인에 대해 살펴본다.

1 성역할의 정의

5세 반 유아 학급의 자유선택 놀이시간이다. 여자아이들은 소꿉놀이 영역에서 아기 인형을 안고 우유를 먹이고, 팔에 안아 다독이면서 "맘마 먹자, 우리 아기 착하네" 등의 말을 걸며 인형놀이에 몰두하고 있다. 그 옆 블록놀이 영역에서는 남자아이들이 차와 트럭, 로봇 장난감을 가지고 경찰관놀이를 하고 있다. 도주하는 도둑을 잡고자 경주를 하고, 주유소에서 휘발유를 넣는 등 놀이에 몰입하고 있다.
이처럼 현대를 살아가는 요즘에도 유아기 놀이 문화에서는 성 규범과 관련된 전형적인 놀이를 많이 볼 수 있다. 여아는 전형적으로 상호 협조적이고 정적인 놀이 영역에서, 남아는 동적이고 경쟁적인 놀이 영역에서 많은 시간을 보내는 편이다.

성역할(gender roles)이란 개인이 속한 문화권 내에서 남성과 여성으로 특정 지워지는 일련의 특성을 의미한다. 특정한 문화권 내에서 여성은 여성의 역할에 적합한 사고, 태도, 행동양식을 가지고, 남성은 남성의 역할에 적합한 사고, 태도, 행동양식을 가질 것으로 기대된다. 이런 성역할은 어려서부터 자신이 속해 있는 사회에서 규정하고 있는 성별에 적합한 행동, 태도 및 가치를 학습함으로써 얻어질 수 있다.

영유아기의 성역할 개념은 자신이 남아인지 혹은 여아인지 자신을 인식하는 성 정체감 형성에서 시작되며, 추후 남자와 여자가 어떠해야 하는지에 대한 성역할 특성으로 발전한다.

자신의 성역할을 인식하고 이에 적합하게 행동하고자 하는 경향은 사회화 과정에서 매우 중요하다. 예를 들어, 남아는 남성적 특성으로서 지배적, 능동적, 공격적이며 자신의 감정을 잘 드러내지 않는 신중함, 경쟁력 등이 있기를 기대받는 반면, 여아는 친절하며 순종적이고 의존적이며 고분고분하기를 기대 받는다. 이처럼 성역할을 학습하는 과정을 성 유형화(sex typing)라고 하는데, 그 기초는 가정에서 이루어지며, 동성의 부모와 동일시하려는 심리적 과정에서 진행된다고 할 수 있다.

이처럼 성 유형화하는 과정에서 남자와 여자가 어떠해야 하는지에 대한 고정관념이 나타나기도 한다. 성역할 고정관념이란 어떠한 것이 남자답고 여자다운가에 대한 생각이다. 예를 들어, 여자는 수동적이고 여전히 예뻐야 하며 사랑스러운, 그러나 순종하는 것이 미덕이라고 여긴다면 시대의 흐름에도 불구하고 여전히 여성, 남성에 대한 강한 고정관념을 가지고 있는 것으로 판단된다. 그렇다면 어른이 아닌 여자아이와 남자아이에게도 이와 같은 기대를 가지는가? 또한 이러한 고정관념은 언제부터 나타나는가?

성역할 고정관념은 2세 무렵에 나타나기 시작하여 유아기에 이루어진다. 2세 영아도 여자아이는 인형을 좋아하고 엄마노릇하거나 엄마역할을 흉내 내는 활동을 선호하는 한편 남자아이는 자동차나 로봇 장난감을 좋아하며 무엇을 만드는 것을 좋아하는 것을 쉽게 볼 수 있다.

2 이론적 접근

성역할 발달의 이론으로 생물학적 관점, 정신분석학적 관점, 사회 학습 이론적 관점, 인지 발달적 관점을 살펴본다.

1) 생물학적 관점

오랫동안 많은 학자들은 생물학적 이론에 입각하여 성역할 발달이 유전, 성호르몬과 같은 생물학적 요인에 의해 결정된다고 보았다. 이는 개인의 신체적 구조나 기능적인 특성이 생득적으로 결정되는 것처럼 성차에 따른 심리적인 특성, 즉 성격, 행동, 태도 등도 생득적으로 결정된다는 것이다(Hinde, 1983).

동물 연구를 주로 하는 사회생물학적 관점은 공격성이나 모성적 행동과 같은 행위들이 생물학적·진화론적으로 어떻게 유전되는가에 관심을 가진다. 이들 연구는 동물 세계에서 생물학적 원인으로서의 일관성 있는 성차를 제시하지 못하나 동물에게 호르몬을 투여한 연구에 의하면 공격적 행동에 미치는 호르몬의 영향력에 대한 일관성 있는 결과를 보여준다. 예를 들면, 조슬린(Joslyn, 1973)은 암컷 원숭이에게 남성호르몬인 테스토스테론을 주입한 결과 암컷은 수컷처럼 공격적인 행동을 하였다.

인간 대상 연구는 신생아에게서 보이는 성차와 호르몬이나 성염색체이상을 갖는 사람에 대한 관찰에서 비롯된다. 출산 시 남아는 몸무게, 키, 근육량에 있어서 여아보다 크며, 여아는 자극과 고통에 대해 더 민감한 것으로 나타났다(Harway · Moss, 1983). 그러나 활동 수준과 민감성, 자극과 사회적 반응, 인지 발달에서의 성차를 살펴본 연구는 일치된 결과를 보이지 않았다. 최근에는 성차나 호르몬 등 생물학적 요인 외에 사회적 요인이 상호작용하면서 영유아의 성역할 의식과 행동에 영향을 미침을 인정하고 있다.

2) 정신분석학적 관점

프로이트(Freud)는 남성, 여성이라는 성역할의 근본적인 차이는 유아기에 해당하는 남근기에서 비롯된다고 한다. 남근기에 경험하는 심리적 콤플렉스를 해결하기 위한 동일시 과정에 의해 유아의 성 유형이 형성된다는 것이다. 즉, 동일시를 통해 동성 부모의 행동 특성들을 동화함으로써 성역할의 발달이 이루어진다.

구체적으로 살펴보면, 이 시기 남아는 엄마와의 밀접한 애착 관계인 오이디푸스 콤플렉스를 겪으면서, 경쟁 관계인 아버지로부터 느끼는 갈등과 거세 불안을 감소시키기 위해 나타나는 아버지에 대한 동일시 과정을 통해 남성적 성 특성을 형성하게 된다. 즉, 아버지의 남성적 행동을 모방하고 아버지의 가치관을 흡수한다. 여아도 엘렉트라 콤플렉스를 경험하면서 어머니에 대한 동일시 현상을 통해 성역할을 발달시킨다.

그러나 이와 같은 여아의 성역할에 대한 프로이트의 동일시 기제 설명은 불충분하다. 여아는 남아와 같은 거세 불안이 없으며, 어머니에 대한 불안이나 경쟁심 또한 적기 때문에, 오히려 여아는 아버지와의 애정을 유지하고 아버지를 기쁘게 하기 위하여 여성화하려는 과정에서 성역할 행동이 습득된다는 것이다.

성역할 학습에 대한 프로이트의 설명은 최근 많은 비판을 받는다. 이성 부모에 대한 성적 매력을 갖는다는 것에 동의하지 않으며, 특히 거세 불안 개념은 비난의 대상이 되고 있다. 벤(Ben, 1987)은 남아의 아버지에 대한 동일시는 거세 불안에 의한 것이 아님을 주장한다. 처벌적이며 위협적인 아버지를 둔 남아보다 따뜻하고 수용적인 아버지를 둔 자녀에게서 아버지에 대한 동일시가 더욱 강하게 나타나기 때문이다. 또한 프로이트 주장에 따르면 아이는 남근기인 유아기부터 동성 부모를 일관성 있게 모방하기 시작해야만 하는데, 대부분의 유아는 오이디푸스 콤플렉스를 경험하기 이전인 영아기에도 성 유형화된 장난감이나 놀이 친구를 선택하는 것을 쉽게 볼 수 있기 때문이다. 그리고 동성의 부모가 없는 가정에서 자란 아이들도 자신의 성에 적합한 성역할을 습득한다는 점은 프로이트 이론으로 설명하기 어렵다(이은화 · 이경우, 1987).

3) 학습 이론적 관점

학습 이론적 관점은 사회 환경적 요인을 강조하며 중요한 학습 원리로 강화, 벌, 모방, 동일시를 제시하고 있다. 이 견해에 따르면 성역할의 사회화는 강화, 벌, 모방, 동일시에 의해 직접 훈련되거나 주위 사람들을 관찰 · 모방함으로써 이루어지는 후천적인 행동으로 설명한다.

영유아의 성역할 습득을 연구해 온 미셸(Mischell)은 성역할의 사회화가 직접 학습과 관찰 학습에 의해 이루어진다고 하였다. 영유아기부터 부모, 교사 또는 또래로부터 성별에 적합한 행동은 강화되고, 적합하지 않은 행동은 처벌됨으로써 직접 학습이 이루어진다. 영유아기 초기에는 부모, 가족들이 1차적으로 성역할 사회화에 영향을 미치나 유아가 성장함에 따라서 또래, 교사가 중요한 사회화 기제가 된다. 직접 학습에 의해 남아는 단호하고 경쟁적이며 자동차나 총 같은 장난감을 가지고 놀도록 격려되고, 여아는 얌전하고 순종적이며 인형 같은 장난감을 가지고 놀도록 격려된다.

영유아는 관찰을 통해서도 많은 성역할을 학습한다. 반두라의 주장처럼 영유아는 부모, 형제, 친구 또는 사회적으로 존중받는 어른이나 다양한 대중매체를 통해 성역할 행동을 관찰하여 모방하고 동일시하는 과정을 통해 성역할 행동을 학습한다.

즉, 영유아 초기부터 주변 사람들이 자신의 성에 대해 무엇을 기대하는지, 남자와 여자에게 가치 있는 행동이 무엇인지를 부모, 교사, 또래들을 관찰하여 모방함으로써 성역할을 학습한다. 이때 유아는 자신과 같은 성일 때, 자신과 유사하다고 지각될 때, 강력하고 보상이 많은 모델인 경우 더 많이 모방하게 된다(정경애 · 김경옥, 2003). 반두라는 성 정체성을 획득하는 6~7세 때 유아는 동성의 친구에게 더 많은 주의를 기울이며, 동성의 행동을 모방하는 경향이 더 높아진다고 하였다.

4) 인지 발달적 관점

인지 발달적 관점에 의하면 성역할 습득은 영유아가 자신의 세계를 인지적으로 조직한 결과라고 주장한다. 영유아의 성역할 발달을 인지적으로 접근한 콜버그(Kohlberg)는 인지 발달과 마찬가지로 성역할 습득도 유기체 내의 변화와 함께 환경과의 상호작용에 의해 좌우되며, 인지 능력의 발달 과정을 통해 자연적으로 이루어진다고 설명한다.

콜버그는 성역할 발달에서 가장 중요한 요인은 영유아가 자신을 남성 또는 여성으로 성별 자아 개념을 인식하는 것이며, 이러한 인식이 동일시에 선행된다고 주장한다. 즉, '나는 여자다'라는 인식이 먼저 일어나고 그 다음 여성에게 적합한 행동을 동일시한다는 것이다. 사회 학습적 관점, 인지 발달적 관점 모두 유아는 같은 성의 부모를 동일시하여 성역할을 습득한다는 점에서는 견해를 같이하나 동일시하는 동기는 다르다. 사회 학습적 관점에서의 보상 때문이 아니라 남성이나 여성으로서의 자아 정체감을 유지하기 위해서이다.

콜버그의 기본적인 성역할의 자아 개념은 유아가 자신의 성에 적합한 행동이나 대상에 가치를 두도록 한다는 것이다. 즉, 여아는 여성으로서의 자아상을 유지해주는 여성다운 대상이나 행동에 가치를 두는 반면, 남아는 남성으로서의 자아상을 유지해주는 대상이나 행동에 가치를 둔다.

콜버그는 영유아의 성역할 발달이 3단계를 거쳐 발달된다고 보았다.

- 성 정체감(gender identity) 단계: 2세 반을 전후로 영유아는 자신의 성을 명명할 수 있고 다른 사람을 남녀로 정확하게 구별할 수 있지만, 성이란 것이 불변의 속성임을 이해하지 못한다.

- 성 안정성(gender stability) 단계: 성이란 시간이 흘러도 변하지 않는 것임을 아는 것이다. 성 정체성이 명료화되어가는 4세 무렵이 되면 유아는 자신의 성은 변하지 않으며 남아는 남자 어른으로 여아는 여자 어른으로 성장한다는 것을 인식한다.
- 성 항상성(gender constancy) 단계: 유아가 6세 전후가 되면 머리 모양, 옷 모양 또는 행동이 달라지더라도 성은 언제든지 같은 성이라는 성의 불변성을 획득한다.

표 9-3 성 유형화의 발달 단계

성 정체감(0~2세 반 무렵)	성 안정성(2~4세 무렵)	성 항상성(5~7세 무렵)
외모나 옷으로 성별을 구별하고 자신과 타인의 성을 정확히 구분한다.	성은 시간이 흘러도 변하지 않고 일생 동안 같은 성을 갖게 됨을 이해한다.	한 개인의 성은 머리, 옷이 바뀌어도 일정함을 유지한다.

유아가 성 항상성을 획득하면 이것이 유아로 하여금 여러 가지 사회적 정보를 조직화하도록 하여 유아는 주변에 있는 남성과 여성의 사회적 역할과 행동을 관찰함으로써 사회가 지닌 고정관념을 배우게 된다. 이처럼 유아는 자신의 성을 먼저 인식하고, 그 다음 사회가 부여하는 자신의 성에 적합한 행동과 태도를 동일시하게 된다.

만 4세 이상이 되면 모든 사람들은 남자와 여자로 구분된다는 사실을 알게 된다. 이전에는 할머니는 그저 할머니였지만 이제는 할머니인 동시에 여자라는 사실을 인식한다. 그리고 여자는 엄마가 되고 남자는 아빠가 된다는 식으로 사회적인 성역할에 대해서도 눈뜨게 된다. 이처럼 성역할을 인식하게 되면서 아이는 동성의 친구를 더 선호하는 경향을 보이고 동성의 부모를 모방하기 시작하며 남자 일과 여자 일을 구분 짓고 싶어 한다. 따라서 이 시기에는 성역할에 대한 고정관념이 생기지 않도록 주의한다. 특히, 역할놀이를 통해서 성역할을 배우는 경우가 많으므로 여자도 회사에 다니고 의사도 될 수 있다는 사실을 알려주어야 한다. 아이에게 '남자가 울면 못써, 너는 여자애니까 얌전하게 굴어야지!' 하는 식으로 말하는 것은 성역할에 대한 고정관념을 심어주어 아이의 사회적 활동 반경에 제약을 가하는 것이나 다름없다.

3 양성성의 발달

과거 우리 사회는 남자가 남자다워야 하고 여자가 여자다워야 심리적으로 건강하고 바람직하다고 생각하였다. 이렇게 전통적인 성역할 정체감을 보이는 사람을 성 정형화(sex typed)되었다고 한다. 그러나 성 정형화가 성역할 고정관념으로 굳어져 남녀 간의 실제적인 차이를 왜곡하거나 개개인의 특성을 압도하는 문제가 발생하면서 양성성(androgyny)의 개념이 등장하게 되었다.

최근에는 전통적인 고정적 성역할 개념에서 벗어나 남성과 여성의 좋은 특성을 자유롭게 표현할 수 있도록 허용되어야 하며, 남성과 여성 모두를 위한 심리학적으로 건강한 새로운 표준이 확립되어야 함에 의견을 같이하고 하고 있다.

과거에는 남성성과 여성성을 단일 차원으로 생각하여 남성성이 높으면 여성성이 낮아지고, 여성성이 높으면 남성성이 낮아진다고 보았다. 이러한 주장에 반하여 벰(Bem, 1974)은 동일한 사람이 남성적이면서 여성적이고, 도구적이면서 표현적이고, 자기주장이면서 비주장적이고, 경쟁적이면서 비경쟁적인 특성을 모두 가질 수 있음을 주장하면서 한 개인이 남성성, 여성성의 두 가지 특성을 동시에 소유할 수 있으며 이러한 개념이 오늘을 살아가는 현대사회에서는 더 적합한 개념임을 주장한다. 정옥분(2013) 또한 양성성의 개념은 한 사람이 남성성과 여성성을 동시에 가질 수 있기 때문에 상황에 따라서 도구적 역할과 표현적 역할을 수행할 수 있다는 보다 효율적인 성역할 개념이라 하였다.

벰에 의하면 성 유형화는 남성적 고정관념을 많이 가지고 있는 남성적 유형, 여성적 고정관념을 많이 가지고 있는 여성적 유형 외에 남성적 특성과 여성적 특성이 모두 높은 양성적 유형, 두 가지 특성이 모두 낮은 미분화 유형으로 구분된다.

표 9-4 남성성과 여성성 차원에 따른 성역할 지향성

남성적 유형	남성적인 특징이 강한 경우이다. 신념이 강하고, 독립적이며, 리더십이 있고, 모험심이 많으며, 야망이 있고, 경쟁적이다.
여성적 유형	여성적인 특징이 강한 경우이다. 양보를 잘한고, 명랑하며, 수줍어하고, 애정이 있으며, 이해심이 많고, 온정적이며, 얌전하고, 동정심이 많다.

양성성 유형	남성·여성적 특성이 통합되어 남성적이면서 동시에 여성적일 수 있다. 도구적이면서 표현적일 수 있는 남성 성향과 여성 성향이 모두 강한 경우이다.
미분화 유형	남성·여성적 특성 중 어느 한 쪽도 제대로 표현되지 않아 남성 성향과 여성 성향이 모두 약한 경우이다.

- 남성적 유형: 사회에서 남성다운 특징으로 인정하는 성질, 즉 적극성, 활동성, 성취 지향, 독립성, 공격성, 경쟁성, 자기 신뢰, 주도력, 통솔력, 지배성, 권위 지향성, 야망 등이 강하다.
- 여성적 유형: 사회에서 여성다운 특징으로 인정하는 성질인 양육성, 순종성, 의존성, 민감성, 동정성, 변덕스러움, 애교심, 질투심 등을 포함한다.
- 양성적인 특징: 남성·여성적 특성이 통합되어 남성적이면서 동시에 여성적일 수 있으며, 이러한 속성은 그 사람이 처한 상황과 필요에 따라 나타난다.
- 미분화 유형: 남성·여성적 특성 중 어느 한 쪽도 제대로 표현되지 않아 남성 성향과 여성 성향이 모두 약한 경우를 말한다.

한편 양성성 관련 연구는 건강한 남성성과 여성성이 정신 건강에 어떤 영향을 주는가에 관심을 가진다. 양성적 성역할 정체감을 가진 사람은 자신감과 자존심이 강하며 상황에 대한 적응력이 뛰어나 긍정적인 성격과 양성성의 관련성은 높은 것으로 나타났다. 이와 반대로 전형적인 남성성만 강하게 나타나거나 여성성만 강하게 나타나는 사람은 심리학적으로 건강한 모습과 거리가 있는 것으로 나타났다. 또한 양성적인 사람은 변화하는 사회적 요구에 융통성 있게 적응하는 것으로 나타났다. 양성적인 사람은 성 유형화된 사람보다 더 광범위한 행동 목록을 가지므로 다양한 상황에 더 편안하게 대처할 수 있으며, 더 융통성 있게 행동하고, 더 효율적으로 세계를 다룰 수 있다는 것이다. 이는 상황이 요구하는 것에 부응하면서도 때로는 단호하기도 하고 때로는 온화할 수 있음을 의미한다.

따라서 양성적인 사람은 능력 있고 성취 지향적이며 대인관계가 원만하고 잘 적응하므로 정신적으로 건강한 삶을 유지한다고 볼 수 있다. 또한, 많은 연구 결과에 의하면, 양성적인 사람이 성 유형화된 사람보다 자아 존중감, 자아 실현성, 성취 동기, 결혼 만족도가 높고, 도덕성 발달과 자아 발달 수준도 더 높으며 정신적으로 더 건강한 것으로 나타났다. 더불어 사회적 안정도, 지적 능력도 높으며, 부모와의 관계도 좋은 것으로 나타났다(Kelly · Worell, 1976).

종합해 보면 양성적인 사람은 다차원적인 행동을 할 수 있고, 상황에 따라 남성적인 특성과 여성적인 특성의 역할을 적절하게 수행하기 때문에 적응력이 높으며, 경직된 성역할에 구속되지 않고 다양한 상황에 효과적으로 대처하는 데 자유롭다.

그러므로 바람직한 성역할 발달의 목표는 엄격하게 성 유형화된 정체감을 획득하는 것이 아니라, 성에 상관없이 남성적 특성(행위 주체성)과 여성적 특성(친교성)의 적절한 균형을 이루는 것을 의미한다.

이상과 같이 유아의 자아 가치를 높여주고 적응력을 갖게 하는 양성성을 키우려면 먼저 부모 및 교사의 역할이 매우 중요한데, 부모 및 교사들이 성차별 없는 적극적인 역할을 지원해줌으로써 가능하다. 자신의 성에 맞는 놀이나 반대편 성에 맞는 놀이도 해보게 격려한다든지, 집안일도 남자 · 여자 구분하지 않고 함께 해봄으로써 고정된 성 관념에 노출되지 않도록 주의를 기울일 필요가 있다.

4 성역할 발달에 미치는 요인

성역할의 발달은 출생 시부터 시작하여 유아기에 고정관념화된다. 스케퍼(Schaffer, 1993)에 의하면 성역할 고정관념은 유아가 자신의 성을 구분하는 것과 동시에 발달하기 시작한다.

3~5세가 되면 자신의 성을 정확하게 인식할 뿐만 아니라 성은 바뀌지 않는다는 성 항상성을 형성한다. 즉, 남아는 커서 남자 어른이 되고 여아는 커서 여자 어른이 된다는 것을 알게 된다. 6~7세 정도가 되면 놀이 형태, 의복, 머리 모양, 외모의 변화, 행동이 달라도 성은 항상 같으며 성은 성기에 의해 구별된다는 것을 안다. 예를 들어, 남자가 머리를 길게 기른다고 하여 여자가 될 수 없음을 이해하는 것이다. 이러한 지식은 5~11세 사이에 점진적인 발달을 보이는데, 특히 5~8세 사이에 두드러진 발달을 보인다.

이처럼 영유아기는 성역할 발달에 있어 가장 중요한 시기로 간주된다. 영유아기에 습득된 성역할 개념은 이후의 성 유형화된 정보나 지식을 처리하는 데 영향을 미치고, 나아가서는 일생에 걸친 성역할 수행에도 영향을 미치기 때문이다. 따라서 영유아의 성역할 사회화 과정에 영향을 미치는 요인을 살펴 보자.

1) 생물학적 요인

성역할 발달은 염색체와 호르몬 같은 생득적인 생물학적 요인의 영향을 받는다. 성염색체의 차이는 태내기 때부터 남녀에 따라 성호르몬 수준에 있어 차이를 만들어 낸다.

성염색체가 결정되면 성 호르몬 분비가 시작되는데, 이러한 성호르몬의 차이로 배아기부터 생식기관의 발달이 다르게 진행된다. 남아는 남성호르몬인 안드로겐(androgen) 분비가 활발한 반면, 여성호르몬인 에스트로겐(estrogen) 분비는 적다. 여아는 이와 반대이다. 이처럼 성호르몬의 분비는 성차를 초래하는데, 동물 대상의 연구(Young, 1964)에 의하면 남성 호르몬을 투여 받은 암컷 원숭이는 수컷 원숭이와 같은 유사 행위를 많이 보이며, 정상적인 일반 암컷 원숭이에 비해 더 거칠고 공격적인 행위를 많이 하였다.

사람도 마찬가지로 사춘기에 이르러 성호르몬의 분비가 왕성해지는데, 성호르몬의 분비가 늦은 아이의 경우 성역할적 행동이 늦게 나타남을 볼 수 있다. 예를 들어, 사춘기 여아의 경우 여성호르몬의 왕성한 분비가 늦춰지면 여아는 남아처럼 행동하고 거칠며 공격적인 행동을 할 뿐만 아니라 외모에도 관심이 적은 것으로 나타났다.

이처럼 남성과 여성의 호르몬 차이는 성 유형화에 매우 중요한 역할을 하는데, 호르몬의 차이는 남아를 남성답고 여아를 여성답게 성장하도록 하는 요인이 된다.

2) 환경적 요인

성역할의 발달에 영향을 주는 환경적 요인으로는 가족, 교육기관, 또래, 대중매체, 사회적 분위기 등을 들 수 있다.

첫째, 가족관계 중 많은 부모는 자녀의 성별에 따라 다른 종류의 놀이나 활동에 참여하도록 한다. 부모는 자녀가 성역할 정체성을 획득하기 전부터 자녀의 성에 적합한 행동은 격려하는 반면, 부적합한 행동에 대하여는 부정적으로 반응하는 경향을 보인다(Fagot · Leinbach, 1989). 즉, 여아에게는 인형놀이를 하거나 우는 행동 등의 정서적 표현에 긍정적이나, 남아에게는 이러한 행동을 억제시키며 공격적 놀이에 너그럽고 수용적인 반응을 보인다. 이러한 과정을 통해 성 유형 학습이 이루어지기 시작하며 자녀는 자신의 성에 적합한 행동을 확립해 나간다.

자녀를 성별에 따라 다르게 대하는 경향은 특히 아버지에게서 더 두드러진다. 대체적으로 엄마는 남아와 여아를 동일하게 다루는 경향이 있는 반면 아버지는 일반적으로 남아와 여아를 다르게 대하는 태도를 보인다. 아버지는 남아를 남자답게 하고 여아를 여성답게 하는 데 관여하지만, 딸보다는 아들을 사회화시키는 데 더욱 관심을 가진다(최경숙 · 박영아, 2005). 또한 아버지의 역할은 여아의 성역할 발달에도 영향력을 미친다. 아버지의 남성적 역할, 즉 엄마와 행복한 관계를 맺으며 가정을 잘 유지하고 자녀를 일관성 있게 훈육시키고 딸을 여자다운 행동을 하도록 격려하는 아버지가 여아의 성역할 학습을 돕는다고 한다.

형제관계 또한 성역할 발달에 있어 중요한 가족 요인이 된다(김정희 외, 2014). 즉, 형제자매와의 관계, 형제의 수와 유아의 출생 순위는 성역할 학습에 영향을 준다. 여러 연구(H. B. Biller, 1968)는 동성의 형제자매인 경우 성역할 발달이 빨리 이루어진다고 보고하였다. 즉, 동성을 위의 형제로 둔 유아는 이성을 위로 둔 유아보다 성역할에 적합한 행동을 빠르게 나타낸다. 특히 누나를 둔 남아는 형을 둔 남아보다 덜 공격적이고 대담성이 적은 것으로 나타나며, 오빠를 둔 여아는 언니가 있는 여아보다 남성적인 경향을 보인다. 그리고 형제자매 간에 연령차가 적을수록 영향이 더 큰데, 이는 또래 친구와 어울리기보다는 형제자매끼리 함께 지내는 경향이 많기 때문이다. 그러나 형제간에 1년 이상의 터울을 보일 경우에는 성역할 획득에 있어 그 영향력이 적다고 한다.

둘째, 유치원이나 어린이집 등 영유아교육기관에서 교사도 남아에게는 보다 남성적인 활동이나 놀이를 권장하고 여아에게는 여성적인 활동을 제공하고 강화하는 경향을 보인다(Carter · Mx Kloskey, 1984). 예를 들어, 보육 교사를 대상으로 한 연구 결과는 남아의 자기 주장적 행동이나 요구에는 긍정적이고 수용적인 반응을 보이는 반면, 여아의 동일한 행동이나 요구는 무시하는 반응을 보인다고 지적하였다(Fagot 등, 1987).

셋째, 대중매체가 전달하는 메시지 또한 성역할 발달에 큰 영향을 미칠 수 있다. TV나 잡지, 심지어 영유아용 도서에서도 성 고정관념이 내포된 경우가 많은데, 남성은 대체로 여성보다 유능하고 더 높은 지위와 더 다양한 직업을 가지며 성격적인 측면에서도 더욱 적극적이고 더 진취적인 것으로 묘사되는 경우가 많다.

넷째, 사회 문화적 분위기 등이 영향을 미치기도 하는데, 대부분의 사회에서는 출생 시부터 남아와 여아를 구분하여 다르게 양육한다(McDonald · Parke, 1986). 유아는 자신의 성 정체감이나 성역할을 부모를 비롯한 어른으로부터 학습하며 사회 문화의 가치나 여러 가지 놀이를 통해 습득하게 된다. 유아에게 지어주는 이름이나 입히는 옷의 모양과 색, 장난감 유형, 머리스타일, 권장하는 놀이 내용 등 여러 측면에서 성차를 두는 태도에 의해 영유아의 성역할은 다르게 발달된다(Fagot · Leinbach, 1987).

유아들이 궁금해하는 성에 관한 실문

아이들이 어느 정도 자라면서 보이는 성적 행동과 자주 듣게 되는 질문이 있다. 이럴 때 우리는 어떻게 반응해야 하는가?

Q1: 엄마, 이게 뭐야(그림책에 나와 있는 음경을 가리키며)

잠지, 고추, 찌지 등 유아적인 용어는 오히려 유아로 하여금 성을 장난스럽거나 소중하게 생각하지 못하게 할 수 있으므로, "우리 몸에는 이름이 다 있단다. 이건 음경이란 것이야. 그리고 이 속에 있는 게 고환이라는 주머니거든. 여기서 바로 아기씨가 만들어지기 때문에 아주 중요하단다. 너무 많이 만지거나 더러운 손으로 만지면 아기씨가 상하게 돼. 소중하게 다루어야 해"라고 답해줄 수 있다.

Q2: 나는 왜 고추가 없어? 왜 오빠는 서서 쉬하고 나는 앉아서 쉬해?

이때는 남성과 여성 생식기의 차이를 알려주고, 서로 가지고 있지 않는 것에 대해 가치롭게 설명해주는 것이 필요하다. 성의 긍정적인 면에 대해 이야기하는 것은 이후 유아의 정신건강에 매우 중요하기 때문이다.

Q3: 남자아이가 여자 속옷에 관심을 보일 때는 어떻게 하나요?

남아가 여자의 속옷에 관심을 갖거나 입어볼 때 야단을 치거나 강하게 제재하는 것은 금물이다. 아이가 강한 호기심을 보인다면 한 번쯤 시도해 보게 한다. 하지만 여자와 남자는 몸이 다르기 때문에 입는 속옷이 다르고, 또 속옷은 몸을 따뜻하게 보호하고 몸에서 나오는 분비물을 흡수하는 것이기 때문에 안에 입는 것이지 밖에 입는 것은 좋지 않다고 분명히 이야기해 준다.

Q4: 아이의 자위행위는 어떻게 대처해야 하나요?

아이의 발달 과정에서 자위행위는 자연스런 일이다. 남아뿐 아니라 여아에게도 자위행위는 관찰된다. 이때 부모나 교사가 놀란 표정을 짓거나 아이가 나쁜 행동을 한 것처럼 야단치는 등의 부정적 태도를 보이는 것은 좋지 않다. "그렇게 하면 좋으니?" 정도로 무관심하게 반응하고 어떨 때 그런 행동을 하는지 관찰한다. 대체로 아이는 심심할 때 그런 행동을 하는데, 이때 관심을 다른 곳으로 돌리도록 놀아주거나 간식을 주거나 또는 신체 활동을 통해 에너지를 발산하게 한다.

이상의 내용을 참고하되 유아의 발달 수준에 맞추어 반응하도록 하자!

1. 유아 성교육의 모델은 부모이다.
2. 아이가 성에 대한 질문을 하면 당황하지 말고 당당하게 설명해 준다.

3 도덕성 발달

영유아는 성장해 나가면서 부모 또는 다른 성인이나 또래와의 상호작용을 통해 선악을 구별하고, 옳고 그름을 판단하며, 자기가 속한 사회의 행동 규준을 습득해 나간다. 사회적 관계를 맺으며 살아가는 인간에게 도덕성 발달은 중요한 발달 과업 중의 하나이다. 많은 학자들이 아동의 도덕성 발달에 관심을 갖는 이유는 이것이 그 어떤 발달 과업보다도 중요하기 때문일 것이다.

이 절에서는 도덕성의 개념과 도덕성 발달을 설명하는 세 가지 관점의 이론 그리고 도덕성 발달에 영향을 미치는 요인들에 대해 살펴본다.

1 도덕성의 정의

도덕성(morality)의 어원은 관습을 뜻하는 라틴어인 'moralitas'에서 비롯되었다. 이러한 어원에서 본다면 도덕성이란 인간의 사회생활에 요구되는 규범 또는 규칙을 인식하고, 이 규범을 내면화하여 행위로 실천하려는 개인의 심적 성향을 의미한다.

도덕성은 인지적, 정의적, 행동적 차원의 3가지 요소로 구성된다. 인지적 요소는 무엇이 도덕적 규준에 합치하는지 옳고 그름을 판단하고 분별하는 능력으로 도덕적 개념 의식과 추론 등을 포함한다. 정의적 요소는 규준에 합치된 행동을 하려는 태도로서 도덕적 감성과 태도가 이에 해당한다. 즉, 규준에 따라 행동했을 때는 자부심을 느끼고 이를 위반했을 때는 양심의 가책이나 죄책감을 느끼는 것을 말한다. 행동적 요소는 도덕적 규준을 행동으로 실천하는 것으로 도덕적 실천력 등을 포함한다.

종합해 볼 때, 도덕성이란 옳고 그름을 구분할 수 있는 도덕적 판단, 사회적 규범을 준수하도록 이끄는 정서, 기준이나 사회적 규범에 따른 행동의 실천이라는 이 세 가지 요소가 상호 연관된 개념이라고 볼 수 있다.

2 이론적 접근

유아의 도덕성 발달에 관한 이론은 도덕성의 인지적 · 정의적 · 행동적 요소 중 어떤 측면을 강조하느냐에 따라 인지 이론, 정신분석 이론, 행동주의 이론의 세 가지 관점으로 나눈다.

우선 인지 이론 입장에서는 도덕성을 개인의 인지 능력 발달과 그 발달 단계에 의하여 규정되는 개인의 선택적 판단에 따라 결정된다고 본다. 즉, 도덕적 문제 상황에서 도덕적 원리에 맞게 판단하는 능력을 도덕성으로 보는 것이다. 다음으로 정신분석 이론 입장에서는 도덕적 행위를 통제하는 초자아(Super ego) 혹은 양심이 동일시 과정을 통하여 내면화되며 이를 어겼을 때 죄책감을 경험하게 된다고 본다. 도덕성을 어릴 적 경험에 의해서 무의식적으로 형성된 양심으로 이해하는 것이다. 마지막 행동주의 이론 입장에서는 도덕성을 개별적인 사태 속에 존재하는 도덕적 행위의 총체, 혹은 여러 덕목의 총합체로 보고 덕목은 하나의 내면화된 행동 습관으로서 훈련이나 모델링, 보상 등에 의해서 학습된다고 본다.

1) 인지 발달 이론

도덕성 발달에 대해 인지 발달 이론가들은 다음과 같은 몇 가지 가정을 가진다.

첫째, 도덕성의 발달은 인지 구조적 핵심(cognitive-structure core)을 가졌다는 것이다. 즉, 도덕성의 발달 구조는 벌이나, 강화 또는 비합리적이고 감정적인 초자아의 산물 등으로 설명되기보다 유기체적 통합체, 내적 구조 등과 같은 말로 설명된다.

둘째, 도덕성의 기원을 상호작용에 둔다. 도덕성의 발달은 단순한 성숙이나 도덕적 덕목의 학습에 의한 전달이 아니라, 유기체가 환경과의 상호작용을 통해 그의 경험을 재구성하는 것이다. 인지 발달론적 관점에서 도덕성 발달을 연구한 대표적인 학자로는 피아제(Piaget)와 콜버그(Kohlberg)를 들 수 있다.

도덕성의 인지 발달 이론은 사실 피아제에 의해 최초로 제시되었으며, 피아제 이론을 토대로 발전시킨 학자가 콜버그이다. 콜버그의 도덕성 발달 이론은 우리나라를 비롯하여 세계 여러 나라의 도덕 교육의 이론적 토대가 되었다. 인지 발달 이론가들은 도덕성 발달을 인지 발달의 한 양상으로 보므로 아동의 인지적 능력의 질적인 변화에 따라 도덕성도 질적인 단계를 거쳐서 발달하게 된다고 본다.

여기서는 피아제와 콜버그가 제안한 도덕성 발달 단계 이론에 대해 알아보고, 콜버그 이론의 대안적 접근으로 등장한 튜리엘(Turiel)의 영역 구분 모형에 대해 살펴본다.

(1) 피아제의 도덕성 발달 이론

피아제는 아이들의 놀이를 관찰하면서 도덕적 갈등 사태에 대한 다음과 같은 가상의 이야기를 들려주고 "두 아이 중 누가 더 나쁘지? 왜 그렇게 생각하니?" 등의 질문을 통해 유아와 아동의 반응을 이끌어 내었다.

이야기 1

존이라는 아이가 방에 있다가 엄마께서 저녁을 먹으라고 부르셔서 존은 부엌으로 갔다. 그런데 문 뒤에 의자가 있고, 의자 위에 컵이 15개 놓여 있었다. 존은 문 뒤에 이런 것들이 놓여 있는지를 알 수가 없었다. 존이 문을 열고 들어가는 순간 문이 '쾅' 하고 컵에 부딪히면서 컵 15개가 모두 깨져 버렸다.

이야기 2

헨리라는 아이가 어느 날 엄마가 외출하고 없는 사이에 찬장에 있는 잼을 몰래 꺼내려고 했다. 헨리는 의자를 놓고 올라가 손을 뻗어 보았지만, 잼이 너무 높은 칸에 놓여 있어서 꺼낼 수가 없었다. 헨리는 잼을 꺼내려고 애를 쓰다가 컵 하나를 넘어뜨렸다. 컵은 바닥에 떨어져서 깨지고 말았다.

출처: Piaget(1965); 송명자(1995)에서 재인용.

이러한 도덕적 딜레마 상황에 대한 유아와 아동의 반응을 통해 피아제는 아동의 도덕적 사고 발달 과정을 전 도덕적(premoral) 단계, 타율적 도덕성(heteronomous morality) 단계, 자율적 도덕성(autonomous morality) 단계의 3단계로 구분하였다.

표 9-5 피아제의 도덕성 발달 단계

구분	전도덕기	타율적 도덕성	자율적 도덕성
연령	2~4세	5~7세	8~11세
특징	• 규칙이나 질서에 대하여 뚜렷한 도덕적 인식이 없다. • 규칙 없이 가상적 놀이나 게임에 몰두한다. • 옳고 그름을 판단하는 데에 적용시키는 기준이 일관적이지 않다.	• 의도보다는 결과에 의해 도덕성을 판단하는 객관적 책임의 특성을 나타낸다. • 규칙은 부모나 교사, 경찰 등 권위자로부터 만들어진 것이므로 결코 변화시킬 수 없으며 무조건 따라야 한다고 믿는다. • 규칙을 깨뜨리면 반드시 처벌이 뒤따른다는 내재적 정의 개념을 가진다.	• 결과보다는 의도를 고려하며, 규칙은 변화될 수 있다는 주관적 책임의 특성을 나타낸다. • 상황에 따라 규칙을 바꾸는 데 동의할 수 있으며 규칙을 어긴 것을 들키지만 않는다면 처벌이 뒤따르지 않는다는 사실을 안다. • 내재적 정의 개념에서 벗어나 규칙을 위반하더라도 항상 벌이 뒤따르는 것은 아니라는 사실을 안다.

피아제가 제시한 도덕성 발달 단계에 따르면, 타율적 도덕성 시기에 속한 유아는 행위의 의도를 고려하기보다는 결과에 의해 판단하므로 앞서 제시된 가상의 이야기 속에서 컵 하나를 깨뜨린 헨리보다 접시 15개를 깬 존이 더 나쁜 아이인 것으로 인식한다. 또한 유아 자신이 잘못된 행동을 했을 때에도 당연히 벌을 받을 것이라고 믿는다.

(2) 콜버그의 도덕성 발달 이론

로렌스 콜버그

콜버그(Lawrence Kohlberg, 1927~1987)는 10~28세까지의 미국 남성들에게 9가지의 도덕적 갈등 상황을 제시해서 각 상황에서 주인공의 행동을 어떻게 생각하며, 왜 그렇게 생각하는지 그 이유를 추론하게 하여 도덕성 발달 단계를 제시하였다.

콜버그가 고안한 도덕적 갈등 상황 중에서 가장 유명한 것은 다음의 '하인츠 딜레마(Heinz Dilemma)'이다.

하인츠의 부인은 희귀한 종류의 암에 걸려 죽음 직전에 있었다. 의사들이 그녀를 살릴 수 있을 것으로 생각하는 한 가지 약이 있었다. 그 약은 얼마 전 마을의 한 약사가 발명한 항암제이다. 그러나 약사는 약값으로 제조비용의 10배를 부르면서 그 약을 투여하는 데에 2,000달러를 요구했다. 하인츠는 돈을 빌리기 위해 모든 사람을 찾아다녔지만 약값의 절반인 1,000달러밖에 구하지 못했다. 그는 약사에게 아내가 죽어가고 있다고 말하고 약을 싸게 팔든지 아니면 약값을 나중에 갚도록 해 달라고 부탁했다. 그러나 약사는 "안돼요. 그 약을 개발하느라 많은 애를 썼고 나는 이제 그걸로 돈을 벌려고 합니다"라며 단호히 거절했다. 하인츠는 절망했고 결국 아내를 구하기 위해 약사의 가게에 몰래 들어가서 그 약을 훔쳤다.

콜버그는 아이들에게 이와 같은 딜레마 상황을 제시하고 '하인츠의 행동은 정당한가? 정당하다고 생각한다면 그 이유는 무엇인가?'와 같은 질문들을 하여 이 상황에 대한 도덕적 판단과 그 이유에 대한 설명을 분석하였고, 다음과 같은 3수준의 도덕성 발달 단계를 설정하였다.

표 9-6 콜버그(1969)의 도덕성 발달 단계

1수준 – 전인습적 수준(preconventional level)
보상이나 처벌에 의해 옳고 그름을 판단한다. 외적인 기준, 대개 부모의 판단 기준에 의해 도덕적 판단을 한다.
1단계 : 처벌 및 복종 지향 한 행위의 옳고 그름을 그 행위의 결과에 의해 판단한다. 처벌을 피하기 위해 권위의 명령에 복종한다. • **하인츠의 딜레마에 대한 반응:** 훔치는 행동을 하면 벌을 받게 되므로 하인츠는 훔치지 말았어야 했다. 부인이 죽어 버리면 고통을 겪게 되므로 그는 약을 훔쳐야 했다.
2단계 : 도구적 상대주의 지향 자신에게 당장 이익이 있을 때 규칙을 따른다. 보상받는 일은 하고, 처벌받을 일은 피한다. 만일 '네가 나를 도와준다면 나도 너를 도와줄 것이다'라는 것이 기본 철학이다. • **하인츠의 딜레마에 대한 반응:** 하인츠가 부인을 구하기 위해서라면 약을 훔칠 수 있다. 약사도 돈을 벌려고 약을 발명한 것이기 때문에 훔쳐서는 안 된다.

2수준 – 인습적 수준(conventional level)

타인으로부터의 인정이 도덕적 판단의 기준이 된다. 즉, 선한 행동을 하거나 사회적인 질서를 유지한 것에 대해 칭찬과 인정을 받기 위해서 부모, 교사, 또래 집단으로부터 규칙을 따르려고 애쓴다.

3단계 : 대인 간 조화 또는 착한 소년 · 소녀 지향

옳은 행동은 타인을 기쁘게 하거나 도와주며, 타인으로부터 인정받는 것이다. 대부분의 사람이 가지는 고정관념에 동조한다.
사회적 규제를 수용하여 의도에 의해 행위의 옳고 그름을 판단하기 시작한다. 신뢰, 충성, 존경, 감사, 상호관계의 유지 등을 존중한다.

- **하인츠의 딜레마에 대한 반응:** 남편은 아내를 사랑하기 때문에 생명을 구하려고 애썼으므로 도둑질을 하긴 했지만 착한 사람이다. 반면에 약사는 탐욕스럽고 자신의 이익만 따지는 나쁜 사람이다. 절도는 가족에게 불명예스러운 일이기 때문에 하인츠가 약을 훔친 것은 잘못된 행동이다.

4단계 : 법과 질서 지향

권위, 고정된 규칙, 사회적 질서를 지향한다. 자신의 의무를 다하며, 권위자를 존중한다. 사회적 질서를 유지하는 것이 옳은 행동이다.

- **하인츠의 딜레마에 대한 반응:** 나중에 돈을 지불한다면 약을 훔쳐도 괜찮다. 부인의 목숨을 구하려고 한 하인츠의 입장을 동정하나 약을 훔친 행동은 나쁜 행동이므로 법에 따라야 한다고 생각한다.

3수준 – 후인습적 수준(postconventional level)

보편적 가치나 원칙에 입각하여 도덕적 기준이 내면화되어 자신의 것이 된다. 자신을 권위 또는 권위의 일부로 본다. 소수의 성인들만 도달하며 20세가 넘어야 도달한다.

5단계 :사회적 계약과 합법성 지향

사람들은 다양한 가치와 의견을 가지고 있고 대부분의 가치와 규칙들은 집단에 따라 상대적이라는 것을 안다. 사회질서를 유지하기 위해 법과 규칙은 준수되어야 하지만 그 법과 규칙은 바뀔 수 있다. 이전 단계와 달리 도덕적 융통성을 갖는다.

- **하인츠의 딜레마에 대한 반응:** 하인츠가 법을 어긴 것은 나쁘지만 부인의 생명을 살리기 위함이었기 때문에 정상참작이 되어야 한다. 아무리 목적이 선하다 하더라도 훔치는 행동은 정당화될 수 없다.

6단계 :보편적인 원리 지향

옳은 행동은 자신이 선택한 윤리적 원리와 일치하는 양심에 의해 결정된다. 이 원리는 인간의 존엄성, 정의, 사랑, 공정성에 근거를 둔 보편적인 행동 지침이다.

이 단계에 도달하는 사람들은 자신의 양심이 가하는 처벌을 사회가 가하는 처벌보다 더욱 고통스럽게 생각한다.

- **하인츠의 딜레마에 대한 반응:** 하인츠가 아내를 위해 약을 훔칠 권리는 없으나 사람의 생명은 존중되어야 하며 모든 사람은 생존권을 지니기 때문에 누구든 생명을 구할 의무가 있다.

이러한 콜버그 이론이 도덕성 발달 분야에서 끼친 영향력은 절대적인 것이었다. 특히, 그가 도덕적 사고의 발달을 촉진하는 방안으로 제시한 소집단 토론은 도덕교육의 방법을 혁신적으로 변화시킨 계기가 되기도 하였다(송명자, 1995). 그러나 콜버그의 도덕성 발달 이론은 다음과 같은 측면에서 제한점을 지닌다.

첫째, 도덕적인 판단과 도덕적인 행위가 반드시 일치하지는 않는다는 점을 간과했다는 지적이다. 일상적인 경험에 비추어 보더라도 도덕적으로 올바른 판단이 언제나 도덕적인 행동으로 연결되는 것은 아니다. 물론 이 점에 대해 콜버그는 나름대로 설명을 하고 있지만 이런 불일치는 큰 한계점으로 지적되고 있다.

둘째, 사회 문화적인 편견을 내재하고 있는 것이 문제점으로 지적되고 있다. 도덕성 발달을 개관한 자료(Snarey, 1987)에 의하면 각 사회와 문화권은 나름대로의 도덕적 가치를 지닌다. 이스라엘의 도덕적 목표인 집단의 안녕, 인도의 자비와 배려 등 각 문화권이 지니는 독특한 인습과 사회적 규범이 갖는 도덕적 가치들이 있음에도 불구하고 콜버그의 이론에서는 이를 등한시하고 있다는 것이다. 뿐만 아니라 콜버그 이론에서 여성의 도덕성은 3단계 수준에 머무다고 본 반면, 남성의 도덕성은 대다수 4단계 수준에 속한다고 본 것도 여성의 성역할 가치와 여성에 대한 편견을 나타낸다고 하겠다.

셋째는 도덕성의 본질과 관련되는 문제점이다. 콜버그의 이론은 도덕성의 한 측면만을 반영하고 있으며, 타인을 배려하고 타인과의 관련성을 중시하는 대인관계적인 측면을 등한시하고 있다는 지적을 받는다. 이는 앞서 콜버그가 여성의 도덕성 수준을 남성보다 한 단계 낮게 평가하면서, 여성의 도덕적 판단에서 나타나는 관계 지향적 요소를 무시한 측면과도 맞닿아 있는 문제이다.

이러한 제한점 중 도덕적 판단과 행위 간의 불일치, 문화적 편견 등의 문제를 극복하기 위해 등장한 대안적인 접근의 하나가 바로 다음에 살펴볼 튜리엘(Turiel)의 영역 구분 모형이다.

(3) 튜리엘의 영역 구분 모형

튜리엘(1983)은 인간의 도덕성이 본질적으로 다른 특성을 가지고 있는 상이한 영역으로 구분되며, 각 영역들은 상호 독립적으로 발달해 간다고 주장하였다. 그는 이러한 독립된 영역들을 개인적 영역(personal domain)과 사회 인습적 영역(social conventional domain), 도덕적 영역(moral domain)으로 구분하고 있다(Turiel, 1979 · 1983; Turiel · Smetana · Kitten, 1991; Weston · Turiel, 1980).

도덕적 영역(moral domain)은 근본적인 인간의 존엄성과 정의에 관련된 것으로 생명의 가치, 인간 고유의 권리 등 어느 시대를 막론하고 보편적으로 준수되어야 하는 보다 근원적인 가치규범을 포함하는 영역이다. 따라서 이 영역의 판단 내용은 보다 합리적이고 절대적이며 모든 시대나 문화권에도 동일하게 통용되는 보편성을 갖는다. 그렇기 때문에 도덕적 영역 사태에서의 판단 이유를 주로 타인의 행복과 인간 본연의 의무, 책임감, 공정성 등으로 설명한다.

이러한 도덕적 영역에 비해 사회 인습적 영역은 특정 문화나 사회적 체계의 구성원으로서 함께 참여하는 개인의 행동을 통합하고 사회적 상호작용을 조화시켜 주는 일종의 행동 규범이다. 이 행동 규범은 그 사회의 구성원들에게 심리적 또는 행동적 제약을 가하게 되므로 도덕적 영역에 비해서 임의적이고 가변적이다. 음식, 의복, 인사, 관혼상제 등의 예법, 성역할 관습 등이 이 영역에 속하는 대표적인 사회적 규범이다.

개인적 영역은 도덕적 권위나 인습적인 규범과는 비교적 무관하게 개인이 선택할 수 있는 개인 특유의 행동이나 사태를 포함한다. 예를 들어, 일요일에 하는 일이나 친구에게 줄 선물을 선택하거나 결정하는 일은 개인적 영역에 속한다. 개인적 영역으로 구분되는 행동은 개인의 자율성이나 자아 정체감을 유지하는 수단이 되기도 하지만 사회적 인습과 갈등을 일으킬 가능성이 있다(Nucci, 1981; Smetana, 1983).

튜리엘 등은 도덕적 사태를 특정 영역으로 구분할 수 있는 인지 능력은 매우 어릴 때 나타나서 각기 독립적인 발달 과정을 거친다고 보았다(Truiel, 1983). 타인의 권리와 행복에 대한 배려, 정의, 공정성 등의 도덕적 영역에 포함된 인간의 본질적이고 보편적인 원리에 대해서도 어린 아동이 인식할 수 있다고 가정한 것은 보편적인 도덕성의 원리가 순차적 발달에 의해 후인습적 수준에서 발달한다고 한 콜버그의 주장과는 판이한 관점이다. 도덕적 영역의 발달 과정에 대한 설명과는 대조적으로 사회 인습적 영역의 발달 과정은 개인이 사회적 관계를 통해서 이루어지는 것으로 가정하고 있다(Turiel, 1983). 이러한 사회 인습적 영역의 발달은 6~7세 무렵 시작하여 19~25세 때까지 지속된다고 보았다.

튜리엘의 영역 구분 모형은 콜버그 이론이나 문화전수 이론이 지닌 한계를 극복하고 양 이론을 통합할 수 있는 개념적 틀을 제공했다는 장점이 있다. 특히 영역 구분 모형은 아동의 도덕 발달에 관여하는 인지적 요인과 사회적 요인을 통합하는 장점은 물론 개인의 독특한 정서나 성격적 특성에 의한 행동 요인의 상호 역동성을 이해하는 데 기본적인 틀이 될 수 있다. 그러나 이 모형 역시 제한점을 지니고 있는데, 동일한 사태가 여러 영역의 특성을 공유함으로써 영역 구분을 어렵게 만드는 영역 혼재 현상이 나타날 수 있다는 문제가 있다(정옥분, 2007).

2) 정신분석 이론

도덕성의 정의적 차원을 중시하는 정신분석 이론에서는 아동이 옳고 그른 것에 대한 부모의 기준을 내면화하여 그것을 위반했을 때 죄책감, 수치심 같은 도덕적인 정서를 느끼게 됨으로써 도덕적으로 성숙해진다고 본다. 프로이트는 도덕성 발달을 성격의 3가지 구성 요소, 즉 원초아, 자아, 초자아 중에서 초자아의 형성 과정으로 설명한다. 초자아는 유아나 아동이 스스로 도달하고자 지향하는 가치 체계인 자아 이상과 옳고 그름을 판단하는 양심으로 구성된다. 본능은 충동적 요구를 만족시키려는 것이 목적이고, 자아는 본능의 요구를 만족시킬 수 있는 현실적 방법이 나타날 때까지 본능의 욕구를 저지시키면서 그 방법을 찾는다. 이때 자아가 본능의 충동을 만족시키기 위해 도덕적 규준을 위반하는 행동을 한다면 초자아는 자아로 하여금 죄책감, 수치심, 자부심의 상실 등을 맛보게 하여 자아를 벌한다.

프로이트에 의하면 자아 이상은 부모 등 어른의 행위를 닮도록 행동하는 동일시에 의해 획득된다. 반면에 양심은 옳은 행동은 보상하되, 잘못된 행동은 처벌함으로써 수치와 죄의식을 느끼도록 하는 부모의 통제에 의해 형성되는 것이다(Shaffer, 1993). 그러나 이러한 프로이트의 도덕성 발달 이론은 경험적 증거를 충분히 제시하지 못한다는 한계점을 가지고 있다.

3) 행동주의 이론

인지 발달론적 입장에서는 행동의 기준이 되는 규범에 대한 이해를 강조하여 도덕적 가치에 대한 판단을 중요시한 데 반해, 이 입장에서는 도덕적 판단보다는 도덕적 행동을 중시한다. 이들의 주장에 따르면 도덕적 판단과 도덕적 행동은 별개의 것이다.

특히 사회학습 이론가인 반두라(Bandura)는 도덕성도 다른 행동과 마찬가지로 모방과 강화에 의해 학습되므로 유아는 부모나, 교사, 주변의 어른을 모델로 하여 도덕적 행동을 보고 배우면서 도덕성을 획득해 나간다고 본다. 그러므로 모델이 도덕성 발달에 중요한 역할을 하며 부모는 규칙을 명확하게 설명해 주어야 하고, 그러한 규칙과 일관된 행동을 해야만 자녀도 올바른 도덕성을 발달시킬 수 있다는 것이다.

이 입장에서 문제가 제기될 수 있는 것은 도덕성은 근본적으로 외적인 통제에 의해 학습된다고 보기 때문에, 아동 스스로 도덕적으로 사고하고 판단하여 행동하고자 하는 인간 고유의 주관적이며, 내재적인 성향을 전혀 인정하지 않고 있다는 점이다. 이런 상황에서는 외적인 통제가 주어지지 않으면 도덕적인 행위나 가치 체계가 무너질 수 있는 위험성이 내포되어 있다는 것이 큰 한계점으로 지적되고 있다. 예를 들어, 유치원에서 친구와 싸우는 것이 나쁘다고 판단하는 것은 처벌이나 강화에 의해 훈련되어진 결과에 불과하므로, 왜 그런 행동이 나쁜 것인가에 대한 인식과 통찰이 유아에게 불가능하다는 입장이다.

3 도덕성 발달에 영향을 미치는 요인

유아의 도덕성 발달 수준에도 개인차가 있다. 발달 수준과 개인차가 생기는 요인은 크게 연령, 성별, 지능과 같은 개인적 요인과 부모의 모델링과 양육 방식, 교사의 지원, 또래와의 상호작용 등과 같은 환경적 요인으로 구분해 볼 수 있다. 물론 이들 요인은 하나하나 독립적으로 작용하는 것이 아니라 하나의 체제로서 상호적인 관계를 갖고 역동적으로 영향을 미친다. 이들 요인에 대해 살펴보면 다음과 같다.

1) 연령, 성별, 지능

각 개인의 연령과 도덕성 발달 단계가 엄밀한 관계를 가진 것은 아니다. 발달의 개인차로 인해 같은 단계에 도달하는 나이는 일정하지 않다. 그러나 연령에 따른 단계 구분은 도덕성 발달의 일반적인 흐름과 시기를 파악할 수 있도록 한다.

도덕성 발달의 성차에 대한 선행 연구 결과는 일관적이지 않다. 브론펜브레너(Bronfenbrenner, 1982)는 실증적 자료가 충분치 않기 때문에 도덕성 발달에 있어 성차에 대한 것은 미해결의 문제라고 지적하고 있다. 도덕성 발달과 지능은 깊은 정적 상관관계를 가지는 것으로 보고 있으나 도덕성을 지능만으로 설명하기는 어렵다.

2) 부모 요인

유미는 엄마, 아빠와 함께 놀이동산에 갔다. 놀이동산에 도착하자마자 유미는 평소 타고 싶어 했던 범퍼카 앞으로 뛰어갔는데, 이미 많은 사람이 줄을 지어 기다리고 있었다. 얼마나 줄이 긴지 확인하려고 유미를 데리고 가던 엄마는 앞쪽 줄에 서 있던 같은 반 친구인 서현이와 서현이 엄마를 보고서 반갑게 인사를 하였다. 이런 저런 이야기를 나누고 있던 중 서현이와 서현이 엄마가 들어갈 순서가 되자 유미 엄마는 서현이 엄마와 같은 일행인 척 하면서 그냥 같이 입장을 해 버렸다. 순간 유미는 "엄마, 새치기하면 안 되는 거잖아요. 선생님이 하면 안 된다고 했는데……"라고 이야기했지만 엄마는 "친구와 같이 타는 게 재미있잖아" 하면서 그냥 들어가 버린다.

위의 사례에서 유미와 유미 엄마가 놀이동산에서 질서를 지키지 않고 새치기를 한 경험이 유미의 가치판단과 행동에 어떤 영향을 미칠 수 있을까? 실제로 도덕적 가치판단과 행동에 대한 부모의 사회적 모델링의 영향은 상당히 크다고 할 수 있다. 부모는 자녀에게 옳고 그름에 대한 도덕적 개념과 행위를 일상생활에서 구체적으로 보여줄 필요가 있다. 즉, 부모에 대한 신뢰감을 전제로 유아는 부모의 옳고 그름에 대한 기준과 행위를 모방하므로 양보하고 배려하는 행동을 가정에서부터 경험하도록 하고 가르쳐야 한다. 이때는 말로 설명하는 것보다 행동으로 보여주는 것이 중요하다.

사회적으로 용인되는 적절한 행동과 그렇지 않은 행동과 그 이유에 대해 분명하게 설명해 주는 부모의 양육 태도도 유아의 도덕성 발달에 도움이 될 수 있다. 일찍이 부모의 양육 방식이 아동의 도덕성 발달에 미치는 영향을 연구한 Hoffman(1970)은 애정 철회, 권력 행사, 귀납적 훈육의 방법을 비교하면서 귀납적 훈육이 아동의 도덕성 발달을 증진시킨다는 것을 발견한 바 있다. 귀납적 훈육은 그 행동이 왜 잘못되었는가와 왜 변화되어야 하는지를 설명하되 그 행동이 다른 사람에게 어떻게 영향을 미치는가 하는 것을 강조하기 때문에 유아 스스로 자신 행동을 평가하는 데 사용할 수 있는 인지적 기준을 제공해 주며, 자신이 해를 입힌 사람에게 공감을 할 수 있도록 돕는다. 최근 연구에서도 귀납적 훈육이 2~5세의 어린 유아에게도 매우 효과적일 수 있으며, 부모 지시에 기꺼이 응하는 것은 물론 다른 사람에 대한 배려와 동정심을 증진시킨다는 사실이 보고되기도 하였다. 귀납적 훈육을 지속적으로 경험한 유아는 타인에게 해를 입히는 것이 어떤 부정적 정서를 낳는지에 대한 일종의 각본(script)을 형성하게 됨으로써 추후 금지된 행동을 억제하게 된다(Hoffman, 2000).

3) 교사 요인

교사는 부모 다음으로 유아에게 많은 영향을 미치는 모델링 대상이다. 부모와 마찬가지로 교사는 기관에서 유아가 사회 문화적 기준에 적합한 올바른 행동을 하도록 시범을 보이고 지도하므로 유아의 도덕성 발달을 돕는 중요한 요인이다. 따라서 교사가 일과 중에 유아에게 보이는 관심, 공감, 배려, 타인에 대한 존중 등의 정서적 반응과 행동은 유아의 도덕성 발달에도 긍정적인 영향을 미친다.

유아의 도덕성 교육을 위해 가르쳐야 할 교육 내용과 사회적 덕목으로는 인내, 타인 존중, 질서, 협동, 절제, 양보, 정직, 예절, 타인 신뢰, 책임, 근면 등을 들 수 있다(이원영 외, 1993). 그렇다면 교사는 이러한 도덕적 교육 내용을 어떻게 가르칠 수 있을까? 우선적으로 교사는 교실을 도덕성이 내재된 민주적 관계 형성의 장으로 만들 필요가 있다. 유아가 어른의 권위적 힘에 복종하여 도덕적 덕목을 따르고 도덕적 행위를 습득하도록 지시하는 것이 아니라, 오히려 어른이 권위의 힘을 적절히 조절하고 귀납적 설명을 할 때 그리고 유아가 자발적으로 생각하고 판단하여 선택하는 기회가 주어질 때 도덕적인 분위기가 만들어질 수 있는 것이다(조순옥 외, 2013). 또한 콜버그의 제안처럼 교사는 일상생활 속에서 발생할 만한 도덕적 문제 상황이나 그림책 속 이야기에서 나타난 도덕적 갈등 상황 등을 유아에게 제시하여 함께 이야기 나누거나 토의하는 경험을 제공함으로써 도덕적 추론 능력을 발달시키도록 도울 수 있다. 특히 유아가 즐겨 듣는 전래동화나 그림책 이야기 중에는 선과 악의 대립이 뚜렷한 줄거리가 많으며 유아는 주인공의 입장에서 도덕적 가치판단을 하는 간접적인 경험을 해 볼 수 있으므로 도덕적으로 올바른 행동을 배우고 타인의 관점을 지각할 수 있도록 돕는다.

도덕성 발달을 위한 토의 활동의 예

◎ 활동명 횡단보도에서 교통질서를 지켜요

◎ 목표

신호등, 건널목, 횡단보도의 바른 이용법에 대해 알아보고 지킬 수 있도록 한다.

◎ 준비물

그림자료, 융판

◎ 활동 방법

- 그림을 보여주고 어떤 그림으로 생각되는지 유아들의 다양한 의견을 듣는다.
  - 여기 그림을 같이 보자. 어떤 일이 일어난 것 같니?
- 이런 상황에 대해 보다 이해를 잘할 수 있도록 한다.
  - 왜 차가 급하게 섰을까?
  - 빨간 불일 때 길을 건너면 어떻게 될까?
- 왜 이런 상황이 벌어졌는지 추론하게 해 본다.
  - 그런데 이 아이는 왜 빨간 불일 때 건너고 싶어 할까?
- 운전자의 마음이 어떨지를 이야기해 본다.
  - 저 운전사는 어떤 마음이었을까?
  - 왜 운전사가 깜짝 놀랐을까?
- 차가 급하게 서지 못했을 때 이 유아는 어떻게 되었는지를 추론해 본다.
  - 만약 차가 급하게 서지 못했다면 이 아이는 어떻게 되었을까?
- 이와 관련된 유아들의 경험을 함께 이야기해 본다.
  - 너희들은 이런 경험을 해 보거나 직접 본 적이 있니?
- 길을 건너는 올바른 방법을 살펴본다.
  - 그럼 길을 건널 때는 어떻게 해야 할까?
  - 파란 불이 켜지자마자 마구 뛰어서 건너면 어떨까?
  - 손은 왜 드는 걸까?
  - 신호등이 없는 곳에서는 어떻게 하지?
  - 육교를 건널 때는 어떻게 해야 할까?
- 지금까지 이야기했던 횡단보도, 육교, 건널목의 올바른 이용법에 대하여 종합 · 정리하여 이야기 나눈다.

출처: 교육부(1996). 『유아 도덕성 함양을 위한 토의자료』.

4) 또래 요인

부모와 교사 요인과 더불어 또래 집단 역시 유아의 도덕성 발달에 많은 영향을 미친다. 피아제는 도덕성 발달이 부모보다 또래에 의해 영향을 받는다고 주장하였다. 부모-자녀 관계에서는 대개 권력을 지닌 부모가 위에서 아래로 규칙을 자녀에게 전달하기 때문에 도덕적 추론을 발달시키기 어려운 반면, 또래는 서로 권력이 비슷하므로 유아는 또래 간에 협상하고 타협하면서 규칙의 임의성과 상황의 타당성을 이해하게 된다는 것이다(이영 외, 2015). 콜버그 역시 도덕적 추론 능력은 또래 간의 상호작용을 통한 사회적 경험에 의해 발달된다고 제안하였다. 반면, 아동이나 청소년의 경우 사회적 규범에 대한 부모의 가치관과 또래의 가치관이 서로 일치할 경우에는 그 가치를 강화하는 데 문제가 없지만 이들 간에 괴리가 있을 경우에는 도덕적 가치판단에 혼란을 경험할 수도 있다.

4 이타성

유아가 떨어진 장난감을 주워 주거나 슬픔에 빠진 친구를 위로하는 이유는 무엇인가? 이러한 이타적 행동은 영유아기의 가치와 도덕적 행동의 발달을 이해하기 위한 방법으로 최근 관심이 증가하고 있다. 이타성이란 타인의 행복에 대해 관심을 가지고 배려하는 내재적인 심리 특성으로, 보상에 대한 기대 없이 남을 돕기 위해 스스로 행동하고자 하는 마음가짐이며 이러한 마음가짐이 행동으로 나타나는 것을 친사회적 행동이라 말한다. 나누기, 돕기, 공유하기, 조력하기, 편안하게 하기 등은 대표적인 친사회적 행동으로 볼 수 있다.

이러한 행동은 영유아가 다른 사람이 어떻게 느끼는가를 상상할 수 있고 다른 사람에 대한 책임감을 발달시킬 수 있음을 의미한다. 이를 통해 영유아는 매우 어린 시기부터 사회 도덕적 추론을 발달시킬 수 있다(Zahn-Waxler · Radke-Yarrow · Wagner · Chapman, 1992). 그러므로 친사회적 행동의 발달에 영향을 주는 요소를 파악하는 것은 영유아기의 사회성 발달을 이해하는데 매우 중요하다. 본 단원에서는 이타성의 발달 양상과 관련 요인들을 살펴본다.

1 이론적 접근

이타성의 습득 및 발달에 대한 이론적 접근은 학자마다 조금씩 다르다. 여기서는 사회생물학적 관점, 정신분석학적 관점, 학습 이론적 관점, 인지 발달적 관점에서 살펴본다.

1) 사회생물학적 이론

사회생물학적 이론에 의하면, 인간을 포함한 각 유기체가 이타적 행동을 하는 것은 바로 생존을 위해서이며, 유기체는 개체 하나의 생존보다는 집단 전체의 생존을 위해 협동, 신뢰, 희생을 요구하는 이타적 행동을 하게 된다(Perry · Bussy, 1984). 종의 생존을 위해 개인보다는 전체에게 이익이 되는 특징, 즉 이타적 유전인자가 자연도태 과정을 통해 후손에게 전달되는 것으로 보고 있다.

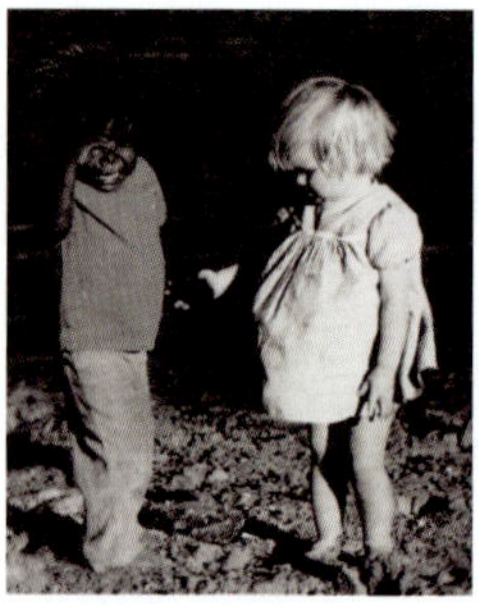

친사회적 행동의 표현

2) 정신분석학적 이론

정신분석학적 관점에서는 신생아나 걸음마 영아의 경우 다른 사람의 감정과 요구를 고려하지 않고 자신이 원하는 것을 즉시 행하기 때문에 타인을 염려하는 등의 이타적 행동이 가능하지 않다고 본다. 성인의 친사회적 도덕적 가치를 동일시하고 부모의 행동 기준을 받아들여 이 기준에 따라 자신의 행동을 판단할 수 있는 것은 초자아가 발달하는 5, 6세 이후부터이다(Hoing, 1982). 원초아의 지배를 받는 쾌락적 존재로서의 아이가 부모의 훈육과정을 통해 초자아가 발달하게 되면서 친사회적 규칙이나 원리를 내면화하게 된다는 것이 정신분석 이론에서 설명하는 이타적 행동의 발달이다. 따라서 동일시가 이타적 행동 발달에 미치는 영향은 크다고 하겠다.

3) 학습 이론

학습 이론적 관점에서는 인간의 다른 모든 행동과 마찬가지로 이타적 행동도 자극에 대한 반응의 결과로서 일어나며, 이러한 행동에 대한 강화와 처벌의 중요성을 강조하였다. 특히, 반두라(Bandura, 1979)는 직접적인 외적 보상과 처벌뿐만 아니라 스스로에게 기대하는 내부적인 자기강화−관찰, 모방 학습−에 의해서도 이타적 행동이 습득된다고 하였다. 즉, 유아는 사회화됨에 따라 다양한 사회 학습 경험을 토내로 싱황에 따라 어떠한 행동이 적절한지 혹은 그렇지 않은지에 대한 규칙성을 추출해 내고 이를 내면화한다. 내면화된 이러한 기준에 준해서 자신의 행위를 스스로 보상(긍지, 자존감)하거나 벌(수치심, 죄책감)하게 되면서 이타적 행동은 점차 외적 보상이나 벌보다는 자기강화에 의해 수행된다.

4) 인지 발달 이론

인지 발달 이론에 의하면, 어린 영유아는 자아중심적 사고를 하기에 타인의 요구를 알아내는 능력이 부족하지만 탈중심화되고 인지 수준이 발달함에 따라, 다른 사람의 요구와 견해, 역할 등을 받아들이는 능력이 증가하여 곤경에 처한 사람의 요구를 정확하게 수용하고 해석할 수 있는 조망 수용 능력이 발달하고 그 결과 이타적인 행동을 할 수 있다. 인지 발달론자들은 인지 구조의 성숙을 강조하기에 다른 도덕적 행동과 마찬가지로 이타적 행동도 일련의 단계를 거쳐 진행되며, 친사회적으로 행동하도록 추진시키는 힘이 인지 발달 단계에 따라 변화한다고 주장한다.

이상에서 살펴보았듯이 이타적 행동이 일정 수준의 인지 및 정의적 능력의 발달을 필수적으로 요구한다면 영아기에 이타적 행동을 기대하기는 어렵다고 볼 수 있다. 그러나 2세 이전의 영아도 다른 아이가 아파하면 함께 울고, 위로하며, 나누어 갖는 특성을 보여주는 것을 주변에서 살펴볼 수 있다. 이처럼 일찍부터 이타적 행동이 나타나는 것은 한편으로는 인간 본성의 일부임을 보여주는 것이다.

2 이타성의 발달

연구자들은 이타성의 바탕에 있는 필수적인 요소가 공감, 즉 도움을 필요로 하는 사람에 대한 동정적 관심을 포함한 타인에 대한 느낌과 관련한 공유된 감정적 반응이라고 믿는다.

이타적 행동은 일반적으로 2세 무렵에 나타나서 연령에 따라 증가하는데, 고통 받는 이에게 다가가 접촉하거나 토닥거리고 과자, 담요, 곰 인형과 같은 편안함을 제공하기 위해 물건을 주는 행동을 한다(Bar-Tal · Raviv · Goldberg, 1982).

취학 전 유아는 타인의 요구에 대해서 더욱 다양하고 복잡한 반응을 보인다. 공감에 대한 고전적 연구에서 루이스 머피(Lousis Murphy)는 유치원 환경에서 또래 친구의 고통에 대한 반응을 관찰했다. 아이 중에는 문제 있는 친구를 편안하게 해주고, 도와주고, 어려움을 물어 보고, 어른에게 도움을 요청하기도 했다. 도움을 주는 이유에 대해 물었을 때 아이들은 단지 그들이 원해서 또는 친구가 도움을 필요하기 때문이라고 하였다.

이처럼 연구자들이 도움주기와 공유하기 같은 이타적 행동이 연령에 따라 증가한다고 보고하였음에도 불구하고 일부 학자(Radke-Yarrow · Zahn-Waxier, 1976; Underwood · Moore, 1982)는 연령과 이타적 행동의 빈도 간에는 상관이 없으며 오히려 학령기 초기에 감소하는 경향이 있다고 하였다. 이는 6~16세 사이에는 자신의 이익에 관한 관심과 다른 사람의 기대치 증가가 이타적 행동의 수행에 영향을 미치는 결정 요인임을 시사해 준다.

종합해 보면, 2~3세 영유아는 고통 받는 이에게 동정심을 보이기는 하지만 진정한 의미의 자기희생적 반응을 보이는 것은 아니며, 상대방 입장에 대해 생각해 보게 했을 때만 장난감을 나누어 갖거나 기타 호의적인 행동을 하는 것으로 나타났다(Levitt et al., 1985). 그리고 상대방 유아가 강하게 요구하거나 "그것 나한테 주지 않으면 너하고 안 놀아"와 같이 일종의 위협을 했을 때 나누는 행동을 보였다(Birch · Billman, 1986). 전반적으로 타인을 위한 자발적인 자기희생적 행동은 유아에게서는 드문 일이다. 초기 학동기 이후가 되어서야 아동의 이타적 행동은 증가하기 시작한다(최경숙, 2005; Underwood · Moore, 1982; Whiting · Edwards, 1988).

바탈(Bar-Tal 등, 1982)은 이타성의 발달 단계를 다음과 같이 제시하였다.

표 9-7 이타성 발달 단계

단계	발달 내용
1. 구체적 보상, 외압에 대한 기대로 행함	다른 사람의 요구나 관점, 감정을 이해할 수 없으며 타인의 요청, 명령, 지시가 있을 때, 구체적 보상에 대한 약속, 강압적인 처벌 행위가 있을 때 이타적 행동을 한다.
2. 순응	자신보다 우세하고 권위를 가진 타인의 지시와 요청에 응하기 위해 돕는다. 그러므로 돕기 행동의 동기가 내면화된 것이 아니라 외부적인 힘에 따라 나타난다.
3. 구체적인 보상에 대한 내면화된 주도성	타인의 상황과 요청을 알며 이해할 수 있어서 자발적으로 돕기 행동을 하지만, 자신이 받게 될 구체적이고 명백한 보상을 기대한다.
4. 규범적 행동	사회적 인정과 승인을 위해 돕는다. 이 시기의 아동은 공감적이어서 위기 상황의 타인을 도울 수 있으며, 동시에 사회적인 질서와 규범을 어길 때는 여러 가지의 손실을 겪게 됨을 인식한다.
5. 보편화된 상호성	돕기 행동은 범문화적인 행동 원칙 중의 하나로, 준 만큼 받아야 하며 받은 만큼 주어야 한다는 상보성 원리의 영향을 받는다. 따라서 위기적 상황에 있는 누군가를 돕는다면 자신도 그 보답으로 도움을 받을 것으로 기대한다.
6. 이타적 행동	이타 행동을 수행함에 있어 외적 보상을 기대하지 않고 타인을 유익하게 해주기 위해 자발적으로 수행하는 행동이다. 그러므로 결과보다는 오히려 도움을 주려는 의도에 관심을 가진다.

아이들의 이타적 행동을 체크해 보자.

아이의 이타성을 지도하기 위해서는 우선 유아의 친사회적 행동 발달 정도를 파악하는 것이 필요하다. 아래 내용 중 우리 아이에게 해당하는 항목에 체크해 보자.

유아의 이타성 체크리스트

범주	문항	행동 유무	
		그렇다	아니다
자아 존중감	1. 미소를 지으며 항상 행복해 보인다.		
	2. 사람이나 사물에 대해 두려워하지 않는다.		
	3. 자신의 권리를 주장한다.		
자아 조절력	4. 대체로 제시된 규칙을 준수한다.		
	5. 자신의 감정을 조절한다.		
	6. 자신의 격한 감정을 행동보다 말로 표현한다.		
타인 존중감	7. 다른 유아와 잘 어울린다.		
	8. 다른 친구의 어려움에 관심을 갖는다.		
	9. 친구가 어떻게 느끼는지 말할 수 있다.		
우정	10. 함께 놀이할 친구를 찾는다.		
	11. 친구를 만든다.		
	12. 친구의 의견을 받아들이고 함께 논다.		
배려하기	13. 장난감과 자료를 친구와 함께 사용한다.		
	14. 차례를 지킨다.		
	15. 다른 유아에게 장난감이나 물건을 나누어준다.		
협동하기	16. 집단 활동에서 협동놀이에 참여한다.		
	17. 새로운 놀이 친구를 수용하고 다툼 없이 함께 논다.		
	18. 어른의 요구에 응한다.		
도움주기	19. 장난감이나 물건을 정리한다.		
	20. 다른 유아를 돕는다.		
	21. 교실의 허드렛일을 맡아한다.		
존중하기	22. 장난감이나 물건을 바르게 사용한다.		
	23. 다른 사람의 물건을 소중히 다룬다.		
	24. 어른의 말에 주의를 기울이고 반응한다.		

❖ **평가**

* 행동 목록법이며 점수가 높을수록 이타적 행동 발달 정도가 높음을 의미한다.

출처: Bratly, J. J.(2001). 『Preschool Guidance for the Preschool Child』 /이기숙 · 강숙현 역: 이화여자대학교 출판부.
YTN '나쁜 아이들(6부)-아이를 바꾸는 공감의 힘'

3 이타성에 영향을 미치는 요인

여러 요인이 영유아의 이타적 행동을 촉진하는 데 관여한다. 이타적 행동을 하기 위해서는 행위의 옳고 그름을 판단하는 도덕성, 타인의 아픔에 대한 공감력, 조망 수용 능력, 도와줄 상황에서 적절한 행동을 선택하고 수행할 수 있는 문제해결 기술 등이 이타적 행동을 하기 위한 선행 요건이다. 이외에도 연령 증가, 부모의 온정적인 양육 태도, 친사회적 행동의 모범을 보이거나 보상하는 등의 강화 요인도 밀접하게 관련된다.

1) 이타적 도덕 추론 능력

이타적 행동은 갈등 상황에서 자신이 취해야 할 행동을 도덕적으로 어떻게 판단하는가와 밀접한 관련이 있다. 무센과 아이젠버그(Mussen · Eisenberg, 1977 · 1982)와 핸드(Hand, 1979)는 유아에게 이타적 갈등 상황의 이야기를 들려주고 그 이야기의 주인공이 어떻게 해야 하는지를 물었다.

낸시 아이젠버그

어떤 아이가 친구 생일잔치에 초대되어 급하게 가고 있는데, 가는 길에 한 아이가 넘어져 다쳐있는 것을 봤어. 다친 아이가 자기 집을 알려줄 테니 자기 부모님에게 연락해 달라고 부탁했단다. 근데 그 친구를 도와주면 생일잔치에 늦어서 참석하지도 못하고 생일 케이크도 먹지 못하고 친구들이랑 놀지도 못하게 된대. 이 아이는 어떻게 해야 할까? 왜 그래야 할까?

위의 상황에서 유아는 친구의 생일잔치에 늦지 않게 가야 하는 것과 다친 친구를 도와주는 것 사이에서 갈등을 느낀다. 이때 유아가 생일잔치에 참석하지 못하더라도 다친 친구를 도와야 한다는 도덕적 사고와 판단 수준에 도달해 있다면 이 상황에서 이타적 행동을 하게 된다.

아이젠버그는 사회 인지 이론의 입장에서 이타적 행동에 대한 사회화 경험의 중요성을 지적하면서 이타적 도덕 추론 수준을 다음과 같이 제시했다. 〈표 9-8〉에서 보는 바와 같이 유아기 아이의 반응은 대부분 이기적이다. 대부분 다친 아이를 도와주지 않고 잔치에 가야 한다고 반응하는데, 그 이유는 먹을 것이나 재미있는 것을 놓치지 않기 위해서라고 대답한다. 그러나 연령이 증가하면서 다른 사람의 욕구, 입장을 이해하게 되며, 일부 청소년은 도움이 필요한 사람을 도와주지 않고 지나친다면 자기 자신을 경멸하게 될 것이라고 반응하였다(Eisenberg, 1983; Eisenberg · Miller et al., 1991).

표 9-8 이타적 도덕 추론의 수준

단계	특성	대상 범위
1. 쾌락적 수준	자기중심적이고 도움을 주는 것은 어떤 형태로든 자신에게 이익이 될 때만 일어난다("나는 돕지 않을 거야. 왜냐하면 배가 고플 테니까.").	유아기와 아동기 초기 일부
2. 욕구 지향적 수준	다른 사람의 욕구에 근거한 도움을 나타내나 공감하지 않으며 도와주지 않았을 때 죄책감도 느끼지 않는다("그가 이것을 필요로 하니까.").	유아기 일부와 아동기
3. 승인 지향적 수준	다른 사람의 칭찬과 착하다고 보이는 것이 이타적 행동 수행의 중요한 기준이 된다("만약 돕는다면 더 좋아할 텐데.").	아동기와 청소년기
4. 공감적 수준	동정, 죄책감, 도와주었을 때 기분 좋음 등이 갈등 판단에서 중요하다("돕지 않는다면 나는 잘못한 것처럼 느껴질 거야. 왜냐하면 그가 고통스러워하니까.").	아동기 일부와 청소년기
5. 내면화 수준	이타적 행동 기준을 내면화된 가치와 규준, 신념, 책임감에 둔다.	청소년기 일부와 청년기

출처: Eisenberg · Lennon · Roth(1983)에서 인용.

유아의 이타적 도덕 추론 수준은 어느 정도 이타적 행동에 대한 예측을 가능하게 한다. 다른 사람의 욕구나 입장을 고려하기 시작한 유아기 아이는 아직 쾌락적 수준에 있는 유아보다 자발적으로 나누는 행동을 더 많이 한다(Eisenberg-Berg · Hand, 1979). 또한 성숙한 도덕적 추론을 보이는 고등학생은 도움을 요청하는 사람이 비록 싫더라도 도와주지만, 미성숙한 고등학생은 싫은 사람의 요청을 무시하는 경향을 보인다.

이처럼 이타성의 중요성에 대한 도덕적 추론 능력 간의 상관은 비교적 높으나, 실제로 이타적 행동을 하는 경향성과 도덕적 추론 능력 간의 상관이 그렇게 크지 않은 것도 유의해야 한다(송명자, 1995).

2) 조망 수용 능력

소설이나 드라마 속 주인공의 삶이나 심정을 공감하거나, 상대방에 대한 배려가 가능한 것은 타인의 마음 상태를 이해함으로써 가능하다. 상대방 입장에서 그의 심정을 추측해 자신의 사고나 기분과 같이 타인을 받아들이고 조정해서 대인관계에 적용하는 능력을 조망 수용 능력(perspective-taking ability)이라 한다. 조망 수용 능력은 최근 사회적 대인관계에 대한 유아의 행동 발달 면에서 재인식되고 있으며(Iannotti, 1978), 이타적 행동 발달에 필요조건이 된다.

조망 수용 능력 관련 연구는 기본적으로 지각 조망 수용, 인지 조망 수용, 감정 조망 수용의 세 영역으로 구분된다(Shantz, 1975). 지각 조망 수용은 타인의 위치에서 보는 공간적 시각을 추론하는 능력이며, 인지 조망 수용은 타인의 지식을 평가하는 능력이다. 감정 조망 수용은 자신의 느낌이 아니라 타인의 감정 반응을 추론하여 평가하는 능력을 의미한다.

셀만(Selman, 1980)은 조망 수용 능력의 발달을 자신의 조망과 타인의 조망이 분화되어 통합이 이루어지는 구조적 변화 과정으로 보며, 이를 5수준으로 구부하여 설명하고 있다.

표 9-9 조망 수용 능력의 발달

단계	특성	대상 범위
1. 미분화된 조망 수준	자신과 타인의 생각, 심리적 특성이 다르다는 것을 변별하지 못하는 자기중심적, 미분화된 조망 수준에 머문다.	3 -6세
2. 주관적 조망 수준	개개인이 서로 다른 사고와 내적 세계를 가질 수 있음을 이해하는 분화된 조망을 지니지만, 각자의 조망 차이를 정확하게 판단하는 데에는 한계가 있다.	5~9세

3. 2인자적 조망	자신의 사고나 행동을 객관적 관점에서 볼 수 있으며, 동시에 타인의 사고를 이해하고 예측할 수 있는 2인자적 조망을 가진다.	7~12세
4. 상호적 조망	제3자의 입장에서 자신과 상대의 관점을 통합하는 일반화된 타인 조망 또는 상호적 조망이 가능하다.	10~15세
5. 사회적 또는 심층적 조망 수준	사회 전체 조직이나 체제의 관점에서 모든 것을 조망하는 사회적, 심층적 조망 수준에 이르며 성숙한 조망 수용 능력을 가진다.	12세~성인기

3) 공감

공감 또한 이타적 행동과 깊은 관계가 있다. 다른 사람의 정서를 경험하는 개인의 능력이라는 점에서 공감은 조망 수용 능력을 바탕으로 하나, 타인의 감정과 느낌을 공유한다는 점에서 구별된다.

다른 사람이 느끼고 있는 감정을 그대로 느끼는 것을 의미하는 공감 능력은 이타적 행동에서 중요한 매개역할을 하는데, 이는 다른 사람의 고통을 보고 공감이 형성될 때 이타적 행동을 하게 되기 때문이다(Batson, 1987; Eisenberg et al., 1992; Hoffman, 1993). 그러므로 공감은 이타적 행동의 감정적 기초를 제공하는 것으로 알려져 있다. 공감 연구는 호프만(Hoffman, 1984 · 1987)에 의해 집중적으로 이루어졌으며 피아제의 인지 발달 이론을 토대로 4단계 발달 과정을 거친다.

표 9-10 공감 능력의 발달

단계	특성
1. 미분화된 공감 단계	다른 사람에게 고통, 어려움이 있음을 인식하지만 누가 그러한 상태에 있는지 알지 못한다. 생후 2일된 영아는 다른 영아의 울음소리를 듣고 따라 울며, 동생이 다친 것을 보고는 자신이 마치 아픈 것처럼 울거나 엄지손가락을 빠는 행동을 보인다.
2. 자기중심적 공감 단계	다른 사람이 고통 속에 있다는 것도 알고 그가 누구인지도 안다. 그러나 그 사람이 자신과 다른 감정을 가지며 지금 무언가를 필요로 하고 있다는 것은 이해하지 못한다. 그러므로 다른 사람의 고통에 부적절한 반응을 보인다.

3. 타인의 감정에 대한 공감 단계	타인과 자신의 감정이 같지 않아 각자 나름대로의 욕구와 상황에 대한 해석을 토대로 반응한다는 사실을 이해한다. 다른 사람의 입장이 되어 공감하게 되고 다른 사람의 고통도 이해하게 된다.
4. 타인의 생활 여건에 대한 공감 단계	자기와 타인에 대한 개념이 형성되어 사람들은 누구나 각기 다른 성장 배경과 그들 나름의 정체감을 가지고 살아감을 안다. 나아가 사람들의 희로애락은 현재의 상황뿐만 아니라 그들 각자의 인생 경험 전체에 의해 영향 받는 것도 알게 된다(아동 후기 무렵부터).

4) 강화

강화 또한 이타적 행동을 증진시키는 효과가 있다. 사회적 승인이 타인에 대한 보호와 관심을 더 동기화시킴에도 불구하고, 물질적인 보상(돈, 사탕, 토큰 체계)과 사회적 보상("넌 착한 아이야")도 타인을 도와주게 할 가능성을 증가시킨다.

그러나 파베스(Fabes, 1989)는 강화를 늘 받는 경우 이타적 행동의 수행이 낮아질 수 있음을 역설한다. 이는 물질적 강화를 받아온 유아가 자신의 이타적 행동을 상대방의 필요나 자신의 이타적 성향에 귀인시키지 않고 외적 보상인 강화물에 귀인시키기 때문이다. 따라서 물질적 강화는 유아의 이타적 동기를 훼손시킬 수 있음을 주지하고, 타인에 대한 배려가 물질적 강화에 의해 쉽게 형성되는 것이 아님을 이해해야 한다.

또한, 존경하고 따뜻하고 이타적인 사람의 언어적 강화는 이타적 행동을 증진시킬 수 있다(Yarrow · Scott · Waxier, 1973). 좋아하는 사람이 제시한 기준에 도달하고자 하는 바람 때문에 유아에게는 언어적 승인 또는 인정은 효과적이다.

5) 모방

반두라와 같은 사회 학습 이론가는 어른이 이타적 행동을 실천함으로써 아이가 실천하는 성인모델을 보고 유사한 행동을 하도록 유도시킬 수 있음을 제안한다. 다음이 모델이 유아와 따뜻한 관계를 지니며 이타적 행동을 해야 되는 근거를 설명하고, 실제 행동으로 실천하는 것을 보일 때 모방적 행동은 크게 증가한다(Yarrow · Scott · Waxier, 1973).

이러한 이타적 모델링은 장기적인 영향을 미치는데, 이타적 모델링을 관찰한 유아는 이기적 모델링을 관찰한 유아보다 2~4개월 후에도 더 관대함을 보인다(Rice · Gursec, 1975). 따라서 이타적 모델을 접하는 것은 친사회적 습관과 이타적 가치를 발달시키는 데 긍정적인 영향을 미친다(최경숙, 2005).

6) 부모의 양육 태도

이타적인 유아의 부모는 민주주의적인 권위주의적 양육 형태를 보인다고 한다. 이런 부모는 이타적 행동을 연습할 기회를 제공하고 부모 자신의 힘을 행사하는 양을 최소화하나, 강압적인 힘만을 행사하는 부모의 양육 태도는 오히려 이타적 행동에 부정적이다.

부모의 의사소통 방식 역시 영향을 미치는데, 부모가 합리적이고 귀납적인 훈육법을 사용한다면, 즉 잘못된 행동에 대해 이유를 설명하고 법과 규칙에 대한 논리성을 부여하고 이타적 행동의 필요성을 제시할 때 자녀는 더욱 이타적 행동을 하게 된다. 예를 들면, 부모가 "친구 때리지 마! 아프잖아, 너도 누군가가 너 때리는 것 좋아하지 않잖아, 그렇지 않니?"라고 말한다. 이러한 메시지는 행동 기준에 대한 명확한 의사소통을 강조하고 동정심을 일으키고 조망적인 관점을 얻도록 고무시켜 준다.

효과적인 또 다른 사회화 기술은 자녀의 친사회적 특성을 강조하는 것이다. 자녀가 "우리 OO이는 맘이 참 착하네, 과자도 나눠먹고 어려운 친구도 도와주잖아"라는 말을 들었을 때, 이타적으로 행동하려는 경향은 크게 증가한다.

이와 같이 합리적이고 귀납적인 훈육법이 이타적 행동을 증진시키는 이유를 몇 가지로 생각할 수 있다(최경숙, 2005). 첫째, 설명함으로써 다른 사람의 입장에서 생각하게 하는 조망 수용을 고취시켜 유아가 다른 사람의 고통을 경험할 수 있도록 한다. 둘째, 유아에게 자기 자신 및 다른 사람에게 도움을 주는 행동이나 위안이 될 수 있는 행동을 가르쳐 준다. 셋째, 부모의 이러한 방법은 나이든 아동에게 스스로가 좋은 사람, 남에게 도움을 주는 사람이라는 확신을 갖게 하여 긍정적인 자아 개념을 가질 수 있도록 도와주기 때문이다.

혹시 야스퍼거 증후군? 특정 물건에 집착하는 아이

7살 성욱이는 카메라, 스마트폰, 면도기, 체온계, 전동 칫솔 등 소형 가전제품과 사랑에 빠졌다. 눈뜨자마자 아빠의 스마트폰을 차지하고는 폰에서 나오는 기계음, 벨소리를 그대로 흉내내는가 하면 진동소리를 감상하는 등 온종일 기계에 빠져 산다. 틈만 나면 가전제품의 모든 버튼은 다 눌러보고 구석구석 쓰다듬는 것은 물론 작용시킨 후 들여다보거나 손을 집어넣는 등 위험한 행동도 서슴없이 한다. 마트에 가도 장난감 코너는 안중에도 없고 가전제품 매장으로 직행한다. 친구가 같이 놀자고 물총을 건네도 그냥 지나쳐 버리고 친구가 집에 놀러 와도 전혀 관심이 없다. 오로지 기계에만 중독되어 있다. 엄마, 아빠보다도 좋고 그 어떤 놀이보다 기계랑 노는 것이 가장 재미있다는 아이. 왜 그런 걸까?

전문가 진단: 이 아이는 야스퍼거 증후군이다. 야스퍼거 증후군 아이의 가장 두드러진 특징은 사회적으로 고립되어 있는 것이다. 기계를 지나치게 좋아하는 것이 문제가 아니라 적절한 사회적 관계를 맺지 못하는 것이 더 큰 문제이다.

아이의 사회성을 방해하는 원인:

1. 야스퍼거 증후군의 양상이다.

야스퍼거 증후군은 현재 발달장애 범주로 비전형 자폐로 분류되며, 사람과 눈 마주침을 잘 하지 않고 사회적 관계 형성을 잘 못하는 등 주요 몇 가지 양상이 있다. 가장 큰 특징은 특정 분야에 굉장히 집착하고 상대방의 감정이나 생각을 이해하는 능력이 부족해 사회성 발달에 문제가 있으며 같은 행동을 반복한다. 만약 학습 과정에는 문제가 없지만 대인관계 맺음에 관심이 적고 사회성 발달이 더디다면 야스퍼거 증후군으로 의심할 수 있다.

2. 허용적인 엄마, 불안감을 높이는 아빠

성욱이의 경우 야스퍼거 증후군으로 기계에 집착하는 것 외에도 아이의 사회성을 방해하는 것은 지나치게 허용적인 엄마의 양육 태도이다. 7살인데도 불구하고 일일이 밥을 먹여주고 장난감을 조립할 때도 성욱이는 구경만 하고 엄마가 다 해준다. 결국 아이는 자율성을 키우지 못했고 부모의 모델링과 경험을 통해 습득하는 사회적 기술 또한 배울 기회가 없었다. 또한 평소 아빠는 불같이 화를 내는 경우가 많다. 불안이 높게 나타나는 야스퍼거 증후에 비력 소리를 지르는 아빠의 태도가 아이의 불안을 증폭시켰고 아이는 이런 불안한 상황을 피해서 기계를 더욱 선호하는 악순환에 놓이게 되었다.

Solution: 기계 집착을 없애고 사회성을 끌어올리는 기적의 솔루션

1. 기계 조절 능력을 가르쳐라.

   3가지 원칙: 1) 거짓말은 절대 금물이다.
   2) 제한된 허용을 한다.
   3) 아이를 위험에 빠트릴 수 있는 기계에는 금지 스티커를 붙인다.

2. 기계 대신 부모가 아이의 놀이 상대가 되어라.
3. 의사소통 능력부터 키워주어라.
4. 친구 사귀는 법을 알려주어라.

출처: SBS '우리 아이가 달라졌어요' 제작팀; 조은영(2014). 경향에듀[재구성]

5 공격성 발달

인간의 공격성은 생의 초기에 형성되어 그 결과가 영유아기 때의 사회적·정서적 부적응을 초래하며 나아가 청소년기·성인기의 폭력이나 범죄 행위로 나타나며 장기간에 걸쳐 지속된다고 한다. 공격성이 높은 유아는 다른 유아에게 피해를 주며 이들은 자라서 비행 청소년 및 성인이 되는 경향이 있으므로 유아들의 공격적 행동은 매우 중요하게 다루어야 할 문제이다. 특히, 폭력이 증가하는 요즘에는 공격성에 대한 학자들의 관심 또한 매우 높다.

그러면 공격성이 어떻게 발달하는지 공격성 발달 이론과 발달 양상, 공격성의 원인, 공격성에 대한 지도 방법에 대하여 살펴 보자.

1 공격성의 정의

하루라도 친구를 때리지 않으면 주먹에 가시가 돋는다! 4살 공격이는 어린이집에서 공포의 대상 1호다. 왜 때리느냐의 질문에 가만히 있던 친구의 등을 다짜고짜 깨물기도 하고 장난감을 던진다. 수업시간 혼자 배회하는 공격이를 선생님이 어르고 달래 자리에 앉히지만 공격이는 옆 친구의 등을 내리친다. 자리를 바꿔 앉혀 봐도 또 다른 친구를 꼬집는다.
아무리 호통을 쳐도 통하지 않고 오히려 선생님의 손등을 물며 반항한다. 이렇다 보니 공격이의 엄마는 죄인이다. 하교 시간이 되면 엄마는 하루 동안 누굴 어떻게 때렸는지 확인하는 게 일상이고 집에 오면 여기저기 전화를 돌리며 사과하느라 바빴다. 언제 터질지 모르는 시한폭탄처럼 이유 없이 친구들을 때리고 괴롭히는 아이, 왜 그런 걸까?

공격적 행동 또는 공격성을 한마디로 정의내리기는 어렵지만, 공격성이란 의도적으로 타인이나 타인의 소유물에 대해 위해를 가하는 부정적인 행동이다. 이러한 공격성은 그 원인에 따라 우발적 공격성, 도구적 공격성, 적대적 공격성으로 나눌 수 있다.

우발적 공격성이란 우연히 피해를 입게 되면 유아가 공격적인 방식으로 보복하는 행위를 말하는데, 유아가 언어 영역에서 다른 영역으로 건너가려다가 친구가 블록으로 만든 건물에 부딪혀 블록이 망가질 때 친구가 갑자기 화가 나서 유아를 확 미는 경우가 이에 해당된다. 이처럼 유아는 우발적인 공격성을 보이나 이러한 행동은 비의도적인 공격성이다.

적의적 공격성(hostile aggression)이란 타인에게 위해를 가할 목적으로 행해지는 행동을 의미한다(Shaffer, 1999). 예를 들면, 타인에게 불안감이나 손상, 위해를 주기 위해 타인을 때리거나, 발로 차거나, 타인의 소유물을 파괴하거나, 타인의 명예를 훼손하거나, 언어적으로 공격하거나, 요청을 거절하는 것과 같은 행동이다.

마지막으로 도구적 공격성(instrumental aggression)이란 자신의 목적을 성취하기 위한 수단으로 타인에게 위해를 가하는 행동을 말한다(Shaffer, 1999). 예를 들면, 컴퓨터를 차지하기 위해 동생을 밀쳐내는 행동 등이다. 도구적 공격성은 목적 성취를 위한 도구로서 공격성을 발휘하는 반면, 적의적 공격성은 타인에 대한 공격 그 자체가 목적인 것이다.

아이의 공격성 표현 방법은 인지 발달에 따라 달라진다. 피아제(Piaget)의 인지 발달 단계에서 전조작기에 속하는 유아는 자아중심성이 강해 다른 사람의 욕구보다는 자신의 요구에 집중되는 경향이 있는데, 이런 까닭에 전조작기 유아는 자신이 원하는 것을 얻기 위한 도구적 공격성을 많이 보인다. 즉, 나이가 어릴수록 도구적 공격성이 많이 나타나며, 나이가 들수록 적의적 공격성이 증가한다. 그러나 공격적 행동을 적의적 공격과 도구적 공격으로 항상 명확히 구분할 수는 없으며 어떤 경우는 뒤섞여 나타나기도 한다.

2 이론적 접근

그러면 영유아의 공격성을 설명하는 이론으로 동물행동학적 관점, 정신분석학적 관점, 사회 학습 이론적 관점, 사회적 정보처리 관점을 살펴본다.

1) 동물행동학적 관점

로렌츠(Lorenz, 1966) 같은 동물행동학자들은 공격성을 인간과 동물에 내재된 투쟁 본능으로, 인간과 동물 모두 같은 종을 향한 공격성을 지닌다고 주장한다. 공격적 충동은 적절한 방출 자극에 의해 감소될 때까지 계속 만들어지며, 공격 에너지가 일정 수위에 다다르면 파괴적인 행동으로 방출된다. 따라서 공격성은 개체나 종의 생존을 위해 진화된 것이므로 적응적이며 생존을 위해 중요한 수단임을 강조한다.

다윈(Darwin)과 동물행동학자들은 적자생존과 번식을 위해 타인과의 경쟁, 이기적인 행동 등과 같은 공격성이 필요하며, 동물과 인간의 진화 과정에서 필요에 의해 천부적으로 타고난 것으로 보고 있으나, 한편으로는 인간의 학습 능력이나 인지 능력을 무시하고 지나치게 본능적 요인에 치중하였다는 점에서 비판받고 있다.

2) 정신분석학적 관점

프로이트는 모든 인간은 삶(에로스)의 본능과 죽음(타나토스)의 본능을 갖고 태어나며, 공격성은 이 죽음의 본능에서 기인한다고 본다. 죽음의 본능은 자기 파괴적 본능으로 대부분 외부로 표출되어 타인에게 전가되어 나타나는데, 바로 다른 사람에 대한 공격 행동이다. 즉, 모든 사람은 인간 내부에 죽음에 대한 본능을 갖고 있음과 동시에 그것을 타인에게 전가시키려는 자기 보호적 본능을 가지지만 이러한 공격적인 충동이 내부로 향할 경우에는 자기 처벌이나 자해 혹은 자살로 이어질 수 있다(권민균 외, 2012).

프로이트 이론에는 두 가지 가정이 포함되어 있는데 첫째, 좌절로 인해 공격 욕구가 유발되면 많은 에너지가 활성화되어 공격 대상을 찾게 된다는 것이다. 둘째, 공격 에너지를 발산하면 공격성이 감소된다는 가정으로 이를 정화 가설이라 한다(지은주, 2001). 현대 정신분석가들은 공격성이 본능적 충동이라는 데는 동의하지만 자기를 향한 죽음의 본능이라는 프로이트의 생각에는 동의하지 않는다. 오히려 공격하려는 본능적 경향성은 우리의 욕구를 만족시키려는 시도가 좌절되거나 자아 기능을 방해하는 위협에 직면할 경우 나타나므로 자기 파괴가 아니라 삶을 촉진하는 데 기여하는 적응적인 것으로 간주한다(Shaffer, 2008).

3) 사회 학습론적 관점

학습 이론가들은 공격성이 강화와 모방을 통해 학습된다고 주장한다. 예를 들면, 유아가 친구를 때려서 원하는 장난감을 얻게 된다든지, 공격적인 행동을 할 때 부모가 웃거나, 더 많은 관심을 보이는 것과 같은 긍정적인 강화를 받게 될 때 그러한 공격적인 행동을 학습한다는 것이다. 또한 모델의 공격적 행동을 관찰하거나 모방함으로써 학습된다고 한다. 공격적인 유아를 때리는 부모는 그 순간 유아에게 공격성의 모델이 된다. 반두라(Bandura, 1965)는 공격성 모방 학습 실험에서 공격적 행동을 하는 필름을 유아에게 보여준 다음 동일한 상황에서 유아의 행동을 관찰하였다. 그 결과 공격적 행동이 담긴 필름을 본 유아는 그렇지 않은 유아에 비해 더 많은 공격성을 표출하였다. 필름 속 어른의 공격적 행동을 모방했을 뿐만 아니라 자신만의 독특한 공격적 행동을 창안해 내는 것으로 드러났다. 반두라의 사회 학습 이론은 공격성 습득에 있어 처음으로 인지적 영향을 강조하였고 공격적 행동이 어떻게 습득되는지 설명하고 있다.

4) 사회적 정보처리 관점

사회적 정보처리 이론가들은 모호한 상황에서 유아의 반응은 사회적 단서 그 자체보다는 정보를 처리하는 인지 과정에 의존한다고 본다. 즉, 유아가 공격적 반응을 보일 것인지 아닌지는 정보처리의 결과에 따라 달라진다는 것이다. 더지(Dodge, 1982)는 공격적인 유아는 사회적 정보처리 과정에 결함이 있기 때문에 공격적으로 행동한다고 주장한다. 다시 말해 사회 인지가 왜곡되어 있기에 누군가가 무심코 던진 공에 맞아도 정확한 상황판단과 해결책을 찾지 못하고 공을 던진 사람의 행동에 대하여 지나친 적의적 의도를 부여하고 그에 대하여 공격적 행동을 하게 된다는 것이다.

더지는 사회적인 단서에 반응하기까지 5단계의 정보처리 과정(부호화, 해석, 반응 탐색, 반응 결정, 실행)을 제시하면서, 이와 같은 정보처리 과정이 개인의 과거 사회적 경험과 기대가 공격적 반응을 결정하는 데 중요한 영향을 미칠 수 있음을 강조한다.

3 공격성의 발달

1) 공격성의 발달적 경향

공격성이 표현되는 방식은 나이와 함께 변화한다. 매코비(Maccoby, 1980)에 의하면 생후 2세 때부터 공격성이 나타나지만 2.5~3세 때에는 때리고 차는 것과 같은 분명한 신체적 공격성이 나타나며, 3~5세 때에는 이러한 신체적 공격성은 감소하고 놀리거나 욕하는 것과 같은 언어적 공격성이 증가한다.

공격성의 형태가 신체적 공격에서 언어적 공격으로 바뀌는 이유는 언어 사용 기술이 발달함과 동시에 신체적 공격을 바라지 않는 부모나 어른의 기대, 사회적 규제 등에 따르기 때문이다. 또한 3~6세 때에는 자신의 목적 달성을 위한 도구적 공격성이 많이 나타나지만, 6세 이후에는 타인에게 해를 가하는 것 자체가 목적인 적의적 공격성이 보다 더 자주 나타난다고 한다(Hartup, 1974).

개인의 공격성 발달은 안정적으로 발달하는 것 같다. 휴즈맨(Huesman, 1984)과 그의 동료들은 22년간의 종단적 연구에서 8세 때 다른 유아에 비해 더 공격적이었던 유아들이 30세 때에도 여전히 더 공격적이라는 것을 밝혔다. 또한 어릴 때 또래들에 의해 더 공격적인 아이로 평가된 남아는 성인이 됐을 때 범죄 행동을 더 저지르기 쉽고, 배우자를 학대하며, 교통법규 위반, 음주 운전 등을 더 많이 하는 것으로 나타났다.

2) 공격성의 원인

왜 다른 아이를 공격할까? 영유아의 공격적인 행동에 영향을 주는 요인으로 영유아의 특성, 부모-자녀 또는 교사-유아 관계, 가정환경, 교육기관 환경과 대중매체, 사회 문화적 환경 등을 제시할 수 있다.

일반적으로 영아기에는 성차가 크게 느껴지지 않으나 성장함에 따라 남아가 여아에 비해 더 공격적인 행동을 많이 하는 것으로 알려져 있다. 영유아의 기질적 특성 또한 공격성과 관련이 있는데, 까다로운 기질의 아이는 순한 아이에 비해 친사회적이지 못하고 공격적인 행동을 더 많이 보이며 관계맺음에 있어 어려움을 보인다. 이러한 공격성에서의 성 차이나 개인차는 배출되는 생리적 호르몬과 관련이 있다는 연구 결과가 있다. 예를 들면, 세로토닌 기능의 감소와 같은 신경전달물질의 배출 정도가 공격성에 영향을 미친다는 것이다. 또는 신경학적으로 손상 받은 주의력 결핍장애 등도 공격성과 관련이 있다고 본다(Coie · Dodge, 1998).

좌절이 공격적 행동의 원인이 되기도 한다. 좌절은 유아가 어떤 목표 지향적인 행동을 하고자 할 때 방해받는 것을 의미한다. 이 경우 많은 유아는 공격적 행동을 보이지만 항상 그런 것은 아니다. 유아의 성격이나 기질에 따라 공격적 행동을 유발하지 않을 수도 있다.

유아의 사회 인지적 결함도 공격적 행동의 한 원인으로 지적되고 있다(Coei · Dodge, 1998). 공격적인 유아는 사회적 관계를 맺는 데 서로 간의 관계를 자주 부정적인 방향으로 잘못 인식하여 그 결과 더 많은 공격적인 반응을 보인다고 한다. 다른 사람의 의도를 잘못 판단하여 자신을 공격하는 것으로 오인하여 타인을 공격한다는 것이다.

가정에서의 경험을 통해서도 공격적 행동이 학습될 수 있다. 부모의 양육 방식도 공격성과 밀접한 상관이 있다. 훈육하는 과정에서 체벌을 당하는 경우 단시일적으로는 공격성이 억제되는 듯하지만, 장기적으로는 체벌을 하는 공격적 행동이 정당성을 지니면서 다른 행동을 통제하는 모델을 제공하는 역할을 한다. 이러한 과정에서 공격성이 학습될 수 있다. 더지(Dodge 등, 1990)는 가정에서 심한 체벌을 경험한 아동은 그렇지 않은 아동보다 2배나 더 공격적임을 보고하고 있다.

빈곤 역시 공격성을 증가시킬 가능성이 크다고 한다. 빈곤 기간이 길고, 더 많이 가난할수록 공격적으로 행동한다고 한다(Patterson, 1995). 빈곤 계층의 부모는 심리적으로 스트레스를 받고, 이러한 부모는 자녀를 양육하는 데 비일관적이고 엄격한 통제 방식을 사용함으로써 유아의 공격성을 증가시킨다는 것이다. 김효정(1991)의 연구에서도 유아의 사회경제적 지위와 공격성을 비교한 결과 사회경제적 지위가 낮은 집단이 공격성이 더 높은 것으로 나타났다.

이외에도 쉽게 접할 수 있는 TV, 영화 같은 대중매체도 공격성에 영향을 미친다. 공격적인 프로그램을 많이 본 유아가 그렇지 않은 프로그램을 본 유아보다 공격적 행동을 더 많이 모방한다는 연구가 보고된 바 있다(Parke · Salby, 1983). 또한 욕구불만이나 좌절감을 불러일으키는 환경, 예를 들면, 비좁은 활동 공간이나 제한된 장난감, 총, 칼 같은 공격적인 장난감에 대한 잦은 노출 등도 공격성을 초래할 가능성이 높다고 한다.

종합해 보면 유아가 공격성을 나타내는 이유는 공격성이 학습되어 나타나는 경우, 바람직한 행동이나 기술을 학습하지 못해 나타나는 경우, 정서적인 원인에 의한 것 등 다양하다. 이외에도 기질적 · 정신적 손상과 같이 선천적인 요인에 의해서도 공격성이 나타날 수 있다.

유아들이 공격성을 보이는 이유

1. 관심을 끌기 위한 수단
   부모나 교사, 다른 유아의 관심을 끌기 위한 부적절한 수단으로 공격적 행동을 한다.

2. 학습에 의한 모방 행동
   부모, TV나 매체 등 공격적인 행동이나 성향을 관찰하여 학습이 되어 공격적인 행동을 한다.

3. 감정 해소 방법을 모르는 경우
   자신의 분노나 좌절 등을 사회적으로 인정하는 적절한 방법으로 해소하는 것을 모르기 때문에 공격적인 행동을 한다.

4. 사회적 기술 부족
   대인 관계에서 나누어 쓰기, 놀이 참여, 양보하기 등 또래에게 요청하거나 갈등을 해결하는 과정에서 적절한 사회적 기술을 알지 못해서 공격적인 행동을 한다.

5. 기질적, 정신적 손상
   자폐, 과잉 행동, 반항성장애 등 기질이나 정신적 손상, 정서적 원인에 의해서 공격적 행동이 수반된다.

출처: EBS '부모(HD); 우리 아이 문제 행동과의 한판승–친구를 잘 때려요.'

반항성장애 진단 검사, 우리 아이의 공격성 원인은?

유아의 공격적인 행동은 간혹 반항성 장애와 혼돈되는 경우가 있다. 반항성장애란 자기주장이 강하고 독선적이고 공격적인 경향을 보인다. 고의적으로 타인을 괴롭히고 자신의 잘못이나 실수를 남의 탓으로 돌린다. 이러한 행동으로 관계에서 갈등이 생겨 친구 관계 형성도 어려우며, 어른의 권위에 순종하지 않고 언쟁을 하여 관계가 나빠진다.

아래 내용에서 해당하는 항목에 체크한다.

내 용	예	아니오
1. 주변 사람과 말다툼이 잦다.		
2. 허풍을 떤다.		
3. 남에게 못된 짓을 하거나 괴롭힌다.		
4. 관심을 끌려고 한다.		
5. 자기 물건을 부순다.		
6. 다른 사람의 물건을 부순다.		
7. 어른 말씀을 안 듣는다.		
8. 선생님 말씀을 안 듣는다.		
9. 샘이 많다.		
10. 자주 싸운다.		
11. 남을 때린다.		
12. 소리를 지른다.		
13. 남을 웃기려고 이상한 짓을 한다.		
14. 고집이 세고 성질을 잘 부린다.		
15. 기분이 쉽게 변한다.		
16. 수다스럽다.		
17. 다른 사람을 놀린다.		
18. 성질이 급하고 일이 안 되면 난리를 친다.		
19. 남을 위협한다.		
20. 소란스럽다.		

❖ **평가**

* '예, 아니요' 행동 목록으로 해당되는 항목이 많을수록 공격성이 높음을 의미한다.

출처: 순천향아동임상센터(2013). 반항성장애진단검사.

3) 공격성에 대한 지도 방법

공격성에 영향을 주는 요인으로 영유아의 생리적 상태, 기질, 인지적 능력, 사회계층, 가정환경 등 여러 요인이 제기되었다. 과도한 공격성의 표출을 예방하고 지도하기 위해서는 이러한 요인 중 원인이 어디에 있는지를 살피고, 원인을 파악하여 개선할 수 있도록 노력하는 것이 바람직하다. 예를 들어, 부모의 양육 방식 때문이라면 부모가 상담을 받아볼 수 있도록 도움을 줄 수 있다.

생리적 호르몬이나 신경계장애의 문제라면 의학적 조치를 취할 수도 있다. 또는 좌절 상황을 감소키는 것도 한 방법이 될 수 있다. 예를 들면, 충분한 장난감이나 충분한 활동 공간을 제공해 준다. 충분한 장난감이 제공될 경우 공격성이나 경쟁심들이 훨씬 적게 유발된다고 한다(Smith · Connolly, 1980).

충분한 장난감은 유아가 오랫동안 기다릴 필요가 없게 해줌으로써 훨씬 덜 좌절 상황을 겪게 해준다. 또는 인간이면 모두가 지니고 있는 공격성이 해롭지 않은 방법으로 표출될 수 있는 기회를 제공한다. 일상활동 중에 소리 지르고, 뛰고, 구를 수 있는 건전한 놀이 활동의 기회를 주는 것도 바람직하다. 예를 들면, 폐품 상자 부수기, 매트리스 위에서 구르기, 뛰기, 물놀이하기, 북 치고 장구 치며 고함지르기 등 이러한 활동을 통해 유아는 내면의 억압된 분노, 스트레스를 풀 수 있다.

공격적인 행동으로 문제를 해결하기보다는 대화나 협상, 타협, 협력을 통해 자신이 원하는 것을 얻을 수 있다는 것을 가르치는 것도 도움이 된다. 공격적인 행동을 예방하기 위해서 잦은 공격적인 TV나 비디오 프로그램에 노출되는 것을 방지해야 하며, 총이나 칼과 같은 공격적인 장난감을 갖고 너무 자주 과도한 폭력적인 놀이를 하지 않도록 유도하는 것이 바람직하다.

영유아기의 공격성은 유아기에만 일시적으로 나타나는 현상이 아니다. 적절한 지도시기를 놓친다면 영유아기 공격성은 이후에도 지속되어 사회적인 문제를 야기시킬 수 있다. 따라서 공격적인 유아들에 대한 이해 및 원인 파악과 함께 적절한 지도를 통해서 영유아들이 올바르게 성장할 수 있도록 지도해야 한다.

공격적인 유아

유아: 만 4세 여아 공손　　　　　　　　　교사: 경력 2년차

상 황

만 4세이나 부모의 요구로 5세 반에 들어온 공손이는 키도 작고 얼굴도 작다. 공손이는 자기 물건을 친구들에게 보여주는 것을 싫어하고 유치원의 공동 물건을 함께 사용하지 않는다. 심지어는 마음에 들어 하는 물건의 경우 훔치는 경우도 있다.

처음에 공손이는 적응을 하지 못하다가 지금은 제일 힘 있는 유아로 변했다. 공손이는 친구 ○○를 돼지라고 놀리며 가까이 못 오게 한다. 체육 활동 시간에는 아이들에게 물총을 쏴서 친구들을 울리기도 한다. 당일 공손이는 희진이가 자기 자리를 넘어왔다면서 소리를 지르고 밀고 손톱으로 얼굴을 할퀴었다. 순식간에 일어난 일이라 교사도 어찌할 바를 몰랐다. 희진이는 울고 공손이는 친구를 째려보고 있다. 선생님은 공손이에게 사과하라고 하지만 들은 척도 하지 않고 자기 자리로 가서 앉았다.

교사가 다가가 공손이에게 친구의 입장이 되어 보도록 질문했지만 공손이는 엉뚱하게도 "안 아파요, 기분 좋아요"라고 말하는 것이었다. 당황한 교사는 제대로 대응하지도 못하고 다음 수업을 진행하였다. 하지만 공손이를 어떻게 지도하면 좋을지, 여전히 말썽부리는 공손이를 생각하면 답답한 마음뿐이다.

사례에 대해 토론하기

1) 문제의 원인

2) 사람들의 입장

3) 문제해결 방법

출처: 조운주 · 최일선(2004). 『유아교육기관에서의 유아생활지도』. 서울: 창지사.

6 영유아기의 사회성 발달과 생태학적 맥락

산업이 발달하고 세상이 복잡해질수록 필요한 건 지식이 아니라 다른 사람과 함께 잘 살아가는 사회적 능력이다. 똑똑한 아이는 많아졌지만 바른 인성을 갖춘 아이는 보기 힘들다고 한다. 자신이 최고라는 자만심, 자기만 생각하는 이기심, 자그마한 실수에도 쉽게 좌절하는 아이들이 점점 많아지고 있다.

아이를 키우는 부모에게 "아이의 사회성은 어떤가요?"라고 물으면, 대부분 "친구들과 잘 놀아요"라고 답한다. 하지만 사회성이란 단순히 친구를 사귀는 문제를 떠나 주변의 모든 환경에 적절히 반응하며 적응하는 '능력'이라고 할 수 있다. 친구 맺기나 타인과의 관계는 모두 사회성의 한 부분에 속한다. 사회성은 가르치지 않아도 자연스럽게 생긴다고 생각하는 것 또한 잘못된 생각이다. 사회성이 자라기 위해서는 자신의 의견을 표현하는 능력, 경청하고 이해하는 인지, 규칙이나 도덕성, 타인과 관계 맺는 법 등을 어릴 때부터 부모 및 주변 사람들로부터 배워야 한다. 그래서 사회성이 발달하는 생후 5년간은 부모가 아이와 애착을 형성하고 사회성 발달에 밑거름이 되는 소양을 가르쳐야 하는 이유이다.

자아가 생기고 어머니와 어느 정도 떨어져 지낼 수 있게 되는 만 2세 시기를 지나 만 3세가 되면 주변의 또래 친구에게 관심을 보이면서 진정한 의미의 '사회성'이 발달하게 된다. 언어·인지 능력의 발달로 다른 사람과 의사소통이 가능해질 뿐 아니라 주변인에게서 인정받고 싶은 욕구가 생기는 시기로 혼자 놀 때보다 친구와 함께 놀면 더욱 재미있다는 것을 깨닫는다. 어린이집이나 유치원 등 단체 생활을 시작하면서 이러한 관계는 더욱 확장된다.

5세 전후로는 보다 많은 아이들이 무리지어 노는 집단놀이를 즐기게 된다. 친구들과 어떻게 어울려야 하는지, 어떤 행동이 사회적으로 좋은 행동인지 알게 되면서 더 친한 친구가 생기기도 하고 친구와의 우정을 쌓아가는 방법도 터득하게 된다. 이처럼 유아기에는 다른 사람의 생각과 관점을 받아들이고 공유하고 감정을 조절하고 갈등을 해결하고 다른 사람을 돕는 방법 등 사회성에 필요한 대부분의 기술이 형성되고 습득된다.

자아 개념, 성역할, 도덕성, 이타성, 공격성 등을 포함하는 사회성은 아이의 타고난 기질, 생물학적 요인, 부모의 양육 태도, 환경 등 다수의 영향을 받아 발달하게 된다. 이러한 측면을 두 가지, 즉 개인적 요인과 환경적 요인으로 설명한다.

1 개인적 요소

사회성 발달에 영향을 미치는 개인적 요소에는 기질, 성, 지능, 성격 등이 있다. 먼저 유아의 기질은 사회성 발달에 중요한 변인으로 작용한다. 기질은 부모 및 주변 사람과의 상호작용에 영향을 미치는 것으로 알려졌는데, 까다로운 기질의 아이는 부모와의 애착 형성에 어려움이 더 있으며, 까다로운 기질의 자녀를 둔 부모도 아이의 요구에 지속적으로 애정을 가지고 반응하는 것이 어렵다고 한다. 이처럼 아이의 기질은 부모와의 사회적 상호작용에 영향을 미친다고 할 수 있다.

또한 성별의 차이가 사회성 발달에 미치는 영향은 상이할 것으로 예측된다. 생물학적 요인으로 성역할 발달은 성염색체 패턴의 차이로 성호르몬 분비에 따른 성차를 초래한다. 흔히 여자아이가 사회성이 더 좋다는 통념이 있는데, 많은 연구에 의하면 여아의 사회성 발달이 남아보다 다소 높은 것으로 나타났다. 감정을 잘 나타내지 않는 남아에 비해 여아는 다른 사람의 감정을 읽는 능력이 남아보다 뛰어난 만큼, 보다 관계 지향적이며 사회성이 발달할 수 있다는 것이다.

일반적으로 남성호르몬은 신체의 힘을 강하게 하고 공격적인 행동을 유발시킨다. 샌트럭(Santrock, 1981)은 산모의 유산을 방지하기 위해 남성호르몬 치료를 받고 태어난 신생아와 치료를 받지 않은 신생아의 공격성과 성역할 발달을 비교한 결과, 남성호르몬 치료를 받고 태어난 남아는 그렇지 않은 남아보다 훨씬 더 거친 놀이를 하였다. 여아는 상당히 활동적이고 놀이 친구로 여아보다 남아를 더 선호하고 인형보다 총, 자동차와 같은 장난감을 좋아하며, 외모에는 관심을 가지지 않았다(이옥형, 1997[재인용]). 이러한 연구는 성별의 차이가 사회성 발달에 영향을 미치는 요인임을 입증한다.

흔히 내향적이라고 하면 바깥 활동을 좋아하지 않고 다른 사람들과 어울리는 것을 싫어하는 것으로 잘못 아는 경우가 많다. 하지만 내향적이라는 것은 친구와 어울리고 바깥 활동을 좋아하는 것과 같은 비중으로, 에너지를 재충전할 수 있는 조용한 자기만의 시간이 필요함을 의미한다. 이러한 아이들은 관계 맺기에 시간이 좀 더 걸릴 뿐이지 사회성이 낮다고 말할 수 없다. 따라서 새로운 상황에서 유난히 위축되고 수줍어하며 불안해하는 아이는 처음부터 너무 많은 아이들과 어울리게 하기보다는, 우선 한두 명의 아이와 함께 어울릴 수 있는 기회를 만들어주는 것이 바람직하다. 가급적 편안하고 친숙한 자기 집에서 친구를 만나면 또래와 관계를 맺는 데 도움이 된다.

2 환경적 요소

사회성 발달에 영향을 미치는 환경적 요소로는 가족, 또래, 대중매체 등과 같이 그 개인을 둘러싸고 있는 환경, 즉 문화나 나라와 같은 거시 환경이 있다.
유아의 사회성 발달에 영향을 미치는 환경적 요소 중 부모의 양육 태도는 아이의 사회화 과정에 가장 큰 영향을 미친다. 온화하고 책임감이 있으며, 자녀에 대해 많은 관심을 갖는 온정적인 부모는 자녀에게 이타적 행동을 연습할 기회를 제공해주는 반면, 유아가 바람직하지 않은 행동을 했을 때 신체적 체벌을 가하거나 위협적으로 소리 지르는 부모는 자녀에게 더욱 심한 적개심을 유발시키고 표출시키는 방법을 보여 주게 된다. 부모가 따뜻하고 수용적이며 일관적인 태도를 보인다면 아이는 부모뿐 아니라 다른 사람에 대해서도 신뢰감을 얻기 쉽다.

부모는 출생 직후부터 남아와 여아에게 서로 다른 기대를 부여하고 그에 맞는 상호작용을 한다. 이러한 부모의 태도로 인해 유아는 전통적인 성역할 고정관념을 갖기도 한다. 유아는 남녀 성별에 따라 가정 또는 사회에서 다르게 사회화되고 행동하기 때문에 그 발달 결과에 따라 사회성 발달에도 차이가 있을 것으로 예측된다.

더불어 아이가 어떠한 가정환경에서 자라났는지도 중요하다. 수용적인 분위기의 가정환경에서는 활동적이고 능동적인 성격으로 자랄 확률이 높고, 무엇이든지 거부하는 분위기에서는 공격적이며 타인과 잘 어울리지 못하는 성격으로 자라기 쉽다. 또래와의 관계는 2차적인 관계이다. 부모와의 1차적인 관계를 친밀하고 안정되게 맺으면 2차적인 또래와의 관계도 자연스럽게 잘 맺을 수 있다. 반대로 부모와의 관계에서 위축되어 있거나 불안정하거나 욕구가 충족되지 않았다면 친구와의 관계에서도 어려움을 겪게 될 수도 있다.

놀이는 사회성 발달에 영향을 미친다. '논다'는 말에는 누군가와 함께한다는 것을 내포하며, 이는 서로의 입장을 이해하고 배려하고 규칙을 지키며 놀이를 지속하는 것을 의미한다. 따라서 유아는 놀이를 통해서 상대방의 감정을 이해하고 내 감정을 적절히 표현하고 행동함으로써 사회의 한 구성원으로서 갖추어야 할 사회적 기술을 습득하여 사회성이 좋은 아이로 자라는 것이다. 유아기에는 많은 시간과 노력을 또래와 놀이하는 데 집중한다. 연령이 증가하면서 또래 집단의 영향은 점차 더 중요해지며 또래들과의 지속적이고 밀접한 상호작용이 나타난다. 유아는 서로 서로 모방하거나 강화를 하거나 제재를 가함으로써 서로의 행동을 변화시킨다. 이러한 또래와의 접촉은 다음 세대를 살아가는 데 필요한 행동이나 특성을 형성하는 데 중요하다(Hartup, 1983). 따라서 또래 관계는 유아의 성장과 함께 유아의 성격이나 사회적 행동, 가치관, 태도 형성 등에 중요한 영향을 미친다고 할 수 있다.

이타적 행동이나 도덕성을 학습하는 데는 대중매체가 갖는 모델링과 광고의 효과가 크다. 규칙을 따르는 것을 관찰한 유아는 그렇지 않은 아이보다 유혹을 더 잘 이겨내고, 모델 자신이 유혹을 이겨내야 하는 이유를 설명하거나 규칙에 따르고 있다는 것에 대해 언급할 때 그 효과는 더 크게 나타났다(Toner · Parke · Yussen, 1978; Toner · Potts, 1981). 또한 대중매체는 사회적 행동을 조장할 뿐만 아니라 성역할을 강조하기도 한다. 유아는 TV 등장인물의 역할, 직업 또는 성격을 이상적이라 여기고 이에 따른 성역할 고정관념을 갖거나 동일시하기도 한다.

이처럼 유아는 성장하면서 부모, 가족, 친구, 이웃 등과 같이 점차 거시적인 사회와의 관계를 통해 자신의 가치관을 형성해 간다. 개개인의 성격과 다른 사람을 대하는 예의와 사회적 기술과 개인적인 측면 뿐 아니라 각자의 성(sex)에 따른 행동이나 태도와 같은 성역할, 옳고 그름을 판단하고 행동으로 옮기는 도덕성 그리고 친구와의 나누기나 협동, 도움주기와 같은 이타적인 행동도 배우게 된다.

사회성 발달 관련 동영상 감상하기
(EBS 다큐 프라임-'아이의 사생활: 자아 존중감, 남과 여, 도덕성')

* '자아 존중감, 남과 여, 도덕성, 나는 누구인가' 등의 동영상을 통해 사회성 발달 교육에 대해 다시 생각하고 느끼게 된 부분과 나에 대해 생각해 보게 된 점을 기술하시오.

연구문제

※ 영유아기의 사회성발달과 관련된 단어들로 빙고게임을 해 보자.

자아인식	자아개념	자아존중감	범주적 자아	공감능력의 발달
분리개별화	Lewis, Brooks 자기인지	전도덕	타율적 도덕	이타성
자율적 도덕	하인츠 딜레마	전인습적 수준	인습적 수준	이타성 발달단계
후인습적 수준	Turiel 도덕성	Kohlberg 도덕성	공격성의 원인	적의적 공격성
귀납적 훈육법	야스퍼거 증후군	Dodge의 사회적 정보처리과정	남성적 유형	우발적 공격성
반항성장애	성 안정성	성 항상성	미분화 유형	도구적 공격성
Bem 양성성	성역할	성유형화	성 정체감	이타성의 요건

게임 방법

1. 25개의 빙고판을 위의 단어 키워드로 채운다.
2. 게임 순서를 정하여 단어와 의미를 말하고 해당되는 칸의 단어를 지운다.
3. 세로, 가로, 대각선으로 다섯 칸을 나란히 지우게 되면 '빙고'를 외친다.
4. 빙고를 성공하면 게임이 끝난다.

Chapter 10

영유아기 발달장애

영유아기의 발달장애는 생물학적 요인이나 사회적 요인, 혹은 두 가지의 상호작용의 결과이다. 혹은 밝혀지지 않는 원인들에 의해서도 나타날 수 있다. 그러나 무엇보다도 중요한 것은 영유아기의 발달장애를 개인적 특성이나 적응상의 어려움으로 받아들여야 한다는 것이다. 교사와 부모는 영유아의 행동을 평소 잘 관찰하여 다각적으로 지원하는 것이 바람직하다.

이 장에서는 발달장애의 올바른 이해와 지도를 위해 발달장애에 대한 개념과 발달장애의 진단과 예방, 발달장애의 유형별 특성에 대해 차례로 살펴보고자 한다.

1 발달장애의 개념

일반적으로 발달장애(developmental disability)는 정상적인 발달 범주에서 벗어난 것을 의미한다. 그러나 개인적인 성향과 발달 속도의 차이가 다른 영유아들이 정상적인 발달에서 이탈되었다는 것을 발견하는 것은 쉽지 않다. 정상적인 발달과정 중에 보이는 일시적인 부적응행동일 수도 있고, 정신병리로 진단받을 정도로 심각할 양상을 보일 수도 있기 때문이다. 이에 따라 발달장애뿐만 아니라 부적응행동, 이상행동, 이상발달, 정신병리, 발달지체 등 여러 가지 용어가 혼재해서 사용되고 있다. 발달장애에 대한 정의와 범위에 대해서는 특수교육, 유아교육, 심리학, 사회복지 등 분야마다 의견의 차이가 있다.

그럼에도 불구하고 발달장애는 발달의 전반적인 측면에 영향을 미치는 만성적이고 심한 장애로 어려움을 겪는 영유아들을 기술하기 위해 사용하는 용어로 공통적으로 받아들여지고 있다(이희정 외, 2015). 발달이 어떤 원인에 의해 정상적인 상태에서 회복 곤란한 상태로 손상됨으로써, 신체적·지적·정서적·사회적인 측면에서 능력 부진을 초래하여 정상적인 일상생활이나 사회 적응에 곤란을 가져오는 상태를 말한다(한국유아교육학회, 2008). 또한 발달 시기(18세 이전)에 나타나는 발달상의 진보를 방해하는 상태를 의미한다. 이에 따라 감각장애, 지체장애, 언어장애, 인지기능장애, 행동장애 등을 포함하는 한 가지 이상의 기능적인 손상이나 무능력을 포함하는 것으로 정의된다(이소현 외, 2009).

그러나 학령기 이전의 아동에게 어떤 특정한 진단명을 부여하는 것이 그들에게 장애에 대한 부정적인 고정관념을 갖게 할 수 있다는 우려 때문에, 최근에는 발달지체(developmental delay)라는 용어를 사용한다(특수교육학용어사전, 2009). 「장애인등에 대한 특수교육법」에서는 신체, 인지, 의사소통, 사회·정서, 적응 행동 중 하나 이상의 발달이 또래에 비하여 현저하게 지체되어 특별한 교육적 조치가 필요한 영아 및 9세 미만의 아동을 발달장애(발달지체)라고 정의한다.

발달장애는 어느 특정 질환 또는 장애를 지칭하는 것이 아니라, 해당하는 나이에 이루어져야 할 발달이 성취되지 않은 상태로, 발달선별검사에서 해당 연령의 정상 기대치보다 25%가 뒤쳐져 있는 경우로 정의한다. 정상적인 발달 속도와 비교하여 유의미하게 느린 발달의 양상을 보이기 때문에 예측되는 장애의 의심 상태 또는 발달의 속도가 상대적으로 지나치게 느리기 때문에 발생한 다양한 장애의 유형을 통칭하기도 한다.

발달장애에 대한 깊은 이해는 교실에서 영유아를 가르치는 교사, 가정에서 영유아를 기르는 부모에게 많은 교육적 통찰을 줄 수 있다. 따라서 무엇보다도 교사와 부모는 발달장애를 영유아의 강점이나 흥미, 욕구와 같이 하나의 특성으로 인식하여 발달장애 영유아를 위한 교육에 관심을 더 기울여야 한다(임지영 외, 2015).

표 10-1 장애관련 법에 따른 장애 분류

범주		장애인복지법	장애인 등에 대한 특수교육법
신체적 장애	외부 신체 기능의 장애	지체장애	지체장애
		뇌병변장애	
		시각장애	시각장애
		청각장애	청각장애
		언어장애	의사소통장애
		안면장애	
	내부 기관의 장애	신장장애	
		심장장애	
		간장애	건강장애
		호흡기장애	
		장루, 요루장애	
		간질장애	
정신적 장애		지적장애	지적장애
		정신장애	정서 · 행동장애
		자폐성장애	자폐성장애(이와 관련된 장애 포함)
			학습장애, 발달지체

2 발달장애의 진단과 예방

1 발달장애의 진단

영유아기의 발달장애를 평가하는 기준은 발달장애의 범위와 정의가 다양한 것처럼 차이가 있다. 영유아기의 발달장애가 뚜렷한 증상이 구분되지 않고, 일시적인 적응상의 어려움일 수도 있어서 진단이 어렵기 때문이다. 특히, 영유아의 개인적인 성향과 발달 속도의 차이는 발달장애의 진단을 더 어렵게 만든다. 그러나 발달장애의 조기 진단을 위해서는 정상 발달에 대한 이해와 발달장애에 대한 진단적 접근이 필수적이다(임지영 외, 2014). 일반적으로 영유아의 발달 정도를 알아보기 위해서는 발달선별검사를 주로 활용하고, 발달장애를 평가하는 기준으로는 미국 정신의학협회의 영유아기 정신건강 및 발달장애 진단 분류(DSM-5)를 기준으로 한다.

우리나라에서는 보건복지부에서 실시하는 '영유아 건강검진'에 특정 시기(4개월, 9개월, 18개월, 30개월, 만 5세)에 대한 발달평가가 포함되어 있다. 선별검사는 진단 목적으로 사용할 수는 없으며, 선별검사에서 이상이 발견되면 소아청소년과 전문의에게 의뢰하여 정확한 진단을 받도록 한다. 발달장애의 원인 질환을 찾기 위하여 신체검사 및 혈액검사, 뇌파검사, 뇌영상검사 등이 필요할 수 있다.

1) 발달선별검사

발달선별검사는 부모가 영유아를 관찰한 내용을 기초로 한다. 부모가 체크한 문항으로 발달 평가를 하여 영유아의 이상발달을 진단받는다. 발달선별검사는 진단 목적으로 사용할 수는 없으며, 선별검사에서 이상이 발견되면 소아청소년과 전문의에게 의뢰하여 정확한 진단을 받도록 한다. 발달장애의 원인 질환을 찾기 위하여 신체검사 및 혈액검사, 뇌파검사, 뇌영상검사 등이 필요할 수 있다. 현재 영유아의 발달장애 평가에 주로 많이 사용하는 발달선별검사는 다음과 같다.

표 10-2 영유아 발달선별검사

종류	대상 연령	검사 영역
한국형 영유아 발달선별검사 (K-DST)	0~5세	대근육 운동, 소근육 운동, 언어, 사회성, 자조
한국형 베일리 영유아 발달검사 (K-BSID)	1~42개월	정신발달, 심리운동발달, 행동발달
덴버 발달선별검사(DDST)	0~16세	개인-사회발달, 미세운동 및 적응발달, 언어발달, 운동발달

우리나라에서는 보건복지부에서 실시하는 영유아 건강검진에 특정 시기(4개월, 9개월, 18개월, 30개월, 만 5세)에 대한 발달평가가 포함되어 있다. 진단 과정에는 출생 시의 과정과 환경, 가족관계나 가족의 병력, 자세한 진찰 그리고 시력 및 청력 검사를 비롯한 여러 검사가 포함되며 염색체 검사, 뇌 촬영, 대사이상 검사, 혈중 중금속 검사 등을 시행하기도 한다. 또한 진단 과정은 지속적인 관찰과 반복 검사로 대근육 운동, 소근육 운동, 언어, 사회성 등으로 이루어진다(이희정 외, 2015; 임지영 외, 2015).

참고로 발달 영역별로 발달장애를 의심할 수 있는 기준을 살펴보면 다음과 같다.

표 10-3 발달 영역별 발달장애의 기준

영역	기준
대운동 발달	• 100일: 목을 가누지 못한다. • 5개월: 뒤집지 못한다. • 7개월: 혼자 앉지 못한다. • 9~10개월: 붙잡고 서지 못한다. • 15개월: 걷지 못한다. • 만 2세: 계단을 오르거나 내려가지 못한다. • 만 3세: 한 발로 잠시도 서 있지 못한다. • 만 4세: 한 발 뛰기를 못한다.
소근육(미세) 운동 발달	• 3~4개월: 주먹을 꽉 잡고 펴지 못한다. • 4~5개월: 장난감을 움켜쥐지 못한다. • 7개월: 물건을 한 손에 쥐지 못한다. • 12개월: 엄지와 검지로 작은 물건을 잡지 못한다.

영역	기준
	• 18개월: 양말이나 장갑을 혼자 못 벗는다. • 24개월: 5개의 블록을 쌓지 못한다. • 만 3세: 원을 보고 그리지 못한다. • 만 4세: 십자가와 사각형을 보고 그리지 못한다.
언어 발달	• 18개월: 말보다는 주로 몸짓으로 의사 표현을 한다. • 만 2세: 간단한 두 단어 문장을 만들지 못한다. • 만 3세: 의사 표시를 위한 문장을 못한다.
사회심리 발달	• 3개월: 주위의 자극에 반응하여 미소를 짓지 않는다. • 6~8개월: 유쾌한 분위기에도 불구하고 웃지 않는다. • 12개월: 달래기가 어렵고 비협조적이다. • 24개월: 아무 이유 없이 치고, 물고, 소리를 잘 지른다. • 만 3~5세: 다른 아이와 어울리지 못한다.

출처: 네이버 지식백과(2016).

일반적으로 영아기에는 뇌성마비나 중증 시각·청각장애 및 신체 운동기능장애가 나타나고, 생후 2년이 되면서 언어장애가, 3~5세 때에는 소근육 운동이나 운동조절장애 및 행동장애가, 6~8세 때에는 학습장애가 나타날 수 있다(안효섭, 2012). 따라서 교사와 부모, 주양육자는 영유아를 평소 주의 깊게 살펴서 발달장애를 조기에 발견하여 효과적인 개입을 해야 한다. 임상적 장애로 진단하기 위해서는 다음과 같은 조건이 충족되어야 한다(김상림 외, 2014).

- 증상이 자주 그리고 오랜 기간 지속된다.
- 증상이 하나 이상의 환경에서 나타난다.
- 증상이 심각한 고통이나 기능상의 손상 혹은 두 가지 모두를 야기한다.

이처럼 발달장애를 관찰하고 진단내릴 때 주의해야 할 점은 행동이나 특성의 빈도, 지속성, 강도뿐만 아니라 영유아가 보이는 발달장애나 문제행동이 영유아가 속한 해당 연령에 적합한 행동인지, 행동을 더 촉진시키는 원인이나 사건이 무엇인지 등을 모두 종합적으로 고려하여 판단하는 것이다.

2) 임상의학에 따른 분류

(1) 미국 정신의학협회의 정신장애진단(DSM-5)

현재 임상의학 현장에서 가장 널리 사용하고 있는 진단 기준은 세계보건기구(world health organization, WHO)에서 공인한 국제질병분류(international classification of diseases, ICD)와 미국 정신의학협회(American psychiatric association, APA)의 정신장애의 진단 및 통계 편람(diagnostic and statistical manual of mental disorders, DSM)이다. 국내에서는 세계적으로 가장 널리 사용되고 있는 분류기준인 미국 정신의학협회의 DSM-5(2013)를 주로 사용한다. DSM-5에서 제시된 정신장애 중 영유아기를 포함한 아동-청소년기의 발달장애를 정리하면 〈표 10-4〉와 같다.

표 10-4 영유아기를 포함한 아동·청소년기 관련 정신장애 유형

장애 범주	장애 유형
신경발달장애	지적 무능력(지적장애), 의사소통장애, 자폐스펙트럼장애, ADHD, 특정학습장애, 운동장애, 틱장애
불안장애	분리불안장애, 선택적 함묵증
충격적 외상 또는 스트레스 관련 장애	반응성애착장애
섭식장애	이식증, 반추장애, 회피/제한적 음식섭취장애
파괴적, 충동-조절 및 품행장애	반항장애, 품행장애
기타	관계문제, 학대 및 방임, 아동성 학대, 학업교육 문제

출처: American Psychiatric Association(2013), Diagnostic and Statistical Manual of Mental Disorders(DSM-5).

(2) 영유아기 정신건강 및 발달장애 진단: 0~3(Zero to Three)

DSM-5가 장애 진단에서 보편적으로 사용되지만, 3세 이상의 유아와 아동에게 사용하는 준거를 동일하게 사용한다는 단점이 있다. 영아기의 장애 진단기준으로 적절하지가 않다는 비판점에 따라, 미국과 유럽 등지의 영유아 발달 연구자들에 의해 영유아기의 발달 문제에 초점을 두고 영유아의 발달과 정신건강을 위해 영유아기 정신건강 및 발달장애 진단 분류(Zero to Three)가 개발되었다. 이 진단의 체계는 5개의 축으로 되어 있다(손홍숙, 2014; 신의진 외 역, 2014).

표 10-5 영유아기 정신건강 및 발달장애 진단 분류(Zero to Three)

축	정신건강 및 발달장애
제1축	발달장애의 두드러진 특징인 외상적 스트레스장애, 정서장애, 적응장애, 조절장애, 수면 행동장애, 섭식행동장애, 관계형성 및 의사소통장애 등
제2축	대부분의 영아기 발달장애는 부모와의 관계와 발달적 문제가 중복되므로 복합적으로 진단 · 기록
제3축	의학적 발달장애
제4축	심리사회적 스트레스 요인
제5축	기능적 · 정서적 발달 수준을 진단 · 기록

3) 특수교육 대상자 진단 · 평가 처리 절차

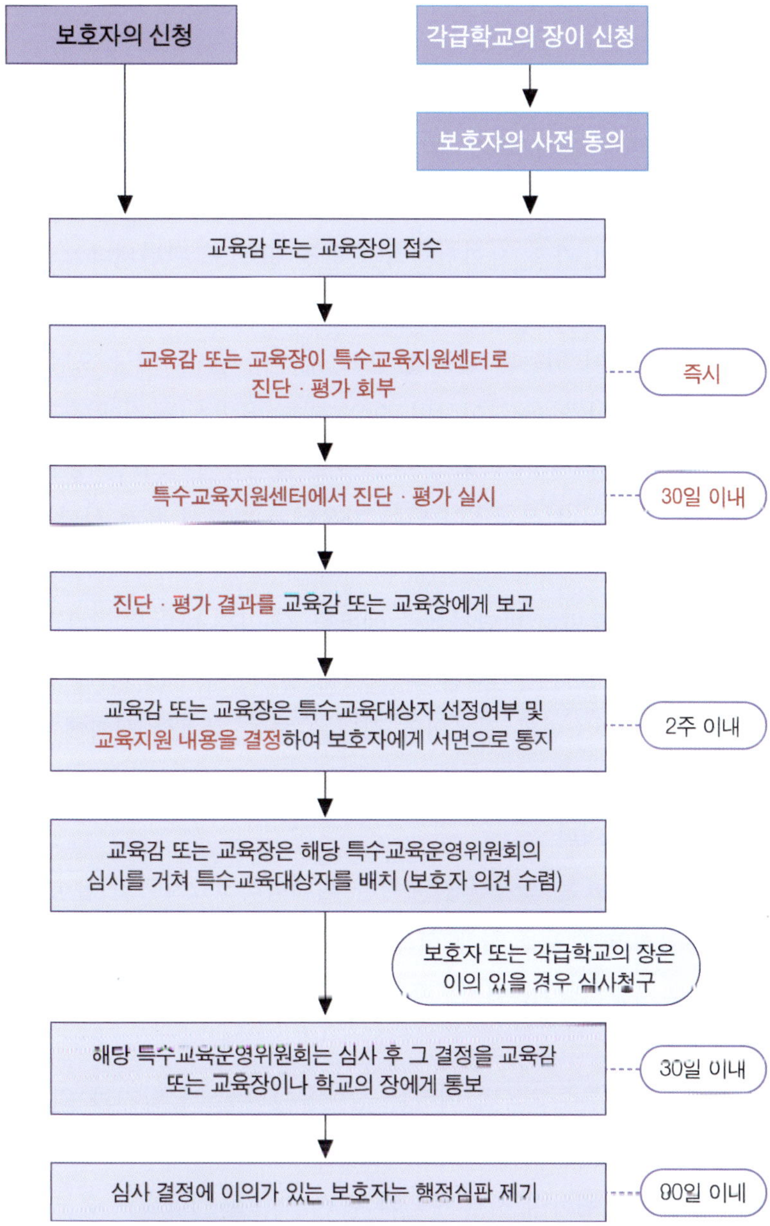

그림 10-1 특수교육 대상자 진단 · 평가 처리 절차

2 발달장애의 예방

발달장애는 다양한 원인에 의해 발생한다. 염색체 이상 등에 의한 선천성 대뇌 발달 이상이나 미숙아, 출생 후에 발생하는 각종 대사이상, 감염, 출혈, 저산소증 등 생물학적 요인이 있다. 또한 부모의 관심 정도나 격리, 약물중독, 산모의 음주 등 부모와 관련된 여러 가지 사회경제적인 환경 요인도 관련된다.

무엇보다도 발달장애의 원인에 따른 예방이 중요하다. 임신 전에 산모는 전염성 질환이나 내분비 질환이 있는지 검진을 받고, 음주와 흡연, 약물 오남용을 중지해야 한다. 임산부의 나이가 35세 이상인 경우, 기형 유발성 물질에 오랜 시간 노출됐을 경우, 조기 신생아 사망, 습관성 유산이나 불임증이 있었던 경우, 가족 중에 발달장애, 선천성 기형이나 유전병이 있는 경우에는 반드시 유전 상담을 받는 것이 필요하다.

그럼에도 불구하고 특별히 발달장애를 예방할 수 있는 방법은 없다. 중요한 것은 임신과 출산에 대한 바람직한 인식을 갖는 것이 필요하다. 또한 발달장애가 의심되는 경우 조기에 소아청소년과 전문의와 상담을 하여 적절한 시기에 진단과 치료 관리가 시작되도록 하는 것이 중요하다. 이러한 방법이 발달장애에 대한 보다 효과적인 조기개입의 방안이다.

치료의 궁극적인 목표는 소아의 잠재력을 최대화하고 2차적인 합병증을 최소화하여 가능한 독립적인 생활을 하게 함으로써 삶의 질을 높이는 것이다. 소아청소년과뿐만 아니라 재활의학과, 이비인후과, 안과, 소아정신과 등의 협진을 받을 수 있다.

「장애인 등에 대한 특수교육법」에서는 장애유아의 조기 발견과 의무교육 등을 명시하고 있다. 이에 따라 지역 교육장 또는 교육감은 영유아의 장애 및 장애 가능성을 조기에 발견하기 위하여 지역 주민과 관련 기관을 대상으로 홍보를 실시하고, 해당 지역 내 보건소와 병원 또는 의원에서 선별검사를 무상으로 실시하고 있다.

3 발달장애의 유형별 특성

미국 정신의학협회의 영유아기 정신건강 및 발달장애 진단 분류(DSM-5)를 중심으로 영유아기의 발달장애를 살펴보고, 그 외의 영유아기에 흔히 나타나는 증상도 함께 살펴본다.

1 신경발달장애

신경발달장애는 중추신경계(뇌)의 발달지연 또는 뇌 손상과 관련된 것으로 알려진 정신장애이다. 지적 무능력(지적장애), 의사소통장애, 자폐스펙트럼장애, 특정학습장애, 운동장애, 틱장애 등이 여기에 속한다.

1) 지적 무능력(지적장애)

지적장애는 표준화된 지능검사로 확인된 지능지수(IQ)가 70 이하인 지적 기능의 결함이 있는 장애이다. 지적장애의 유병률은 전체 인구의 1% 정도로 추정되며, 남아에게 더 많다고 알려져 있다.

사회적 적응능력이 부족하고 일상생활을 제대로 수행하기 어려운 상태를 말한다. 지적장애에는 지적발달장애, 전반적 발달지체, 달리 세분화되지 않은 3유형이 있다. 지적장애는 지능지수에 따라 경도(IQ 50/55~70), 중등도(IQ 35/40~50/55), 중도(IQ 20/25~35/40), 최중도(IQ 20/25 미만)로 나누어진다.

지적장애의 발생 원인은 첫째, 염색체 이상이나 신진대사 이상과 같은 유전적인 장애나 임산부의 약물 복용, 질병 등의 태내기 이상, 둘째, 조산이나 난산으로 인한 산소 결핍 등 출산 전후의 손상, 셋째, 뇌수막염과 고열과 같은 질병과 교통사고나 학대 등 사고에 의한 뇌손상, 넷째, 방치나 극도의 자극 제한과 같은 문화적 박탈 등으로 알려져 있다(이희정, 2015 외; 조성연 외, 2010).

2) 의사소통장애

의사소통장애(Communication Disorder)는 영아기 발달장애 중에서 가장 흔하며, 영유아의 약 10%가 의사소통장애를 겪고 있다. 언어장애의 원인으로는 선천적으로 농, 만성 중이염, 성대 이상, 언청이 등 선천적 질병과 지적장애, 발달장애, 청각장애, 학습장애, 정서장애, 뇌기능장애, 자폐증 등의 기질적인 것이 있다(이희정 외, 2015).

(1) 언어장애

언어장애(language disorder)는 청력 손실이나 신경적 결함이 없으며 정상적인 지적 능력을 가지고 있고 정서적 장애가 없는 경우로 구어, 문어, 수화 등의 의사소통 기술 습득과 사용이 지속적으로 곤란하다. 그리고 어휘가 제한되었거나, 제한된 문장 구조를 갖고 있고, 화법이 손상된 경우이다.

(2) 발화음장애(말소리장애)

말소리장애(speech sound disorder)는 연령에 적합한 말을 못하거나 발음을 생략하고 첨가, 왜곡 또는 대치하는 경우를 말한다. 주로 'ㅅ, ㅈ, ㄹ' 등의 발음이 부정확한 경우가 많다. 중추신경계의 이상이나 유전, 혀가 짧거나 인후가 기형일 때 나타난다. 특히 구강 기형이나 뇌성마비 등으로 인한 조음장애는 교정이 매우 어렵다(이희정 외, 2015).

(3) 아동기발병유창성장애(말더듬)

아동기발병유창성장애(childhood-onset fluency disorder; stuttering)는 연령이 지나도 음과 음절을 자주 반복하거나 자음과 모음을 길게 소리를 내는 특징이 있다. 별안간 소리를 내거나, 한 단어 내에서 머뭇거리기도 하고, 문제가 있는 단어를 피하기 위해 돌려 말하거나 단음절 단어를 반복하기도 한다(예: 나-나-나-나는 그를 본다). 과도한 신체 긴장을 보이고, 언어 기능이나 구강 기관의 결함이 있을 경우 더 심해질 수 있다. 표현 욕구가 표현 기능보다 앞서기 때문에 나타나는 현상으로, 남아가 여아보다 3배 정도 더 많다.

(4) 사회적 의사소통장애

사회적 의사소통장애(social communication disorder)는 언어적, 비언어적 의사소통을 사회적, 실용적 측면에서 사용하지 못해 지속적으로 적응상의 어려움을 나타낸다. 진단 기준은 다음과 같다.

① 사회적 목적을 위한 의사소통의 결함(예: 인사, 정보교환하기)
② 맥락이나 듣는 이의 필요에 맞춰 의사소통하는 능력의 손상
③ 대화와 이야기 규칙을 따르는 데 어려움을 보임
④ 명확하게 설명되지 않은 말(예: 추론, 유머, 은유 등)을 이해하기 곤란한 경우

4세 이전에 이 장애로 진단하는 경우는 드물며, 일반적으로 4~5세가 되면서부터 사회적 의사소통을 위한 언어 사용의 문제가 드러나기 시작한다.

3) 자폐스펙트럼장애

자폐스펙트럼장애(autism spectrum disorder, ASD)는 사회적인 상호작용과 의사소통에 어려움을 보이며, 흥미나 활동에서 제한적이고 반복적인 특성이 초기 아동기부터 특징적으로 나타나는 신경장애의 일종이다. 자폐스펙트럼장애에는 자폐성장애, 아스퍼거장애, 아동기붕괴성장애, 비전형 전반적 발달장애가 포함된다. 발병률은 인구의 1~2% 정도이며, 남자가 여자보다 4배 이상 많다. 우울증, 사회공포증, 분리불안장애, ADHD 등 다른 정신장애와 같이 나타나는 경우도 많다.

(1) 원인과 증상

부모의 잘못된 양육 태도, 유전적 결함이나 뇌 기능 손상과 같은 생물학적인 요인 또는 환경적 요인 등이 원인으로 제시되고 있다. 일반적으로 12~24개월 무렵에

나타난다. 만 2세 때부터 눈에 띄기 시작해 또래와의 상호작용 기회가 늘면서부터 더 명백해진다. 언어 발달의 지연이 먼저 나타나는데, 어떤 말을 반복해서 따라하는 반향어 같은 독특한 의사소통을 보인다. 그리고 타인과의 상호작용에서도 문제를 가지는데, 타인과 눈을 맞추거나 대화에 관심을 보이지 않고 정서적 공감이나 교류가 힘들다. 흥미가 제한되어 있고, 특정 활동을 지나치게 선호하거나 반복적인 행동이 특징이다.

(2) 진단과 치료

효과적인 치료를 위해서는 정확한 조기 진단이 중요하며, 일반적으로 만 18개월 이후 정확한 진단이 가능하다. 치료를 위해서는 약물 치료와 함께 언어 치료, 인지 치료 등을 포괄하는 특수 치료, 효과적인 양육을 위한 부모교육 등이 병행된다. 자폐스펙트럼장애에 대해 약물 치료를 포함해 행동수정 기법, 교육적 개입, 정신 치료, 식이 요법 등 다양한 영역의 개입이 이루어지고 있으나 이 같은 기법의 효과에 대해서는 확실치가 않다.

4) 주의력결핍 과잉행동장애(ADHD)

주의력결핍 과잉행동장애(attention deficit · hyperactivity disorder: ADHD)는 아동기에 많이 나타나는 장애로, 지속적으로 부주의하거나 과잉 행동이나 충동적 행동이 특징이다.

(1) 원인

정확한 원인은 현재까지 알려진 바가 없다. 미국 소아정신과학회의 통계에 따르면 평균 학령기 소아의 ADHD 유병률은 약 3~8% 정도이다. 남아가 여아보다 약 3배 정도 더 높고, 이 질환으로 진단받은 부모의 잘못된 양육 태도, 부모의 정신 병리 등이 관련된다고 알려져 있지만 정확하지 않다. 오히려 유전적인 요인과 더 관련된 것으로 보인다. ADHD 아동은 가족력이 있으며, 형제의 발병률은 대략 30% 내외이고, 부모가 ADHD인 경우에도 57%로 상관관계가 높다. 임신 중의 음주, 약물, 산전 흡연 노출(직·간접 흡연), 학령기 이전의 특정 독소의 노출, 음식 첨가물 등 다양한 환경적인 요인이 원인으로도 제기된다.

(2) 증상

한 곳에 오래 집중하는 것을 어려워한다. 허락 없이 자리에서 일어나고, 뛰어다니고, 팔과 다리를 끊임없이 움직이는 등 활동 수준이 높다. 생각하기 전에 행동하는 경향이 있으며 말이나 행동이 많고, 규율을 이해하고 알고 있는 경우에도 급하게 행동하려는 욕구를 참지 못한다. 유아기에는 증상으로 표현되기보다는, 일상적인 행동이나 습관으로 나타날 수 있다. 영아기 때에는 젖을 잘 빨지 못하거나 먹는 동안 칭얼거리고 소량씩 여러 번 나누어서 먹여야 하고, 잠을 아주 적게 잔다. 자더라도 자주 깨며, 떼를 많이 쓰고 투정을 부리고 안절부절못하거나, 과도하게 손가락을 빨고, 머리를 박고 몸을 앞뒤로 흔드는 행동을 한다. 기어다니기 시작하면 끊임없이 돌아다니고, 수면과 수유 등 일과가 매우 불규칙적이다.

(3) 치료

ADHD에는 약물 치료가 효과적이지만, 약물 치료로만 모든 것이 해결되는 것은 아니다. 부모교육, 아동의 충동성을 감소시키고 자기조절 능력을 향상시키는 인지행동치료, 기초적인 학습능력 향상을 위한 학습 치료, 놀이 치료, 사회성 그룹 치료 등 다양한 치료가 영유아의 필요에 맞게 병행하는 것이 효과적이다.

5) 특정학습장애

특정학습장애(specific learning disabilities)는 듣기, 말하기, 읽기, 쓰기, 수학적 계산하기 등의 특정 분야에서 한 가지 이상의 장애를 지닌 경우를 말한다. 특정학습장애는 지각장애, 뇌 손상, 미세한 뇌 기능장애, 난독증 및 발달상의 실어증을 포함한다. 그러나 주로 시각, 청각 및 운동장애, 지적장애, 정서장애 또는 환경적, 문화적, 경제적 결손으로 인한 학습 곤란은 특정학습장애에 포함되지 않는다. 상황에 따라 학습장애와 특정학습장애는 동일한 의미로 사용된다.

6) 운동장애

운동장애(motor disorder)는 운동 기능의 장애, 관절의 굴곡과 신전. 안면, 사지, 체간 등 신체 각 부위의 동작의 장애, 마비(근력의 저하), 불수의 운동(떨림 등), 근 긴장 이상(고축, 경련 등) 등의 신경계나 근육의 장애뿐만 아니라 관절이나 인대 등의 운동기관의 장애에 의해 생긴다. 장애 부위나 장애 내용에 따른 적절한 개입을 하는 것이 중요하다.

7) 틱장애

틱장애(tic disorder)는 아이가 특별한 이유 없이 신체 일부분을 빠르게 움직이는 이상 행동이나 이상한 소리를 내는 것을 말한다. 틱은 아이가 특별한 이유 없이 자신도 모르게 얼굴이나 목, 어깨, 몸통 등 신체 일부분을 아주 빠르게 반복적으로 움직이거나 이상한 소리를 내는 것을 말한다. 전자를 근육틱(운동틱), 후자를 음성틱이라고 하는데, 이 두 가지의 틱 증상이 모두 나타나면서 1년 이상 지속되는 경우를 뚜렛장애(tourette's disorder)라고 한다.

전체 아동의 10~20%가 일시적인 틱을 나타낼 수 있는데, 증상은 7~11세에 가장 많이 나타난다. 일과성 틱은 학령기 아동의 5~15%에서 나타나는데, 만성 틱은 그 중 1%의 아동에게 발생한다.

표 10-6 틱장애 종류

구분		내용
근육틱	단순 근육틱	눈 깜박거리기, 얼굴 찡그리기, 머리 흔들기, 입 내밀기, 어깨 들썩이기
	복합 근육틱	자신을 때리기, 제자리에서 뛰어오르기, 다른 사람이나 물건을 만지기, 물건 던지기, 손 냄새 맡기, 남의 행동을 그대로 따라 하기, 자신의 성기 부위 만지기, 외설적인 행동하기
음성틱	단순 음성틱	킁킁거리기, 가래 뱉는 소리 내기, 기침소리 내기, 빠는 소리 내기, 쉬 소리 내기, 침 뱉는 소리 내기
	복합 음성틱	사회적인 상황과 관계없는 단어를 말하기, 욕설 뱉기, 남의 말을 따라하기

유전적인 요인, 뇌의 구조적·기능적 이상, 뇌의 생화학적 이상, 호르몬, 출산 과정에서의 뇌 손상이나 세균 감염 등이 틱의 발생의 원인으로 제기된다. 그밖에도 학습이나 심리적 요인 등도 관련 있다. 예를 들어, 아주 가벼운 일시적인 틱은 주위의 관심이나 환경적 요인과 관련된다. 가족이 틱의 증상을 오해하고 창피를 주거나 벌을 주어서 증상을 제지하려 한다면 아이는 정서적으로 불안해져 더 악화될 수도 있다. 일부러 아이가 그런 행동을 보이는 것이 아니므로 부모나 교사는 아이에게 화를 내거나 나무라는 것은 좋지 않다.

2 불안장애

1) 분리불안장애

분리불안장애(separation anxiety disorder)는 DSM-5 기준에서 3가지 이상이 나타나는 것으로, 아동은 최소 4주 이상 지속되어야 하고, 어른은 6개월 이상 지속될 때 진단한다.

분리불안장애의 진단 기준

1. 집 또는 주 애착 대상과 떨어져야 할 때 과도한 고통을 반복적으로 호소한다.
2. 주 애착 대상을 잃거나 해로운 일이 그에게 일어날 것이라고 지속적으로 과도하게 걱정한다.
3. 곤란한 일이 생겨서 애착 대상과 떨어지게 될 것이라고 과도하게 걱정한다.
4. 분리에 대한 공포로 집을 떠나 학교, 직장 다른 장소로의 외출을 지속적으로 거부한다.
5. 집이나 다른 장소에서 주 애착 대상 없이 있거나 혼자 있는 것에 대해 지속적으로 과도하게 두려워하거나 거부한다.
6. 집에서 떠나 잠을 자는 것이나 애착 대상 곁이 아닌 곳에서 자는 것을 지속적으로 과도하게 거부한다.
7. 분리와 관련한 꿈을 반복적으로 꾼다.
8. 애착 대상과 떨어져야 할 때 신체적인 증상을 반복적으로 호소한다.

출처: American Psychiatric Association(2013). Diagnostic and Statistical Manual of Mental Disorders(DSM-5).

분리불안장애는 나이가 들면서 자연스럽게 줄어드는 경우도 있지만, 증상이 지속되는 동안에 많은 고통과 갈등을 겪는다. 어린이집, 유치원을 가기 싫어하는 모습으로 나타난다. 학업적 어려움과 사회적 고립을 유발한다. 부모와 떨어지는 상황에서 복통이나 두통 같은 신체적인 증상을 호소하는 경우가 많다. 어른이 되었을 때, 환경의 변화를 견디지 못할 수 있고, 자녀나 배우자에 대해 지나친 걱정과 집착을 보이기도 한다.

2) 선택적 함묵증

선택적 함묵증(selective mutism)은 발성 및 발음 기관이나 기능에 장애가 없음에도, 특정한 상황이나 사람 앞에서 말하지 않는 아동기 불안장애의 일종이다. 선택적 함묵증은 적어도 1개월 이상 지속되는 경우에 진단되며, 대개 5세 이전에 발병한다. 여아에게 더 많이 나타나고, 출현율은 1% 이하이다.

이 증상의 아동은 특정 상황에 대한 두려움, 지나친 부끄러움, 강박, 분노, 사회적 위축을 보인다.

3 충격적 외상 또는 스트레스관련장애

1) 반응성애착장애

반응성애착장애(reactive attachment disorder)는 애착 형성의 실패로 인해 사회적 관계 형성에 있어서 심각한 문제를 일으키는 장애이다. 애착은 주 양육자와 갖는 정서적 유대감으로 영유아 발달에 큰 영향을 미친다. 반응성애착장애 영유아는 신체적·지적·정서적인 발달이 지체될 수 있다. 생후 약 8개월이 되면 대부분의 유아는 낯선 사람을 비선별적으로 받아들이지만, 반응성애착장애 영유아는 아무에게나 강한 애착을 보이거나 반대로 지속적으로 접촉을 거부할 수도 있다.

반응성애착장애 영유아는 눈 맞춤이 어렵고, 혼자서만 놀려고 하고, 이름을 불러도 반응이 없는 등 자폐범주성장애와 유사한 행동 특성을 보인다. 그러나 자폐범주성장애와는 달리 심각한 의사소통장애와 상동 행동을 보이지 않는 경우가 많다. 또한, 사회성발달 능력이 있기 때문에 바람직한 환경이 주어지면 정상발달의 가능성도 높다.

4 섭식장애

유아와 아동기 초기의 섭식장애(eating disorder)로는 이식증과 반추장애, 급식장애가 있다. 이식증은 적어도 1개월 동안 비영양적 물질을 지속적으로 먹는 경우이며, 반추장애는 정상적으로 기능하는 기간 후에 적어도 1개월 동안 음식물의 반복적인 역류와 되씹기 행동이 있는 경우이다. 급식장애는 위장장애와 같은 의학적인 원인이 없는데도 지속적으로 적절히 못 먹는 것으로, 적어도 1개월 이상 심각한 체중 획득의 실패 또는 체중 감소가 함께 나타나는 경우이다. 섭식장애의 원인은 생물학적, 사회적, 심리학적 요인이 복합적으로 작용한다. 우울증과 불안장애를 동반하기도 하니, 영유아에게 문제되는 원인을 제거하고 관심을 기울이는 것이 바람직하다.

5 파괴적, 충동-조절 및 품행장애

1) 반항장애

반항장애(oppositional defiant disorder)는 거부적·적대적·반항적 행동 양상이 최소한 6개월 이상 지속되고, 그러한 행동이 사회적 또는 학업에 중대한 지장을 초래하며, 문제 행동이 같은 또래에 비해 자주 발생하는 장애이다. 8세 이전에 나타나고, 사춘기 이전에는 남아가 여아보다 비율이 더 높다. 그러나 청소년기에는 남녀의 비율이 거의 같아진다.

일반적으로 반항장애 아동은 영아기 때부터 까다롭고 달래기 힘든 경우가 많다. 반항적인 행동은 먹기, 잠자기, 대소변 훈련 때에 많이 나타난다. 천성이 까다로운 아기는 잘 달래지지 않아서 부모는 좌절을 한다. 이에 부모는 자녀를 믿지 않고, 야단만 치게 된다. 이때 아동은 무력감, 부족함, 좌절과 분노를 경험한다. 성장하면서 침묵, 반항, 말 안 듣기 등으로 어른을 대하고, 자신의 일을 다른 사람의 탓으로 돌린다. 부모의 잔소리와 꾸짖음, 신체적 체벌 등의 행동은 적대적인 행동의 빈도와 강도를 증가시킨다. 그러나 품행장애와 같이 사회적 규범이나 법을 어기고 타인의 권리를 침해하는 비사회적인 행동을 나타내지는 않는다(손혜숙, 2015).

반항장애의 원인으로는 가족관계에서 오는 스트레스, 부모의 일관성 없는 양육태도 등이 거론된다. 부모가 반항장애나 기분장애, 품행장애, ADHD, 반사회적성격장애 또는 물질관련장애를 경험했을 경우 발병률이 높다. 또한 아동의 부적응적인 학교생활로 인한 학업 실패와 사회적 고립이 원인이 되기도 한다. 생물학적 원인, 환경적 원인 어느 한 가지의 원인이라기보다는 다양한 요인이 복합적으로 작용한다. 치료 방안으로는 부모 훈련, 인지적 문제해결기술 훈련, 사회기술 훈련, 분노대처 훈련, 약물 치료가 제안된다.

2) 품행장애

품행장애(conduct disorder)는 지나친 공격성, 타인을 해치는 행위, 자기 물건이나 남의 물건을 파괴하는 행동, 사기와 도둑질, 그 나이에 지켜야 할 규칙을 빈번히 어기는 것 등이 특징이다. 공격성과 타인의 권리를 침해하는 것, 사회적 규칙을 지키지 않는 것이 뚜렷한 특징이다. ADHD, 우울증, 학습장애가 동반되기도 한다. 지나치게 엄한 부모의 훈육, 반대로 무관심한 경우, 사회경제적으로 어려운 환경에 처해 있을 때, 부모가 반사회적 인격장애를 갖고 있거나 알코올 의존증이 있는 경우에도 품행장애가 생길 확률이 더 높다. 남자가 여자보다 4배~12배가 더 많다고 알려져 있고, 성인이 되어 반사회적 인격장애가 될 가능성이 높다.

6 그 외의 영유아기에 흔히 나타나는 증상들

DSM-5의 진단 범주에는 속하지 않지만, 영유아기에 흔히 나타나는 기타 증상을 소개하면 다음과 같다.

1) 콜릭성 울음

생후 4개월 이하의 영아에서 발작적인 울음과 보챔이 하루 3시간, 최소 한 주 동안 3회 이상 발생할 때 영아 산통(infantile colic)이라고 한다. 영아 콜릭은 갑작스러운 복통과 달래지지 않는 심한 울음이 특징이다. 발달장애나 질병이라기보다는 여러 가지 증상의 복합체이다. 일반적으로 콜릭성 울음은 영아가 성장하면서 저절로 없어진다.

하루 중 언제든지 발생할 수 있으나 주로 저녁이나 새벽에 이유 없이 발작적으로 울고 보채는 증상이 나타난다. 전혀 달래지지 않고, 기질적 원인 없이 발작적인 울음과 보챔으로 아기에게 산통 증상이 나타나므로 전문의사에게 진단을 받아야 한다.

영아 콜릭은 정확한 원인은 알 수 없지만 소화 기능의 미숙함에 의한 것으로 보인다. 일부에서는 수유 중 공기를 과다히 삼키거나, 배에 가스가 많이 찼을 경우, 사회적·정신적 스트레스로 인해 발생할 수 있다고 하지만 과학적으로 입증된 바는 없다.

영아 콜릭의 치료법으로 아기를 똑바로 세워 안아주거나, 아기를 부모의 무릎이나 따뜻한 물병 또는 핫백 위에 베를 깔고 엎드리게 하면 울음을 그치는 경우가 종종 있다. 좌약을 넣거나 관장을 하여 방귀나 변이 나오게 해주어도 울음을 그치는 경우가 있다.

2) 성장장애

저신장, 왜소증이라는 이름을 가진 성장장애(short stature)는 같은 성별을 가진 같은 연령의 소아의 키 정규분포 상에서 키가 3% 미만인 경우에 해당된다. 성장장애는 대부분 특정 질환이 없다. 부모의 키가 작은 가족성 저신장증 또는 체질성 사춘기-성장 지연이 거의 대부분을 차지한다. 그러나 성장장애를 알기 위해서는 6~12개월간의 키의 변화, 체중 변화를 아는 것이 가장 중요하다. 또한 과거에 비하여 성장 속도가 증가 또는 감소하면 성장장애를 의심해 볼 수 있다.

저신장을 일으키는 질병은 매우 다양하다. 만성 질환이 있거나 호르몬장애, 골격계 이상, 염색체이상 등이 있으면 초기부터 저신장을 관찰할 수 있다. 또한 성조숙증이 있으면 성장판이 일찍 닫히면서 키가 작아진다. 이와 같이 원인이 워낙 다양하고 질병 경과에 따라 성장장애가 늦게 발견되는 경우도 있어, 숙련된 전문가의 전문적 진료가 필요하다.

3) 유전자 증후군

유전자 증후군(genetic syndrome)은 부모에게서 손상된 유전자를 이어받거나 유전자의 손상으로 인해 나타난다. 윌리엄스 증후군, 다운증후군, 프래더윌리 증후군, 페닐케톤뇨증 등의 유전자 이상으로 인한 발달장애가 해당된다.

연구문제

01 발달장애 영유아의 특성을 생각해 보자.

02 발달장애 영유아를 판별할 수 있는 검사들을 알아 보자.

03 발달장애 영유아의 지도 방법에 대해서 알아 보자.

04 분리불안장애를 지도하기 위해 영유아교육기관에서 가정과 연계할 수 있는 방법을 생각해 보자.

참고문헌

강영희(1998). 교육학 대백과 사전. 서울: 하우동설.

______(2014). 생명과학대사전. 서울: 도서출판 여초.

고승우(2001). TV인터넷에서 우리아이 지키기. 서울: 북스토리.

공인숙 · 권기남 · 권혜진 · 김영주 · 김혜라 · 민하영 · 이완정 · 전숙영 · 정윤주 · 채진영 · 한미헌 · 황혜신(2015). 영아발달. 경기: 양서원.

곽금주 · 성현란 · 장유경 · 심희옥 · 이지연(2005). 한국영아발달연구. 서울: 학지사.

교육과학기술부 · 보건복지부 · 육아정책연구소(2012). 3-5세 연령별 누리과정 지원을 위한 시도(교육)청 강사요원 중앙연수 자료집.

교육부(1996). 유아 도덕성 함양을 위한 토의자료.

국립특수교육원 편(2009). 특수교육학 용어사전. 충남: 국립특수교육원.

권민균 · 권희경 · 문혁준 · 성미영 · 신유림 · 안선희 · 안효진 · 이경옥 · 천희영 · 한유미 · 한유진 · 황혜신(2007). 아동발달. 서울: 창지사.

권민균 · 김정민 · 최형성 역(2016); Kail, R.(2015) 저. 아동과 발달(제7판). 서울: 시그마프레스.

김경혜 · 김진숙 · 박진옥(2009). 아동발달. 서울: 동문사.

김상림 · 김송이 · 양성은 · 이윤선 · 한준아 · 김지현(2014). 유아발달. 경기: 양서원.

김성희 · 허혜경(1998). 유아발달. 서울: 교육과학사.

김수연(2014). 아기발달백과. 서울: 지식너머.

김영옥 · 백혜리 · 최미숙 · 황윤세(2009). 아동발달론. 경기: 공동체.

김정희 · 김현주 · 손은경 · 송연숙(2014). 유아발달. 서울: 동문사.

김현주(1996). 범주화 훈련 및 과학수업에 적용된 인지제도적 접근이 유아의 범주행동과 과학성취에 미치는 효과. 동아대학교 박사학위 논문.

김현주 · 손은경 · 신혜영(2013). 부모교육. 경기: 공동체.

김희리(2016). "결혼 · 출산은 행복 아닌 고통"… 불안한 미래, 나 혼자 산다. 서울: 서울신문.

네이버 지식백과(1995). 교육학용어사전. 서울: 서울대학교 교육연구소.

______________(2016). 서울대학교병원 의학정보. 서울: 서울대학교병원.

문혁준 · 김경은 · 서소정 · 성미영 · 안선희(2014). 유아발달. 서울: 창지사.

박성연(2006). 아동발달. 경기: 교문사.

박응임(1995). 영아－어머니 간의 애착유형과 그 관련 변인. 아동학회지, 16(1), 113-131.

박혜경 · 김영실 · 김진영(1999). 유아언어교육이론과 실제. 경기: 양서원.

박홍자 · 김미애(1993). 언어활동의 이론과 실제. 서울: 학문사.

백운학 역(1993); Thomas, R. M. 저. 아동발달의 제이론. 서울: 교육과학사.

변창진 · 송명자(1995). 인지 발달적 접근 교육심리. 서울: 교육과학사.

서유헌(2006). 아동발달과 뇌발달의 이해. 한국아동학회 2006년 춘계 학술대회 기조강연.

보건복지부 · 중앙육아종합지원센터(2013). 어린이집 표준보육과정 및 0-2세 영아보육프로그램의 이해. 서울: 보건복지부 · 중앙육아종합지원센터.

손혜숙 · 박지희(2014). 영아발달. 경기: 정민사.

손혜숙 · 전경화 · 이석순 · 박은미 · 박지희(2015). 유아발달. 경기: 정민사.

손홍숙(2014). 영아발달론. 경기: 공동체.

송명자(1995). 발달 심리학. 서울: 학지사.

송인섭(2013). 자아개념. 서울: 학지사.

송인섭 · 김정원 · 정미경 · 김혜숙 · 신은영 · 박소연(2001). 아동연구방법. 서울: 학지사.

신명희 · 강소연 · 김은경 · 김정민 · 노원경(2016). 교육심리학. 서울: 학지사.

신의진 · 이경숙 · 박영숙 · 장은진 · 정은정 · 정석진 역(2014); Liebeman, A. F., Wieder, S., Fenichel, E.(1997) 저. 영유아기 정신 건강 및 발달장애. 경기: 양서원.

안영진(2007). 21C 교사양성을 위한 아동발달. 경기: 공동체.

유은광 · 김명희 · 안숙희 · 조인숙 · 김경종 · 김태경 · 박경은 · 박성애 · 이상복 · 홍세훈(2015). 모성여성간호학. 경기: 현문사.

유효순 · 원혜경 · 김정희 · 문명희(2016). 영유아 발달. 서울: 창지사.

육아정책연구소(2014). 유아 신체건강 증진방안: 소아비만 예방 중심으로. 서울: 육아정책연구소.

안효섭(2012). 홍창의 소아과학(제10판). 서울: 대한교과서.

이소희(2005). 보육학개론. 경기: 양서원.

이숙재 · 이봉선(2008). 영유아의 발달과 교육. 서울: 창지사.

이신동 · 최인혁 · 김기명 · 고운정 · 홍종선 · 김경은 · 김소연(2015). 지능과 창의성의 프레임. 경기: 양서원.

이연섭 · 강문희(1996). 유아언어교육. 서울: 창지사.

이영 · 김온기 · 조성연 · 이혜경 · 이선원 · 이정림 · 나유미 · 김상림 · 나종혜(2015). 유아발달. 서울: 학지사.

이영 · 조연순(1995). 아동의 세계. 경기: 양서원.

이영 역(1992); Bronfenbrenner, U. 저. 인간발달 생태학. 서울: 교육과학사.

이옥형(1997). 아동발달. 서울: 집문당.

이원영 · 박찬옥 · 노영희(1993). 유아 사회성 발달을 위한 프로그램 개발연구. 한국유아교육연구회, 13(3). 34-42.

이은해 · 이미리 · 박소연(2007). 아동 연구방법의 이해. 서울: 학지사.

이은화 · 이경우(1987). 한국어머니의 유아 사회성교육. 서울: 삼광.

이종숙 · 신은수 · 안선희 · 이경옥 역(2015); Berk, L. E.(2013) 저. 아동발달(제9판). 서울: 시그마프레스.

이혜성 역(2001); Schultz, D. (2001) 저. 성장심리학. 서울: 이화여자대학교 출판부.

이희정 · 윤갑정 · 전태숙 · 문현주(2015). 영아발달. 경기: 양서원.

임경옥 · 이병인(2012). 장애 영유아 발달영역별 지침서 1-5권. 서울: 학지사.

임선하(1993). 창의성에의 초대. 서울: 교보문고.

______(1995). 창의성의 이론적 기초: 창의성교육 문을 열다. 서울: 서울특별시교육청.

임지영 · 류혜원 · 문영경 · 배기조 · 송혜영(2016). 영아발달. 경기: 공동체.

임지영 · 도금혜 · 류혜원 · 문영경 · 배기조 · 송혜영 · 이수원(2015). 유아발달. 경기: 공동체.

장명림 · 신나리 · 박수연(2006). 아동패널조사 모형개발 연구. 서울: 육아정책개발센터.

정옥분(2007). 아동발달의 이해. 서울: 학지사.

______(2013). 아동발달의 이해. 서울: 학지사.

조복희(1996). 유아발달. 서울: 교육과학사.

조성연 · 이정희 · 천희영 · 심미경 · 황혜정 · 나종혜(2010). 아동발달. 서울: 신정.

조순옥 · 이경화 · 배인자 · 이정숙 · 김정원 · 민혜영(2013). 유아사회교육. 서울: 창지사.

조운주 · 최일선(2004). 유아교육기관에서의 유아생활지도. 서울: 창지사.

질병관리본부(2015). 2015년 영유아 건강검진 검진의사 매뉴얼. http://www.cdc.go.kr/board.es?mid=a20507020000&bid=0019&act=view&list_no=138224에서 인출.

질병관리본부(2020). 2020년 표준예방접종일정표. https://nip.cdc.go.kr/irgd/manage.do?service=getAcbbsView&BBSSEQNUM=133&GRPID=nip&BRDCOD=form&SEARCHTYPE=&SEARCHWORD=&CURPAGE=1에서 인출.

차은영(1987). 아버지의 양육태도 및 아버지와 자녀 간의 활동. 경희대학교 대학원 석사학위논문.

최경숙(2005). 발달 심리학. 경기: 교문사.

최경숙 · 박영아(2005). 아동발달. 서울: 창지사.

최현석(2009). 인간의 모든 감각. 경기: 서해문집.

한국교육심리학회(2000). 교육심리학 용어사전. 서울: 학지사.

한국심리학회(2014). 심리학용어사전.

한국유아교육학회(2008). 유아보육학사전(용어편). 서울: 한국사전연구사.

홍계옥 · 정옥분(1995). 유아의 기질 및 어머니의 양육행동과 모자애착 행동 간의 관계. 아동학회지, 16(1). 99-112.

황해익(2011). 아동연구방법(2판). 경기: 정민사.

황희숙 · 이희영 · 이경화 · 이정화 · 신경숙 · 윤경미 · 강승희 · 유소정 · 황순영(2008). 아동발달과 교육. 서울: 학지사.

EBS(2007). 아기 성장 보고서(EBS 다큐프라임). 서울: EBS.

EBS(2008). 아이의 사생활(EBS 다큐프라임). 서울: EBS.

EBS 아이의 사생활 제작팀(2016). 아이의 사생활 1: 두뇌 인지 발달. 서울: 지식플러스.

______________________(2016). 아이의 사생활 2: 정서 인성 발달. 서울: 지식플러스.

EBS 다큐프라임 퍼펙트 베이비 제작팀(2013). EBS 다큐프라임 퍼펙트 베이비(완벽한 아이를 위한 결정적 조건). 서울: 와이즈베리.

SBS 우리 아이가 달라졌어요 제작팀(2014). 우리 아이가 달라졌어요. 서울 : 경향에듀.

SBS 우리 아이가 달라졌어요 제작팀, 이경선(2011). SBS 우리아이가 달라졌어요. 서울: 경향에듀.

SBS 우리 아이가 달라졌어요 제작팀, 조은영(2014). SBS 우리아이가 달라졌어요-시즌2. 서울: 경향에듀.

미국아동발달연구학회(1991/2007). Ethical standards in research. http://www.srcd.org/about-us/ ethical-standards-research에서 인출.

Abroms, K., & Bennett, J.(1979). Paternal contributions to Down's syndrome dispel maternal myths. ERIC.

Ainsworth, M. D. S.(1979). Attachment as related to mother-infant interaction. In J G. Rosenblatt, R. A. Hinde, C. Beer, & M. Busnel(Eds.), *Advances in the srufy of behavior, 9*. Orlando, F. L.: Academic Press.

Ainsworth, M. D. S., Blehar, M., Waters, E., & Wall, S.(1978). *Patterns of Attachment*. Hilldale, N.J.: Erlbaum.

American Psychiatric Association(2013). *Diagnostic and Statistical Manual of Mental Disorders*, 5th edition. Washington DC: APA press.

Bandura, A.(1965). Influence of models reinforcement contingencies on the acquisition of imitative responses. *Journal of Personality and Social Psychology*, 1, 587-595.

__________(1978). The self system in reciprocal determinism. *American Psychologist, 33*, 344-358.

Bar-Tal, D., Raviv, A., & Goldberg, M.(1982). Helping behavior among preschool children: An observational study. *Child Development, 53*, 396-402.

Bates, J. E., Maslin, C. A. & Frankel, K. A.(1985). Attachment security, mother-child interaction and temperament as predictors of behavior-problem rating at age three years. In I. Bretherton & E. Waters(Eds.), *Growing points of attachment theory and research, Monographs of in the Society fo Research in Child Development, 50*(1-2, Serial No. 209).

Batson, C. D.(1987). Prosocial motivation: Is it ever truly altruistic? In L. Berkowiz(Ed.), *Advances in experimental social psychology, 20*. N.Y.: Academic Press.

Becker, G. S.(1964). *Human Capital*. Chicago: The University of Chicago Press.

Belsky, J.(1996). Parent, infant, and social-contextual antecedents of father-son attachment security. *Developmental Psychology, 32*, 905-913.

Bem, S. L.(1974). The measurement of psychological androgyny. *Journal of Consulting and Psychology, 42*, 155-162.

Berk, L. E.(1994). *Child development*(3rd ed). MA: Allyn & Bacon.

Berk, L. R.(1999). *Infants and children: Prenatal through middle childhood*(3rd Ed.). M. A.: Allyn & Bacon.

Bernstein, B.(1973). *Class, codes and control*. London and New York: Routledge Taylor and Francis Group.

Birch, L., & Billman, J.(1986). Preschool children's food sharing with friends and acquaintances. *Child Development, 57*, 387-395.

Bowlby, J.(1973). *Attachment and Separation: Anxiety and anger*. N.Y.: Basic Books.

Bratly, J. J.(2001). *Preschool Guidance for the Preschool Child*. 이기숙 · 강숙현 역. 서울: 이화여자대학교 출판부.

Bronfenbrenner, U.(1982). Toward an experimental ecology of human development. *American Psychology, 52*, 582-590.

Bukatko, D. & Daehier, M. W.(1998). *Child development: A thematic approach*(3rd. ed.). N. Y.: Houghton Mifflin.

Burton, L.(1971). *Arts play*. Claff: Addison-Wesley Publishing Co.

Buss, A. H. & Plomin, R.(1984). *A temperament theory of personality development*. New York: John Wiely & Sons, Inc.

Campos, J. J., Barrett, K. C., Lamb, M. E., Goldsmith, H. H. & Stenberg, C.(1983). Socioemotional development. In P. H. Mussen(Ed.), *Infancy and developmental psychobiology*(pp.783-915). New York: Wiley.

Carter, D. B. & McCloskey, L.(1984). Peers and the maintenance of sex-typed behavior: the development of children's conceptions of cross-gender behavior in the peers. *Social Cognition, 2*, 294-314.

Coie, J. D., & Dodge, K. A.(1998). Aggression and antisocial behavior. In N. Eisenberg(Ed.), *Handbook of child psychology*(5th ed.). N. J.: John Wiley & Sons Inc.

Cole, M. & Cole, S. R.(2001). *The development of children*(5th ed.). N.Y.: Worth Publishers.

Coopersmith, S.(1967). *The antecedents of self-esteem*. San Francisco: Freeman.

Corbin, C. A.(1973). *A textbook of motor development*. Dubuque, Iowa: W.C. Brown.

David, P. D.(1992). Tenth Anniversary Review Born Unwanted: Developmental Effects of

Denied Abortion. *Journal of Social Issues, 48*, 163-181.

Dellas, M. and Gaier, E .L.(1970) Identification of creativity in the individual. *Psychological Bulletin, 73*, 55-73

Dobbs, S. E.(1992). Conceptions of giftedness and talent: A Q-methodological study. *Dissertation Abstracts International, 52*(7), 2345-A.

Dodge, K, A., Coje, J. D., Pettit, G. S. & Price, J. M.(1990). Peer satatus and aggression in boys' groups: Developmental and contextual analyses. *Child Development, 61*, 1289-1309.

Eisenberg, N.(1983). Children's differentiations among potential recipients of aid. *Child Development, 14*, 594-602.

Eisenberg, N., & Hand, M.(1979). The relationship of preschooler's reasoning about prosocial moral conflict to prosocial behavior. *Child Development, 50*, 356-363.

Eisenberg, N., & Miller, P.(1987). The relations of empathy to prosocial and related behaviors. *Psychological Bulletin, 101*, 91-119.

Eisenberg, N., Farbon, R. A., Carlo, G., Troyer, D., Speer, A. L., Karbon M., & Switzer, G.(1992). The relations of maternal practices and characteristics to children's various emotional responsiveness. *Child Development, 63*, 583-602.

Eisenberg, N., Farbon, R. A., Schaller, M., Carlo, G., & Miller, P. A.(1991). The relations of parental characteristics and practices in children's various emotional responding. *Child Development, 62*, 1393-1408.

Eisenberg, N., Lennon, R., & Roth, K.(1983). Prosocial development: A longitudinal study. *Development Psychology, 19*, 846-855.

Emde, R. N., Gaenbauer, T., & Harmon, R. J.(1976). Emotional expression in infancy: A biobehavioral study. *Psychological Issues: A Monograph, 10*, 37.

Fabes, R. A., Fultz, J., Eisrriberg, N., May-Plumlee, T., & Christopher, F. S.(1989). The role of causal theories about memory in young children's memory strategy choice. *Child Development, 60*, 298-308.

Fagot, B. I., & Leinbach, M. D.(1989). The young child's gender schema: Environmental input organization. *Child Development, 60*, 663-672.

Field, T. M., Cohen, D., Garcia, R., & Greenberg, R.(1984). Mother-stranger face discrimination by the newborn. *Infant Behavior and Development, 7*, 19-25.

Floyd, R, L., Rimer, B, K., Giovino, G, A., Mullen, P. D., & Sullivan, S. E.(1993). A review of smoking in pregnancy: Effects on. *Annual Review of Public Health, 14*, 379-411.

Garmezy, N.(1993). Vulnerability and resilience. In D. C. Funder, R. D. Parke, C.

Tomlinson-Keasey, & K. Widaman (Eds.), *Studying lives through time: Personality and development* (pp.377-398). Washington, DC: American Psychological Association.

Guilford, J. P.(1970). Creativity: Retrospect and prospect. *Journal of Creative Behavior, 4*(3). 149-168.

_____________(1983). Transformation abilities or functions. *Journal of Creative Behavior, 17*(2), 75-83.

Hagay, Z. J., Biran, G., Ornoy, A., & Reece, E. A.(1996). Congenital cytomegalovirus infection: A long-standing problem still seeking a solution. *American Journal of Obstetrics and Gynecology, 174*(1), 241-245.

Harlow, H. F., & Zim-merman, R. R.(1959). Affectional responses in the infant monkey. *Science, 130*, 421-432.

Harter, S.(1990). Issues in the assessment of the self-concept of children and adolescents. In A. LaGreca(Ed.). *Through the eyes of a child*(pp. 292-325). Boston: Allyn and Bacon.

Hartup, W. W.(1974). Aggression in childhood: Developmental perspectives. *American Psychologist, 29*, 336-341.

______________(1983). Peer relations. In Hetherington EM, editor, Mussen PH, series editor. Handbook of child psychology: Vol. 4. *Socialization, personality, and social development*(pp.103-196). New York: Wiley.

Harway, M., & Moss, L. T.(1983). Sex differences : The evidence from biology. In M. Liss(Ed.), *Social and cognitive skills : Sex roles and children's play*(pp.22-44). New York: Academic Press.

Hertherington, E. M., & Parte, R. D.(1993). *Child philosophy: A contemporary view*(4th ed.). N. Y.: McGraw-Hill.

Higdon, J., & Frei, B.(2006). Coffee and health: A review of recent human research. *Critical Reviews in Food Science and Nutrition, 46*(2), 101-123.

Hinde, R. A.(1983). *Ethology*. New York: Oxford University Press.

Hoffman, M. L.(1970). Moral development. In P. H. Mussen(Ed.). *Carmichael's manuals of child psychology*(vol. 2). New York: Wiley.

______________(1984). Empathy, guilt and social cognition. In W. F. Overton(Ed.). *The relationship between social and cognitive development*. Hillsdale, New Jersey: Lawrence Erlbaum Associates Publishers.

______________(1987). The contribution of empathy to justice and moral judgement. In N. Eisenberg & P. Strayer(Eds.). *Empathy and its Development*. N.Y.: Cambridge University Press.

______________(1993). Empathy, social cognition, and moral education. In A. Garrod(Ed.), *Approaches to moral development: New research and emerging*. N.Y.: Teacher College Press.

______________(2000). *Empathy and moral development*. New York: Cambridge University Press.

Hoing, A. S.(1982). Prosocial development in children. *Young Children, 37*, 51-61.

Iannotti, R. J.(1978). Effect of role-taking experiences on role-taking, empathy, altruism and aggression. *Development Philosophy, 2J*, 46-55.

Izard, C. E.(1982). *Measuring emotions in infants and young children*. New York: Cambridge University Press.

Izard, C. E., Haynes, O. M., Chisolm, G., & Baak, K.(1991). Emotional determinants of infant mother attachment. *Child Development, 62*, 906-917.

Jacobson, S. W., & Frye, K. F.(1991). Effect of maternal social support on attachment: Experimental evidence. *Child Development, 62*, 572-582.

Joslyn, W. D.(1973). Androgen-induced social dominance an infant female rhesus moneys. *J. Child Psychol. 14*, 137-145.

Kelly, J. & Worrell, L.(1976). Parent Behaviors Related to Masculine, Feminine, and Androgynous Sex Role Orientations. *Journal of Consulting and Clinical Psychology 44*, 853-851.

Lener, J. V, & Galambos, M. I.(1995). Maternal role satisfaction mother-child interaction and child treatment: A process model. *Developmental psychology, 21*, 1157-1164.

Lester, B. M., Freier, K., & Lagasse, L.(1995). Prenatal cocaine exposure and child out come: What do we really how? In M. Lewis & M. Bendersky(Eds.), *Mothers, babies, and cocaine: The role of toxins in development*(pp.19-39). Hillsdale, N. J.: Erlbaum.

Lester, B. M. & Tronick, E. Z.(1994). The effects of prenatal cocaine exposure and child outcome. *Infant Ment. Health J., 15*, 107-120.

Levitt, M. J., Weber, R. U., Clark, M. C., & McDonilell, P.(1985). Reciprocity of exchange in toddler sharing behavior. *Development Psychology, 21*, 122-123.

Lewis, M., & Brooks, J.(1978). Self knowledge and emotion development. In M. Lewis & L. Rosenblum(Eds.), *The development of affect*. New York: Plenum.

Lewis, M., & Brooks, Gunn J.(1979). *Social cognition and the acquisition of self*. N.Y.: Plenum Press.

Main, M. & Solomon. J.(1990). Procedures for identifying disorganized/disoriented infants during the Ainsworth Strange Situation. In M. Greenberg, D. Cicchetti &

Cummings (Eds), *Attachment in the preschool years*(pp.121-160). Chicago: University of Chicago Press.

Main, M., & Cassidy, 1.(1988). Categories of response to reunion with the parent at age 6: Predictable from attachment classifications and stable over a 1-month period. *Development Psychology, 24*, 415-426.

Main, M., Kaplan, N., & Cassidy, J.(1985). Security in infancy, childhood, and adulthood: A move to the level of representation. In I. Bretherton & E. Waters(Eds.), *Growing points of attachment theory and research*. Mono graphs of the Society for Research in Child Development, 50(1-2, serial No. 209).

McDonald, K. B., & Parke, R. D.(1986). Parent-child physical play: The effects of sex and age of children and parents. *Sex Roles*, 7-15: 367-78.

McGue, M., Bouchard, T. J., Iacono, W. G., and Lykken, D. T.(1993). Behavioral genetics of cognitive ability: A life-span perspective. In Plomin, R., and McClearn, G. E. (Eds.), *Nature, Nurture, and Psychology*, 59-76. American Psychological Association, Washington, DC.

Meeker, M.(1978). Measuring creativity from the child's point view. *Journal of Creative Behavior 12*(1), 52-61.

Mumme, D. L., Fernald, A. & Herrera, A.(1996). Infants' responses to fecial and vocal emotional signals in a social referencing paradigm. *Child Development, 67*, 3219-3237.

Mussen, P. H., & Eisenberg, N.(1977). *Caring, sharing, and helping*. San Francisco: Freeman.

Nucci, L. P.(1981). The development of personal concepts: a domain distinct from moral or social concepts. *Child Development, 52*, 114-121.

Papalia, D. E., Olds, S. W., & Feldman, R. D.(1999). *A child's world: infancy through adolescence*. Boston: McGraw Hill.

Park, R. D., & Salby, R. G.(1983). The development of aggression In P. H. Nussen(Ed.), *Handbook of child psychology, 28*, 136-147.

Parnes, S. J.(1975). Education and Creativity. In P. E. Vemon(Eds.). *Creativity*, (pp. 341-354). N.Y.: Penguin.

Patterson, G. R.(1995). Coercion-a basis for early onset of arrest. In J. McCord(Ed.), *Coercion and punishment in long term perspective*. N.Y.: Cambridge University Press.

Perry, D. G., & Bussey, K.(1984). *Social development*. Englewood Cliffs, NJ: Prentice-Hall.

Piaget, J.(1965). *The moral judgement of the child*. New York: Free Press.

Pinker, S.(1994). *The Language Instinct*. William Morrow and Company.

Radke-Yarrow, M., Zahn-Waxler, C., & Chapman, M.(1983). Prosocial dispositions and behavior. In P. Mussen (Series Ed.) & E. M. Hetherington (Eds.), *Manual of child psychology. Socialization, personality, and socialdevelopment*(pp.469-545). New York: Wiley.

Reece, E. A., Hobbins, J. C., Mahoney, M. J., & Petrie, R. H.(1995). *Handbook of medicine of the fetus & mother*. Philadelphia: J. B. Lippincott.

Renninger, K. A., Hidi, S., & Krapp, A.(1992). *The role of interest in learning and development*. Hillsdale, NJ: Erlbaum.

Rice, K. G.(1990). Attachment in adolescence: A narrative and meta- analytic review. *Journal of Youth and Adolescence, 19*, 511-538.

Rice, M. E., & Gursec, J, E.(1975). Saying and doing: Effects on observer performance. *Journal of Personality and Social Psychology, 32*, 584-593.

Rogers, C.(1951). *Client-centered therapy: Its current practice, implications and theory*. London: Constable.

Rogoff, B.(1993). Children's guided participation and participatory appropriation in sociocultural activity. In R. H. Wozniak & K. W. Fischer(Eds.), *Development in contest action and thinking in specific environments*, Hillsdale. N. J: Lawrence Erlbaum.

Rothbart, M. K., & Derryberry, D.(1981). Development of individual differences in temperament. In M.E. Lamb & A. Brown (Eds.), *Advances in developmental psychology* (Vol. 1, 37-86). Hillsdale, NJ: Erlbaum.

Saarni, C.(1999). "Children's understanding of display rules for expressive behavior." *Development Psychology, 15*(4), 424-429.

Santrock, J. W.(1998). *Child Development*(8th ed.). New York: McGraw-Hill.

Selman, R. L.(1980). *The growth of interpersonal understanding*. N. Y.: Academic Press.

Shaffer, D. R.(1993). *Development Psychology: childhood and adolescence*(3rd ed.). California: Brooks/Cole.

__________(1999). *Development Psychology*(5th ed.). CA: Books Cole Publishing Company.

__________(1999). *Development Psychology: Childhood and adolescence*(5th ed.). Belmont, CA: Wadsworth Publishing.

Shantz, C. U.(1975). The development of social cognition. In E. M. Hetherington(Eds.), *Review of Child Development Research, 5*. Chicago: University of Chicago Press.

Shea, A., & Steiner, M.(2008). Cigarette smoking during pregnancy. *Nicotine and*

Tobacco Research, 10(2), 267-278.

Smetana, J. G.(1983). Social-cognitive development: Domain distinctions and coordinations. *Development Review, 5*, 131-147.

Smith, P. K., & Connolly, K. J.(1980). *The ecology of preschool behavior*. Cambridge, U. K.: Cambridge University Press.

Snarey, J. R.(1987). A question of morality. *Psychology Today, 21*, 6-8.

Steele, H. Steele, M., & Fonagy, P.(1996). Association among attachment classifications of mothers, fathers, and their infants. *Child Development, 67*, 541-155.

Sternberg, R. J.(Ed.)(1999). *Handbook of creativity*. New York: Cambridge: Cambridge University Press.

Streissguth, A.(1997). *Fetal alcohol syndrome: Aguide for families and communities*. Baltimore: Brookes.

Torrance, E. P.(1975). Creativity research in education: Still alive. In I. A. Taylor & J. W. Getzels (Eds.), *Perspectives in creativity*. Chicago: Aldine, 278-296.

____________(1979). *The search for creativity*. Buffalo, NY: Bearly Limited.

Thomas, A., & Chess, S.(1977). *Temperament and development*. New York: Brunner/Mazel.

____________________(1984). Genesis and evolution of behavioral disorders: From infancy to early adult life. *American Journal of Orthopsychiatry, 141*(1), 1-9.

Thomas, A., Chess, S., & Brich, H. G.(1968). *Temperament and behavior disorders in children*. N.Y.: New York University Press.

Toner, I. J., Parke, R. D., & Yussen, S. R.(1978). The effect of observation of model behavior on the establishment and stability of resistance to deviation in children. *Journal of Genetic Psychology, 132*, 283-290.

Toner, I. J., & Potts, R.(1981). Effect of modeled rationales on moral behavior, moral choice, and level of moral judgement in children. *Journal of Personality*, 107, 153-162.

Turiel, E.(1979). *Distinct conceptional and development domains: Social-convention*. Lincoolin, Beb: University of Nebraska Press.

________(1983). *The development of social knowledge: Morality and convention*. New York: Cambridge University Press.

Turiel, E., Smetana, J. G., & Killen, M.(1991). Social cognitive development. In W. M. Kurtines & J. L. Gewirtz(Eds.). *Handbook of moral behavior and development, 2*, 307-332. Hillsdal, New jersey.: Erlbaum.

Underwood, B., & Moore, B.(1982). Perspective-taking and altruism. *Psychological*

Bulletin, 91, 143-173.

Vaughn, B. E., Egeland, B., Stroufe, L. A., & Walters, E.(1979). Individual differences in infant-mother attachment at twelve and eighteen months: Stability and change in families under stress. *Child Development, 50*, 971-975.

Wagner, B. M., & Phillips, D. A.(1992) Beyond beliefs: Parent and child behaviors and children's perceived academic competence. *Child Development, 63*, 1380-1391.

Waters, E.(1978). The reliability and stability of individual differences infant-mother attachment. *Child Development, 49*, 483-494.

Weng, S., Odouli, R., & Li, D.(2008). Maternal caffeine consumption during pregnancy and the risk of miscarriage: A prospective cohort study. *American Journal of Obstetrics and Gynecology, 198*(3), e271-e278.

Weston, D., & Turiel, E.(1980). Act-rule relations: children's concepts of social rule. *Development Psychology, 16*, 417-424.

Whiting, B. B., & Edwards, C. P.(1988). *Children's of different worlds: The formation of social behavior*. Cambridge, M. A.: Harvard University Press.

Wood, D.(1975). A Study of assisted problem solving. *British Journal of Psychology, 66*, 181-191.

Yarrow, M. R., Scott. P., & Waxler, C. Z.(1973). Learning concern for others. *Development Psychology, 8*, 240-260.

Zahn-Waxler, C., Radke-Yarrow, M., Wagner, E., & Chapman, M.(1992). Development of empathy in twins. *Developmental Psychology, 28*, 1038-1047.

찾아보기

ㄷ

ㄹ

ㅁ

ㅂ

ㅈ

ㅊ

ㅋ

ㅌ

ㅍ

ㅎ

기타

저자소개

■ **김현주**

동주대학교 유아교육과

■ **김정희**

경남정보대학교 유아교육과

■ **송연숙**

울산과학대학교 유아교육과

■ **최애경**

부산과학기술대학교 사회복지계열

■ **박선미**

경남과학기술대학교 아동가족학과

영유아 발달

초 판 1쇄 발행 / 2019년 2월 25일
초 판 2쇄 발행 / 2020년 8월 25일
초 판 3쇄 발행 / 2023년 3월 2일

공저자 / 김현주 · 김정희 · 송연숙 · 최애경 · 박선미
발행인 / 이 중 수
발행처 / 동 문 사

서울특별시 서대문구 홍제원 1길 12
(홍제동 137-8)
Tel : 02)736-3718(대), 736-3710, 3720
Fax : 02)736-3719
등록번호 : 제9-17호
가격 : 21,000원

ISBN : 979-11-6328-027-9(93370)
E-mail : dong736@naver.com
www.dongmunsa.com